LES
CAUSES ET LES CONSÉQUENCES
DE
LA GUERRE

PAR

YVES GUYOT

ANCIEN MINISTRE
RÉDACTEUR EN CHEF DU *JOURNAL DES ÉCONOMISTES*

DEUXIÈME ÉDITION AVEC PRÉFACE NOUVELLE

PARIS
LIBRAIRIE FÉLIX ALCAN

LES CAUSES ET LES CONSÉQUENCES
DE LA GUERRE

OUVRAGES DE M. YVES GUYOT

A LA MÊME LIBRAIRIE

Le Manifeste des Kulturkrieger. Lettres échangées entre M. Lujo Brentano, professeur d'économie nationale à l'Université de Munich, et MM. Yves Guyot et D. Bellet . . . . . 0 fr. 60

La Gestion par l'État et les municipalités. 1 vol. in-16. 3 fr. 50

Les Chemins de fer et la Grève. 1 vol. in-18. . . . . 3 fr. 50

Sophismes socialistes et Faits économiques. 1 vol. in-16 . . . . 3 fr. 50

L'Impôt sur le revenu. 1 vol. in-18. . . . . 3 fr. 50

La Crise des transports. 1 broch. gr. in-8 . . . . . 2 fr. »

La Céruse et la Méthode expérimentale. 1 br. in-8 . 2 fr. »

L'A B C du libre échange. 1 vol. in-32, cart. à l'anglaise. . . . . 2 fr. »

Les Préjugés économiques. . . . . 0 fr. 60

Dictionnaire du commerce, de l'industrie et de la banque, publié sous la direction de MM. Yves Guyot et A. Raffalovich. 2 vol. gr. in-8 de 2988 pages.
Relié . . . . 58 fr. »
Broché . . . . 50 fr. »

Journal des Économistes, *Revue mensuelle de la science économique et de la statistique,* fondée en 1841, par Guillaumin, dirigée par M. Yves Guyot. Le numéro. . 3 fr. 50

La Westphalie et la Province Rhénane. 1 vol. in-8 avec cartes et graphiques (Librairie Attinger) . . . . 3 fr. 50

LES
CAUSES ET LES CONSÉQUENCES
DE
LA GUERRE

PAR

YVES GUYOT

ANCIEN MINISTRE
RÉDACTEUR EN CHEF DU *JOURNAL DES ÉCONOMISTES*

Deuxième édition corrigée
Avec nouvelle préface

PARIS
LIBRAIRIE FÉLIX ALCAN
108, BOULEVARD SAINT-GERMAIN, 108
—
1916
Tous droits de reproduction, de traduction et d'adaptation
réservés pour tous pays

PRÉFACE

Dans ce livre, j'ai eu pour objet, en étudiant les causes politiques et économiques de la guerre actuelle, de déterminer les conditions qui doivent assurer une paix permanente.

Les erreurs diplomatiques sont encore plus dangereuses que les erreurs militaires : la faute, commise par Talleyrand et lord Castlereagh, en 1815, d'imposer à la Prusse la Province Rhénane et la Westphalie, quand, d'accord avec la Russie, elle demandait la Saxe, est la cause primordiale des guerres de 1866 et de 1870.

La coalition organisée, en 1878, contre la Russie par Bismarck d'accord avec lord Beaconsfield, et dans laquelle il entraîna la France, pour substituer au traité de San Stefano le traité de Berlin de 1878, a été le plus important des coefficients des guerres balkaniques de 1912 et de la guerre actuelle.

Une opinion publique, au courant des données des problèmes à résoudre, peut seule empêcher le retour des fautes accumulées par la diplomatie ésotérique : et les alliés doivent se préparer plus sérieusement à la paix qu'ils ne s'étaient préparés à la guerre.

Les Allemands semblent prendre à tâche d'exciter et de mériter une haine profonde. Cette haine est un facteur de guerre qui a son utilité pendant les hostilités ; car il implique la nécessité d'une victoire décisive sans laquelle la paix ne pourrait être que provisoire et décevante.

Mais ni les individus ni les peuples ne vivent de la haine : elle n'est pas un objet d'alimentation ; celui qui la nourrit en est dévoré : elle est une cause de ruine. La vendetta a frappé d'arrêt de développement les peuples qui la pratiquent; les haines nationales produiraient le même effet pour l'Europe si elles devaient maintenir un état de choses dont elles seraient un élément permanent. Il ne s'agit pas de les entretenir : il s'agit d'en préparer l'évaporation et l'oubli.

Le traité à venir doit être, non une œuvre de rancune et de passion, mais une œuvre de prévoyance.

J'ai voulu contribuer à la préparer, en essayant d'éliminer les vieilles traditions dynastiques, les vieilles formules diplomatiques acceptées comme monnaie courante, les faux et les légendes du droit historique, les conceptions vagues de races et de nationalités, les mots imprécis et illusoires, et de les remplacer par la conception solide, à la manière de Bentham, d'une politique utilitaire.

Yves Guyot.

Juillet 1915.

PRÉFACE DE LA DEUXIÈME ÉDITION

I. Nécessité de la vérité historique. — II. Le pacte de Konopisht. — III. L'assassinat de Sarajevo. — IV. L'assassinat du prince Youssouf Izzedine. — V. Nouveaux détails sur des manœuvres allemandes. — VI. Les conditions de paix. — VII. La guerre économique.

I. — Nécessité de la vérité historique

Si j'ai fait quelques corrections typographiques à cette nouvelle édition, je n'ai apporté aucune modification au texte. Je n'ai pas eu d'erreurs à rectifier. Les événements qui se sont déroulés, les documents qui ont été publiés depuis le moment où ces pages ont été écrites, ont confirmé les faits que j'avais exposés.

Un des témoignages qui m'ont le plus touché est celui de M. A. J. Wilson, le célèbre directeur de l'*Investor's review*[1], qui, après avoir recommandé à ses lecteurs le volume au point de vue économique, ajoutait :

Nous ne pouvons clore cette notice sans un mot d'éloge pour les résumés historiques contenus dans ce livre ; ils sont d'une lucidité frappante. Partout où nous avons cherché à les vérifier, nous en avons constaté l'exactitude.

Il en est ainsi, par exemple, du chapitre IV, partie III, consacré aux *causes historiques de la guerre*, où nous avons un aperçu très net de l'histoire de la Prusse et de l'Autriche entre 1847 et 1866.

---

1. 4 septembre 1915.

D'un autre côté, un de mes collègues de la Société d'économie politique, M. Paul Muller, Alsacien lettré et fort au courant de l'histoire de son pays, m'écrivait :

Le prospectus de votre livre aurait dû signaler la partie relative à la diplomatie de l'Allemagne avec la France de 1871 à 1914. Vous êtes le premier qui ayez résumé nettement les faits en quarante pages.

J'ai été très heureux de ces appréciations et de celles qui les ont confirmées : car j'avais entrepris ce travail avec le désir de mettre à la portée de tous un exposé des faits, ayant pour objet non pas d'entretenir des préjugés et de flatter des passions, mais de serrer la vérité autant que possible afin de fournir des matériaux objectifs à la formation de convictions raisonnées.

II. — Le pacte de Konopisht

Les étranges débuts de la guerre ont provoqué de nouvelles et récentes révélations qu'il est utile de connaître.

J'ai parlé des soupçons qui planaient sur le crime de Sarajevo, point de départ de la guerre. Ils se confirment[1].

La famille des Habsbourg compte quatre-vingts archiducs et archiduchesses, soumis à la juridiction de son chef, l'empereur François-Joseph, gardien de la « Loi de Famille ». Divisés entre eux, ils ont tous la passion intéressée de défendre leurs droits et les possessions de la famille. Quand, en mai 1896, à la mort de son père, l'archiduc Charles-Louis, frère de François-Joseph, l'archiduc François-Ferdinand devint héritier du trône, on l'envoya faire un voyage autour du monde. A son retour, il fréquentait à Vienne le palais et à Presbourg le château de l'archiduc Frédéric. L'archiduchesse supposait qu'il épouserait sa fille aînée, quand un

---

1. V. infra, p. 41.

jour elle découvrit que ses hommages allaient à une de ses filles d'honneur, appartenant à une famille noble mais pauvre de Bohême, la comtesse Sophie Chotek. Elle la jeta à la porte ; mais l'archiduc François-Ferdinand affirma sa volonté de tirer cette jeune fille du couvent où elle s'était réfugiée et de l'épouser.

Il ne put triompher de la résistance de l'Empereur qu'en se soumettant, le 1er juin 1900, à une cérémonie humiliante : il dut, devant les membres de la famille rassemblés, prononcer un serment solennel de renonciation par lequel il s'engageait à ne jamais essayer d'ouvrir à ses enfants la succession au trône ; cette renonciation fut soumise par l'Empereur au Parlement autrichien qui l'enregistra et au Parlement hongrois qui l'incorpora à la Constitution. Les relations de l'archiduc et de sa femme, avec les autres membres de la famille royale, furent un mélange d'humiliations blessantes et de rancunes haineuses.

Elle ne put obtenir que le titre de duchesse de Hohenberg, qui la plaçait dans les cérémonies de la Cour à la queue de toutes les archiduchesses, alors même qu'elles n'étaient que jeunes filles. L'archiduc essaya, en vain, d'obtenir pour elle le titre d'archiduchesse. L'empereur François-Joseph refusa d'autant plus péremptoirement qu'en vertu de la Pragmatique Sanction de 1722-1723, ce titre aurait donné droit au trône de Hongrie aux enfants issus de ce mariage et, comme le mari aurait été empereur d'Autriche, également au trône d'Autriche.

Trois enfants naquirent de ce mariage : la princesse Sophie Hohenberg, en 1901 ; le prince Charles Maximilien, en 1902, et le prince Ernest, en 1904. La préoccupation de François-Ferdinand d'en assurer l'avenir était d'autant plus grande que les autres membres de la famille persistaient à les considérer comme des intrus.

Il ne pouvait arriver à changer la situation faite à sa femme et à ses enfants que par quelque coup d'éclat. Sa passion cléricale en faisait un ennemi acharné de l'Italie. Il était le centre du parti de la guerre, qui fut exaspéré lorsqu'elle fut évitée en 1909 après l'annexion de la Bosnie et l'Herzégovine.

D'une mentalité déséquilibrée, atteint d'une maladie qu'on ne désigne que par des réticences et dont il ressentait assez souvent les rechutes, il avait une politique inquiète et tourmentée, caractérisée par des haines farouches contre les juifs, les Hongrois et les Italiens.

L'empereur Guillaume résolut d'exploiter les rancunes et les déceptions de l'archiduc et de la duchesse de Hohenberg. Le fanatisme clérical de l'archiduc offrait une difficulté ; mais après l'annexion de la Bosnie-Herzégovine, il se mit directement en contact avec lui et se montra sympathique à ses projets de résoudre la question des Slaves du Sud au profit de la dynastie des Habsbourg et du catholicisme en ouvrant la route de Salonique. En 1909, l'empereur Guillaume invita à Potsdam l'archiduc et sa femme.

Le 12 juin 1914, ils le reçurent, accompagné de l'amiral Tirpitz, à leur château de Konopisht, situé en Bohême. Pendant ce séjour, l'empereur d'Allemagne aurait proposé à l'archiduc un projet de convention dont les termes ont été envoyés à M. Henry Wickham Steed, qui, après avoir été le correspondant du *Times* à Vienne pendant dix ans, en est actuellement le *foreign editor*. « L'auteur de cette communication, dit-il, mérite, par sa position et ses antécédents, qu'elle soit prise en sérieuse considération [1]. »

Le Kaiser aurait offert à l'archiduc et à sa femme la constitution de deux Royaumes ; l'un, composé de la Pologne, de la Lithuanie et de l'Ukraine, s'étendant de la Baltique à la mer Noire, lui serait attribué et formerait l'héritage de son fils aîné ; l'autre, que son second fils gouvernerait sous sa direction, serait composé de la Bohême, de la Hongrie, de la plus grande partie des terres slaves de l'Autriche, avec la Serbie, la côte slave de l'Adriatique orientale. L'empereur

---

[1]. V. la *Nineteenth Century*, février 1916. *The Pact of Konopisht*.

allemand donnerait au premier une partie du duché de Posen, et en compensation, l'Autriche allemande, avec Trieste, sous le gouvernement de l'archiduc Charles-François-Joseph, serait annexée à l'Empire allemand.

Entre l'Empire allemand, le Royaume ou Empire de Pologne, et le nouveau Royaume de Bohême, de Hongrie et des Slaves du Sud, serait assurée une alliance perpétuelle militaire et économique. Cette alliance, maîtresse des Balkans et de la route de l'Est, deviendrait l'arbitre de l'Europe. Nul ne pourrait empêcher l'Empire allemand de s'annexer la Hollande et la Belgique.

III. — L'assassinat de Sarajevo

Le 28 juin, quinze jours après, l'archiduc et sa femme étaient assassinés à Sarajevo.

La police de Sarajevo avait reçu l'ordre des autorités militaires de ne pas s'occuper de la visite de l'archiduc, qui les concernait exclusivement. Sur un parcours de plus de 6 kilomètres, il n'y avait que cent vingt agents de police. La première bombe fut lancée par un jeune homme, Cabrinovitch, fils d'un agent de police autrichien qui avait dépensé une partie de l'hiver précédent à Belgrade dans on ne sait quelles louches besognes. Rien n'avait été prévu pour la protection de l'archiduc. Après son arrêt à l'hôtel de ville, quand il partit pour l'hôpital, aucune mesure ne fut prise. Un autre jeune homme, Princep, fils du chef de l'espionnage austro-hongrois en Bosnie, put, à un coin de rue, tuer l'archiduc et sa femme, de trois coups de revolver. Le général Potiorek, qui commandait la place, en resta gouverneur ; il reçut le commandement de la première armée qui envahit la Serbie, et, après sa défaite, il fut déclaré fou et enfermé dans un asile.

Si on en juge, dit M. Steed, par les procédés employés par l'Autriche contre les Serbes durant la crise de l'annexion de 1908-1909, et exposés dans le procès de Friedjung[1] en décembre 1909, il est certain que les agents du service secret austro-hongrois, étaient capables d'organiser un complot à Belgrade ou à Sarajevo, s'il était jugé opportun pour des raisons de politique impériale, soit pour se débarrasser de personnages désagréables, soit pour fournir un prétexte de guerre.

Le cérémonial des funérailles, établi par le prince Montenuovo, « d'après les intentions de l'Empereur », est de nature à confirmer tous les soupçons.

M. Steed conclut que si l'empereur François-Joseph et les membres de la famille ont connu le pacte de Konopisht, concerté entre l'archiduc et l'empereur Guillaume, beaucoup de points restés obscurs seraient éclaircis.

Ce pacte comportant, de la part de l'héritier de l'Empire d'Autriche, l'abandon des provinces héréditaires des Habsbourg en faveur de l'Empire allemand, devait provoquer chez les membres de la famille impériale de profondes inquiétudes et une furieuse indignation.

Le prêtre transylvanien Lorali, qui, candidat aux élections de la Chambre roumaine, s'est désisté pour ne pas créer d'embarras au gouvernement roumain, affirmait dans son manifeste électoral qu'il possédait des documents prouvant que le comte Tisza et de hauts fonctionnaires austro-hongrois étaient les auteurs de l'assassinat de Sarajevo.

Si le comte Tisza a fait assassiner l'archiduc François-Ferdinand pour en débarrasser la Hongrie qui le détestait, pour en débarrasser la famille impériale ainsi que de sa femme, et enfin pour avoir un prétexte de guerre contre la Serbie, il peut être fier du succès qu'il a obtenu ; mais il doit être inquiet sur ses conséquences ultimes.

L'empereur François-Joseph, dans son rescrit du 5 juillet 1914, ne parut pas avoir l'intention de faire de l'assassinat un prétexte de guerre. Il le dénonça comme « l'œuvre d'une

---

1. En voir le récit dans notre brochure : *le Manifeste des Kulturkrieger*.

petite bande de détraqués » et affirma qu' « il continuerait de suivre la politique qui lui paraîtrait la meilleure pour le bien de son peuple ». Mais le Ballplatz, dirigé par la Wilhelmstrasse, décida le 14 juillet de lancer l'ultimatum. François-Joseph avait hésité à le signer : il s'y résigna sous la pression du parti de la guerre, et surtout du comte Tisza dont le rôle prépondérant devient de plus en plus caractéristique. Le comte Berchtold, en dépit des apparences, n'a joué dans ces événements qu'un rôle passif[1], et il a disparu, sans laisser de traces, pour céder la place au baron Burian qui n'est que l'homme de Tisza; et Tisza est l'homme de Guillaume II.

Quel beau prétexte lui offrait l'assassinat de Sarajevo !

Il faisait engager le conflit par l'Autriche-Hongrie : au lieu de prendre une attitude d'agresseur, il prenait celle de fidèle allié, entrant dans une œuvre de réparation pour châtier les auteurs et les complices d'un odieux attentat contre un prince. Tous les souverains et tous les princes lui devraient de la reconnaissance.

IV. — L'ASSASSINAT DU PRINCE YOUSSOUF IZZEDINE [2]

Le 3 février 1916, le gouvernement des Jeunes Turcs apprit au monde la mort du prince Youssouf Izzedine, par le communiqué suivant :

Que Dieu donne longue vie à Sa Majesté impériale !

Comme résultat de la maladie dont il souffrait depuis quelque temps, Son Altesse l'héritier du Trône a commis un suicide à sept heures et demie ce matin, dans la chambre à coucher du pavillon du harem du kiosque, à Zindjirly, en s'ouvrant les veines du bras gauche.

La mort de Son Altesse a causé une profonde douleur à Sa Majesté Impériale le sultan et au gouvernement impérial.

---

1. Voir *infra*, p. 25.
2. Voir le *Times* du 2 et du 4 mars, *le Temps* du 5 mars.

A la lecture de ce communiqué, chacun fut convaincu que les Jeunes Turcs avaient eu recours à un vieux moyen pratiqué sur les rives du Bosphore. Ils avaient suicidé le prince héritier.

Des renseignements de diverses sources ont confirmé ce soupçon.

Le prince n'était ni Jeune ni Vieux Turc; il était Turc, et comme tel, il était haï par Enver Pacha, le subordonné de l'Allemagne. Après le bombardement d'Odessa par la flotte turque, il manifesta hautement sa désapprobation. Dès lors, il fut condamné.

Quand, dans l'été de 1915, le sultan tomba malade, il y eut dans la maison de Haïry Bey, le Cheikh-ul-Islam, une réunion à laquelle prirent part Enver Pacha, Talaat Pacha, Bedri Bey, le préfet de police, le vice-président de la Chambre des députés et le propre docteur du prince.

Hussein Djahid exposa que les munitions risquaient de manquer et que si les alliés l'emportaient, Youssouf Izzedine pouvait jouer un rôle utile pour traiter des conditions de paix. Mais ces considérations provoquèrent une violente opposition. Si le Sultan mourait et était remplacé par Youssouf Izzedine, le Comité Union et Progrès, au lieu d'être le maître, risquait de trouver un maître. Enver Pacha insista pour qu'on se débarrassât immédiatement du prince. Son remplaçant, le prince Mahid-ed-Din, n'offrait sans doute pas toutes les garanties souhaitables, mais cependant, comme ils reconnurent qu'ils ne pouvaient tuer toute la famille impériale, ils se résignèrent à courir la chance de le voir monter sur le trône.

Il y eut quelques autres réunions avec quelque incertitude provenant des événements politiques extérieurs. Mais après l'évacuation, le 19 décembre, des Dardanelles par les Alliés, le Comité considéra qu'il pouvait mettre sans risque son projet à exécution. Les amis du prince sont convaincus que l'assassinat fut décidé à l'ambassade d'Allemagne et exécuté par son officier d'ordonnance Hassan Bey.

On ne put obtenir la signature du certificat de suicide d'aucun médecin européen, même pas d'un médecin allemand. Il fut donné par 19 docteurs turcs, dont le médecin chef du service sanitaire de l'armée, une des créatures d'Enver Pacha; l'oculiste Essad, ami de Talaat Bey; un accoucheur, Omer, qui a fait sa fortune avec la Croix-Rouge turque; Kassim Izz-ed-Din, membre de la section secrète du Comité Union et Progrès; Halid, espion et ami du chef de la police secrète; et le propre médecin du prince, qui avait voté pour sa mort à la réunion tenue chez le Cheik-ul-Islam, etc.

Youssouf-Izzedine a été assassiné la veille du jour où il devait partir pour l'Europe. Il avait télégraphié au ministre des Etats-Unis à Sofia pour lui donner rendez-vous.

Cet assassinat a été commis sur les rives du Bosphore; mais les Jeunes Turcs qui en sont les auteurs responsables avaient prétendu qu'ils renversaient le sultan rouge, Abdud-Hamid, pour mettre fin à la politique de crimes qui caractérisait son gouvernement; ils l'ont pratiquée avec cynisme. Mais ils ne l'ont pas pratiquée seuls : ils ont eu pour instigateurs et pour complices les représentants de la nation qui a la prétention de représenter la plus haute *Kultur* de l'humanité.

Cet assassinat continue de prouver le caractère régressif de sa civilisation. Il est affirmé par les crimes de ses soldats en Belgique et dans les pays occupés, par des actes tels que la destruction de Louvain et l'assassinat de miss Cavell, par les exploits de ses sous-marins et par les mensonges hypocrites à l'aide desquels son gouvernement a essayé de les excuser.

V. — Nouveaux détails sur des manœuvres allemandes

Au moment où le *Times* avait révélé l'histoire de la lettre qu'il devait publier et qui devait être reproduite par l'agence Wolff (Voir *infra*, p. 121), il n'avait pas donné le nom de son auteur. Depuis, il l'a révélé. C'était M. Ballin, le président de la *Hamburg American Linie*.

M. de Bethmann-Hollweg a dit dans son discours du 2 décembre 1914[1] qu' « au mois de juin 1914, il avait laissé entendre au gouvernement anglais qu'il avait connaissance de pourparlers secrets anglo-russes relatifs à une convention navale. Je le rendis attentif au danger grave que présentait pour la paix du monde une pareille politique. »

Toute cette histoire, racontée dans le but de montrer l'Allemagne comme une pauvre persécutée réduite à se défendre, n'était qu'une invention : le 28 octobre 1915, sir Edward Grey a déclaré qu'il n'y avait pas eu de convention navale entre la Grande-Bretagne et la Russie avant le 5 septembre 1914.

V. — LES CONDITIONS DE PAIX

Je considère que je n'ai rien à changer aux conditions de paix que j'ai exposées.

J'avais dit :

> Je ne parle ni de la Grèce, ni de la Bulgarie, ni du Monténégro, ni de l'Albanie. Le règlement des questions qui les intéressent ne jouera qu'un rôle très secondaire lors de la conclusion de la paix[2].

Les événements qui se sont déroulés dans les Balkans depuis le mois de septembre ne sont pas de nature à modifier cette opinion.

Les diplomates de la Triple-Entente ont essayé d'abroger le traité de Bucarest au profit de la Bulgarie et aux dépens de la Serbie, de la Grèce et de la Roumanie. Ils ont voulu ensuite rejeter leur lamentable échec sur les publicistes et les parlementaires, français et anglais, qui avaient osé

---

1. Voir *infra*, p. 124.
2. P. 383.

dire que l'occupation de Constantinople par la Russie était la seule solution possible de la question du Bosphore et des Dardanelles. Comptant parmi ces derniers, j'affirme de nouveau cette opinion et je demande à ces hommes si empressés à transposer leurs erreurs sur les autres, s'ils ignoraient le passé de Ferdinand, ses liens intimes avec la maison de Habsbourg et avec Guillaume II, son attaque en 1913 contre les Grecs et contre les Serbes, et l'emprunt, payable en munitions, contracté à Berlin, dès le commencement de 1915[1].

Les douloureux événements, qui résultent de l'incompréhensible aberration des diplomates anglais, français et russes, ont ajouté une page effroyable au martyrologe de la Serbie.

Mais, dès le 2 novembre, M. Asquith affirmait que « le maintien de son indépendance était un des objets essentiels des Alliés ». Ce n'est pas suffisant. Elle doit former un État ou une fédération avec les Slaves du Sud. Je me méfie de l'origine et de la tendance de la question insidieuse que j'ai entendu poser : « La Serbie sera-t-elle assez forte pour supporter cet agrandissement ? »

Nous avons peu de nouvelles de ce qui se passe en Bohême et en Croatie. Toutefois, celles qui sont parvenues indiquent que le gouvernement austro-hongrois a redoublé de violence. « En Autriche, disait dans les premiers jours du mois de mars le député Liebknecht au Landtag prussien, l'oppression dépasse tout ce qu'on a vu jusqu'ici. » Quand l'empereur François-Joseph ordonna l'exécution de tous les officiers restant du 28e régiment tchèque d'infanterie dont la plus grande partie s'était rendue aux Russes, il démontra lui-même que la guerre n'a pas effacé les dissentiments profonds qui opposent les unes aux autres les nationalités de la Monarchie austro-hongroise[2]. Urmauzy a dénoncé à la

---

1. Voir *la Question bulgare*, par Yves Guyot, *Journal des Economistes* du 15 décembre 1915.
2. Voir *le Journal des Économistes*, janvier 1916 : *La situation internationale*, p. 19.

Chambre des députés de Budapest la trahison des troupes tchèques en Serbie. M. Kelemen avait annoncé une interpellation sur les graves désordres provoqués à Szegedin par les soldats et officiers tchèques qui y furent transportés de Bohême. Ils ont fraternisé avec les soldats et officiers roumains, ils ont chanté avec eux les chansons nationales roumaines, l'hymne slave, *En avant, les Slaves!* et ont manifesté ouvertement leur hostilité aux Magyars. Il y a renoncé sur la demande du comte Tisza et du président de la Chambre qui lui ont montré l'intérêt qu'il y avait à faire le silence sur ces actes [1].

J'ai raillé la diplomatie allemande qui, dans la Triple-Alliance, avait substitué la Turquie à l'Italie. Maintenant, l'Italie a ajouté sa force à celle de la Triple-Entente. D'un voyage que j'ai fait au mois de décembre à Rome et à Milan, j'ai rapporté la plus grande confiance dans sa résolution.

Elle a adhéré, ainsi que le Japon, au pacte de Londres signé le 6 septembre 1914 par la Grande-Bretagne, la France et la Russie, portant qu'aucune de ces nations ne ferait de paix séparée : et par ce seul fait, elle se trouve en guerre avec l'Allemagne aussi bien qu'avec l'Autriche-Hongrie.

La Grande-Bretagne a réduit l'Allemagne à embouteiller ses cuirassés et à ne faire qu'une guerre de sous-marins qui a accentué l'odieux de ses procédés de guerre ; non seulement elle a assuré aux Alliés la maîtrise de la mer, mais elle est arrivée à constituer une armée de plus de trois millions d'hommes, et elle a recueilli plus de quatre millions d'engagements volontaires, ne comportant aucune restriction.

A la fin de janvier, un samedi soir, je me trouvais à Londres avec un des directeurs de la fabrication des munitions. Il me proposa d'en visiter des ateliers le lendemain. « Mais, lui dis-je, c'est demain dimanche. » Il me répondit : « Le dimanche ne compte pas pour les munitions. »

---

[1]. *Le Journal des Débats*, 6 mars. Correspondance de Bucarest.

Les Alliés ne connaissent pas suffisamment leurs efforts réciproques. Les Russes ont prouvé qu'ils avaient des généraux de premier ordre et des soldats aussi admirables dans l'attaque que dans la défense. Malgré les difficultés de ravitaillement, à certains moments, le manque d'armes et de munitions, ils ont épuisé des armées austro-allemandes : et, par la prise d'Erzeroum, la solidarité des intérêts des Alliés a été démontrée une fois de plus. Les Turcs tournent le dos à l'Egypte, abandonnent le projet de conquête du canal de Suez au profit de l'Allemagne. Ils se soucient moins que jamais de collaborer à la prise de Salonique ; et les alarmistes qui en voyaient 800 000 en Champagne ou en Artois peuvent se rassurer. Au lieu d'entreprendre la conquête du golfe Persique et de la Perse, les Turcs pensent à la défense de Constantinople. Les grands projets de mainmise sur l'Orient que ruminait Guillaume II sont effondrés.

En 1914, les Allemands se sont rués sur Paris. Ils ont été repoussés dans l'épique bataille de la Marne. Au mois d'octobre, ils se précipitèrent sur Ypres-Armentières avec Calais pour objectif. Ils furent arrêtés. En 1915, ils se sont livrés au mois d'avril, à une violente attaque sur l'Yser. C'est la seule grande offensive qu'ils aient tentée au cours de l'année. Le 21 février 1916, ils ont engagé une formidable bataille devant Verdun. Ils ne sont pas parvenus à briser nos lignes. Dans ces diverses batailles, le soldat français a suppléé par son héroïsme, son habileté, aux graves lacunes de notre préparation militaire technique. Son courage, sa persévérance, sa volonté de vaincre, l'épuisement des effectifs allemands [1], nous permettent de compter sur une victoire décisive.

Maîtres de la mer, les Alliés sont assurés d'un ravitaillement qui ne subit d'autres restrictions que les possibilités économiques. La Grande-Bretagne a prouvé qu'elle était

---

1. Voir les articles de M. L. Gouvy dans le *Journal des Économistes*, février 1915, janvier et mars 1916.

toujours la plus grande puissance financière du monde ; et cette constatation a donné en faveur du libre-échange un argument sans réplique.

Il faut avouer que les Alliés comptaient parmi eux de nombreux germanomanes, qui avaient pour les vainqueurs de Sedan une admiration profonde, et qui étaient d'accord avec les *Kulturkrieger* pour faire dater de cet événement la grandeur économique de l'Allemagne. Ils oubliaient qu'il avait coïncidé avec certaines découvertes et inventions qui ont donné à l'Allemagne des bénéfices autrement solides que l'indemnité de guerre de 1871. Le procédé Bessemer, le four Martin Siemens, le procédé Gruner, qui porte le nom de Thomas et Gilchrist, datent de la même époque ; et ces inventions dues à des Anglais et à des Français ont fait la puissance métallurgique de l'Allemagne[1]. Le développement de son industrie de matières colorantes dérivées de la houille est dû à la découverte de l'Anglais Perkins et du Lyonnais Verguin : et si les Allemands ont su en tirer un meilleur parti que leurs compatriotes, ce n'est ni à Bismarck ni à de Moltke qu'ils le doivent ; c'est au chimiste Liebig qui, dès 1827, inaugura à Giessen l'enseignement pratique de la chimie.

Ces transformations de l'industrie ont eu une autre importance pour la prospérité de l'Allemagne que ses victoires de 1870. Ces victoires et l'annexion de l'Alsace-Lorraine lui ont coûté des charges militaires écrasantes, une politique d'anxiété dont elle ressentait les effets aussi bien que ceux qu'elle menaçait, et enfin elles ont abouti au cataclysme actuel.

Les résultats de la subordination de la politique économique à la politique guerrière, si perceptibles qu'ils soient, n'ont cependant pas supprimé les aberrations de ces germanomanes qui, dans leur zèle patriotique pour la Grande-

---

[1]. Voir *la Métallurgie allemande*, par Fritz Thyssen. *Revue économique internationale*, 20 juin 1911.

Bretagne et pour la France, voudraient faire prendre au compte de ces nations l'impérialisme allemand qui n'est que l'exploitation des faibles par les forts[1].

Confondant la guerre, qui est un acte entre États, et l'échange qui est constitué par des actes individuels, ces ennemis de l'Allemagne, imprégnés de germanisme, mêlent et embrouillent la solution politique et l'avenir économique. Ils se montrent d'une timidité déplorable quand il s'agit de garantir la paix pour l'avenir par la dissolution de l'Empire allemand et de la Monarchie austro-hongroise, et ils se montrent pleins d'audace pour engager la guerre économique après la paix. Les arguments qu'ils donnent, empreints du vieil esprit de monopole et de la jalousie commerciale, sont les mêmes que ceux que leurs pères et qu'eux-mêmes ont donnés contre l'Angleterre.

Ils parlent de guerre économique. Ils rêvent d'un traité de paix qui serait un instrument de boycottage. Ils voudraient supprimer de l'Europe centrale les 115 à 120 millions d'individus qui la peuplent et qui auront besoin de manger à peu près tous les jours, d'acheter et de vendre et dont le commerce extérieur avant la guerre s'élevait à plusieurs milliards.

Ils interdiraient aux Russes de vendre aux Allemands de l'orge et du blé et aux Français d'acheter aux Allemands du coke et du charbon de la Ruhr pour les hauts fourneaux du bassin de Briey.

Ces procédés auraient pour conséquence non pas seulement de maintenir l'état de guerre après la paix, mais de provoquer entre les Alliés de profonds dissentiments. C'est une étrange naïveté de croire qu'un peuple et même un groupe de peuples peut aujourd'hui se suffire à lui-même[2].

---

1. *L'Impérialisme économique*, par Yves Guyot. *Journal des Economistes*, mars 1913. — *La jalousie commerciale et les relations internationales*, par Yves Guyot (broch. de la *Ligue du libre-échange*).

2. V. *Journal des Economistes. Les Problèmes économiques après la*

En essayant d'établir un régime économique qui aurait pour conséquence d'entretenir l'esprit de revanche parmi nos ennemis vaincus, nous ne serions que les plagiaires de la politique turque et de la politique allemande.

Si nous faisons la guerre, c'est pour avoir la paix.

Elle ne présentera des garanties de stabilité et de durée, que si les populations n'ont pas à regretter l'impérialisme qui les a conduites à la défaite et à la ruine; que si elles sont à même de reconstituer leur existence; que si elles savent qu'en employant toute leur énergie à faire œuvre productive, elles en bénéficieront : alors la dissolution morale suivra la dissolution politique. Celle-ci ne sera définitive qu'à cette condition[1].

Aussi j'insiste avec une nouvelle énergie sur la distinction entre la solution politique et la solution économique.

Dès le début de la guerre, les hommes d'État anglais, français, russes, ont montré la nécessité de n'arrêter la lutte qu'après l'écrasement du militarisme prussien. Mais le militarisme n'est qu'un effet. Sa destruction comporte la dissolution de l'Empire allemand et de la Monarchie austro-hongroise, la fin des dynasties des Habsbourg et des Hohenzollern.

M. Shadwell, très au courant de la situation de l'Allemagne, dit :

La guerre ne peut être finie par des négociations ou des concessions parce qu'aucun traité de paix conclu avec l'Allemagne ne vaudrait le papier sur lequel il serait écrit.

Les pays neutres n'y auraient pas plus de confiance que les belligérants. Personne, pas même les Suisses allemands germanophiles n'ont confiance dans l'Allemagne[2].

---

guerre, août et septembre 1915. — Voir *Journal de la Société de statistique*, mars 1916. *Le commerce international en* 1915. Communication de M. Yves Guyot.

1. V. *infra* sur le Problème à résoudre, p. 348.
2. *The only way to lasting peace. Nineteenth Century and After*, January 1916.

VII. — La guerre économique

Quant à la solution économique, elle implique la suppression des droits protecteurs pour tout le groupe austro-allemand. On assure ainsi à l'Alsace et à la Lorraine le maintien du marché allemand après leur réintégration à la France. L'Angleterre, elle, doit conserver sa politique de libre-échange. L'ouvrier qui s'est enrôlé ne saurait admettre qu'en revenant chez lui, il trouve le prix de son pain et de son *bacon* relevé par des droits protecteurs. La France ne peut continuer de traiter en ennemies économiques l'Angleterre, la Belgique et l'Italie; elle ne peut refuser aux États-Unis le traitement de la nation la plus favorisée. Elle ne pourra réparer ses ruines qu'en recevant des outillages et des approvisionnements au plus bas prix; elle ne peut espérer reprendre son exportation qu'en réduisant au minimum ses prix de revient qui seront surchargés par les intérêts de la dette et le remboursement rapide des avances de la Banque à l'Etat.

La préoccupation de prévenir de nouvelles guerres, et les besoins immédiats nous imposent le retour aux traités de commerce à long terme avec une orientation résolue vers le libre-échange.

Mais un Colbertiste m'interrompt en ricanant pour me dire : « Le vote de la Chambre de commerce de Manchester et celui de la Réunion des cinq cents délégués des chambres de commerce britanniques émis le 29 février, prouvent que les Anglais ont « brisé l'idole du libre-échange. » Les journaux anglais annoncent que M. Bonar Law a donné son adhésion à un projet du gouvernement français pour préparer une guerre commerciale contre l'Allemagne. « Ce serait une alliance offensive et défensive des Alliés contre les pouvoirs allemands. »

Je ne discute pas ici la valeur des votes de ces chambres de commerce; je fais cependant observer que trente sur trente-trois membres du conseil de direction de la Chambre de commerce de Manchester se sont opposés à ce vote. Je me borne à constater que M. Bonar Law était président du *Tariff Reform committee*, avant de devenir le *leader* des Unionistes.

Nous sommes en ce moment en pleine phase de civilisation guerrière : il n'est donc pas étonnant qu'elle modèle et écrase la civilisation économique. Sous cette influence toutes les réactions sont possibles. Le vieil esprit de monopole et de jalousie commerciale qui, au dix-septième et au dix huitième siècle, suscitait les guerres entre la Hollande et l'Angleterre, entre la France, la Hollande et l'Angleterre, entre l'Espagne et l'Angleterre; qui faisait prohiber entre la France et l'Angleterre non seulement des importations, mais des exportations de blé et de laine, reparaît et met en avant les préjugés du système mercantile. Des propositions de ce genre ont pour but de rétablir en état de paix le Blocus continental[1].

Le gouvernement anglais demanderait d'ajouter au pacte de Londres un autre pacte par lequel les Alliés s'engageraient à ne faire aucun accord commercial avec les ennemis sans le consentement de tous les autres pays.

Si ce pacte était adopté, les protectionnistes français perdraient la liberté des tarifs dont ils étaient si fiers.

Nous verrons comment les protectionnistes de chaque pays arriveront à s'entendre entre eux pour constituer une alliance dans une guerre économique[2]. Je redoute que cette tentative ne provoque de violents dissentiments qui affaibliront l'union politique.

La guerre actuelle, pas plus que les guerres antérieures, n'a supprimé cette vérité économique formulée par Tooke,

---

[1]. Voir Yves Guyot, *Rapport général sur l'Exposition franco-britannique* de 1908.

[2]. V. *Journal des Économistes*, t. 46, p. 30 : *Les projets d'unions douanières*, par G. Schelle.

dans la Pétition des marchands de la Cité, en 1820 : « La pratique d'acheter, dans le marché le plus bas et de vendre dans le marché le plus cher, qui règle les affaires individuelles de chaque marchand, est strictement applicable comme la meilleure règle pour le commerce de la nation tout entière. »

Elle n'a supprimé aucune des vérités économiques affirmées dans le *Manifeste de la Ligue du libre-échange*; et entre autres celles-ci, en dépit de l'affirmation contraire de l'Allemand Frédéric List :

Ce ne sont pas les États qui font les échanges, ce sont des individus.

Le libre-échange est l'échange conclu entre des particuliers sans intervention de l'autorité.

Devenu la règle pour les échanges intérieurs des nations avancées en évolution, il doit devenir la règle des échanges internationaux.

Yves Guyot.

Avril 1916

LES CAUSES ET LES CONSÉQUENCES
DE LA GUERRE

PREMIÈRE PARTIE
Les Causes politiques de la Guerre

CHAPITRE PREMIER

LE POINT DE DÉPART

Le procès de Sarajevo. — Pas de rapport entre l'assassinat de l'archiduc et la guerre.

Une dépêche du 28 octobre a annoncé que le jugement a été rendu dans le procès de Sarajevo.

Les accusés, Danilo Ilio, Veljko Cubrilovic, Nedo Kerovic, Misco Jovanonic, Jakov Milovic, sont condamnés à mort par strangulation.

Mikar Karovic est condamné à l'encellulement pour la vie.

Danilo Princep, Nedjelko Cabrinovic, Trifko Grabez sont condamnés à 20 ans d'encellulement.

Cette dépêche a passé inaperçue. Les conséquences de l'assassinat de l'archiduc François-Ferdinand, le 28 juin, ont été telles qu'elles l'ont fait oublier. On ne connaît pas les débats du procès. Ces condamnations frappent neuf personnes. Les juges ont dû discuter le degré de culpabilité de chacune d'elles, puisqu'elles n'ont pas été toutes condamnées à la même peine; mais des hommes, complètement étrangers à ce crime, ont perdu la vie par centaines de milliers ont subi des blessures de tout genre, des femmes et des enfants ont été torturés et égorgés, des milliers de maisons ont été détruites, les misères et les deuils se sont accumulés en Serbie, en Belgique, en France, dans la Grande-Bretagne, en Russie, en Allemagne, en Autriche-Hongrie. Pourquoi ces victimes immolées aux mânes de l'archiduc François-Ferdinand? Comment un acte, qui n'engageait que la responsabilité de ceux qui y avaient participé, comme auteurs ou comme complices, a-t-il pu entraîner des sacrifices humains tels qu'ils dépassent en horreur tout ce que les légendes et l'histoire nous ont transmis?

Dans le numéro de juin du *Journal des Économistes*, examinant les risques de guerre et les charges militaires, je terminais mon article en disant :

Dans chaque pays, les hommes politiques devraient s'attacher à mettre en regard la valeur des causes objectives des risques de guerre et les charges de la paix armée. La disproportion est complète. Restent les causes subjectives. Celles-ci sont impondérables. Elles dépendent de certains états psychologiques dépourvus de tout critérium. Mais on suppose dans les relations ordinaires de la vie que les gens agiront d'une manière raisonnable.

Est-ce une trop grande ambition de demander que les hommes qui détiennent le pouvoir chez les diverses nations agissent de cette manière ?

Comme la guerre actuelle le prouve, cette ambition était trop grande. L'empereur François-Joseph et l'empereur Guillaume II; leurs conseillers, le comte Tisza, premier ministre de Hongrie ; le comte Berchtold, président du Conseil commun des ministres de la Monarchie austro-hongroise;

le docteur de Bethmann Hollweg, chancelier de l'Empire allemand; M. de Jagow, ministre des Affaires étrangères, ont pris l'assassinat de l'Archiduc comme prétexte pour jeter l'Europe dans une guerre générale. Il n'y a pas de relation entre la cause et l'effet; il n'y a aucune proportion entre le motif invoqué et le résultat : et du moment que ces rapports manquent, on est en droit de conclure que ces souverains et ces hommes d'Etat ont commis des actes d'aberration qui relèvent de la psychiatrie.

CHAPITRE II

L'ULTIMATUM A LA SERBIE ET LES DÉCLARATIONS DE GUERRE

Exigences de l'Autriche-Hongrie. — Ses prétentions. — Réponse du gouvernement serbe. — Coïncidences voulues. — Le voyage de M. Poincaré en Russie. — L'attitude du gouvernement allemand. — Démarches des ambassadeurs. — L'Autriche, l'Allemagne et la Russie. — Déclaration de guerre à la Russie, le 1er août. — Déclaration de guerre à la France, le 2 août. — Mensonges.

Les auteurs de cette guerre, éprouvant quelque embarras de la responsabilité qu'ils ont assumée devant leurs contemporains, leurs compatriotes et la postérité, essaient, avec une duplicité effrontée et naïve, de la reporter sur la Russie, la Grande-Bretagne et la France.

Cependant, ce ne sont ni la Russie, ni la Grande-Bretagne, ni la France qui ont remis à la Serbie l'ultimatum du 23 juillet.

Cet ultimatum rend la Serbie collectivement responsable du meurtre de l'Archiduc et il lui intime l'ordre de publier à la première page du *Journal officiel* du 26 juillet l'énonciation suivante : il comprend trois paragraphes dans lesquels « le gouvernement royal de Serbie condamne la propagande dirigée contre l'Autriche-Hongrie » et s'engage « à procéder avec la dernière rigueur contre les personnes qui se rendraient coupables de pareils agissements ».

Le gouvernement serbe s'engage en outre :

1° A supprimer toute publication qui excite à la haine et au mépris de la monarchie;

2° A dissoudre immédiatement la Société dite « narodna odbrana »;

3° A éliminer de l'instruction publique tout ce qui peut ou pourrait servir à fomenter la propagande contre l'Autriche-Hongrie;

4° A éloigner du service militaire et de l'administration tous les officiers et fonctionnaires coupables de la propagande contre la Monarchie austro-hongroise;

5° A accepter la collaboration en Serbie des organes du Gouvernement Impérial et Royal dans la suppression du mouvement subversif dirigé contre l'intégrité territoriale de la monarchie;

6° A ouvrir une enquête judiciaire contre les partisans du complot, du 28 juin, se trouvant sur territoire serbe; des organes, délégués pa le gouvernement impérial et royal, prendront part aux recherches y relatives;

7° A procéder d'urgence à l'arrestation de Vonya Tankosic et du nommé Milan Ciganovic, employé de l'État serbe, compromis par les résultats de Sarajevo;

8° A empêcher le concours des autorités serbes dans le trafic illicite d'armes et d'explosifs à travers la frontière; — à licencier et à punir sévèrement les fonctionnaires du service frontière de Schabatz et de Loznica, coupables d'avoir aidé les auteurs du crime de Sarajevo en leur facilitant le passage de la frontière;

9° A donner au Gouvernement Impérial et Royal des explications sur les propos injustifiables des hauts fonctionnaires serbes, tant en Serbie qu'à l'étranger;

10° A avertir, sans retard, le gouvernement impérial et royal de l'exécution des mesures comprises dans les points précédents.

Le Gouvernement Impérial et Royal attend la réponse du gouvernement royal au plus tard jusqu'au samedi 25 de ce mois, à 6 heures du soir.

Suivait un commentaire dont le ministre austro-hongrois devait accompagner la remise de cette note. Il mettait en opposition l'attitude hostile de la Serbie et l'attitude de bienveillante longanimité dont l'Autriche-Hongrie lui donnait une nouvelle preuve. Il contenait le paragraphe suivant :

Le Gouvernement Impérial et Royal est persuadé qu'en entreprenant cette démarche, il se trouve en plein accord avec les sentiments de toutes les nations civilisées, qui ne sauraient admettre que le régicide devînt une arme dont on puisse se servir impunément dans la lutte politique, et que la paix européenne fût continuellement troublée par les agissements partant de Belgrade.

Venait une annexe de cinq paragraphes, concernant le rôle des individus mentionnés dans l'ultimatum.

L'humilité de la réponse de la Serbie prouve la terreur que lui inspira l'ultimatum austro-hongrois. Cependant elle fit sur le paragraphe 5 la réserve suivante :

5) Le Gouvernement Royal doit avouer qu'il ne se rend pas clairement compte du sens et de la portée de la demande du gouvernement impérial et royal, que la Serbie s'engage à accepter sur son territoire la collaboration des organes du Gouvernement Impérial et Royal ; mais il déclare qu'il admettra la collaboration qui répondrait aux principes du droit international et à la procédure criminelle ainsi qu'aux bons rapports de voisinage.

6) Le Gouvernement Royal, cela va sans dire, considère de son devoir d'ouvrir une enquête contre tous ceux qui sont ou qui, éventuellement, auraient été mêlés au complot du 15 juin[1] et qui se trouveraient sur le territoire du royaume. Quant à la participation à cette enquête des agents ou autorités austro-hongroises qui seraient délégués à cet effet par le gouvernement impérial et royal, le gouvernement royal ne peut pas l'accepter, car ce serait une violation de la constitution et de la loi sur la procédure criminelle ; cependant, dans des cas concrets, des communications sur les résultats de l'instruction en question pourraient être données aux agents austro-hongrois.

9) Relativement à Voïslav Tankossitch, il était arrêté ; mais Milan Ziganovitch s'était dérobé et il était sujet de la monarchie austro-hongroise. Le gouvernement serbe demandait qu'on lui fît connaître,

---

1. Vieux style.

dans la forme ordinaire, les présomptions de culpabilité et les preuves éventuelles de leur culpabilité.

Tous les accusés étaient des sujets austro-hongrois.

Le gouvernement austro-hongrois, en rédigeant ce document diplomatique qui n'a pas de précédent, savait que la Serbie ne pouvait accepter, sans renoncer à son indépendance, les deux paragraphes sur lesquels elle faisait des réserves.

Cet ultimatum à la Serbie, exigeant une réponse dans un délai de quarante-huit heures, avait été remis le 23 juillet, jour où M. Pachitch, président du Conseil, était loin de Belgrade. A Vienne, seul M. Von Tschircky, l'ambassadeur allemand, en avait eu connaissance[1]. Auprès de tous les autres ambassadeurs, le silence du Ballplatz avait été si complet et si rassurant que le 20 juillet, l'ambassadeur de Russie avait quitté Vienne pour un congé de quinze jours. Le 22 et le 23 juillet, l'ambassadeur français eut deux entrevues avec le baron Macchio, sous-secrétaire d'État des Affaires étrangères : dans la première, il reçut l'impression que la démarche du gouvernement austro-hongrois aurait un caractère tel que tout gouvernement pouvait l'accepter; dans la seconde, il ne fut même pas informé que la présentation de la note avait lieu ce jour même, ni avisé de sa publication le lendemain. Sir M. de Bunsen, ayant vu le même jour l'autre sous-secrétaire d'État, le comte Forgach, avait été plus heureux : il en avait appris la présentation et le caractère. L'ambassadeur d'Italie, le duc d'Avarna, fut laissé dans une ignorance complète. Aucun ambassadeur, sauf l'ambassadeur allemand, ne fut prévenu par le comte Berchtold de l'acte si grave qu'il préparait. Pen-

---

1. Rapport de sir M. de Bunsen, n° 161, *Great Britain and the European Crisis*. Cette brochure contient le livre blanc, complété par divers documents. Publiée par la Couronne, elle est vendue au prix de 1 d. (0 fr. 10). On en a fait une traduction française.

dant les quarante-huit heures qui précédèrent la présentation de la note, s'étant rendu à Ischl, il était inaccessible aux ambassadeurs. Il est vrai que sir M. de Bunsen, dès le 15 juillet, en reçut quelque avis, mais ce fut d'une source privée. Il est vrai que la *Neue freie Presse* et d'autres journaux employaient un langage belliqueux à l'égard de la Serbie; mais le journal officieux *Fremdenblatt* était plus prudent, si bien que « l'opinion dominante parmi mes collègues, dit sir M. de Bunsen, était que l'Autriche s'abstiendrait de toute démarche risquant de jeter l'Europe dans de graves complications ».

La note fut publiée le 24 et reçut immédiatement le titre d'ultimatum. Un moment, le bruit courut que la Serbie l'acceptait. Ce fut un vif désappointement à Vienne, mais le soir on apprit que la Serbie faisait des réserves et que le ministre autrichien, le baron de Giesl, avait rompu tout rapport avec la Serbie. Une explosion d'enthousiasme, très bien réglée d'ailleurs, éclata à Vienne et dans beaucoup de villes d'Autriche. La foule et les journaux demandaient une guerre immédiate avec la Serbie, comme vengeance du crime de Sarajevo.

Pendant que le Ballplatz tenait l'ambassadeur français dans l'ignorance, il savait que le président du Conseil et le président de la République, revenant de Russie, ne pouvaient pas être en France avant quatre ou cinq jours. On peut supposer, sans témérité, que la coïncidence de ces faits n'était pas fortuite.

A Saint-Pétersbourg, le 24 juillet, le ministre des Affaires de Russie, M. Sazonof, dit à Sir George Buchanan, ambassadeur de la Grande-Bretagne, que jamais « l'Autriche n'aurait eu cette conduite provocatrice et immorale, sans être d'accord avec l'Allemagne ».

Le gouvernement allemand niait et a continué de nier qu'il connût l'ultimatum; seulement, dès le 24, il déclarait que « les demandes du gouvernement austro-hongrois lui paraissaient équitables et modérées »; s'il ne connaissait pas l'ultimatum, comment pouvait-il déclarer que ses demandes étaient équitables et modérées ? Il ajoutait que « la question devait être réglée uniquement entre l'Autriche-Hongrie et la Serbie ; que le gouvernement impérial entendait localiser le conflit ; que toute intervention d'un autre pouvoir entraînerait des conséquences incalculables » ; et dès le 23, date de l'ultimatum, il avait lancé un ordre individuel de mobilisation.

Le 25 juillet, au matin, il avait consigné les garnisons d'Alsace-Lorraine. Le même jour, il avait mis en état d'armement les ouvrages proches de la frontière. Le 26, il avait prescrit aux chemins de fer les mesures préparatoires de la concentration. Le 27, il avait effectué les réquisitions et mis en place ses troupes de couverture[1].

Sir Edward Grey dit au comte Mensdorff, ambassadeur de l'Autriche-Hongrie à Londres, que la réponse de la Serbie était la plus grande humiliation qu'il eût vu subir par un pays, et qu'il était extrêmement désappointé d'apprendre qu'elle était traitée par le gouvernement autrichien comme insuffisante et négative.

Si le gouvernement autrichien n'avait eu que le but de se préserver de l'agression et des intrigues serbes, il se serait assuré, par des négociations diplomatiques, l'agrément de la Russie et des autres puissances.

Aussitôt la réponse reçue, il compléta sa mobilisation.

Le 27 juillet, Sir Edward Grey annonça à la Chambre des Communes qu'il proposait une démarche commune à Vienne et à Saint-Pétersbourg des représentants de l'Angleterre, de la France, de l'Allemagne et de l'Italie. Ce projet fut accepté par la France et la Russie et repoussé par l'Allemagne.

Pour ménager toutes les susceptibilités à Vienne, M. de Bunsen, en communiquant, le 28, cette proposition au comte

---

1. *Mémorandum* du gouvernement français le 4 août.

Berchtold, se garda d'employer le mot de médiation. Le ministre autrichien répondit que, le jour même, la guerre serait déclarée à la Serbie. Sir M. de Bunsen ayant fait quelques observations, le comte Berchtold répliqua qu'il considérait que la Russie n'aurait pas le droit d'intervenir, du moment que l'Autriche-Hongrie l'assurerait qu'elle n'avait pas pour but un agrandissement de territoire. Ainsi, à son point de vue, réduire tout un état indépendant à la vassalité était moins grave que d'en prendre un morceau. Il paraît qu'au Ballplatz on considère que le tout est plus petit que la partie.

Tous les ambassadeurs, sauf l'ambassadeur d'Allemagne, firent des démarches en vue de la paix.

Le comte Berchtold, si arrogant, était-il prêt à affronter la guerre avec la Russie ou espérait-il que l'Autriche-Hongrie pouvait renouveler son défi, sans courir plus de danger qu'en 1908?

Le lendemain 29 juillet, l'ambassadeur d'Autriche à Berlin dit à Sir E. Goschen « qu'une guerre générale était peu probable, la Russie n'ayant pas envie et n'étant pas en position de faire la guerre ». Le 28 juillet, le comte Berchtold avait refusé à l'ambassadeur de Russie, M. Schebeko, de donner l'autorisation au comte Szapary, ambassadeur d'Autriche-Hongrie à Saint-Pétersbourg, de traiter la question avec M. Sazonof, le ministre des Affaires étrangères de Russie; mais le 30, bien que la Russie eût ordonné une mobilisation partielle contre l'Autriche, il donna, dans les termes les plus amicaux, son consentement à cette proposition. Un arrangement paraissait probable. Le 1er août, Sir M. de Bunsen était informé que le comte Szapary avait annoncé à M. Sazonof que l'Autriche avait accepté de soumettre à la médiation des puissances, les points de sa note à la Serbie qui paraissaient incompatibles avec le maintien de l'indépendance de ce pays. M. Sazonof avait demandé que l'Autriche n'envahît pas la Serbie. Le 1er août, le comte Mensdorff, ambassadeur de l'Autriche-Hongrie à Londres, assurait le

Foreign Office que l'Autriche n'avait jamais « fermé la porte à un compromis ni rompu les conversations ». L'ambassadeur d'Autriche faisait une déclaration analogue à Paris. M. Schebeko tenait, de son côté, le langage le plus conciliant à Vienne et il avait informé Sir M. de Bunsen que le comte Berchtold lui avait répondu dans le même esprit. On considérait que l'Autriche ne cherchait qu'un moyen pour couvrir sa retraite.

Mais ce n'était pas le Ballplatz qui dirigeait les événements, c'était la Wilhelmstrasse !

Le 29 juillet au soir, Sir Goschen, l'ambassadeur britannique à Berlin, avait été invité à aller chez le chancelier qui revenait de Potsdam. Cet entretien avait pour objet la neutralité de la Grande-Bretagne. En échange, il promettait que l'Allemagne ne ferait pas des acquisitions territoriales sur le Continent aux dépens de la France. Sir E. Goschen lui ayant posé la question relativement aux colonies, il lui répondit que, sur ce point, il ne pouvait prendre un tel engagement.

Pour la Hollande, il prenait volontiers l'engagement d'en respecter la neutralité, mais l'Allemagne pourrait être forcée d'entrer en Belgique. Si la Belgique laissait faire, l'empire allemand, à la fin de la guerre, voudrait bien en respecter l'intégrité.

Tandis qu'on négociait encore à Vienne, Berlin avait proclamé la veille, 31 juillet, l'état de guerre et avait envoyé à son ambassadeur à Saint-Pétersbourg, le comte de Pourtalès, l'ordre de porter au ministre des Affaires étrangères, un ultimatum dans lequel il déclarait que si, le lendemain samedi à midi, la Russie n'avait pas commencé sa démobilisation non seulement à l'égard de l'Allemagne, mais aussi à l'égard de l'Autriche, le gouvernement allemand serait forcé de donner l'ordre de mobilisation [1].

Le même jour, cette démarche inamicale à l'égard de la Russie se doublait d'actes nettement hostiles à l'égard de la

---

[1] *Mémorandum* du gouvernement français.

France : rupture des communications par routes, voies ferrées, téléphones, saisie des locomotives françaises à leur arrivée à la frontière, placement de mitrailleuses au milieu de la voie ferrée qui avait été coupée, concentration de troupes à cette frontière[1].

Le 1ᵉʳ août, l'Allemagne déclarait la guerre à la Russie. Le 2 août, l'Allemagne violait la neutralité du Luxembourg, adressait un ultimatum à la Belgique et franchissait en trois points la frontière française. Le 3 août, elle déclarait la guerre à la France, dans les termes suivants :

Paris, 3 août.

Monsieur le Président,

Les autorités administratives et militaires allemandes ont constaté un certain nombre d'actes d'hostilités caractérisés, commis sur territoire allemand par des aviateurs militaires français.

Plusieurs de ces derniers ont manifestement violé la neutralité de la Belgique, survolant le territoire de ce pays. L'un a essayé de détruire des constructions près de Wesel, d'autres ont été aperçus sur la région de l'Eiffel, un autre a jeté des bombes sur le chemin de fer près de Carlsruhe et de Nuremberg.

Je suis chargé, et j'ai l'honneur de faire connaître à Votre Excellence qu'en présence de ces agressions, l'Empire allemand se considère en état de guerre avec la France, du fait de cette dernière puissance.

J'ai en même temps l'honneur de porter à la connaissance de Votre Excellence que les autorités allemandes retiendront les navires marchands français, dans des ports allemands, mais qu'elles les relâcheront, si dans les quarante-huit heures la réciprocité complète es assurée.

Ma mission diplomatique ayant ainsi pris fin, il ne me reste plus qu'à prier Votre Excellence de vouloir bien me munir de mes passe-

---

2. *Mémorandum* du gouvernement français.

ports, et de prendre les mesures qu'Elle jugerait utiles pour assurer mon retour en Allemagne avec le personnel de l'ambassade, ainsi qu'avec le personnel de la Légation de Bavière et du Consulat général d'Allemagne à Paris.

Veuillez agréer, Monsieur le Président, l'expression de ma très haute considération.

Signé : SCHOEN.

Le gouvernement français pouvait affirmer qu'à aucun moment aucun aviateur français n'avait pénétré en Belgique : aucun aviateur français n'avait commis, ni en Bavière, ni dans aucune autre partie de l'Allemagne, aucun acte d'hostilité.

Les prétextes invoqués complétaient bien tout cet ensemble de menaces, d'intrigues et de mensonges.

Cependant le gouvernement allemand ne pouvait en mettre de semblables en avant à l'égard de la Belgique, à laquelle il déclarait la guerre le 5 août, après en avoir violé le territoire dès le 3 août.

Dans une dépêche du 4 août, le ministre des Affaires étrangères allemand disait au prince Lichnowsky, ambassadeur à Londres, « d'assurer sir Edward Grey que l'Allemagne n'annexerait rien de la Belgique, même en cas de conflit armé. Il est évident que nous ne pourrions annexer avec profit un territoire de la Belgique sans faire en même temps des acquisitions territoriales aux dépens de la Hollande. La violation de la neutralité de la Belgique destinée à empêcher l'avance des Français est pour nous une question de vie ou de mort. »

Le 3 août, l'Italie déclare qu'elle restera neutre. Le 4 août, l'Angleterre somme l'Allemagne de respecter la neutralité de la Belgique et, sur son refus, lui déclare la guerre.

Le 6 août seulement, date qui indique des hésitations maintenant connues, le comte Berchtold affirma que « la Russie avait commencé les hostilités contre l'Allemagne », qui lui avait déclaré la guerre le 1ᵉʳ août et il présentait l'Autriche-Hongrie comme contrainte de se considérer comme en état de guerre avec la Russie.

Mais elle ne rappela pas son ambassadeur de Londres et de Paris : la Grande-Bretagne et la France furent obligées, le 13 août, de lui faire savoir qu'elles se considéraient comme en état de guerre avec elle.

Le 9 août, le Monténégro avait fait la même déclaration à l'Autriche ; le 16 août, le Japon lança un ultimatum à l'Allemagne et le 24 lui déclara la guerre. Ce même jour, l'Autriche déclara la guerre à la Belgique.

CHAPITRE III

LA MONARCHIE AUSTRO-HONGROISE ET LES SLAVES

Expulsion de l'Autriche par la Prusse. — Bismarck « par le fer et par le feu ». — Andrassy. — Antagonisme dans la monarchie austro-hongroise. — Le panslavisme n'a pas été provoqué par la Russie. — Le gouvernement autrichien contre les Slaves. — L'empereur Nicolas et Jean Sobieski. — L'hégémonie des Balkans. — Le traité de Berlin. — L'indépendance de la Serbie. — Les Allemands et les Magyars en minorité à l'égard des Slaves. — La Bulgarie et la Roumélie orientale. — L'annexion. — Allemands et Magyars contre Slaves. — « La guerre des cochons ». — Note imposée à la Serbie par le comte d'Ærenthal. — Le procès du docteur Friedjung.

Depuis le traité de Westphalie (1648), la Prusse a eu pour politique d'enlever à l'Autriche l'hégémonie politique de l'Allemagne ; et en 1834, elle s'en attribua l'hégémonie économique à l'aide de l'union douanière appelée le Zollverein.

De 1859 à 1863, l'Autriche avait essayé de fonder une union nationale avec les princes allemands. La Prusse refusa d'y prendre part. Bismarck, arrivé au pouvoir en 1862, disait brutalement : « L'Autriche doit renoncer à l'Allemagne et transporter son centre de gravité à Ofen. » (Nom allemand de Buda.) Guillaume et lui n'eurent qu'une préoccupation : faire une armée capable de battre l'Autriche. Demandant des crédits pour l'armée, il dit à la diète prussienne : « L'unité de l'Allemagne ne sera pas réalisée par des discours et des résolutions de majorité ; mais par le fer et par le feu. » Il la réalisa par la guerre contre le Danemark (1864), par la guerre contre l'Autriche (1866) et par la guerre contre la France (1870-71).

Après Sadowa, Bismarck ne voulut pas accabler l'Autriche. Il ne fit aucune acquisition territoriale et il refusa au parti militaire l'entrée à Vienne. Il comptait s'en faire une alliée.

L'Empire allemand établi en 1871, il poursuivit ce plan et François-Joseph, sans rancune, devint l'ami vassalisé de l'empereur d'Allemagne. Un Hongrois, le comte Andrassy, qui avait succédé au comte de Beust en septembre 1871, prépara l'alliance austro-allemande dès 1874.

Il y a antagonisme entre les deux gouvernements de Vienne et de Budapest, et la majorité des gouvernés qui sont Slaves. Les hommes d'état de Vienne et de Budapest en ont peur : mais au lieu d'essayer de se les concilier, ils ne cessent d'être en lutte avec eux, non seulement à l'intérieur, mais à l'extérieur. Ils ont provoqué ce résultat : C'est que toutes les populations slaves, y compris celles qui se trouvent dans les limites de la monarchie austro-hongroise, cherchent un point d'appui au dehors. Et ce point d'appui, c'est la Russie. Les aspirations panslavistes n'ont pas été provoquées par la Russie, elles ont été la conséquence de la politique des gouvernements autrichien et hongrois.

Cette politique a abouti à cette situation ironique que Sa Majesté impériale et royale apostolique est depuis longtemps l'alliée des Turcs et l'adversaire des chrétiens dans la presqu'île des Balkans.

En 1815, l'Autriche s'opposa à l'indépendance de la Serbie, de peur que cet exemple n'éveillât les aspirations des Slaves autrichiens. Elle résista à l'affranchissement de la Grèce qui, en affaiblissant la Turquie, servait les intérêts de la Russie. Quand la Russie fit, en 1829, la guerre à la Turquie, l'Autriche essaya de provoquer une coalition contre elle. En 1849, François-Joseph en appela à la Russie pour réduire la Hongrie; mais en 1854, il se retourna contre elle et la menaça d'une armée de 200 000 hommes qui imposa la paix. On raconte qu'après cet acte, l'empereur Nicolas Ier regardait un jour le portrait de Jean Sobieski qui força les Turcs à lever le siège de Vienne en 1683 : « Je pense, dit-il, que lui et moi nous avons été de stupides souverains; car nous avons porté secours à l'Autriche qui ne nous en a payé que par son ingratitude. »

Éliminés de l'Allemagne, les hommes d'état de l'Autriche-Hongrie ont eu une passion : s'assurer l'hégémonie des Balkans. Les hommes d'état allemands, pour détourner de leurs préoccupations tout retour vers le nord, les y poussaient fortement. En empêchant l'Autriche d'intervenir dans la guerre de 1877, Bismarck crut avoir payé à la Russie la reconnaissance qu'il lui devait pour sa non intervention en 1870. Mais le traité de San Stefano donnait l'hégémonie des Balkans à la Russie. L'Autriche, expulsée de l'Allemagne, se trouvait refoulée encore du sud et du sud-est.

A cette époque, la tradition britannique comportait le maintien de l'intégrité de l'empire ottoman et de la fermeture des détroits à la Russie. Bismarck et Lord Beaconsfield se trouvèrent d'accord pour lui enlever, dans le congrès de Berlin, une partie des résultats du traité de San Stefano.

Par l'article 34, l'indépendance de la principauté de Serbie était reconnue. En compensation, l'article 25 était ainsi conçu :

Les provinces de Bosnie et d'Herzégovine seront occupées et administrées par l'Autriche-Hongrie. Le gouvernement d'Autriche-Hongrie ne désirant pas se charger de l'administration du sandjak de Novi-Bazar, qui s'étend entre la Serbie et le Monténégro, l'administration ottomane continuera d'y fonctionner. Néanmoins, afin d'assurer le maintien du nouvel état politique, ainsi que la liberté et la sécurité des voies de communication, l'Autriche-Hongrie se réserve le droit de tenir garnison et d'avoir des routes militaires et commerciales sur toute l'étendue de cette partie de l'ancien vilayet de Bosnie.

Bismarck semblait faire un cadeau à l'Autriche. En réalité, il en compliquait la situation déjà si difficile. Depuis des siècles, le gouvernement de Vienne n'a cessé d'essayer de germaniser les populations slaves, magyares, roumaines,

latines, sur lesquelles il a rayonné. Depuis Sadowa, et par suite du compromis de 1867, la monarchie austro-hongroise se compose de l'empire d'Autriche et des pays de la couronne de Hongrie. Mais les Allemands et les Magyars qui ont le pouvoir étaient en minorité en 1878 et le sont toujours, comme le prouve la répartition de la population, établie d'après les langues en 1880 et en 1910[1].

Recensements d'après les langues

Cis. signifie Cisleithanie. Tr. = Transleithanie. B. et H. = Bosnie et Herzégovine. — La Bosnie et l'Herzégovine ne sont pas mentionnées dans le recensement de 1880.

	(En milliers) 1880	Total	(En milliers) 1910	Total
Allemands (Cis)	8 008	9 890	9 950	12 010
— (Tr.)	1 882		2 037	
B. et H.			23	
Hongrois (Tr.)	6 207	6 217	10 050	10 068
— (Cis.)	10		11	
B. et H.			6	
Bohêmes Moraves Slovaques (Cis.)	5 180	6 979	6 436	8 474
— (Tr.)	1 799		2 031	
B. et H.			7	
Polonais	3 238		5 019	
Ruthènes (Cis.)	2 793	3 138	4 000	
— (Tr.)	345			
Slovènes	1 140		1 349	
Croates et Serbes (Cis.)	563	2 889	783	3 722
— (Tr.)	2 326		2 939	
B. et H			1 882	
Roumains	2 326			
Latins et Ladins	669		801	

---

1. V. B. Auerbach. *Les races et les nationalités en Autriche-Hongrie.* Un vol. in-8. (Paris, F. Alcan.)

Nous laissons de côté les Roumains, les Latins et Ladins, les Tziganes et quelques autres petits groupes. Nous arrivons au résultat suivant :

	(En milliers) 1880	1910	p. 100 en plus
Population totale	37 400	51 400	37,8
Allemands	9 900	12 000	20
Magyars	6 000	10 000	66
Slaves	17 400	20 877	26

L'augmentation de la population magyar est telle qu'on se demande si elle est due à un excédent de naissances ou à un mode de recensement qui ferait comprendre, parmi les Magyars, quiconque parle leur langue dans la Transleithanie. Mais malgré cette augmentation, les Magyars, n'atteignent pas 20 p. 100 de la population totale de la monarchie austro-hongroise; les Allemands, qui étaient 23,5 p. 100, atteignent la proportion de 27 p. 100.

Les uns et les autres restent en minorité à l'égard des Slaves, qui comptaient pour 45 p. 100 en 1880, et 44 p. 100 en 1910. Dans le recensement de 1910 sont compris 1 822 000 Croates et Serbes habitant la Bosnie et l'Herzégovine.

Les gouvernements austro-hongrois se plaignaient d'avoir trop de Slaves. Ils en ont augmenté le nombre : c'est le succès diplomatique que leur procura Bismarck en 1878, et ils en furent si enchantés, qu'ils conclurent avec l'Allemagne, en 1879, l'alliance qui a fait de la monarchie des Habsbourg le satellite de l'empire des Hohenzollern.

La monarchie austro-hongroise avait reçu en cadeau la charge de l'administration de la Bosnie et l'Herzégovine, mais les plénipotentiaires de Berlin ne lui en avaient pas remis la propriété. Les habitants de la Bosnie et de l'Herzégovine qui avaient été, en 1875, les promoteurs de la lutte à laquelle s'étaient joints en 1876, la Serbie et le Monténégro, et en avril 1877, la Russie, étaient peu satisfaits d'être livrés aux Allemands de Vienne.

L'Autriche-Hongrie dut envoyer plus de deux cent mille hommes pour les réduire. Cette armée fusilla comme rebelles les chefs et les soldats dont elle put s'emparer et elle laissa dans les familles des souvenirs de haine justifiée et tenace. L'administration du baron Joseph de Szlavy aboutit à l'insurrection de 1881-1882.

La Bosnie et l'Herzégovine dépendent du ministre commun des finances. Von Kallay conserva cette position de 1882 jusqu'à sa mort survenue en 1903. Au point de vue de la prospérité du pays, il apporta des réformes et prit des mesures d'une utilité indiscutable. Il établit un service civil, mit d'accord la loi musulmane avec la législation, construisit d'importants travaux publics, réorganisa le système fiscal et l'enseignement. Mais il ne parvint pas à concilier les habitants de la Bosnie et de l'Herzégovine avec le gouvernement autrichien.

Dès 1885, la Bulgarie avait violé le traité de Berlin en s'annexant la Roumélie orientale avec l'autorisation de l'Allemagne, de l'Autriche et de la Russie.[1] Les puissances laissèrent faire. La Serbie, espérant profiter des difficultés dans lesquelles se trouvait la Bulgarie, lui déclara la guerre ; mais elle fut battue et eut été écrasée sans l'intervention de l'Autriche. La Bulgarie y gagna que le Sultan reconnut par la convention de Top-Khané le prince Alexandre comme gouverneur général de la Roumélie orientale. En réalité, ce fut la consécration de l'union des deux pays.

En 1908, l'Autriche avait rendu des services à l'Empire allemand à la Conférence d'Algésiras, tandis que la Russie n'était pas encore remise de la guerre russo-japonaise et était en voie de réorganisation ; donc, elle était sûre d'un appui d'un côté, d'une faible opposition de l'autre, si elle violait le traité de Berlin. Les Jeunes-Turcs venaient de prendre le pouvoir à Constantinople. Le comte d'Ærenthal

---

1. V. *infra*. Ch. VII.

et, dit-on, l'archiduc François-Ferdinand, décidèrent l'annexion de la Bosnie-Herzégovine à l'Autriche-Hongrie et notifièrent leur décision au monde par une circulaire datée du 5 octobre 1908.

L'Autriche-Hongrie renonçait à l'occupation du sandjak de Novi-Bazar. Elle justifiait son acte de la manière suivante :

> La Bosnie et l'Herzégovine sont arrivées aujourd'hui — grâce au travail assidu de l'administration austro-hongroise — à un haut degré de culture matérielle et intellectuelle : le moment paraît donc venu de couronner l'œuvre entreprise en octroyant à ces provinces les bienfaits d'un régime autonome et constitutionnel ardemment désiré par la population entière.

La Bosnie et l'Herzégovine, annexées à l'Autriche-Hongrie, ont attendu en vain les institutions promises. L'Autriche-Hongrie avait calculé juste. La Russie dut laisser faire; la France et la Grande-Bretagne n'étaient pas assez directement intéressées dans la question pour que la Russie n'agissant pas, elles prissent l'initiative de mesures qui pouvaient conduire à la guerre. L'ultimatum du 23 juillet 1914 n'a été lancé par le Ballplatz que parce qu'il avait la conviction que la Russie aurait en 1914 l'attitude passive qu'elle avait eue en 1908.

Le 29 février 1909, la Turquie accepta l'annexion. Le 6 avril, l'indépendance de la Bulgarie fut reconnue. La Serbie et le Monténégro qui avaient fait entendre des protestations énergiques durent se soumettre.

Jamais ni les Allemands de la Cisleithanie ni les Magyars de la Transleithanie n'ont pu s'assimiler les Slaves : entre les uns et les autres, il n'y a qu'échange de haine et de mauvais procédés.

Le gouvernement d'un pays, dont la majorité des habitants sont Slaves, n'a qu'une préoccupation : lutter contre les Slaves de Russie et des Balkans, comme il a lutté jadis contre les Turcs; et dans ce but, il lia sa politique à celle de l'Allemagne. Mais, pour combattre les Slaves, il a augmenté le nombre des Slaves qui se trouvent déjà dans l'empire, par l'annexion de la Bosnie et de l'Herzégovine, en violation du traité de Berlin de 1878. Cette politique audacieuse que M. d'Ærenthal imposa à l'Europe, remplit d'orgueil le Ballplatz. En réalité, c'était la politique de M. Gribouille. — Nous ne savons que faire de nos Slaves. Nous en voulons encore plus.

De Potsdam et du Hofburg, les deux empereurs et leurs ministres étaient attirés par un mirage de splendeur orientale.

Dans les chaires des professeurs, on célébrait le *Drang nach sudosten*, la marche vers le sud-est ; et des publicistes et des hommes d'Etat français à leur tour, chevauchaient ces chimères en admirant le prodigieux génie du Kaiser et la perspicacité du Ballplatz : « De Port-Saïd à Vienne ou à Hambourg, Salonique sera un jour la grande escale, l'entrepôt de l'Allemagne et de l'Inde![1] » Et les politiques, qui essaient de justifier leurs billevesées par des arguments économiques, reliaient Salonique en même temps que Constantinople, au chemin de fer de Bagdad ! Les voyageurs pour l'Inde, en voiture ! Et ils réveillaient, pour le retour, le souvenir des diamants de Golconde.

Mais la Serbie s'interposait entre l'Autriche-Hongrie et la mer Egée, et comme si de mauvais procédés pouvaient supprimer cette situation géographique, en même temps qu'annihiler les sympathies des Serbes, des Croates, des Slaves de la Bosnie et de l'Herzégovine les uns pour les autres, les hommes d'Etat de Vienne et de Budapest en ont largement usé.

L'empereur François-Joseph a accompagné la déclaration de guerre à la Serbie « d'une proclamation à son peuple »

---

[1]. Voir *Journal des Économistes*, novembre 1912. *La question d'Orient e les conflits économiques*, p. 190 ; juin 1914. *Les risques de guerre et les charges militaires*, p. 361, — et les chroniques.

dans laquelle il récriminait contre elle : mais il est facile aussi de dresser contre son gouvernement un terrible réquisitoire.

Sans doute, il a pu rappeler qu'en 1885 il était intervenu pour la protéger contre la Bulgarie : jusqu'à la mort du roi Milan, en 1901, la Serbie reconnaissante fut docile à l'égard de l'Autriche.

Le roi Alexandre Obrenovitch ayant essayé de l'émanciper, il fut assassiné avec sa femme, la reine Draga, en 1903. Le retour d'un représentant des Karageorgevitch remplit de joie le gouvernement austro-hongrois. Ses espérances furent déçues.

Quand la Serbie conclut une union douanière avec la Bulgarie en 1905, l'Autriche-Hongrie essaya de la ruiner en fermant ses frontières aux porcs et aux bœufs serbes. J'ai raconté comment un Français de Bordeaux, M. Bigeon, en lui assurant l'achat de 150 000 porcs par an, l'avait affranchie et lui avait permis de faire un emprunt et de se procurer des armes. C'est de cette « guerre des cochons » que date l'indépendance de la Serbie[1].

Alors en octobre 1905, eut lieu une conférence à Fiume, où la vieille opposition entre les Serbes orthodoxes et les Croates catholiques prit fin.

En 1907, le gouvernement austro-hongrois fit arrêter 53 Slaves du Sud sous l'accusation de haute trahison : et le procès de Zagreb prouva que cette histoire avait été inventée par un agent provocateur.

En 1909, après l'annexion de la Bosnie et de l'Herzégovine, M. d'Ærenthal obligea le gouvernement serbe à signer une note dont voici les principaux passages :

La Serbie reconnaît qu'elle n'est pas atteinte dans ses droits par l'état de choses créé en Bosnie ; que, par suite, elle se conformera aux déci-

---

1. *Journal des Économistes*, nov. 1912, p. 184.

sions que les puissances, prendront au sujet de l'article 25 du traité de Berlin.

La Serbie, écoutant les conseils des grandes puissances, s'engage à renoncer à l'attitude de protestation et d'opposition qu'elle avait prise depuis octobre dernier, au sujet de l'annexion ; elle s'engage, en outre, à modifier la direction de sa politique actuelle à l'égard de l'Autriche-Hongrie et à vivre dorénavant avec cette puissance sur le pied de relations de bon voisinage.

L'humiliation des Etats comme des individus n'entraîne pas des sentiments de sympathie. Une note de ce genre n'était pas de nature à provoquer la cordialité des relations : et le Ballplatz s'employait à les troubler.

En décembre 1909, les membres de la coalition serbo-croate dans la diète de Zagreb poursuivirent le docteur Friedjung qui les avait accusés de trahison, et on constata que son accusation avait eu pour base un document qui lui avait été fourni par le ministère des Affaires étrangères austro-hongrois et qui avait été fabriqué par un membre de la légation austro-hongroise à Belgrade[1].

Cette politique, loin d'avoir pour résultat d'éloigner de la Serbie les Slaves du Sud de l'Autriche les en a rapprochés.

L'empereur François-Joseph a déclaré qu'il ne voulait pas nnexer la Serbie. Je le comprends : car en l'annexant il aurait augmenté de 3 millions, en ne comptant que l'ancienne Serbie, de 5 millions, en comptant la nouvelle, les Slaves qui sont déjà en majorité à l'égard des Magyars et des Allemands dans la monarchie austro-hongroise.

Le gouvernement austro-hongrois voulait seulement châtier la Serbie. De quoi? les assassins de l'archiduc étaient des sujets de Sa Majesté l'empereur d'Autriche et roi de Hongrie !

Il disait qu'il voulait se créer par la force des armes des

---

1. Voir *le Manifeste du Kulturkrieger*. Le récit donné par M. A.-W. Steed, dans son livre la *Monarchie des Habsbourg* y a été publié.

garanties indispensables pour assurer à son État le calme à l'intérieur et la paix permanente à l'extérieur.

Comment? en démolissant à coups d'obus des maisons à Belgrade et en tuant au hasard des femmes, des enfants et des hommes inoffensifs et innocents.

Ces raisonnements incohérents étaient destinés à justifier l'ultimatum du 23 juillet : mais au fond, il n'était pas plus sérieux que les arguments que donnait François-Joseph à l'appui. Le comte Berchtold était convaincu que la Russie resterait passive comme en 1908. Il ne voulait faire qu'un *bluff* et, en prenant cette attitude de matamore, affirmer que la monarchie austro-hongroise pouvait tout se permettre ; que la Russie n'était qu'une obèse impuissante qui ne paraissait forte qu'à la condition de ne pas bouger, et que la France et la Grande-Bretagne avaient trop grand peur de l'armée et de la flotte allemandes pour se permettre une protestation effective.

Mais, du moment que la Russie marchait, soutenue par la France, M. Berchtold ne demandait qu'à reculer, et le chancelier de l'Empire allemand le savait si bien qu'il envoya, le 31 juillet, à minuit, le comte Pourtalès couper les ponts derrière lui. Le 1ᵉʳ août, le comte Berchtold a dû comprendre la grandeur du rôle de dupe que la Wilhelmstrasse lui a fait jouer.

CHAPITRE IV

L'AUTOCRATIE ALLEMANDE

Les Hohenzollern. — Frédéric-Guillaume peint par Voltaire. — Frédéric II. — Bismarck. — La guerre de 1866 et la guerre de 1870. — Motifs politiques de la guerre. — La Constitution de l'Empire allemand. — Il n'est pas une nation. — Le Bundesrat. — Le Roi de Prusse Empereur. — Droit de paix et de guerre. — Le Reichstag éliminé de cette question. — Le droit divin de l'Empereur. — Affirmations de son absolutisme.

En 1417, Frédéric de Hohenzollern, burgrave de Nuremberg, avait acheté le marquisat de Brandebourg à l'empereur Sigismond; en 1618, un de ses successeurs, Jean Sigismond acheta aux chevaliers de l'ordre teutonique un petit coin de terre, situé au-delà de la Vistule, et dont une partie dépassait le Niémen. Il s'appelait la Prusse. Quoiqu'il ne fît pas partie de l'Empire, Frédéric II obtint de l'empereur Sigismond qu'il l'érigeât en Royaume (1701), et il alla se couronner lui-même à Kœnigsberg sous le nom de Frédéric Ier.

Voltaire nous a laissé dans ses *Mémoires* la description suivante de son successeur, Frédéric-Guillaume :

> C'était un véritable Vandale qui, dans tout son règne, n'avait songé qu'à amasser de l'argent et à entretenir à moins de frais qu'il se pouvait les plus belles troupes de l'Europe. Jamais sujets ne furent plus pauvres que les siens et jamais roi ne fut plus riche. Il avait acheté à vil prix une grande partie des terres de sa noblesse, laquelle avait mangé bien vite le peu d'argent qu'elle en avait tiré, et la moitié de cet argent était rentrée dans les coffres du roi par les impôts de consommation...

La Turquie est une république en comparaison du despotisme exercé par Frédéric-Guillaume. Quand Frédéric-Guillaume avait fait sa revue, il allait se promener par la ville. Tout le monde s'enfuyait au plus vite; s'il rencontrait une femme, il lui demandait pourquoi elle perdait son temps dans la rue : « Va t'en chez toi, gueuse. » Et il accompagnait cette remontrance ou d'un bon soufflet, ou d'un coup de pied dans le ventre, ou de quelques coups de canne. »

Lassé de toutes les attentions de son père, qui le traitait de cette façon, son fils qui devait être Frédéric II résolut de s'enfuir. Frédéric-Guillaume fit couper le cou à un gentilhomme nommé Kat qui devait l'accompagner, et il voulait en faire autant à son fils. Celui-ci n'échappa que grâce à l'intervention de l'empereur Charles VI.

Quand il monta sur le trône, il partit en guerre contre la fille de celui qui lui avait rendu ce service, Marie-Thérèse, reine de Hongrie et de Bohême, pour lui prendre la Silésie. Il avait expliqué les motifs de sa résolution, dans le premier texte de ses *Mémoires* : « Des troupes toujours prêtes à agir, mon épargne bien remplie et la vivacité de mon caractère, étaient les raisons que j'avais de faire la guerre... L'ambition, l'intérêt, le désir de faire parler de moi l'emportèrent; et la guerre fut déclarée. » Mais ses troupes étaient déjà en Silésie, quand le baron de Gotter, son ministre à Vienne, fit à Marie-Thérèse la proposition de céder de bonne grâce au roi électeur son maître les trois quarts de cette province, moyennant quoi le roi de Prusse lui prêterait trois millions d'écus et ferait son mari empereur.

— Je commence par prendre, disait Frédéric, je trouverai toujours quelque pédant pour établir mes droits.

La tradition de ces procédés n'est pas perdue.

Le premier ministre était un commis. « Les secrétaires d'État envoyaient toutes leurs dépêches au commis du roi. Il en apportait l'extrait. Le roi faisait mettre les réponses à la marge en deux mots. Toutes les affaires du Royaume s'expédiaient ainsi en une heure. Le roi son père avait mis un tel ordre dans les finances, tout s'exécutait si militairement, l'obéissance était si aveugle que quatre cents lieues de pays étaient gouvernées comme une abbaye. »

Mirabeau qui observa la Prusse à la fin de son règne, dit : « La guerre est l'industrie nationale de la Prusse. » Et pour accomplir son œuvre de la constitution de l'empire allemand gouverné par la Prusse, Bismarck se servit de la guerre comme instrument.

Par la guerre de 1866, il élimina l'Autriche de l'Allemagne, soumit la Bavière, le Wurtemberg, la Saxe, le Hanovre, les deux Hesse, le Nassau, Bade, Francfort, arrondit la Prusse et forma la Confédération du nord.

Bismarck a raconté, dans ses *Pensées* et *Souvenirs*[1], les motifs pour lesquels il avait arrangé en 1870 la dépêche d'Ems de manière à provoquer la guerre :

Dans les États de l'Allemagne du Sud, jusqu'en 1866, le germanisme, resté vivant à côté du sentiment particulariste et dynastique, avait endormi en quelque sorte la conscience politique en lui présentant la fiction d'une Allemagne unie sous la direction de l'Autriche. Soit préférence du Sud pour le vieil état impérial, soit croyance à sa supériorité militaire sur la Prusse, la fiction était populaire. Les événements avaient ensuite montré que cette appréciation était erronée. L'Autriche avait abandonné les États du Sud lors de la conclusion de la paix... Ils avaient accepté l'alliance offensive et défensive avec la Prusse.

J'étais convaincu que l'abîme qu'avait creusé au cours de l'histoire entre le Sud et le Nord de la patrie la divergence des sentiments de race et de dynastie, ne pouvait être plus heureusement comblé que par une guerre nationale contre le peuple voisin (la France).

Bismarck atteignit son but. Le roi de Prusse, Guillaume, ne reçut pas en 1871 d'une assemblée soit de princes, soit

---

1. Trad. français, t. II, p. 105.

d'élus du peuple, la couronne impériale. Il la prit, dans le palais de Versailles, sur les ruines de la France, au milieu de son armée. L'empire allemand est une œuvre de fer et de sang, au profit du roi de Prusse, Bismarck a réussi : il en a fait l'autocrate de l'Allemagne.

L'empire allemand est une personnalité juridique de 25 membres et de 65 millions de sujets.

« Ce ne sont point les citoyens, dit Paul Labaud[1], qui sont membres de l'Empire : ce sont les États particuliers. »

Leurs plénipotentiaires, au nombre de 61, depuis que l'Alsace-Lorraine est représentée, forment le conseil fédéral de l'empire (Bundesrat). La Prusse en a 17, la Bavière 6, la Saxe 4, le Wurtemberg 4, le grand-duché de Bade 3, l'Alsace-Lorraine 3, la Hesse 3, le Mecklembourg-Schwerin 2, le duché de Brunswick 2, chacun des autres Etats en a 1 et chacune des trois villes libres, Lubeck, Brême et Hambourg en a 1.

Francfort n'y est pas représentée; elle fut annexée à la Prusse en 1866.

Les membres du Bundesrat ne votent pas d'après leur opinion individuelle, mais d'après les instructions reçues. Ce sont des chargés d'affaires diplomatiques des autres états confédérés, accrédités auprès du roi de Prusse. Jamais la Prusse n'a rencontré de difficultés pour avoir la majorité. Elle a su employer au besoin des procédés de contrainte ou de séduction. Ce n'est pas l'Empereur qui participe aux travaux du Bundesrat, c'est le roi de Prusse, comme membre de l'Empire, mais il a une voix présidentielle, parce qu'il en est président.

Le pouvoir législatif de l'Empire s'exerce par le Bundesrat et par le Reichstag.

Le Bundesrat ne coopère pas aux affaires gouvernementales. Il ne siège pas en permanence.

---

1. Le Droit public allemand, 5 vol., in-8. (Trad. franç., Paris.)

D'après l'article 11 de la Constitution, la présidence de la Fédération appartient au roi de Prusse qui porte le titre d'empereur allemand. Il représente l'Empire dans les relations internationales, déclare la guerre et fait la paix au nom de l'Empire, conclut les alliances et autres conventio avec les États étrangers. Pour déclarer la guerre au nom de l'Empire, le consentement du conseil fédéral est nécessaire, à moins qu'une attaque ne soit dirigée contre le territoire ou les côtes de la Confédération.

Dans aucun cas, le Reichstag n'a à intervenir à ce sujet : et cette exclusion caractérise bien le caractère de l'Empire allemand. Il représente la population. Or, la population n'a pas à se décider sur les questions de paix ou de guerre. C'est l'affaire de l'empereur, et, ensuite, des gouvernements représentés au Bundesrat. Cela ne regarde pas le Reichstag.

Malgré la clause restrictive finale, le pouvoir de l'empereur au point de vue des relations internationales, en absolu. Au moment de la déclaration de guerre, le 1er août il a réuni le Bundesrat; mais il avait préparé avec l'Autriche-Hongrie l'agression de la Serbie, il avait lancé son ultimatum à la Russie, et d'après le texte de sa déclaration de guerre à la France, il considérait qu'une attaque avait été dirigée contre le territoire allemand par des aviateurs! Il n'avait pas attendu l'avis du Bundesrat pour commencer les actes de guerre ; et il n'en a pas eu besoin pour violer la neutralité de la Belgique.

Seul maître de la politique étrangère allemande, il en assume toute la responsablilité.

Général en chef de l'armée, il assume de même toute la responsabilité de l'armée et de la conduite de la guerre. La législation militaire prussienne est étendue à tout l'Empire.

Le roi de Prusse est roi de droit divin. Il est empereur parce qu'il est roi de Prusse. Donc il est empereur de droit divin[1]. Voilà la solide argumentation sur laquelle Guillaume II affirme son absolutisme. *Suprema lex Regis voluntas*, a-t-il écrit dans le livre d'or de Munich. « Je suis le seul maître dans l'Empire et je n'en tolèrerai pas un autre », a-t-il dit à la chambre de la Province Rhénane. « Il n'y a qu'une loi et cette loi est ma loi », dit-il aux recrues de 1893; et il inscrivit sous son portrait, quand il lui fut présenté au ministère des Cultes à Berlin : *Sic volo, sic Jubeo*. Il sous-entendit, mais tout le monde rétablit la fin du vers de Juvénal : *Sit pro ratione voluntas*. Je le veux, je l'ordonne : ma volonté, voilà ma raison.

L'empereur s'est attaché à montrer que la guerre actuelle est son œuvre et celle de l'état-major. Dans son discours du 14 août, au premier régiment d'infanterie de la garde, publié par la *Gazette de Cologne*, il crie, en brandissant son épée : « Vous êtes la garantie que je puis dicter la paix à mes ennemis. Debout et sus à l'adversaire, et à bas les ennemis du Brandebourg ! » Or, si le Brandebourg possède Berlin, il n'est pas l'Allemagne. D'après le cadastre, sa superficie est de 39 893 kilomètres carrés, sur les 348 000 que représente la Prusse et sur les 541 000 que représente l'Allemagne. Cependant l'empereur en fait le pivot de la guerre actuelle, et il a raison, car il agit comme héritier des anciens électeurs de Brandebourg, et les rois des États allemands qu'il entraîne à sa suite ne sont que ses sujets.

---

1. V. *infra*. ch. v.

CHAPITRE V

LE GOUVERNEMENT DU KAISER

La constitution de 1871 et le chancelier. — Guillaume II son propre chancelier. — Les légendes de l'Empire allemand. — Guillaume II. — « L'ordre de Dieu. » — « L'instrument du très-haut. » — Impulsions et rouerie. — Déceptions diplomatiques. — « J'entends qu'on m'aime. » — Son hérédité pathologique et Bismarck.

La Constitution de 1871 a été faussée. Bismarck l'avait faite à son usage. Le chancelier de l'Empire en était le véritable maître. Il préside le Bundesrat et en dirige les travaux. Il le représente au Reichstag. Il n'est responsable que devant l'empereur. Les secrétaires d'État ne sont que des fonctionnaires. Le chancelier doit couvrir l'empereur ; mais Guillaume II monta sur le trône avec la résolution de mettre Bismarck à la porte. Caprivi, appelé pour le remplacer, alléguait son incompétence : « Soyez tranquille, lui dit Guillaume II, je serai mon propre chancelier. » Les hauts personnages auxquels il a confié ce titre ne sont que ses très obéissants serviteurs.

Il a usé quatre chanceliers : le général Caprivi, le prince de Hohenlohe, le prince de Bulow et le chancelier actuel, M. de Bethman-Hollweg. Celui-ci, « référendaire, assesseur, conseiller de régence, président de gouvernement, premier président-ministre, n'a jamais vu le monde qu'à travers les papiers de l'administration. C'est le type de l'intendant royal [1] ».

---

[1]. W. Martin. *La Crise politique de l'Allemagne.* (Paris, F. Alcan.)

Il n'y a pas de cabinet. Chaque ministre est un ministre spécial, le plus souvent un spécialiste, qui agit dans sa spécialité. Il n'y a d'autre lien commun entre eux que le chancelier. Mais pour le dérober aux détails, on a nommé, depuis 1878, des suppléants ou remplaçants qui signent pour lui. Il en résulte que chaque département poursuit sa politique sans s'occuper du voisin. Loin qu'il y ait unité de direction, il y a anarchie. Des décisions contradictoires le prouvent; et chaque ministre, ayant son bureau de presse, elles apparaissent publiquement, malgré tous les efforts faits pour les dissimuler.

Les ministres ne sont pas responsables devant le Reichstag. Cela n'empêche pas les crises ministérielles. M. W. Martin dit : « Depuis l'avènement de Guillaume II, il y en a eu quatre par an, en moyenne. » Elles ne sont que partielles ; mais les ministres, soumis aux intrigues de la Cour, à la jalousie du chancelier, à l'opposition de leurs collègues, aux cabales du Conseil fédéral, aux rancunes des partis et aux fantaisies de l'Empereur, ont encore moins de sécurité que des ministres parlementaires (p. 37).

Guillaume II a beau, exagérant Louis XIV, se déclarer souverain absolu, il ne peut plus gouverner comme son aïeul, le caporal Schlague. Il est tiraillé entre toutes sortes d'intérêts en jeu, entre les industriels de la Westphalie et de la Province Rhénane et les *junkers*, les vrais conservateurs soutiens du roi de Prusse, grands propriétaires fonciers des provinces de l'Est; entre la diète prussienne et le Bundesrat et le Reichstag de l'Empire; il est le chef de l'armée, mais il est le jouet des diverses influences qui s'exercent dans le grand état-major. Au lieu de réunir, dans une politique générale, l'action des ministres, il est obligé d'adopter ou de repousser les diverses politiques que mènent les uns et les autres.

Vu de loin, en bloc, l'Empire allemand a une apparence *kolossale*, selon l'expression, ressassée à Berlin. Mais il a des lézardes. Pour en assurer la solidité, l'empereur exerçait une double pression : la crainte de la Russie et la crainte de la France. Nul doute qu'il n'ait engagé l'affaire de la Serbie dans le but de supprimer des difficultés de politique intérieure.

Mais une question se pose : Voulait-il seulement faire une nouvelle manifestation de la force allemande et a-t-il été entraîné à la guerre par le Kronprinz et le parti militaire ?

Nous ne sommes pas en état de vérifier l'exactitude de cette supposition, mais elle ne saurait dégager sa responsabilité.

La plupart des Français qui sont allés à Berlin ont entendu des Prussiens leur dire d'une manière aimable :

— Notre Empereur conviendrait tout à fait aux Français qui aiment les coups de théâtre, la pompe, la mise en scène, les discours et les parades. Mais pour nous, Berlinois, qui sommes des gens raisonnables et sérieux, il nous étonne trop et ne nous convient pas tout à fait.

Il est un remarquable touche-à-tout, qui décide sur l'armée et la marine, inspire les groupes de statues de la Siegerallée à Berlin, fait des tableaux, compose de la musique, change vingt fois de costume par jour, est toujours en scène, et est surtout heureux quand il fait du tapage dans le monde. M. Cloudesley Brereton l'avait défini il y a quelques années, « un Néron en vanité, non en cruauté ». Peut-être, dit-il, aujourd'hui faudrait-il modifier le second terme de la qualification [1].

A l'ouverture du canal de Kiel, le kaiser donna l'ordre d'y faire passer toute la flotte. Le doyen des amiraux, délégué auprès de lui, eut toutes les peines du monde à lui faire comprendre que si on exécutait son ordre, il n'aurait plus de navires à la fin de la journée.

L'empereur Guillaume continue la tradition de droit divin de Frédéric-Guillaume : « Nous voulons servir le Seigneur,

---

[1]. *Who is responsible ? Armageddon and After*. London, 1914. (Trad. franç. F. Alcan.)

je gouverne parce que c'est l'ordre de Dieu ». Telle fut l'affirmation de son grand-père en 1861 lors de son couronnement à Kœnigsberg. Il prit la couronne sur l'autel en disant : « La couronne ne vient que de Dieu. Je manifeste que je l'ai reçue de ses mains. »

Ces idées se sont encore exaltées depuis la guerre, comme le prouve cette proclamation adressée à son armée de l'Est[1] :

Rappelez-vous que vous êtes le peuple élu ! L'esprit du Seigneur est descendu sur moi, parce que je suis empereur des Germains.

Je suis l'instrument du Très-Haut.

Je suis son glaive, son représentant.

Malheur et mort à tous ceux qui résisteront à ma volonté ! Malheur et mort à ceux qui ne croient pas à ma mission ! Malheur et mort aux lâches !

Qu'ils périssent tous les ennemis du peuple allemand !

Dieu exige leur destruction. Dieu qui, par ma bouche, vous commande d'exécuter sa volonté !

Rien de plus commode que de se dire « l'instrument du Très-Haut ». On fait ce qu'on veut, et c'est le Très-Haut qui devient responsable de vos actes.

Guillaume II est avide des applaudissements, mais il a le mépris des êtres humains auxquels il les demande; car pour lui, ils ne sont que des moyens pour accomplir ses vues inspirées.

Il ne couvre pas toujours de mysticisme cette conception. Il a aussi des maximes dignes de Machiavel, comme celle-ci : « Quand on occupe certaines positions dans le monde, on doit plutôt essayer de faire des dupes que des amis. »

Sa politique est un mélange d'impulsions et de roueries.

On raconte que si certains de ses projets avaient été réalisés,

---

1. *Gazetta Poranny*, de Varsovie, 13 septembre 1914.

ils auraient bouleversé le monde. Il aurait décidé un jour d'envoyer 20 000 hommes au Transvaal. Personne n'a oublié son télégramme à Kruger. Et dans une interview du *Daily Telegraph*, en 1908, il se vantait d'avoir donné à la reine Victoria un plan de guerre contre les Boers. En 1904, il prenait l'initiative d'offrir, pour sa défense de Port-Arthur, un sabre d'honneur au général Stœssel qui devait être traduit devant un conseil de guerre.

Au moment de la guerre de l'Espagne et des États-Unis, il essaya de grouper tous les pays de l'Europe dans une action contre les États-Unis. Il aboutit à la réconciliation de la Grande-Bretagne et des États-Unis, qui n'avaient pas oublié 1812. Il a dénoncé le Péril Jaune et il a engagé ses soldats à se comporter à l'égard des Chinois, de manière à imprimer sur leurs descendants un souvenir des Allemands analogue à celui que les Huns ont laissé en Europe; et il s'est emparé du territoire de Kiao-Tchéou.

Il a forcé les Japonais d'abandonner Port-Arthur; ensuite il a poussé la Russie à la guerre contre le Japon, ce qui était pour lui une bonne manière de se débarrasser du voisinage des armées russes et d'affaiblir la France.

Il s'est jeté vers la Turquie, a traité en ami Abdul-Hamid, a voulu se faire à la fois le protecteur des musulmans et des lieux saints, a poussé au chemin de fer de Bagdad et a écrit de sa propre main au sultan pour lui demander des commandes pour la maison Krupp, dans laquelle il a des intérêts personnels.

Pendant la guerre Italo-Turque, non seulement des officiers allemands ne cessèrent de guider et d'appuyer la Turquie contre son alliée; mais il procura aux Tripolitains des armes et des munitions, et de concert avec l'Autriche, il fournit à la Turquie des mines sous-marines destinées à la destruction des navires italiens.

Son voyage à Tanger, après le discours de Brême, l'envoi du *Panther* à Agadir ont ébranlé le monde et fait redouter ses caprices. Une caricature du *Punch* le représentait un sabre à la main, roulant des yeux furibonds : « J'entends qu'on m'aime ! »

Frédéric-Guillaume V, devenu roi de Prusse en 1840, fut un esprit très curieux, mais très mal équilibré. Dans l'été de 1857, il tomba dans un tel état mental que son frère dut prendre la régence du royaume en 1858. Bismarck trouvait que Guillaume II rappelait trop son grand-oncle et il dit au poète Félix Dahn : « Si un jour pareil malheur lui arrive, mon successeur sera dans une situation plus difficile que la mienne, car le peuple allemand m'aurait fait confiance[1]. »

La guerre actuelle a été déclarée par un vieux souverain, François-Joseph, âgé de quatre-vingt-quatre ans, qui termine une vie telle qu'elle évoque le souvenir des Atrides, en déchaînant la plus terrible guerre qui ait jamais ravagé le globe, et par l'empereur Guillaume II, atteint de mégalomanie.

Mon ambition était trop grande d'espérer que les affaires publiques seraient menées d'une manière raisonnable, comme les affaires ordinaires de la vie, par Sa Majesté l'empereur d'Autriche, roi apostolique de Hongrie, et par Sa Majesté l'empereur d'Allemagne, roi de Prusse.

---

1. *It Had to be*, par Sydney Whitman. *Fornightly rewiew*, septembre 1914, p. 390.

CHAPITRE VI

LE GOUVERNEMENT PAR LA POLICE ET L'ESPIONNAGE

Niebuhr et le gouvernement par la police. — Le Precetto. — La police en Autriche. — Deux archiducs tués en moins de vingt-cinq ans. — L'assassinat de Rodolphe. — Accusation à propos de l'assassinat de François-Ferdinand et de sa femme. — La justice en Autriche. — La diplomatie et la stratégie par l'espionnage. — L'ultimatum, le czar et M. Poincaré. — Illusions sur la Russie, la France et la Belgique. — La Grande Bretagne. — Les Turcs. — L'Italie. — Aberration.

L'historien allemand Niebuhr a affirmé que le gouvernement moderne a acquis un despotisme pire que celui du moyen âge, parce qu'il revêt deux formes nouvelles. Il est fondé, dit-il, sur la force de la police qui a dégénéré dans un gigantesque système d'espionnage; sur une bureaucratie qui ne permet ni volonté indépendante ni action dans le pays.

Mais quels sont donc les gouvernements dépeints malgré lui par Niebuhr? C'est l'Autriche et c'est la Prusse.

L'Autriche est le type du gouvernement par la police.

On se rappelle à quel degré de perfection, elle avait poussé ses procédés de police quand elle avait sous sa domination une partie de l'Italie. Elle avait comme agents le *sbirro* et le *sgherro*, dénominations dont la traduction est difficile en français, qui cependant a les mots mouchard et agent provocateur. Elle employait le *precetto*. C'était une prescription tantôt verbale, tantôt écrite, qui faisait connaître à une personne quelconque ce qui lui était permis et ce qui lui était défendu. C'étaient les défenses qui dominaient. Le *precetto* n'était jamais motivé. Si l'infortuné qui y était soumis s'avisait de manquer à une de ces prescriptions, il était condamné aux arrêts, à l'emprisonnement, à la mise au secret, à l'exil. Ce beau système n'a pas consolidé la domination de l'Autriche en Italie : il en a rendu le souvenir exécrable.

Dans sa *Monarchie des Habsbourg*, M. Henry W. Steed constate que le gouvernement autrichien compte toujours sur la police comme le principal moyen de gouvernement[1].

La police autrichienne reste, au moins virtuellement, à peu de choses près ce qu'elle était il y a cent ans... L'étranger ne sait pas que le portier de sa maison est un *confident* de la police, et que ses allées et venues, sa manière de vivre, le nombre de ses amis et leurs noms ainsi que tous autres détails personnels sont soigneusement communiqués par le portier à la police... sa correspondance est surveillée, son téléphone truqué...

Les agitations politiques et émeutes sont traitées comme l'intérêt de l'administration est supposé l'exiger. Dans l'automne 1905 une manifestation socialiste en faveur du suffrage universel est réprimée avec violence : il y eut du sang versé et des arrestations. Une semaine ne s'était pas passée que dans les régions supérieures le vent avait tourné. Les socialistes organisèrent une manifestation colossale d'accord avec la police, etc. A l'occasion la police est intraitable, chaque fois que sa vanité professionnelle ou l'ambition personnelle de ses chefs est en cause.

Voici les résultats de ce système de police : **les deux archiducs, héritiers de l'empire d'Autriche et de la couronne de Hongrie, ont péri assassinés**; et cela, en moins de vingt-cinq années.

---

1. *La Monarchie des Habsbourg*, par Henry Wickham Steed. Traduction de Firmin Roz. (Paris.) M. Henry Wickham Steed, avant d'être le *foreign editor* du *Times*, a été correspondant de ce journal à Berlin, à Rome et, pendant plus de dix ans, à Vienne. *Austria-Hungary* by Geoffrey Drage. 1 vol. gr. in-8.

L'archiduc Rodolphe fut tué en 1889. L'admirable police autrichienne n'a jamais pu découvrir ses assassins. Cette preuve d'incapacité étant acquise, n'était-ce pas une prétention extraordinaire, de la part du gouvernement austro-hongrois, de reprocher à la police de Serbie de n'avoir pas empêché le meurtre de Sarajevo sur le territoire autrichien ?

Les motifs qu'on donne de l'impuissance de la police autrichienne aggravent encore l'attitude du gouvernement.

Dans son livre : *The secret of an Empress*, la comtesse Zanardi Landi dévoile le mystère de l'assassinat de l'archiduc Rodolphe. Violemment épris de la baronne Marie Vetsera, il voulait se séparer de sa femme, l'archiduchesse Stéphanie, née princesse de Belgique. Il demanda au Pape Léon XIII l'annulation de son mariage. La lettre fut renvoyée à l'empereur par l'intermédiaire du nonce Mgr Galimberti, depuis cardinal.

L'empereur ayant exigé, après une scène violente, que l'archiduc ne revît pas la baronne Marie Vetsera, il se retira à Mayerling et lui écrivit de ne pas s'inquiéter de son absence ; mais en même temps, elle avait reçu l'ordre de se marier à un noble autrichien dans les vingt-quatre heures.

Elle se rendit à Mayerling par la voiture qui lui avait apporté la lettre de l'archiduc.

L'empereur l'apprit. Il envoya le baron Bolfras, membre du cabinet militaire, accompagné d'un détachement de soldats, avec ordre de réclamer la baronne et, en cas de refus de l'archiduc, de l'arrêter lui-même.

Après quelques pourparlers, l'archiduc consentit à recevoir le baron Bolfras ; mais les hommes qui l'accompagnaient se ruèrent dans la maison. L'archiduc tira un coup de pistolet qui atteignit un garde-chasse. Les envahisseurs ripostèrent et l'archiduc et la baronne Vetsera furent tués.

On comprend pourquoi jamais la police autrichienne n'a découvert les assassins.

Comment donc cette police parfaite a-t-elle laissé assassiner un autre héritier du trône, l'archiduc François-Férdinand et sa femme, la duchesse de Hohenberg? De cette impuissance de la police autrichienne, M. Archibald R. Colquhonn [1] va jusqu'à dire :

> Ceux qui, comme moi, sont allés à Sarajevo et connaissent la capacité de la police autrichienne, considèrent qu'il est impossible que le meurtre, qui fut le résultat d'une seconde tentative, ait pu être perpétré sans une négligence voulue de la part des autorités autrichiennes de prendre les précautions ordinaires. On fit peu d'efforts à Vienne pour manifester des regrets de la mort de l'archiduc et encore moins de la mort de son épouse morganatique, dont la position choquait les personnes nées dans la pourpre.

Telle est également l'opinion de M. Cloudestey Brereton dans son étude : *Who is responsible?*[2].

Voilà les résultats du gouvernement de la police en Autriche : il sert à détruire les Habsbourg eux-mêmes.

Une justice qui n'a pas poursuivi les coupables du meurtre de l'archiduc Rodolphe montre sa soumission. La justice qui a fait le procès de Zagreb en 1907, prouve qu'elle est prête à toutes les besognes. Je renvoie encore au compte rendu fait par M. Steed du procès intenté, en 1909, au docteur Friedjung. Dans le procès de Sarajevo, l'assassin Princep, qui a tué l'archiduc et sa femme, Cabrinovic, qui a lancé des bombes, ont été condamnés à vingt ans d'encellulement et les complices ont été condamnés à mort. Quel est donc ce mystère?

Un pays qui jouit d'une telle police et d'une telle justice manque d'autorité pour tenter de substituer sa police et sa justice à la police et à la justice d'un autre pays, comme l'exigeait l'ultimatum du 23 juillet adressé à la Serbie.

---

1. *Why the british Empire is at war.* North american review. Novembre 1914. p. 683.
2. Voir traduction française (Paris, F. Alcan).

De son côté, en Allemagne, le Kaiser a basé sa diplomatie et sa stratégie sur l'espionnage.

Il a multiplié ses espions sur tous les points du globe : tel industriel et commerçant d'aspect honnête, bien accueilli par ses voisins, notait le soir toutes les particularités qui pouvaient servir à envahir le pays où il vivait, à installer des engins de destruction et à donner des points de repère pour les réquisitions. Ce patriotisme de police a été élevé au plus haut point par la *Kultur* allemande. Il fait partie de l'éthique officielle qui consiste à faire l'apologie de tous les moyens qui ont pour fin la puissance agressive de l'empire.

Des officiers dans les bureaux de l'état-major étiquetaient, classaient, coordonnaient tous ces renseignements et se complaisaient dans cette minutieuse préparation. Ils pouvaient se dire, avec orgueil, qu'elle était sans précédent et sans rivale dans le monde.

Seulement l'espion, qu'il soit un misérable ou un puissant personnage, a toujours un grave défaut. Il cherche moins la vérité que le renseignement qui peut correspondre aux sentiments et aux préjugés de celui à qui il les fournit; et enfin lui-même a son coefficient personnel d'erreur.

Les événements viennent de prouver la vanité des renseignements fournis par ce magnifique système d'espionnage. L'état-major savait sans doute qu'il pourrait placer des canons sur tel point, tracer des tranchées ailleurs, que M. X... avait une automobile et des chevaux, que M. Y... pouvait servir d'otage; et après ? l'automobile et les chevaux de M. X... avaient été réquisitionnés. Les Allemands ont pu arrêter M. Y..., et après ? Ces procédés d'usurier de village ne peuvent donner que de misérables ressources que la défaite emportera au centuple dans sa rafale.

Tandis que le haut état-major s'appliquait à ces basses et misérables besognes, il était trompé et le gouvernement était trompé sur les conditions matérielles et morales, aussi bien de ses alliés que de ses adversaires possibles.

L'espion en chef, dans chaque pays, était l'ambassadeur allemand.

On a cru à la Wilhelmstrasse, d'après les rapports que le comte Pourtalès envoyait de Saint-Pétersbourg, que l'Autriche pouvait tout oser à l'égard de la Serbie ; que la Russie, troublée par les grèves, céderait comme elle l'avait fait en 1909 ; de là cette conséquence : elle perdrait son prestige non seulement auprès des populations balkaniques, mais aussi auprès de la Grande-Bretagne et de la France ; donc la puissance de l'Allemagne serait sans contrepoids.

En même temps, les espions de l'état-major l'informaient que la réorganisation de l'armée russe ne serait prête que dans trois ans ; et ils en faisaient une telle description qu'elle était comptée à Berlin comme une quantité négligeable que l'armée d'Autriche-Hongrie et quelques corps de réserve allemands suffiraient à contenir avant l'écrasement final qui se produirait quand on pourrait ramener à l'Est les troupes qui auraient écrasé la France à l'Ouest.

« La France ? Ah ! on va lui jouer une bonne farce. L'entrevue du czar et de M. Poincaré est fixée au 24 juillet. L'ultimatum sera envoyé le 23 et son mystère pèsera sur leur visite. La décision du gouvernement autrichien sera connue au moment où M. Poincaré quittera la Russie. Les deux alliés se sont congratulés réciproquement. Nous allons les placer en face des réalités. Si la Russie marche, la France la suivra-t-elle ? Quoi ? à propos d'une affaire serbe ? qu'est-ce que ce petit peuple ? est-ce qu'il intéresse les Français ? Jacques Bonhomme dira : — Cela ne me regarde pas. Panurge ajoutera : — J'ai horreur des coups et, si j'en reçois, je veux savoir pourquoi. Le congrès socialiste vient de voter l'ordre du jour présenté par Jaurès, en faveur de la grève générale en cas de guerre. Donc les socialistes seront des réfractaires.

« Le ministère est composé de pacifistes, qui ont voté contre la loi de trois ans. Les finances de la France sont en mauvais état. Son emprunt de 805 millions n'est pas encore classé. La France lâchera la Russie. Alors il n'y a plus ni double ni triple entente. Elle ne compte plus parmi les puissances européennes. Que nous exigions d'elle ce que nous voudrons, personne ne lèvera le petit doigt pour la défendre contre nos exigences. Nous pourrons la piétiner à l'aise comme l'Autriche piétine la Serbie.

« Si elle se résigne à la guerre, nous n'en ferons qu'une bouchée. Comme elle n'a pas osé prolonger d'un an le service de la classe qui était sous les drapeaux au mois d'octobre 1913, son armée compte deux classes de jeunes soldats, dont beaucoup n'ont que vingt ans. Ils fondront comme du beurre sous la pression de notre armée. Les officiers? On les a vus aux manœuvres du Sud-Ouest. La politique les sépare. Il y a des généraux qui veulent bien jouir de leurs galons et des avantages honorifiques et matériels qui y sont attachés, mais qui ne veulent pas se faire casser la tête pour la République. La plupart ne croient pas à la guerre. Nous avons dépensé 1 milliard de plus que les Français, avec la méthode qui nous caractérise : donc notre préparation est infiniment supérieure. L'état-major français s'est leurré de l'idée que nous attaquerons par la Lorraine, entre Toul et Belfort. Pendant qu'il accumulera ses forces de ce côté, nous passerons par la Belgique. Sauf Maubeuge, nous ne trouverons pas une forteresse en face de nous : et quinze jours après nous serons à Paris. Il n'y aura plus ni gouvernement, ni armée, ni finances ; et « l'ennemi héréditaire » sera réduit à n'être plus que notre satellite. Le triomphe est certain : car notre système d'espionnage est parfait.

« Quant à la Belgique, elle ne compte pas. Comment pourrait-elle s'opposer à notre passage? La loi sur la réorganisation de son armée ne date que de juillet 1913. Et elle a été appliquée sans conviction. Nous empêcher d'envahir la France? pourquoi donc? est-ce que dans les Flandres, elle n'est pas dénoncée comme une nation impie digne de tous les châtiments? est-ce que le parti flamingant n'a pas pour but de les préserver des idées françaises? Si elle nous livre passage, nous lui promettrons de la traiter en amie, quitte à voir ce que nous ferons d'Anvers après la guerre. Elle ne compte pas.

« Quant à la Grande-Bretagne, nous y avons de nombreux et bons amis. Est-ce que le Kaiser ne l'a pas conquise lors de son voyage de 1907 ? Est-ce que le Kronprinz n'y a pas été accueilli comme un ami ? Il y a bien eu Agadir ; mais notre ambassadeur nous assure que, grâce à ses bons dîners, tous les lords sont pour lui.

« Les libéraux sont ultra-pacifistes et quelques-uns de leurs journaux les plus influents sont dévoués à l'Allemagne. Nous évoquerons le spectre du tsarisme. Il suffira pour épouvanter les anciens *tories* et pour indigner les membres du *labour party*.

« Les affaires du continent ne regardent pas le *labour party*. Il est en dehors de toutes les idées sur lesquelles a vécu dans le passé la diplomatie britannique. Il a horreur des armements. Il voudrait qu'on les économisât, pour qu'on en remît le prix aux œuvres auxquelles il s'intéresse, ou qu'on enlevât tout impôt qui pèse encore sur l'alimentation. Le gouvernement libéral le compte comme l'appoint indispensable de sa majorité. Donc il ne bougera pas.

« Les unionistes sont beaucoup trop occupés à préparer les volontaires de l'Ulster pour se laisser distraire par des préoccupations de politique extérieure : et quant à l'Irlande, ce sera une alliée.

« Nous sommes les amis des Turcs ; les Anglais craindront l'appel à la guerre sainte : et si jamais la guerre éclate..., l'Inde sera en effervescence dès qu'elle saura que la Grande-Bretagne est engagée dans une guerre européenne. »

Le Kaiser a traité l'Italie avec dédain. Il avait aidé les Turcs dans la guerre de Tripoli contre son alliée. Ni la Wilhelmstrasse, ni le Ballplatz n'ont considéré qu'ils avaient à tenir l'Italie au courant de leurs intentions contre la Serbie. Le Kaiser estimait que l'armée de l'Italie était désorganisée, que ses finances étaient embarrassées. Il la plaça en dehors de la triple Alliance ; et tandis qu'il renonçait ainsi à l'intervention de son armée, évaluée à 1 million 250 000 hommes, il provoquait l'intervention de l'armée belge qui, si mal préparée qu'elle fût, a prouvé que, grâce à son héroïsme, elle n'était pas à dédaigner.

En provoquant l'intervention de la Grande-Bretagne, l'empereur d'Allemagne était sûr de perdre tout concours de la part de l'Italie.

Tous les renseignements obtenus par l'espionnage officiel ou confidentiel ont abouti à pousser le Kaiser à engager l'Allemagne dans une guerre au moment le plus défavorable pour elle et en réunissant contre lui toutes les grandes nations, sauf l'Autriche-Hongrie.

CHAPITRE VII

LA DIPLOMATIE ALLEMANDE ET LA RUSSIE

La Prusse et la Russie depuis 1772. — Bismarck et la Russie en 1877. — Le traité de Berlin. — Crainte d'une alliance franco-russe. — Alliance austro-allemande. — Haine des Russes contre les Allemands. — Bismarck. — Bismarck et Constantinople. — Le traité de contre-assurance de 1884. — Le discours du 6 février 1888. — Mesures contre les fonds russes. — L'emprunt russe à Paris du 10 décembre 1888. — L'avènement de Guillaume II. — La rupture de Bismarck d'après le prince de Hohenlohe. — La Triple-Alliance en 1891. — Proposition de Guillaume II. — L'alliance franco-russe. — Conséquences de la diplomatie allemande.

Il est entendu que les diplomates allemands sont des hommes très forts : car les Allemands ayant affirmé leur supériorité en tout, nombre de badauds ont ajouté une foi aveugle à leurs affirmations. Il est également entendu que les Allemands, apportant dans tous leurs actes, une méthode supérieure, ils font bénéficier leur diplomatie de cette méthode. Nous allons comparer les faits à ces postulats.

En 1870-1871, Bismarck avait achevé « de faire par le fer et le feu l'Empire allemand », mais il n'avait plus qu'une préoccupation, le conserver.

Pour le conserver, il poursuivit une politique contradictoire : conclure une alliance avec l'Autriche-Hongrie et, en même temps, entretenir avec la Russie des rapports d'amitié, de manière que jamais l'Empire allemand n'eût rien à en craindre.

Depuis la guerre de Sept Ans, la Prusse et la Russie avaient toujours vécu en bons termes. Les partages de la Pologne avaient pu provoquer des discussions entre elles, mais ces actes de brigandage les avaient solidarisées. Si la Prusse avait abandonné la Russie et l'Autriche au lendemain d'Austerlitz, la résistance à Napoléon les avait réunies de nouveau. Pendant la guerre de Crimée, la Prusse s'était mise du côté de la Russie; et en 1870-1871, la Russie l'avait appuyée contre la France par une neutralité sympathique.

Bismarck trouva le moyen de faire venir, en 1872, à Berlin, l'empereur François-Joseph, pour apporter son hommage à son vainqueur de Sadowa, l'empereur Guillaume, et pour se rencontrer avec l'empereur Alexandre II. Il fit l'union des trois empereurs contre la France.

Quand la Russie fit la guerre contre la Turquie en 1877, Bismarck considéra qu'il s'était acquitté envers elle en empêchant l'Autriche-Hongrie d'intervenir contre elle.

L'armée russe s'était avancée jusqu'à San-Stefano. La Russie conclut le traité qui porte ce nom : mais, paraît-il, ses stipulations étaient en contradiction avec un traité secret conclu avant la guerre à Saint-Pétersbourg avec l'Autriche, et des arrangements pris avec l'Angleterre à la fin de l'armistice.

Le Congrès de Berlin, de 1878, livra à l'Autriche l'administration de la Bosnie et de l'Herzégovine qui avaient pris l'initiative de la lutte. La Russie en sortit affaiblie. Le prince Gortschakow quitta Berlin brouillé avec Bismarck. Pendant son séjour, il avait parlé à un journaliste français de la possibilité d'une alliance franco-russe.

Bismarck[1] raconte, qu'ayant rencontré à Gastein le ministre austro-hongrois, le comte Andrassy, le 27 août 1879, celui-ci lui dit : « Contre une alliance franco-russe, le coup qu'il faut jouer est une alliance austro-allemande. » Mais il n'admettait qu'une alliance purement défensive contre une attaque de la Russie dirigée contre l'une ou l'autre partie contractante.

---

1. *Pensées et Souvenirs*. T. II, p. 281.

L'empereur Guillaume là considéra comme une sorte de trahison à l'égard de l'empereur de Russie pour lequel il avait une profonde sympathie. Bismarck ne triompha de ses scrupules qu'en « ayant recours au moyen très fâcheux de la question de cabinet[1]. Sa Majesté n'avait pas été convaincue par les arguments politiques : elle n'avait promis de ratifier ce traité que par horreur d'un changement de ministère ». Et Guillaume Ier crut loyal d'avertir confidentiellement l'empereur de Russie du traité qui venait d'être conclu.

Ce traité, dit Bismarck, est *publici Juris*. Une alliance défensive analogue entre les deux puissances contre la France n'est pas connue[2].

Bismarck constatait la haine des Russes contre tout ce qui est allemand, haine dont l'empereur de Russie devait tenir compte, même s'il voulait vivre en bons termes avec l'Allemagne.

Toutefois, ces sentiments d'hostilité dont, en Russie, la majorité du peuple fait preuve contre les Allemands, ne sont guère plus vifs que ceux des Tchèques, en Bohême et en Moravie, des Slovènes dans l'ancien territoire de la Confédération et des Polonais en Galicie. Bref si, ayant le choix entre une alliance avec la Russie ou avec l'Autriche, j'ai choisi celle-ci, je n'ai nullement été aveugle, et j'ai été en proie à tous les doutes qui rendaient le choix si difficile.

Bismarck essaya de maintenir des relations de bon voisinage avec la Russie. Il ne voulait pas surtout que l'empire allemand fût entraîné dans la politique des Balkans. Il s'efforçait de convaincre la Russie « du caractère inoffensif de la politique allemande ».

Bismarck, envisageant l'éventualité où les Russes voudraient occuper Constantinople, répond qu'il considère

---

1. *Pensées et Souvenirs*, p. 292.
2. *Ibid.*, p. 296.

« qu'il serait utile à l'Allemagne que les Russes fussent établis solidement à Constantinople et qu'ils eussent à défendre la ville... » « Si j'étais ministre autrichien, dit-il[1], je n'empêcherais pas les Russes d'aller à Constantinople, mais je ne chercherais à m'entendre avec eux que lorsque leur mouvement offensif serait exécuté. »

Bismarck trouvait un grand avantage pour la politique allemande, de n'avoir aucun intérêt direct dans les questions d'Orient.

Après avoir annexé, en 1882, l'Italie à l'alliance austro-allemande, il essaya de conclure une autre triple alliance entre l'Allemagne, l'Autriche et la Russie. Il parvint à faire signer, le 24 mars 1884, à Berlin, un traité qui fut ratifié dans une entrevue entre les trois empereurs, à Skiernewice. Il lui donna le titre de « contre assurance ». Si un des trois pouvoirs faisait la guerre à un autre, les deux autres conserveraient une bienveillante neutralité. Bismarck aurait voulu ajouter, que si deux faisaient la guerre à un quatrième, le troisième resterait également neutre : mais la Russie eut de la méfiance. Elle considéra que cette clause visait la France et ne l'accepta pas. En cas de conflit dans la Péninsule Balkanique, chaque pouvoir agirait d'après ses propres intérêts, et en cas de conflit, le troisième pouvoir déciderait. On ajouta un protocole permettant à l'Autriche d'annexer la Bosnie et d'Herzégovine, sans se préoccuper des autres signataires du traité de Berlin. Du reste, les trois pouvoirs se déclarèrent chargés par eux-mêmes de son exécution et de sa non-exécution. C'est pourquoi, ils déclarèrent qu'ils ne s'opposeraient pas à l'union de la Bulgarie et de la Roumélie-Orientale et ne permettraient pas à la Turquie de fortifier les pays des Balkans. Si la Turquie permettait à un quatrième pouvoir (la Grande-Bretagne) d'entrer dans les Dardanelles, les trois pouvoirs interviendraient.

---

[1]. *Pensées et Souvenirs.* T. II, p. 311.

Ce traité n'offrait aucun avantage à la Russie. Bismarck se garde d'en parler dans ses *Pensées et Souvenirs*. S'il était parvenu à le conclure, il ne parvint pas à le conserver. La Bulgarie annexa la Roumélie-Orientale et pour prouver son indépendance à l'égard de la Russie, Stambouloff fit condamner à mort et exécuter neuf officiers russophiles. L'affaire Schnœbelé montra à la Russie que Bismarck n'avait point renoncé à une nouvelle guerre contre la France. Alexandre III envoya une lettre autographe à l'empereur Guillaume, et le traité de Skiernewice conclu pour trois ans ne fut pas renouvelé.

La politique de Bismarck fut pratiquement en contradiction avec la théorie qu'il a exposée : il craignait une entente franco-russe et il la préparait. Si en novembre 1887, il offrait au cabinet de Saint-Pétersbourg l'appui de l'Allemagne dans le cas d'une attaque de l'Autriche contre la Russie, il détruisait l'effet de cette proposition par son discours tonitruant du 6 février 1888, dans lequel il demandait un emprunt de 28 millions de marks pour acheter des munitions de guerre. « Nous devons remplir les desseins de la Providence... Sans doute le malentendu actuel avec la Russie disparaîtra ; mais la presse russe ayant « fermé la porte au vieil et puissant ami que nous étions, nous n'y frapperons pas de nouveau... »

Lui-même indiquait à la France et à la Russie la nécessité de s'unir contre l'Allemagne : « On peut nous attaquer de trois côtés, tandis que la France peut être attaquée à l'Est seulement et la Russie à l'Ouest. Nous sommes mieux que toute autre nation, exposés aux coalitions. Le pressoir franco-russe nous impose l'union. Si nous nous trouvions engagés dans une guerre russe, la guerre avec la France serait absolument certaine. »

Au printemps, il ordonnait à la Reichsbank de ne plus prendre les fonds russes en nantissement. Un emprunt russe de 500 millions était souscrit à Paris le 10 décembre 1888. Il préparait l'alliance franco-russe.

La politique de Bismarck à l'égard de la Russie se terminait donc par un échec.

Le 15 juin 1888, Guillaume II montait sur le trône. Ses deux premiers discours furent pour l'armée et la marine Il ne s'adressa au peuple que trois jours plus tard. Il débarquait Bismarck en mars 1890.

D'après les notes quotidiennes du prince de Hohenhole la véritable cause du départ de Bismarck était sa divergence de vues avec l'empereur sur la nécessité de choisir entre l'Autriche et la Russie au moment du conflit menaçant entre ces deux puissances. Bismarck aurait reconnu à ce moment que la subordination de la politique allemande à celle de l'Autriche-Hongrie était une erreur. Voici ce que dit le prince de Hohenhole :

Berlin, 26 mars 1890.

L'empereur avait l'idée que Bismarck entretenait le rêve de laisser là l'Autriche et la Triplice pour s'entendre avec la Russie.

Strasbourg, 31 mars 1890.

De plus en plus, il appert que c'est la divergence de vues entre l'Empereur et Bismarck au sujet des visées russes qui a conduit à la rupture. Bismarck voulait laisser l'Autriche en plan. L'Empereur marche avec l'Autriche fût-ce au risque d'une guerre avec la Russie et la France. Là est le point noir pour l'avenir.

La triple alliance fut renouvelée en 1891. On parlait d'une proposition d'accord de Guillaume II avec le roi Léopold pour l'attaque de la France par la Belgique. Il aurait fait également la proposition à l'Angleterre et à la Turquie de s'unir contre la France. Résultat : la visite de l'escadre française sous le commandement de l'amiral Gervais, à Cronstadt à la fin de juillet 1891. Alexandre III écoutait la tête découverte, *la Marseillaise* en même temps que *l'Hymne russe*; une convention militaire et navale suivait et on aboutissait à une alliance en 1895.

Je faisais partie du ministère qui envoya la flotte à Cronstadt. Tous les hommes sérieux éprouvèrent un profond sentiment de soulagement en voyant disparaître l'isolement dangereux de la France.

L'alliance franco-russe créa des illusions chez un certain nombre de Français naïfs : ils crurent que, du jour au lendemain, elle allait assurer la reprise de l'Alsace et de la Lorraine. La Russie ne s'était jamais engagée à soutenir la France dans une guerre de revanche. L'alliance franco-russe était une garantie de paix contre l'Allemagne.

M. de Bulow a raillé le désappointement des Français. C'est généraliser beaucoup que de prêter à tous les illusions de Déroulède. Cette raillerie ne sert qu'à cacher le désappointement éprouvé par les hommes d'État allemands en voyant que l'alliance s'était maintenue.

Mais M. de Bulow et les autres chanceliers ont fait tout le nécessaire pour la maintenir. Professeurs, journalistes, plus ou moins officiels, n'ont pas cessé de dénoncer les Russes comme des barbares, ayant comme tels la haine de la haute civilisation germanique et l'ambition de l'écraser[1].

Les Allemands ont montré l'Allemagne comme le boulevard de la civilisation contre cette invasion. Pour justifier les augmentations d'armement de 1912 et de 1913, ils ont évoqué le spectre russe. Les peuples des Balkans affranchis retiendraient une partie des forces de l'Autriche-Hongrie dans l'attaque qu'elle devrait faire contre la Russie ; donc, il faut augmenter les contingents allemands. Le discours du chancelier, du 7 mai 1913, a été l'expression de cette politique, et cette politique peut se résumer de la manière suivante :

« La Russie ne ferait pas la guerre pour donner satisfaction aux rancunes de la France : nous allons la forcer de faire la guerre : et ainsi nous allons provoquer nous-mêmes l'événement que nous devions empêcher. Notre politique

---

1. *Si j'étais l'empereur!* brochure publiée, en 1912, qui a eu un grand succès en Allemagne

devait avoir pour objet de ne pas nous trouver enserrés entre la Russie et la France et depuis plus de trente ans, nous faisons une politique destinée à rapprocher la Russie et la France. »

Le caractère de cette politique s'est accentué dans les dernières années ; et la diplomatie allemande a montré toute l'habileté dont elle était capable quand, le 1ᵉʳ août 1914, elle s'est trouvée dans l'obligation de prendre elle-même l'initiative de la déclaration de guerre à la Russie.

CHAPITRE VIII

LA DIPLOMATIE ALLEMANDE ET LA GRANDE-BRETAGNE

La politique de la Grande-Bretagne. — La balance des pouvoirs. La suprématie de la mer. — Bismarck et la Grande-Bretagne. — Le conflit franco-égyptien. — La politique coloniale de la France. — Les protectionnistes français. — « La possession du Trident. » — « Notre avenir est sur l'eau. » — Politique navale et mondiale. — Résistance du Reichstag. — La ligue navale. — Anglophobie. — Treitschke. — Kiao-Chéou. — La Turquie. — Les Musulmans. — La Polynésie. — L'Afrique. — Le télégramme de Krüger. — Aveux de M. de Bulow. — Amérique centrale et Amérique du Sud. — Les Pays-Bas et la Belgique. — Le blocus de la Russie. — Conceptions mégalomanes. — Picrochole. — « La Grande-Bretagne ne bougera pas. » — Les illusions sur les germanophiles anglais. — Discours de Lloyd George au Guildhall, 1ᵉʳ juillet 1911. — Fureur contre les Anglais.

Dans son discours du 2 décembre 1914, le chancelier, M. Bethman Hollweg, rappelait que la politique britannique avait deux objets : la balance des pouvoirs sur le continent; la suprématie de la mer.

Au dix-septième et au dix-huitième siècle, le commandement de la mer signifiait le monopole de la navigation. Mais l'abrogation de l'acte de navigation, en 1849, a prouvé que la Grande-Bretagne n'avait plus la prétention de le détenir. Elle se contente, en vertu de la libre concurrence, de posséder de 50 à 60 p. 100 du pouvoir transporteur du monde.

Depuis l'Armada au moins, les Anglais ont craint, si sur

le continent un État devenait maître des autres, d'être soumis à sa suprématie. A la fin du dix-septième siècle, ils firent la guerre à Louis XIV parce que Louis XIV voulait rétablir les Stuart qu'ils avaient expulsés et dominer l'Europe. Au commencement du dix-huitième siècle, ils lui firent encore la guerre quand il voulut assurer le trône d'Espagne à son petit-fils Philippe V, tout en lui conservant des droits à la succession du trône de France.

Ils firent la guerre à Napoléon parce que Napoléon voulait être le maître de l'Europe et anéantir leur puissance.

Les Prussiens ont été les bénéficiaires de cette politique pendant la guerre de Sept Ans. Il est vrai que Napoléon leur ayant donné le Hanovre, ils provoquèrent une déclaration de guerre de l'Angleterre contre eux (mars 1806). L'Angleterre soutint la Prusse en 1813 et en 1814. Seulement, au Congrès de Vienne, la Prusse montra une telle avidité qu'elle se brouilla avec lord Castlereagh, le ministre de la Grande-Bretagne. Elle provoqua contre elle l'alliance de la France, de l'Autriche et de l'Angleterre[1]. En échange de la Saxe qu'elle prétendait s'annexer, elle gagna la Province Rhénane et la Westphalie.

En 1864, la Grande-Bretagne eut la faiblesse de laisser prendre les duchés du Danemark par la Prusse et l'Autriche. Elle laissa Bismarck constituer la confédération du Nord et mettre la main sur l'Allemagne du Sud en 1866. Elle laissa l'Empire allemand se constituer en 1871.

Bismarck tenait à rassurer la Grande-Bretagne sur la politique de l'Empire allemand. Il le représentait comme devant être bien sage, satisfait de son sort, tout occupé à s'organiser pacifiquement et, par conséquent, ne pouvant porter ombrage ni sur le continent ni sur mer à la Grande-Bretagne. Il s'attachait en même temps à pousser la France dans la politique coloniale et à entretenir avec la Grande-Bretagne, en

---

1. V. Debidour. *Histoire diplomatique*, t. I*ᵉʳ*, p. 36.

Égypte, une politique de conflits. Il réussit : et, les protectionnistes français faisaient tout le nécessaire pour exaspérer les Anglais.

Il était très facile au petit-fils de la reine Victoria de maintenir un bon accord avec la Grande-Bretagne ; mais il ne fallait pas qu'il s'engageât dans une politique « dépassant les limites de celle de Bismarck ». Guillaume II « entendit donner à l'Empire allemand un rôle prépondérant dans le monde » et, selon une de ses expressions « lui remettre le trident ».

M. de Bulow[1], s'est vanté d'avoir poursuivi cette politique ; et pour la justifier, il raconte que, quoique Friedrichsruh ne fût pas éloigné de Hambourg, Bismarck n'y était pas venu depuis très longtemps. Quelques années après sa retraite, à l'âge de quatre-vingts ans, sur l'invitation de Ballin, le directeur de la *Hamburg American linie*, il s'y rendit et fut stupéfait de la grandeur et du luxe des paquebots : — C'est un nouvel âge, un nouveau monde, dit-il.

M. de Bulow, en tirant de ces mots une adhésion à la politique navale et mondiale du Kaiser et la renonciation à la politique de prudence que Bismarck n'avait cessé de pratiquer et de recommander depuis 1871, montre une singulière hardiesse. C'était sur un paquebot pacifique que Bismarck prononçait ces paroles ; ce n'était pas sur un Dreadnought.

Par son attitude et son allure, par son programme naval, le Kaiser présenta un double danger pour la Grande-Bretagne : une politique continentale inquiétante et la volonté d'intervenir dans les questions du reste du monde, avec des prétentions conquérantes, menaçantes pour tous.

Le mouvement pangermaniste a commencé vers 1893, sous l'impulsion du Kaiser, de l'amiral von Tirpitz et de von Biexberstein. Il s'appuyait sur la disposition suivante de l'article 4 de la constitution de l'Empire allemand :

---

1. *La Politique allemande.*

La surveillance exercée par l'Empire et la législation de l'Empire s'applique aux objets suivants... « et aussi à la colonisation ainsi qu'à l'émigration vers des terres non-allemandes ».

Le Reischstag n'avait pas de passion pour une grande marine. Le 28 mars 1897, il avait adopté en troisième lecture le budget qui faisait une réduction considérable dans les demandes du gouvernement pour de nouveaux navires. Le 28 juin, le prince de Bulow fut nommé chancelier de l'Empire. Le 27 novembre, l'amiral Tirpitz, devenu ministre de la Marine, demandait la construction de sept vaisseaux de guerre, de deux grands et sept petits croiseurs, à terminer dans un délai expirant en 1904. Il parlait ainsi au nom du Bundesrat : « Sans préjuger les droits du Reischstag et sans demander la création de nouveaux impôts, les gouvernements alliés ont, à l'égard de la marine, l'objet suivant : créer dans un temps donné, une flotte nationale assez forte pour protéger d'une manière effective, les intérêts maritimes de l'Empire. »

Le prince de Bulow dit, avec une certaine naïveté : « Nous pensions que cette augmentation de notre pouvoir éveillerait quelque malaise et quelque susceptibilité dans la Grande-Bretagne. »

En fondant, à la fin de mai 1898, la *Deutsche flottein verein*, la ligue navale, l'amiral Tirpitz n'avait certainement pas pour but de les apaiser. Ses moyens de propagande étaient empruntés à l'Armée du salut. On voyait des officiers de la marine allemande prendre part à des processions charivaresques, avec accompagnement de cornets à piston, de trombones et de grosses caisses, ayant pour but de provoquer l'enthousiasme des terriens pour cette phrase du Kaiser : « Notre avenir est sur la mer. »

L'exposé des motifs du programme naval de 1900 disait que « l'Allemagne devait posséder une flotte telle qu'elle ferait courir à la plus grande puissance navale du monde le risque, même en cas de victoire de sa part, de n'avoir plus pendant longtemps la sécurité de la mer. »

Des livres classiques pour les écoles montrent la Grande-Bretagne affamée et n'ayant même plus d'acier pour reconstituer sa flotte !

Les professeurs et les publicistes allemands affirmaient hautement leur hostilité contre la Grande-Bretagne. Le célèbre Treitschke disait :

> Nous avons réglé nos comptes avec l'Autriche Hongrie, avec la France, avec la Russie. Le dernier règlement de compte, celui avec l'Angleterre sera probablement le plus long et le plus difficile

Mais il le considérait comme une nécessité.

En janvier 1900, le professeur Hans Delbrück, écrivait dans *The North american review* :

> Comme le grand pouvoir naval de la Grande-Bretagne ne peut être détruit par un seul état, le meilleur remède serait une alliance contre elle de tous ses rivaux, la Russie, la France, l'Allemagne.

Douze ans plus tard, Eisenhart écrit dans son livre, *l'Allemagne dans le vingtième siècle* :

> Nous considérons une grande guerre avec l'Angleterre comme inévitable.

Professeurs de l'Université, maîtres d'école, publicistes, enseignaient que les Anglais sont trop égoïstes, trop poltrons, sauf en matière de sport, pour défendre leur pays; et l'armée britannique leur donnait une trop belle occasion pour ne pas rappeler les mercenaires de Carthage en y ajoutant le refrain de Caton : *Delenda Carthago*. Il faut détruire Carthage.

Ils s'attachaient à montrer la facilité de cette besogne. Ils disaient : « L'empire anglais n'est pas une réalité, c'est une ombre[1]. » La population des colonies n'est pas suffisante pour donner à la Grande-Bretagne un appui suffisant. Le lien entre les colonies et la Grande-Bretagne est si lâche, qu'ils n'ont pas d'intérêt commun. La Grande-Bretagne ne peut leur garantir sa protection. Pourquoi donc se compromettraient-elles en combattant avec elle ? Le général Bernhardi conclut à la séparation du Canada et probablement à la perte des Indes.

Les Allemands ajoutent que le gouvernement britannique n'a pas l'unité de l'autocratie allemande. Il appartient à des ministres qui ont souvent des vues opposées et qui subissent le contrôle du Parlement. La diplomatie de Downing street ne saurait donc égaler celle de la Wilhelmstrasse.

Cependant la Grande-Bretagne est partout; et l'Allemagne n'a de valable que son territoire de 540 000 kilomètres en Europe. Donc la Grande-Bretagne est l'ennemie qu'il faut et qu'on peut facilement détruire.

Ces belles théories se traduisaient dans les faits.

Les politiques allemands considérèrent que tout émigrant allemand qui allait dans un pays étranger était une perte pour l'Allemagne. Cependant on ne pouvait lui interdire d'aller aux Etats-Unis et le forcer d'aller dans l'Afrique allemande orientale. Il fallait chercher ailleurs.

Ils envisagèrent le partage de la Chine et pour commencer, ils prirent possession, dans l'automne de 1897, des territoires qui entourent la rade de Kiao-Chéou et imposèrent à la Chine le traité de Shantung. Mais ils ne pouvaient espérer faire de la Chine déjà trop peuplée une colonie de peuplement.

En 1889, le Kaiser obtient de la Turquie la concession des chemins de fer d'Anatolie.

En 1898, peu de temps après le vote de la première loi sur la flotte, l'empereur allemand débarque en Palestine,

---

1. Pr Cramb. *Germany and England.* Dr Charles Sarolea, *The anglo-german problem.*

réclame la protection des lieux saints que lui refuse le pape, va à Constantinople présenter ses amitiés à Abdul-Hamid, et s'écrie à Damas :

Les trois cents millions de musulmans qui vivent éparpillés sur le globe, peuvent être assurés que l'empereur allemand sera leur ami de tous les moments.

Cet appel direct aux musulmans de l'Inde, de l'Egypte, de la Tunisie et de l'Algérie était un acte qui ne devait pas laisser indifférente la Grande-Bretagne.

Pour l'appuyer par un fait, il lance le chemin de fer de Bagdad.

Le Kaiser essaye de mettre la main sur toutes les terres étrangères, petites ou grandes. A la fin de la guerre entre les Etats-Unis et l'Espagne, il acquit, en 1899, la Caroline et les îles Mariannes, et il fut très fier « d'avoir un point d'appui en Polynésie ». Pourquoi faire, sinon pour inquiéter l'Australie ?

En Afrique, les Allemands voulaient rejoindre leurs colonies de l'Afrique du sud-ouest et de l'Afrique orientale en mettant la main sur la Rhodésia. Ils espérèrent que les Boers se chargeraient de préparer le résultat. Des négociations eurent lieu. Les Allemands leur fournirent des armes. De là en 1896 le télégramme à Krüger qui était gros de promesses et qui poussa les Boers à faire la déclaration de guerre du 10 octobre 1899.

Les Allemands éprouvèrent une grande déception en voyant la Grande-Bretagne capable de transporter une armée de l'Europe au Cap et du Cap au Transvaal, et de supporter sans grand effort les frais de la guerre.

Les journaux allemands dépassèrent ceux de tous les autres pays en violence et en grossièretés qui atteignirent même la reine Victoria. Le refus par le Kaiser de recevoir Krüger ne compensa pas l'effet produit sur l'opinion de la Grande-Bretagne. Elle ne se trompait pas ; car M. de Bulow, reconnaît que l'Empire allemand ne resta neutre que parce que sa marine n'était pas assez forte et que parce qu'il ne pouvait pas compter sur la France dans une agression contre elle.

Le gouvernement britannique savait à quoi s'en tenir sur la part de responsabilité qui lui incombait dans la guerre du Transvaal.

Sa déception fut encore aggravée par la formation de la *South African Union*, comprenant les divers peuples de l'Afrique du Sud, et dont les Boers ont pris la direction. Von der Goltz conclut : « Nous devons nous opposer à la suprématie anglaise. »

Vers 1880 les Allemands voulurent aussi coloniser l'Amérique centrale et l'Amérique du Sud. Ils jetèrent d'abord leur dévolu sur le Vénézuéla, lui consentirent des emprunts, achetèrent quelques mines, engagèrent des entreprises ; puis ils installèrent un navire de guerre dans son port et demandèrent de prendre part au gouvernement du pays[1].

Ces prétentions éveillèrent aussitôt les susceptibilités des Etats-Unis qui, au nom de la doctrine de Monroe, les informèrent qu'ils ne souffriraient pas leur intervention dans le gouvernement du Vénézuéla. Les Allemands apprirent en même temps qu'ils n'obtiendraient l'accès d'aucune colonie dans le golfe du Mexique, tant que la Grande-Bretagne et les Etats-Unis seraient les maîtres de l'Océan.

Maintenant, grâce à leur émigration au Brésil, ils songent à constituer un état allemand dans l'Etat de Sâo-Paulo.

Rotterdam et Anvers sont les ports du Rhin. Les Pays-Bas sont la véritable base d'opérations pour un envahissement de la Grande-Bretagne. Les Pays-Bas et la Belgique ne sont indépendants que parce que la Grande-Bretagne et la France ont empêché l'Allemagne de les prendre. On les prendra : et avec la Belgique le Congo belge ; avec les Pays-

---

1. *Pangermanism*, by Roland G. Usher, professor of history, Washington university, Saint-Louis, p. 119.

Bas, les Indes néerlandaises. Le Danemark est la clef de la Baltique, qui doit devenir un lac allemand. On le prendra : et la Russie bloquée par le Bosphore au sud, et par le Sund et le grand Belt au nord, n'aura plus en Europe, sur la mer libre, d'autre port qu'Arkhangel.

L'Empire allemand a poussé l'Autriche-Hongrie à l'est et au sud-est; mais l'englobant dans son aire, c'est lui qui entendait diriger sa politique à son profit. Imprégné de souvenirs classiques, les hommes d'Etat allemands et autrichiens ont rêvé de saisir les grandes routes par lesquelles les Romains, les barbares, les croisés, sont passés des vallées du Danube à Constantinople et les Ottomans de Constantinople dans les vallées du Danube.

L'imagination joue dans ces conceptions un rôle beaucoup plus important que la perception exacte d'avantages réels. Salonique, comme port de commerce, est insignifiant pour l'Autriche et l'Allemagne[1]. Il ne peut valoir que comme port de guerre. Alors vient le rêve de la grande ligne de Bagdad, de la mainmise sur la Turquie et sur la Perse, en attendant l'Inde. L'Italie, tenant le nord de l'Afrique par Tripoli et la Cyrénaïque, l'Allemagne prend l'Egypte, la Tunisie, l'Algérie, le Maroc.

L'Allemagne victorieuse fera une grande confédération dont l'empereur sera le chef absolu, comme il est le chef de l'Empire allemand, qui comprendra l'Autriche-Hongrie, les Etats Balkaniques, la Turquie, avec l'Egypte, la Perse et l'Inde.

Les pangermanistes disent naïvement :

« Les Anglais sont parvenus à gouverner l'Inde; est-ce que les Allemands ne pourraient pas en faire autant ? » et ils ne sont même pas parvenus à gouverner le duché de Posen et l'Alsace-Lorraine !

Dès le seizième siècle, la politique allemande a eu un his-

---

1. V. *Journal des Économistes*, novembre 1912.

torien illustre qui s'appelle Rabelais, quand il a célébré les hauts faits de Picrochole.

Les Allemands déclaraient que la Grande-Bretagne avait acquis la plupart de ses possessions par la force. Donc, ils avaient le droit d'employer la force pour les en expulser : mais ils ne pensaient pas un seul moment à rendre l'Australie aux indigènes australiens, la Nouvelle-Zélande aux Maoris, le Canada aux Iroquois et l'Inde à ses rajahs ou au grand Mogol. Ils voulaient simplement se mettre à sa place.

Ces plans à la Picrochole ne sont pas seulement ceux des publicistes dépourvus d'autorité. Ils forment un ensemble, soutenu officiellement, et ils sont appuyés par des commencements ou des tentatives d'exécution.

Les successeurs de Bismarck ont cru qu'ils pouvaient impunément tout se permettre à l'égard de la Grande-Bretagne. Dans son livre, M. de Bulow dit naïvement :

L'Allemagne est devenue trop forte pour être attaquée sur mer : donc la Grande-Bretagne ne bougera pas.

En écrivant cette phrase, M. de Bulow oubliait que sa politique avait amené un résultat : l'accord franco-anglais de 1904.

M. Harden, le journaliste qui prétend représenter la tradition de Bismarck, reprochait au gouvernement allemand « de diminuer par ses menaces les causes de friction entre la Grande-Bretagne et la France dans le nord de l'Afrique ».

Le gouvernement allemand allait même plus loin : il établissait entre les deux pays une solidarité étroite.

L'ambassadeur d'Allemagne, le comte Wolff Metternich zur Gracht, avait dit au Kaiser : « Vous et le kronprinz vous avez séduit la Grande-Bretagne. Vous pouvez tout vous permettre. Elle ne bougera pas. Vous avez au ministère de la Guerre M. Haldane qui a dit : « L'Allemagne est mon domi-
« cile intellectuel. » M. Lloyd George a été enthousiasmé de son voyage en Allemagne, il est plein d'admiration pour sa politique sociale. »

Sur ces assurances, M. de Bethmann-Hollweg et M. de Kiderlen Waechter, le ministre des Affaires étrangères, envoyèrent *le Panther*, à Agadir, le 1ᵉʳ juillet 1911. Le 21 juillet, M. Lloyd George au dîner annuel des banquiers et marchands, donné par le Lord maire, rappela que « la Grande-Bretagne était prête à de grands sacrifices pour garantir la paix, mais que si une situation était créée telle que la paix ne pourrait être préservée que par l'abandon de sa grande et bienfaisante position acquise dans le monde par des siècles d'héroïsme et de persévérance, qu'en tolérant d'être traitée là où ses intérêts vitaux sont affectés comme si elle ne comptait pas dans la société des nations, la paix à ce prix serait une humiliation intolérable. L'honneur national et la sécurité du commerce britannique international ne sont pas des questions de parti. La paix du monde serait beaucoup mieux assurée si toutes les nations réalisaient des conditions nécessaires. »

Venant d'un ami, ces paroles avaient une signification toute particulière. Elles furent suivies d'une déclaration de M. Asquith à la Chambre des communes qui rencontra une adhésion unanime, exprimée par M. Balfour au nom des unionistes et par M. Ramsay-Macdonald au nom du *labour party*. L'effet fut tel qu'aussitôt les journaux allemands, jusqu'alors menaçants, dirent : « Très bien ! nous avons toute satisfaction ! Nous sommes prêts à nous entendre. »

L'Allemagne redoublait ses armements : dans l'espoir d'endormir la Grande-Bretagne, elle la trompait sur l'avancement des travaux de sa flotte. Ses spécialistes examinaient constamment la possibilité d'un débarquement dans la Grande-Bretagne et ils se réjouissaient de ce que désormais elle ne pouvait plus se fier à la stratégie de Nelson, laissant aux vents le soin de garder le *Channel*.

La diplomatie allemande, avec sa méthode, son habileté, ses procédés et ses moyens d'action, y compris l'espionnage, est arrivée au résultat de grouper la Grande-Bretagne, la Russie et la France pour une défense commune, tandis que

Hans Delbrück, en 1900, rêvait de grouper l'Allemagne, la Russie et la France contre la Grande-Bretagne.

Lorsqu'est arrivé le moment décisif, elle a inventé un *casus belli* stupide contre la Russie, après avoir refusé les propositions de médiation faites par sir Edward Grey. Elle s'est appliquée à ne laisser aucun doute sur sa volonté de faire la guerre, puis elle a violé la neutralité du Luxembourg et de la Belgique et donné à la Grande-Bretagne le beau rôle de défenderesse des traités conclus, des signatures des grands États, tandis qu'elle a assumé la responsabilité de ne les considérer que « comme des chiffons de papier ».

M. Bethmann-Hollweg et autres Allemands ont abandonné la thèse qu'ils défendaient l'Europe contre la barbarie slave ; maintenant ils dirigent toute leur fureur contre les Anglais qu'ils déclarent leurs proches parents. Ils se donnent beaucoup de mal pour prouver que la violation de la neutralité de la Belgique n'est qu'un prétexte pour les Anglais ; mais c'est eux-mêmes qui ont donné à Sir Edward Grey un motif tel qu'il a fait l'unanimité. La Grande-Bretagne aurait-elle pu conserver la neutralité ? Je ne le crois pas : les menaces de l'Empire allemand contre elle étaient trop évidentes et trop persistantes pour qu'elle pût s'abstenir. Mais si la diplomatie de l'Empire allemand a été telle qu'elle rendait obligatoire l'intervention de la Grande-Bretagne, est-ce donc une preuve de sa supériorité, de sa prévoyance, de sa méthode ? Une diplomatie qui arrive en cas de guerre, à former contre son pays l'alliance de la Grande-Bretagne, de la Russie et de la France, en a trahi la sécurité. Plus le chancelier essaye de prouver que l'intervention de la Grande-Bretagne était fatale, plus il aggraverait sa responsabilité et celle du prince de Bulow si elles ne s'effaçaient pas dans l'ombre de celle de Guillaume II.

CHAPITRE IX

LA DIPLOMATIE ALLEMANDE ET LA FRANCE

Politique de Bismarck après Sadova. — Politique opposée en France. — La menace de 1875. — Son véritable caractère. — La politique coloniale et anglophobe française. — L'Alsace-Lorraine. — Le boulangisme. — Bismarck et la guerre préventive. — Résistance du Reichstag. — L'affaire Schnæbelé. — L'incident de Raon-l'Étape. — Essai d'isolement de l'Alsace. — L'empereur Guillaume II. — Ses amabilités et ses menaces. — Le voyage de l'impératrice Frédéric. — La revanche sur l'Alsace. — Les prétentions de Guillaume II. — Le traité d'alliance franco-russe 1894.

Nous avons vu par quels procédés de rouerie et de brutalité, les hommes qui ont assumé la direction des affaires politiques de l'Empire allemand, depuis 1871, sont parvenus à rapprocher la Russie et la Grande-Bretagne et à les unir à la France en opposition à la Triple Alliance.

Au nombre de ces procédés peut être notée leur attitude envers la France. Dans ses *Pensées et Souvenirs*, Bismarck montre qu'il se rendait très bien compte de la coalition que l'Empire allemand devait redouter; et nous avons vu les tentatives auxquelles il s'était livré pour arriver à concilier des politiques contradictoires.

Mais à toutes ces tentatives, un facteur a toujours manqué : — c'est la garantie que l'Allemagne ne ferait pas la guerre à la France.

Bismarck[1] raconte sa résistance au roi et au parti militaire, qui, au lendemain de Sadova voulaient des acquisi-

---

1. *Pensées et Souvenirs*, t. II, p. 45.

tions territoriales et une entrée solennelle à Vienne. Il se préoccupait de « ne pas provoquer chez les adversaires de la Prusse une haine irréconciliable ». Il dit :

> La politique commande, non pas de se demander après une victoire ce qu'on pourrait bien arracher à l'adversaire, mais de poursuivre uniquement les résultats imposés par les besoins politiques.

Après la campagne de France, il manqua à ce principe. Il acceptait l'annexion de l'Alsace. Il était « pour la frontière de langue ». De Moltke exigeait Metz et Belfort. Thiers répondit : « Si vous voulez les deux, nous ne pouvons aujourd'hui signer la paix. » Bismarck dit : « A ce moment, j'eus une grande inquiétude de l'immixtion des puissances neutres. » De Moltke abandonna Belfort et garda Metz.

Presque aussitôt l'indemnité de guerre payée, la France évacuée, survint la menace de 1875. La France venait de constituer ses quatrièmes bataillons. De Moltke et le parti militaire voulurent faire une guerre préventive. Ils la considéraient à la fois comme utile et agréable, destinée à écraser un peu plus la France et à leur offrir une nouvelle brassée de lauriers facilement cueillie.

Bismarck a accusé Gortschakoff d'avoir inventé cette histoire pour provoquer l'intervention de l'empereur de Russie. Cette « histoire » provoqua aussi l'intervention de la reine Victoria. Dans sa lettre du 13 août 1875 à l'empereur d'Allemagne, Bismarck dit : « Je ne sais si Votre Majesté juge à propos de prendre la reine Victoria au pied de la lettre, lorsque Sa Majesté assure que « ce serait chose facile de prouver que ses appréhensions n'étaient pas exagérées ». Bismarck se livre à des hypothèses sur ses sources d'information. Il les connaissait cependant, et elles étaient tout autres que celles qu'il se plaisait à supposer. Au mois d'avril, M. de Radovitz, fort bien en cour à Berlin, avait prévenu, dans un bal, l'ambassadeur de France, le comte de Gontaut-Biron, que l'augmentation de ses armements comportait un risque de guerre. Blowitz, recevant les confidences du duc Decazes, alors ministre des Affaires étrangères, envoya au *Times* une correspondance disant que l'Allemagne avait l'intention de saigner la France à blanc, de lui demander une indemnité de 10 milliards payable en vingt ans et de placer une armée d'occupation dans les départements de l'est jusqu'à la fin du payement de l'indemnité. Le rédacteur en chef du *Times*, le célèbre Delane, ne la publia qu'après s'être informé de sa véracité. Or, l'ambassadeur allemand, M. de Munster, à Londres et l'ambassadeur britannique à Berlin, Lord Odo Russell, avaient annoncé cette nouvelle. Elle fut démentie par les journaux allemands ; mais Radowitz qui en avait fait la confidence à Gontaut-Biron continua d'être un des favoris de Bismarck. Bismarck, ayant attribué un jour cette histoire à des spéculateurs de Bourse, Odo Russell lui répliqua : « Démentez vos quatre ambassadeurs qui l'ont racontée. » Bismarck ne répondit pas. Il a dit dans ses *Pensées et ses souvenirs* [1] :

> A ce moment, de même que plus tard, l'intention d'attaquer la France m'était si nettement étrangère que je me serais plutôt retiré que de prêter la main à une guerre commencée sous n'importe quel prétexte, dans le but unique d'empêcher la France de reprendre haleine et de recouvrer ses forces.

Mais dans sa lettre à l'Empereur du 13 août 1875, il fait cette observation :

> Ce n'est pas un gage de paix que de laisser à la France la certitude qu'elle ne sera jamais attaquée, quelles que soient les circonstances et quoi qu'elle fasse.

Il est probable que de Moltke et le parti militaire, contre lesquels Bismarck récrimine souvent, eurent bien l'intention dont Radowitz fit part à M. de Gontaut-Biron. Par cette indis-

---

1. T. II, p. 200.

crétion, Bismarck atteignait un double but ; il détruisait le projet du parti militaire et, en même temps, il intimidait la France, de sorte que pacifiquement il espérait l'empêcher de reconstituer sa force militaire.

Il obtint un résultat opposé à celui qu'il cherchait : il provoqua à la fois l'intervention de la Grande-Bretagne et de la Russie : les deux souverains signifièrent à l'empereur Guillaume leur méfiance à l'égard de la politique agressive de l'Empire allemand.

J'ai raconté brièvement et en les atténuant[1] les conséquences déplorables de la politique dans laquelle M. de Bismarck avait poussé la France, au Congrès de Berlin de 1878. Elle arrivait à concentrer toutes ses animosités contre la Grande-Bretagne, à dépenser ses forces en Afrique et en Extrême-Orient et à subordonner le Quai d'Orsay à la Wilhelmstrasse.

Les élections françaises de 1885 furent faites en opposition à la politique coloniale. La déclaration ministérielle du 16 novembre dit : « Les entreprises coloniales ont pris un développement qui les rend onéreuses » ; et quand M. de Freycinet devint président du conseil, le 7 janvier 1886, il déclara : « Le suffrage universel entend que la France ait une politique digne et pacifique et concentre ses forces sur le Continent. Il ne veut plus de ces expéditions lointaines... »

Maïs M. de Freycinet avait eu la main malheureuse en se laissant imposer le général Boulanger comme ministre de la Guerre. Le nouvel ambassadeur à Berlin, M. Herbette, dans son audience de présentation, le 23 octobre 1886, assura l'empereur Guillaume Ier « des idées de paix, de travail et de stabilité qui inspiraient la politique du gouvernement français ». Guillaume Ier ne pouvait pas répondre que lui voulait le contraire ; et il est probable qu'il se contentait de ces assurances. Mais un mois après, le 25 novembre, il faisait

---

1. *Journal des Économistes*, 15 mai 1914, p. 195-201.

déposer un projet de loi augmentant l'armée allemande de 10 p. 100 sur le pied de paix et d'un chiffre supérieur sur le pied de guerre. Pour triompher de l'opposition du Reichstag, de Moltke fut envoyé y porter son prestige et y faire cette déclaration :

> On a parlé d'une entente avec la France. Mais tant que l'opinion publique en France persiste à exiger la restitution de deux provinces essentiellement allemandes, l'entente avec la France est une impossibilité.

En France, la *Ligue des patriotes* faisait tout ce qui était nécessaire pour donner des arguments à de Moltke et aux partisans de l'augmentation de l'armée allemande. Elle avait trouvé dans le général Boulanger un chef pour son agitation bruyante et vide; et les ripostes de la presse allemande lui offraient des prétextes.

Dans son discours du 11 janvier 1887, Bismarck disait : « Nous sommes actuellement en possession de l'objet en litige, l'Alsace; nous n'avons donc aucun motif de combattre pour cet objet là. » Il déclara qu'il était opposé à toute guerre préventive. « Jamais je ne conseillerai de faire la guerre parce que plus tard peut-être cette guerre doit être faite. » Si la guerre éclatait, Bismarck en montre des conséquences effroyables pour l'Allemagne, en cas de victoire de la France; mais si l'Allemagne, était victorieuse « nous tâcherions de mettre la France hors d'état, pendant trente ans, de nous attaquer ».

Le Reichstag ne vota cependant la loi que pour trois ans. Il fut dissous immédiatement. La campagne électorale se fit contre la France; et le chancelier faisait chauffer à blanc les populations par des brochures et des images représentant des soldats français, envahissant l'Allemagne et enlevant à la fois les femmes et les vaches. Les journaux annonçaient pour le 7 février, la convocation de soixante-douze mille réservistes.

Le 11 mars, le nouveau Reichstag vota le septennat par 227 voix contre 31 et 34 abstentions.

L'agitation se calma, mais cinq semaines après, le 10 avril, un commissaire de police français, Schnæbelé, fut arrêté à la frontière et emmené à Metz. Ce commissaire de police avait été l'objet d'un ordre d'arrestation du tribunal de Metz dès qu'il mettrait le pied sur le territoire allemand pour crime de haute trahison, commis en France. Il avait été dénoncé par un nommé Klein, accusé du même crime.

Il avait été convoqué à la frontière par son collègue allemand sous le prétexte du renversement d'un poteau de frontière. Des individus s'étaient jetés sur lui au moment où, en attendant son collègue, il avait fait quelques pas sur le territoire allemand et, quoiqu'en se débattant, il se fût retiré sur le territoire français, ils l'avaient arrêté.

Les explications durèrent jusqu'au 27 avril. Le gouvernement allemand, tout en n'admettant pas la violation de frontière, fut obligé de reconnaître le guet-apens et ordonna le 29, de mettre Schnæbelé en liberté[1].

Le gouvernement français avait obtenu une satisfaction de fait; mais le gouvernement allemand considérait qu'il avait le droit de poursuivre, pour haute trahison, tout Français pour des actes commis en territoire français. « En se basant sur cette théorie, disait le *Times*, tous les Français pourraient être accusés par l'Allemagne, de même que tous les Allemands pourraient être accusés par la France. » L'imputation de trahison d'un pays par un étranger est un non-sens.

Pendant qu'on discutait l'incident, Bismarck prononçait ces paroles à la chambre prussienne :

Il n'est pas possible de vivre en paix d'une façon durable, avec une nation aussi belliqueuse que le peuple français qui, dans le cours des siècles, nous a attaqués d'innombrables fois.

---

1. Voir *L'Allemagne et la France en Europe* (1885-1894), par Pierre Albin. (Libr. Félix Alcan.) P. 82.

Cette phrase, prononcée dans ces circonstances, prouve une fois de plus que Bismarck avait le défaut commun à beaucoup d'Allemands ; il manquait de tact ; et ses paroles et ses actes étaient autrement graves que les incartades en France de Paul Déroulède, que les « émeutes des petits pâtissiers » faites à propos des représentations de Lohengrin et que les attitudes du général de cirque qui s'appelait Boulanger. Celui-ci fut éliminé du ministère le 30 mai. La formule officielle fut « la paix avec dignité ».

Le 24 septembre 1887, il y eut un nouvel incident de frontière à Raon-l'Etape. Un soldat, nommé Kauffmann, mis au service de l'administration forestière avait tué, à coups de fusil, un chasseur, M. Brignon, blessé un autre, M. de Wangen qui, avec trois autres compagnons, longeaient la frontière. Le gouvernement allemand accorda une indemnité de 50000 marks à la veuve de M. Brignon, mais loin que le soldat Kauffmann fût poursuivi, des officiers lui donnèrent des gratifications pour « le haut fait d'avoir tué un Français ».

L'Empire allemand avait « en sa possession l'objet en litige », selon l'expression de Bismarck ; mais il n'essayait pas de l'assimiler. Les mesures prises par son premier statthalter, M. de Manteuffel, et par son successeur, le prince de Hohenlohe, étaient de nature à provoquer l'hostilité des Alsaciens-Lorrains : poursuites pour toutes sortes de délits d'opinions, interdiction des journaux français, surveillance des établissements et institutions de jeunes filles de peur que l'enseignement du français ne fût favorisé, obligation d'un permis de séjour pour tout Français qui voulait pénétrer en Alsace.

La *Gazette de l'Allemagne du Nord* expliquait ces dernières mesures en disant : « Le principal obstacle au resserrement des rapports entre l'Alsace et l'Allemagne consiste dans la continuation des relations sociales et économiques avec la France. » Donc, il fallait les restreindre si on ne pouvait les supprimer. Le gouvernement français négocia avec la Suisse pour détourner par son territoire les trains qui passaient auparavant par Mulhouse.

Par conséquent, d'un côté, au bout de dix-neuf ans, Bismarck déclarait que la France devait à jamais renoncer à l'Alsace et à la Lorraine ; mais lui-même, il constatait que l'Alsace et la Lorraine refusaient de se laisser germaniser. Le régime arbitraire qu'il leur appliquait était la condamnation même de sa politique territoriale de 1871. En même temps, il faisait l'aveu que l'Empire allemand était si factice et si fragile qu'il ne pouvait se maintenir que par une force qu'il prétendait défensive, mais qu'il ne pouvait établir qu'à l'aide d'arguments agressifs, tantôt contre la France, tantôt contre la Russie. Quand il quitta le pouvoir, il laissa, comme legs à Guillaume II, la nécessité de l'alliance franco-russe.

Cependant Bismarck présentait des garanties de paix qui disparurent lorsque Guillaume II devint son propre chancelier. Lors de la conférence sur le travail qu'il avait détournée de Berne pour la réunir à Berlin, en 1890, il se montra très aimable avec Jules Simon et les autres délégués français. Mais ces politesses ne pouvaient donner aucune illusion. Le 6 mai, en ouvrant le Reichstag, il faisait déposer un projet de loi augmentant l'artillerie de campagne de 70 batteries, l'effectif de 18000 hommes ; il complétait les deux nouveaux corps d'armée par l'adjonction des armes spéciales. Le nouveau chancelier, Caprivi, emprunta pour le soutenir ses arguments à Bismarck, en appuyant sur le rapprochement de la Russie et de la France.

Bismarck voulait que l'Allemagne eût toujours une force qui fît trembler toutes les autres nations.

En 1871, l'effectif fut établi pour trois ans à 401 059 hommes, de manière à correspondre à 1 p. 100 de la population, conformément à l'article 60 de la Constitution ; mais l'état-major obtint en 1874, un septennat ; en 1881, un second septennat qui fixa l'effectif à 427 274 jusqu'au 31 mars 1888.

Le septennat consolidait la situation de l'armée pour

une certaine période, en évitant des discussions fréquentes au Reichstag et assurait toute liberté à la politique extérieure du chancelier ; mais le septennat n'obligeait que le Reichstag : le chancelier pouvait demander au Reichstag de le transformer quand bon lui semblait : le 25 novembre 1886, il n'attendait pas que le septennat fût venu à l'échéance de 1888, pour demander une augmentation de 41 135 hommes.

Un an après, nouvelle rupture du septennat par le chancelier. Les six classes de soldats exercés qui quittaient la landwehr à leur trente-troisième année devront y rester jusqu'à leur trente-neuvième année. Le landsturm sera composé de tous les hommes valides qui ne figurent, ni dans l'armée, ni dans la flotte depuis la dix-septième jusqu'à la quarante-cinquième année.

Le 6 mai 1890, nouveau projet portant modification du septennat de 1887, élevant l'effectif de 18 000 hommes, augmentant l'artillerie de 70 batteries, etc.

Le régime du septennat était fermé pour la diminution des effectifs, mais restait toujours ouvert pour leur augmentation.

Le ministère Freycinet (1890-1892), dont M. Ribot était ministre des Affaires étrangères mit fin, pour le moment, à la politique anglophobe, par la conclusion de l'accord du 5 août 1890[1]. En même temps, la Russie et la France se rapprochaient de plus en plus.

Un incident survenu en 1891, montra combien la paix entre la France et l'Allemagne était précaire. Guillaume II prépara une exposition de peinture à Berlin, après s'être assuré du concours d'artistes français, en dehors du gouvernement. Detaille, le plus nationaliste des peintres, s'était chargé de l'obtenir et l'avait obtenu.

L'impératrice Frédéric eut tout d'un coup l'idée de venir elle-même à Paris. Elle alla à Versailles, elle traversa le parc de Saint-Cloud. Ces visites furent violemment exploitées

---

[1]. Je faisais partie de ce ministère.

par les anciens boulangistes. Après avoir reçu le premier jour la visite de l'impératrice, Detaille, deux jours après, sur la sommation de Déroulède, retira son concours et fut imité par les artistes qu'il avait entraînés. L'impératrice put quitter la France sans avoir été l'objet d'aucune manifestation personnelle.

Non seulement la presse allemande exprima les colères menaçantes que ces incidents avaient soulevées; mais le baron Marschall de Bieberstein, ministre des Affaires étrangères, se livra à des récriminations telles, devant l'ambassadeur français, M. Herbette, que celui-ci dut mettre, en se retirant, fin à l'entretien. M. Ribot adressa une circulaire aux gouvernements étrangers pour donner aux faits leur véritable caractère.

Le gouvernement allemand voulut bien ne pas déclarer la guerre parce que M. Déroulède et M. Francis Laur avaient présidé deux réunions de deux ou trois cents personnes chacune; mais il montra sa mauvaise humeur en prenant un arrêté, donnant leur pleine vigueur, « à partir du 3 mars 1891, à toutes les sévérités de l'ordonnance du 22 mars 1888, relative à l'obligation des passeports en Alsace et supprimant tous les adoucissements se rapportant à la circulation sur les chemins de fer ! »

Ce procédé de transposition de mauvaise humeur appartient à la psychologie enfantine.

L'exposition française de Moscou s'ouvrait le 1ᵉʳ mai ; le tsar venait la visiter, et le voyage de l'escadre française, à Cronstadt, avait lieu en juillet.

Le 22 août 1891, un accord était conclu. Il portait la reconnaissance, par la France et la Russie, de leur intérêt commun au maintien de la paix générale et l'obligation, pour chacun des contractants, de se concerter avec l'autre pour la sauvegarde de cet intérêt commun, chaque fois qu'une puissance en Europe menacerait d'y porter atteinte [1].

---

[1]. *L'Allemagne et la France en Europe*, par Pierre Albin. (Paris, F. Alcan.)

Le 14 septembre, Guillaume II prononça un discours belliqueux, à Erfurt, contre « le parvenu corse qui, dans cette ville, avait humilié profondément les princes allemands »; mais le 16 septembre, il supprima l'obligation des passeports en Alsace-Lorraine ! Seulement, le 30 mai 1892, le Reichstag adopta une loi permettant aux autorités militaires régionales de proclamer l'état de siège dans les pays d'Empire. On soumit la correspondance officielle de soixante-quatorze communes, où on ne parlait que français, à l'obligation de la langue allemande. Les représentations françaises furent interdites à Mulhouse. Un peu plus tard, il fut prescrit que les registres de l'état civil ne devaient plus être tenus qu'en allemand.

A la fin de l'année, un nouveau projet de loi militaire augmentait l'armée de 73 000 soldats, de 11 000 sous-officiers, de 2 138 officiers, etc., et les dépenses de 66 800 000 marks. M. de Caprivi reprenait de nouveau les arguments de Bismarck. Sans doute, il ne s'agissait pas de faire une guerre immédiate. Mais « les Français aiment la guerre pour la gloire qu'elle procure », et le chancelier les représentait comme prêts à se jeter sur l'Allemagne.

Il constata enfin le résultat obtenu par la diplomatie allemande, à sa grande confusion et à son grand étonnement : c'était le rapprochement entre la Russie et la France.

L'empereur Guillaume alla, en 1893, célébrer l'anniversaire de Sedan sur les champs de bataille de la Lorraine ; il fit une entrée solennelle à Metz, à la tête de 25 000 hommes et, dans un banquet, il adressa cette injonction aux Lorrains : « Vous êtes Allemands et vous le resterez. »

A travers des difficultés de divers genres, le traité d'alliance franco-russe fut signé au mois de mars 1894 : l'Empire allemand perdit l'hégémonie de l'Europe, à laquelle Bismarck n'avait cessé de prétendre et que ne cessait de réclamer Guillaume II, avec moins d'autorité, mais avec plus d'emportement.

CHAPITRE X

LA DIPLOMATIE ALLEMANDE ET LA FRANCE
(ALGÉSIRAS)

Bismarck colonial malgré lui. — Opposition du Reichstag. — La Nouvelle-Guinée. — Angra Pequeña et la Grande-Bretagne. — Le Togoland et le Cameroun. — La Conférence de Berlin de 1885. — Subventions pour la marine. — Caprivi anticolonial. — L'accord franco-anglais du 12 avril 1904. — L'accord franco-espagnol. — Résignation de M. de Bulow. — Les imprécations de Guillaume. — M. de Kühlman et M. Saint-René Taillandier. — La visite de Guillaume à Tanger. — Insolences de l'Allemagne. — « Nous sommes derrière le Maroc avec toutes nos forces. » — La conférence d'Algésiras. — Manœuvres allemandes. — Echec. — M. de Bulow et l'encerclement. — La diplomatie allemande jugée par *la Gazette de Francfort*.

Nous avons vu certaines déviations que la politique de Bismarck avait subies alors même qu'il tenait encore le pouvoir. Il y en a encore une autre. C'est l'acquisition de colonies. Il avait trouvé très bon d'en offrir à la France ; mais nombre de ses compatriotes se montraient furieux des acquisitions que faisait la France, tandis que l'Empire allemand restait dans ses frontières. Bismarck craignait des conflits avec la Grande-Bretagne et les libéraux sur lesquels il s'appuyait y étaient hostiles. Cependant en 1879, après la chute de l'importante maison Godefroy qui avait des affaires dans les mers du Sud, il demanda au Reichstag une garantie de l'Etat pour une compagnie qui reprendrait ses plantations de Samoa. Le Reichstag refusa. Une société se forma et étendit ses opérations au nord de la Nouvelle-Guinée. La

Deutscher Kolonial Verein provoqua un mouvement d'opinions favorable à la politique coloniale. Bismarck céda. Quand, en 1883, un marchand de Brême, nommé Lüderitz, lui proposa une station à Angra Pequeña, il prévint la Grande-Bretagne. Celle-ci n'ayant rien dit, ni rien fait, Bismarck plaça, sous la protection allemande, les territoires situés en arrière de la côte s'étendant des possessions portugaises au fleuve Orange à l'exception de Walfish bay. A l'Ouest, le docteur Nachtigal, jouant à la fois les Anglais et les Français, occupa le Togoland et le Cameroun. De 1884 à 1885, le gouvernement allemand établit un protectorat sur la côte est de l'Afrique. Les mêmes années, il s'installait dans la Nouvelle-Guinée, dans l'archipel de la Nouvelle-Bretagne, et ne renonça aux îles Carolines qu'après un arbitrage de Léon XIII entre l'Espagne et lui. Bismarck déclarait qu'il entendait laisser la responsabilité des colonies aux marchands ; les territoires acquis n'étaient considérés que comme des protectorats non incorporés dans l'Empire ; mais, en 1888, la révolte des Arabes força le gouvernement allemand d'assurer la défense et la direction de l'Afrique orientale : et toutes les colonies allemandes furent placées sous la direction d'un département du ministère des Affaires étrangères. Bismarck, par la conférence de Berlin de 1885, fit reconnaître les possessions allemandes à l'est et à l'ouest de l'Afrique ; il obtint un semblable accord, en 1886, pour les possessions de l'Afrique du Sud.

Dès 1881, comme conséquence, Bismarck demandait une subvention pour la marine allemande, mais il se heurtait à l'opposition de Bamberger et des libéraux ; toutefois, en 1885, il obtint des subventions pour des lignes du Pacifique. D'autres suivirent.

Cependant, en 1892, Caprivi résistait à la poussée coloniale ; et à ceux qui lui disaient : — Prenez donc des colonies françaises ! il répondait : — Nous avons assez de nos propres colonies. (23 nov. 1892.)

Mais cette réponse, loin de calmer les coloniaux allemands, ne pouvait que les irriter. La France occupe la Tunisie, l'Indo-Chine, Madagascar, le Soudan, le Congo, et elle n'a pas oublié l'Alsace-Lorraine. Ce n'est pas de jeu.

L'incident de Fashoda n'a pas conduit la France à la guerre avec la Grande-Bretagne. Au moment de la guerre de l'Afrique du Sud, M. de Bulow a compris qu'il ne l'entraînerait pas dans une guerre contre elle. A la fin de mars 1904, il est informé qu'un accord va être conclu entre la Grande-Bretagne et la France.

L'accord franco-anglais porte la date du 8 avril 1904. Le 12 avril 1904, M. de Bulow, qui le connaît depuis quinze jours, dit au Reichstag « qu'il n'a, au point de vue des intérêts allemands, rien à y objecter; qu'au point de vue du Maroc, les intérêts commerciaux de l'Empire allemand ne peuvent qu'avoir avantage à ce que l'ordre et le calme règnent au Maroc ».

Le 6 octobre 1904, est conclu l'accord franco-espagnol qui comporte l'adhésion de l'Espagne à l'accord franco-anglais. La Wilhelmstrasse en a connaissance le jour même. Même attitude du chancelier. Mais cette résignation n'était qu'apparente. Le 24 avril 1904, l'empereur Guillaume exhalait sa fureur contre la bonne réception faite l'année précédente par l'Italie à M. Loubet.

Pensons à la grande époque qui refit l'unité du peuple allemand, aux combats de Wœrth, de Wissembourg et de Sedan..., j'espère que les événements que nous voyons se jouer devant nous auront pour effet de... nous trouver unis, s'il devenait nécessaire de prendre part à la politique mondiale.

L'Assemblée coloniale allemande adoptait le 30 mai une résolution portant :

Au cas où le *statu quo* serait modifié, l'Empire allemand devrait recevoir des compensations au moins égales à l'accroissement de la puissance française, compensations correspondant à la fois à l'importance de ses intérêts économiques dans le pays, aux besoins qu'a sa flotte de points d'appui maritimes et aux besoins d'expansion de sa population.

Pendant ce temps, la Russie était engagée dans la guerre japonaise. De ce côté, la France ne pouvait compter sur aucun appui matériel. D'un autre côté, des députés et des publicistes ne cessaient de déclarer que l'armée et la marine française étaient désorganisées.

Le 11 février 1905, le ministre allemand à Tanger, M. de Kühlman, dit au ministre français, M. Saint-René Taillandier :

> Nous nous sommes aperçus qu'on nous tenait à l'écart systématiquement. D'après mes instructions formelles, le gouvernement impérial ignore tout des accords intervenus au sujet du Maroc et ne se reconnaît comme lié en aucune manière relativement à cette question.

M. de Bulow répond à l'ambassadeur de France qu'il ne connaît rien des paroles « attribuées » à son chargé d'affaires. Un mois après, Guillaume II annonça sa visite à Tanger. M. de Bulow déclara au Reichstag :

> Je considère comme du devoir du gouvernement allemand de veiller à ce qu'à l'avenir nos intérêts économiques au Maroc ne soient pas lésés.

La *Gazette de Francfort* considérait que cette formule impliquait le « maintien de l'intégrité du territoire marocain ». Et, tout de suite, les *München Neueste Nachristen* lancent la menace : « La réponse des intérêts allemands menacés se fera par la porte de Metz. » Un autre journal se crut spirituel en ajoutant qu' « on ne trouverait pas le moyen de mettre les vaisseaux anglais sur des roulettes pour les faire servir à une guerre continentale ».

YVES GUYOT.

Après avoir prononcé un discours manifeste à Brême, Guillaume s'embarqua, le 23 mars, sur le paquebot *le Hambourg* escorté par le croiseur *Friedrich-Karl*. Il s'arrêta à Lisbonne, d'où il aurait télégraphié à M. de Bulow qu'il n'irait pas à Tanger. M. de Bulow aurait répondu que son voyage ayant été délibéré, arrêté, était devenu obligatoire. L'empereur partit. Arrivé en rade de Tanger, il différa son débarquement pendant près de quatre heures, quoique ses aides de camp se fussent rendus à terre. Reçu par Mouley-Abd-El-Malek, il lui dit : « Considérant le sultan comme souverain absolument libre, c'est avec lui que je veux m'entendre sur les moyens de sauvegarder les intérêts de l'Allemagne au Maroc avec toutes nos forces. »

Le gouvernement allemand publia un *Livre blanc* pour expliquer le voyage et les paroles de l'empereur. Il commence par quelques citations de journaux destinées à les justifier. Or, sauf une citation du *Temps*, toutes étaient postérieures au discours de M. de Bulow annonçant le voyage du Kaiser. Le document officiel les présentait comme des provocations; mais elles avaient ce caractère étonnant de suivre et non pas de précéder la décision et l'acte. Toute la thèse allemande repose sur l'assertion que M. Saint-René Taillandier avait parlé au sultan comme le mandataire de l'Europe et, d'après ses dépêches antérieures, il s'était borné à dire :

> J'ai démontré au sultan la nécessité qui s'imposait à lui de sauvegarder à tout prix les intérêts français et européens si gravement compromis.

Le consul allemand à Fez opposa à un texte très clair, fourni au moment même par un homme connaissant la valeur des mots, des explications qu'il avait plus ou moins extirpées du sultan.

Alors vient une série d'insolences de l'Allemagne à l'égard du ministre des Affaires étrangères français, M. Delcassé.

M. Delcassé est obligé de donner sa démission le 8 juin 1905[1].

M. Rouvier, qui était président du conseil, succède comme ministre des Affaires étrangères à M. Delcassé. Il se heurte aux mêmes difficultés. La Wilhelmstrasse exige une conférence qu'elle fait demander par le sultan du Maroc. Le prince de Radolin, l'ambassadeur à Paris, dit au quai d'Orsay :

« Nous tenons pour la conférence, si elle n'a pas lieu, c'est le *statu quo*, et il faut que vous sachiez que nous sommes derrière le Maroc avec toutes nos forces. »

L'empire allemand voulait, à l'aide de la conférence, instituer une armée et une police internationales, des finances internationales, dans lesquelles il aurait un rôle prépondérant. M. de Bulow menace. Il dit à notre ambassadeur, M. Bihourd : « Il ne faut pas laisser traîner cette question mauvaise, très mauvaise et ne pas s'attarder sur un chemin bordé de précipices. » Enfin, le 8 juillet, M. Rouvier accepte la conférence sous la réserve « que le gouvernement impérial ne poursuivrait aucun but qui compromît les intérêts de la France, ou qui fût contraire aux droits résultant de ses traités ou arrangements »

Pendant les négociations, le comte de Tattenbach redouble d'activité pour obtenir les travaux du port de Tanger et d'autres ports du Maroc, une commande de bateaux, un emprunt, la fourniture et l'établissement d'un câble entre Tanger et la côte Atlantique. A Berlin, on nie, puis en septembre, M. de Bulow à bout de dénégations, finit par dire tranquillement à l'ambassadeur français :

« A votre place, je me ferais octroyer une concession analogue. »

En un mot, je suis coupable : soyez coupable ; nous sommes quittes.

La conférence se réunit à Algésiras, le 16 janvier 1906. La

---

1. V. Victor Bérard. L'*Affaire marocaine*. (Paris.)

guerre du Japon était finie depuis août 1905; la Russie était donc libre. La Grande-Bretagne et l'Espagne étaient d'accord avec la France. L'empereur d'Allemagne offrait à la fois à l'Italie et à l'Espagne la police de tous les ports[1], et faisait en même temps entendre des menaces, quand le 3 mars, M. Revoil ayant demandé la mise à l'ordre du jour de la police et M. de Radowitz s'y étant opposé, dix voix se prononcèrent pour, trois voix contre. Ces trois voix étaient l'Allemagne, l'Autriche-Hongrie et le Maroc. L'Allemagne n'en télégraphiait pas moins à Saint-Pétersbourg et à Washington que toutes les puissances avaient abandonné la France. Dans la nuit du 13 au 14 mars, le gouvernement anglais répondait par un télégramme circulaire, affirmant qu'il soutenait la France sans restriction ni réserve. Le 19, le gouvernement russe envoyait une circulaire analogue.

Le 20 mars, M. de Tschirschky, secrétaire d'État, disait à M. Bihourd :

« Il n'y a plus de difficultés, puisque nous acceptons ce que vous désirez. »

Dans son livre la Politique allemande, M. de Bulow s'est montré satisfait du résultat qu'il consigne ainsi :

Nous réussîmes à préserver la souveraineté du sultan, garantissant le contrôle international de la police et de la banque nationale marocaine, en assurant la porte ouverte aux intérêts économiques de l'Allemagne comme à ceux de toutes les autres nations.

M. Delcassé avait quitté le quai d'Orsay; le voyage de Tanger avait eu lieu : la conférence d'Algésiras avait terminé ses travaux. Cependant, dans son discours du 15 novembre 1906, M. de Bulow faisait entendre une plainte et une menace :

Une politique, qui aurait pour but d'enfermer l'Allemagne, de

---

[1] V. Tardieu. La Conférence d'Algésiras. (Paris, F. Alcan.)

construire un cercle de puissances pour nous isoler et nous paralyser, serait une politique très dangereuse pour la paix de l'Europe.

La formation d'un tel anneau n'est pas possible sans qu'on exerce une certaine pression; une pression crée une contre-pression; pression et contre-pression peuvent facilement produire des explosions.

Mais quand l'Empire allemand concluait la triple Alliance, quand, en 1884, il arrivait à conclure une autre triple Alliance entre l'Autriche-Hongrie et la Russie, quand il nous lançait dans des conflits britanniques, ne nous encerclait-il pas ? Il trouvait légitime tout ce qui pouvait augmenter sa force contre la France. Il considérait, comme une provocation de notre part, tout ce qui pouvait augmenter notre force de résistance contre ses exigences.

En rendant responsable de la politique de l'isolement de l'Allemagne M. Delcassé, il en faisait le plus grand éloge; car il prouvait la supériorité de la diplomatie française sur la diplomatie allemande.

L'Empire allemand se plaignait que M. Delcassé eût voulu l'isoler par l'accord franco-anglais, l'accord franco-italien, l'accord franco-espagnol venant compléter l'alliance russe. Ce pouvoir formidable qui entendait avoir l'hégémonie de l'Europe, se donnait l'attitude d'un pauvre petit enfant abandonné qui pleurait et criait : — Je ne veux pas rester seul! j'ai peur, na !

Pour compléter le tableau, il menaçait de jeter son armée sur les puissances qui avaient soudé le cercle.

A la fin de 1906, la *Gazette de Francfort* résumait ainsi le rôle de la diplomatie allemande :

La diplomatie allemande s'est rendue désagréable à tout le monde. Dépêche au président Kruger; propagande contre la race jaune ou contre l'Amérique, menées panslamiques en Afrique, des fautes et rien que des fautes... quel a été le succès de tout cela ? Nous avons laissé les Boers en plan. Les Japonais ont battu les Russes. Le sultan du Maroc doit subir la police franco-espagnole...

Voilà la diplomatie allemande, cette diplomatie qui n'est pas gênée par le régime parlementaire, qui obéit à l'inspiration directe du Kaiser ou du chancelier, jugée par un Allemand. Cependant des publicistes et des hommes politiques français ont continué de célébrer avec enthousiasme le régime autocratique de l'Empire allemand, la continuité des vues, la netteté et la précision de la méthode, et dans leur admiration, même en face d'un succès décisif, comme celui d'Algésiras, ils prétendaient que nous étions battus.

CHAPITRE XI

LA DIPLOMATIE ALLEMANDE ET LA FRANCE (AGADIR)

L'affaire des déserteurs. — L'interview du Kaiser par le *Daily Telegraph*. — Attitude comminatoire. — Accord du 9 février 1909. — L'annexion de la Bosnie et de l'Herzégovine. — « L'Allemagne et son armure étincelante. » — Le coup d'Agadir. — Déclarations de M. Kiderlen Wæchter à M. Class, président de la ligue pangermanique. — Le but de l'Allemagne. — Imprécision. — Le Maroc et le Congo. — Marchandages. — « Notre place au soleil. » — Son mépris pour l'acte d'Algésiras. — L'arrangement du 4 novembre 1911. — « L'éthique diplomatique. » — Les cinq menaces contre la France. — Aveu de M. de Bulow. — Causes de rancune et de haine. — Les routes de l'Alsace et de la Lorraine.

La conférence d'Algésiras n'améliora pas beaucoup l'état intérieur du Maroc. En mars 1907, le docteur Mauchamp fut assassiné à Marakeck; en juillet, des ouvriers européens, occupés au port de Casabianca, furent massacrés ; Moulaï Hafid, frère du sultan Abd el Aziz, lui faisait la guerre, soutenu par l'Allemagne, qui avait abandonné son ancien protégé.

Six déserteurs de la légion étrangère, dont trois Allemands, les autres Suisses et Autrichiens, avaient reçu des sauf-conduits du consulat allemand. Le 25 septembre 1908, les Français empêchèrent leur embarquement, et il y eut une courte lutte, dans laquelle fut compris le chancelier du consulat allemand. M. de Schœn, alors secrétaire d'État, proposa l'arbitrage. La France accepta. Aussitôt M. de Schœn exigea que tout d'abord la France exprimât ses regrets de l'atteinte portée par ses agents aux prérogatives consulaires allemandes, l'Allemagne exprimant les siens pour la remise de sauf-conduits à des Suisses et à des Autrichiens qui n'y avaient manifestement pas droit.

Le 28 octobre, le *Daily Telegraph* publia la célèbre interview du Kaiser, protestant de ses bons sentiments pour la Grande-Bretagne, mais déclarant qu'ils n'étaient pas partagés par le peuple allemand. Cette publication provoqua une violente émotion en Allemagne, englobant à la fois l'empereur et le chancelier.

M. de Bulow voulut-il opérer une diversion à propos de l'affaire des déserteurs ? Le fait est que son attitude envers la France devint comminatoire. Le prince Radolin le dit à M. Clemenceau, qu'il menaça de son départ.

Le conflit prit un tel caractère de gravité que les corps d'armée de l'Est étaient consignés et qu'en principe on avait décidé le rappel de la classe libérée en septembre. L'empereur d'Allemagne consentit à renoncer à déchaîner la guerre pour une affaire aussi misérable, dans laquelle il avait complètement tort ; et le 10 novembre 1908, il accepta l'arbitrage dépourvu de préambule. Le 15 novembre, le prince de Bulow, au Reichstag, se montrait très aimable pour la France. Ses paroles étaient suivies de l'accord du 9 février 1909, par lequel l'Allemagne, reconnaissant les intérêts politiques spéciaux de la France au Maroc, s'engageait à ne pas les gêner. La France y garantissait l'égalité économique à l'Allemagne, égalité reconnue à l'Angleterre, à l'Espagne et à l'Italie. Au mois de mai 1909, se constituait une société marocaine de travaux publics comprenant toutes les maisons importantes, ayant depuis six ans, sollicité des travaux publics au Maroc.

En mars 1910, un emprunt marocain, destiné à désintéresser les créanciers européens du Maghzen, dont les titres avaient été revisés en 1909, par une commission internationale siégeant à Casablanca, fut décidé à la suite de négociations courtoises entre l'Allemagne et la France. A ce moment, tout paraissait pour le mieux dans les relations franco-allemandes[1].

M. de Bulow présente dans son livre, la Politique allemande, l'annexion de la Bosnie et l'Herzégovine comme une revanche de l'affaire du Maroc, et l'ambassadeur d'Allemagne à Saint-Pétersbourg prévint M. Isvolsky, le ministre des Affaires étrangères, que l'Allemagne, « avec son armure étincelante », se plaçait auprès de l'Autriche.

La véritable revanche tentée par l'Empire allemand, ce fut « le coup d'Agadir ».

Le 1er juillet 1911, l'ambassadeur allemand M. de Schœn, vint remettre à M. de Selves, installé au quai d'Orsay depuis trois jours, la note suivante :

> Des maisons allemandes qui opèrent dans le sud du Maroc et particulièrement à Agadir et ses environs, sont inquiètes de la fermentation de certaines tribus. Ces maisons ont demandé au gouvernement impérial de protéger les personnes et les propriétés de leurs représentants. A la suite de cette demande le gouvernement a décidé d'envoyer un bateau de guerre dans le port d'Agadir pour qu'on y pût au besoin accorder aide et protection aux sujets et protégés allemands et aux importants intérêts allemands de cette région. Dès que la tranquillité et l'ordre seront rétablis au Maroc, le navire chargé de cette mission protectrice quittera le port d'Agadir.

La note parue dans la *Gazette de l'Allemagne du Nord* avait un caractère plus comminatoire. La protection des sujets allemands n'était qu'un prétexte. Le *Panther* était envoyé à Agadir, non pour intimider les tribus marocaines, mais pour intimider la France et lui enlever les bénéfices de l'acte d'Algésiras.

Le moment avait été bien choisi : un samedi, donc, en vertu de l'habitude des vacances hebdomadaires, Sir Edward

---

1. V. A. Tardieu. *La France et les Alliances* (1910). (Paris, F. Alcan.)

Grey ne serait pas à Downing street; c'était la veille du départ du président de la République, accompagné du ministre des Affaires étrangères, pour les Pays-Bas. Enfin, l'empereur Guillaume II, annonçait son départ pour sa croisière annuelle sur les côtes de Norvège, afin de se créer l'alibi qu'il a créé de nouveau à la fin de juillet 1914.

Avec la mauvaise foi maladroite qui est un de ses caractères, le gouvernement allemand a voulu nier ses intentions en faisant ce coup de théâtre; mais la *Fortnightly review*[1] a publié les témoignages donnés devant un tribunal, par le directeur de la *Rheinisch Westfälische Zeitung* dans un procès intenté par lui contre le *Grenzboten*. Il n'a été imprimé que par le premier journal et par le *Tägliche Rundschau*, mais n'a pas reçu de démenti des personnages mentionnés.

M. Class, président de la Ligue pangermanique, affirme sous serment que le ministre des Affaires étrangères, M. de Kiderlen Wæchter, lui écrivit de venir le voir à l'hôtel Pfœtzer à Manheim. Il lui dit : « Vous pouvez affirmer que la demande de possession du Maroc est absolument justifiée et que le gouvernement la fera. M. Cambon se tortille devant moi comme un ver. Le gouvernement allemand est dans une splendide position. Je suis un aussi bon pangermaniste que vous. »

Le 1ᵉʳ juillet 1911, M. Class appelé à la Wilhelmstrasse ne trouva pas M. Kiderlen Wæchter, mais le sous-secrétaire d'État, M. Zimmermann, qui lui dit : « Vous venez à un moment historique. Aujourd'hui le *Panther* paraît devant Agadir et à cette heure (midi), les cabinets étrangers sont informés de sa mission. Le gouvernement allemand a envoyé deux agents provocateurs[2] à Agadir et ils ont très bien rempli leur mission. Les maisons allemandes ont été amenées à faire des plaintes et à en appeler à la protection de Berlin. C'est l'intention du gouvernement de saisir cette province et de ne pas la

---

1. N° XCI, *new series* 462.
2. En français dans le texte.

rendre. Le peuple allemand a absolument besoin de colonies. Empêchez partout, où vous le pourrez, la presse de demander une compensation ailleurs. Il est possible que la France offre le Congo. Cependant l'Allemagne ne veut pas de compensation ailleurs, elle veut une part du Maroc. »

Voilà l'objet désigné avec précision.

Cette agression provoqua une forte émotion parmi les ministres français. Enverrait-on un navire de guerre en réponse à l'envoi du *Panther*? M. Delcassé, alors ministre de la Marine, y fut opposé. On décida de conformer la conduite de la France à celle de la Grande-Bretagne.

Pendant que M. de Selves était aux Pays-Bas, M. Caillaux, président du conseil, avait pris l'intérim des Affaires étrangères. Il eut une conversation avec M. de Gvinner, président de la *Deutsche Bank*, membre de la Chambre des seigneurs de Prusse. Mais le *Panther*, petite canonnière de 65 mètres de long, fut remplacé par le croiseur *Berlin*, de 104 mètres de long, ayant un équipage de deux cent soixante-treize hommes et treize officiers. La France reculait, l'Allemagne avançait.

Que voulait elle exactement?

« Une solution définitive de la question marocaine, disaient les journaux officieux? — Soit, par quels moyens? » Ici, il y avait des variations. Sir Edward Grey et M. Asquith, soutenus par M. Balfour, leader de l'opposition, et par M. Ramsay Macdonald, leader du *labour party*, déclaraient nettement « qu'ils auraient les égards requis pour la protection des intérêts britanniques et l'accomplissement de leurs engagements contenus dans le traité avec la France ». Le comte Osten Sacken, l'ambassadeur russe, s'informait en même temps, d'une manière amicale, des vues du gouvernement allemand.

M. de Selves, ayant repris possession de la direction des Affaires étrangères, demanda à M. de Schœn : « Que veut l'Allemagne? » M. de Schœn répondit « qu'il n'en savait rien ».

M. Paul Cambon avait pour instruction de demander à la Wilhelmstrasse la réponse que son ambassadeur à Paris disait ne pouvoir donner. Le 8 juillet, M. de Schœn disait cependant, à titre personnel et privé, « qu'il pensait qu'il y avait un terrain d'entente : c'était le Congo ! » Et, le lendemain, le ministre des Affaires étrangères, M. de Kiderlen Wæchter, le disait officiellement.

On a qualifié cette politique de chantage. L'Allemagne exigeait de la France qu'elle lui donnât le Congo en échange du Maroc, comme si le Maroc appartenait à l'Allemagne.

Les pourparlers furent étrangement cahotés. Le 15 juillet, M. de Kiderlen Wæchter demandait tout le Gabon, tout le Congo qui se trouvait compris entre l'Océan et la Sangha. Le gouvernement français répondit « qu'il ne pouvait engager de pourparlers sur cette base. » Le 23, M. de Kiderlen Wæchter offrit en compensation le Bec de canard et le Togoland, et, en même temps, il maintenait toujours des réserves sur des garanties spéciales à débattre en faveur de l'industrie et du commerce allemands au Maroc.

La fermeté de la Grande-Bretagne fit reculer la Wilhelmstrasse. Elle abandonnait toute revendication territoriale au Maroc, mais elle réclamait toujours un régime privilégié au Maroc et le maintien du régime des protégés dont le gouvernement français demandait la disparition. Le 1er août, M. de Kiderlen Wæchter demandait au Congo : 1° un accès à la mer entre Libreville et la Guinée espagnole, de manière que la possession allemande pût entourer cette colonie ; 2° un accès territorial au fleuve Congo.

En retour, il laisserait à la France une liberté complète au Maroc.

L'accès au fleuve Congo coupait en deux l'Afrique équatoriale française.

Le 4 août, M. de Kiderlen Wæchter demandait plus de la moitié du Gabon et du moyen Congo. La France devait lui céder le droit de préemption sur la Guinée espagnole, et se mettre d'accord avec l'Allemagne en prévision de la disparition du Congo belge. Le 9, il maintint toutes ses demandes et retira l'offre du Togo. Le 14 et le 17, nouvelles demandes. Les conversations furent interrompues par des absences du ministre allemand des Affaires étrangères et du chancelier ; mais les journaux allemands formulaient de nouvelles exigences. L'empereur, dans un banquet offert par le Sénat le Hambourg, répéta de nouveau : « Soyez sûrs que personne ne viendra nous contester notre place au soleil. » Ses auditeurs et lui-même comprenaient par ces mots que, si les Allemands demandaient une place déjà occupée par les Français, ceux-ci devaient la leur céder.

Le 7 septembre, quand les conversations reprirent, tout était remis en question. Au Maroc, l'Allemagne se réservait le droit de s'entendre directement avec le sultan et enlevait, à la France même, le droit de conseiller des réformes au sultan. Deux zones étaient créées, l'une au nord, et l'autre au sud de l'Oued Tensift. Dans la première, les Allemands devaient être assurés d'avoir une part de 30 p. 100 dans les adjudications, et, dans la seconde, de 70 p. 100.

Il y avait une stipulation analogue pour les minerais de fer.

L'Allemagne proposait tranquillement de violer les stipulations de l'acte d'Algésiras. Cependant, elle devait reculer, et, le 23 septembre, on paraissait d'accord, quand, le 27, M. Kiderlen Wæchter remplaçait par de nouvelles exigences relatives au Maroc celles qu'il avait dû abandonner.

Le 11 octobre, on crut en avoir fini ; mais les discussions reprirent sur la coupure en deux tronçons de l'Afrique équatoriale française. M. de Kiderlen Waechter consentit à ce que la coupure se transformât en deux piqûres qui mettraient le Cameroun en contact avec le fleuve Congo. Le 25 octobre, on est d'accord ; mais le 26 octobre, M. de Kiderlen Waechter souleva la question du droit de préemption de la France sur le Congo belge, reconnu implicitement par l'acte de Berlin de 1885 et consacré formellement par l'arrangement franco-belge du 23 décembre 1908.

Enfin on trouva une formule, et le 4 novembre, la convention fut signée.

L'article premier reconnaissait à la France toute liberté d'action au Maroc. C'était pour ce résultat que l'Empire allemand avait menacé l'Europe d'une conflagration générale. Il est vrai qu'il avait obtenu une compensation, mais le moyen employé avait inspiré une nouvelle méfiance pour « l'éthique diplomatique » de la Wilhelmstrasse. Les procédés de M. de Kiderlen Waechter pendant quatre mois, donnant, retirant tour à tour, introduisant de nouvelles exigences inattendues, étaient ceux d'un maquignon maladroit. Les Allemands constatèrent l'échec, avec la restriction que la question du Maroc était ajournée, mais non liquidée [1].

Depuis 1871, les rapports de l'Allemagne et de la France comportent cinq menaces bien caractérisées contre la France : celle de 1875, l'affaire Schnœbelé, le voyage à Tanger, l'affaire des déserteurs de Casabianca et le coup d'Agadir. Ce sont là les menaces ouvertes : mais il faut y ajouter les menaces latentes, les mauvais procédés, l'attitude à la fois dédaigneuse, protectrice et exigeante de l'Allemagne, les discours du Kaiser et les discours de ses chanceliers, des ministres des Affaires étrangères et des ministres de la Guerre, enfin l'augmentation constante des armements militaires pour lesquels on invoque toujours en termes plus ou moins explicites et provocants, la menace de « l'ennemi héréditaire ». Cette désignation est fausse d'ailleurs.

Dans son livre, *la Politique allemande*, M. de Bulow a constaté les motifs de l'attitude de l'Allemagne à l'égard de la France. Il dit :

<blockquote>Jamais une nation ne s'est relevée aussi rapidement de ses désastres, que la nation française ; aucune n'a regagné si facilement son élasticité, sa confiance en elle-même et son énergie après des défaites écrasantes.</blockquote>

---

1. Georges Blondel. *Deutsche Kultur. Le Monde économique*, 19 décembre 1914, p. 1355.

La résistance de la France à l'écrasement de 1870 est un motif à la fois de rancune, de désappointement et d'inquiétude. L'ennemi qu'on croyait tué est vivant. Il est dans son tort.

Bismarck a voulu se débarrasser de la France en la lançant dans la politique coloniale. Elle s'y est lancée. Elle y a mieux réussi que l'Allemagne. Nouveau motif de rancune et de jalousie.

Enfin, M. de Bulow reproche à la France de ne pas comprendre les nécessités politiques de l'Allemagne : par l'Alsace et la Lorraine passent les routes de Paris à Francfort, Leipzig et Dresde, à Bâle, à Munich, à la vallée du Danube et à Vienne.

La France ne comprend pas que ce qui lui paraît une brutale exigence du vainqueur est une question de nécessité nationale pour nous, Allemands.

Pourquoi ? parce que la possession de l'Alsace et de la Lorraine donnait un pouvoir agressif à l'Allemagne contre la France. Mais alors sa possession est une nécessité nationale aussi pour la France.

M. de Bulow n'a pas pensé à cette réponse. Il ne voit que l'intérêt de l'Allemagne. Il ne comprend pas que d'autres nations puissent songer à leur propre intérêt et à leur sécurité.

De là vient l'incapacité des diplomates allemands : ils ne peuvent pas comprendre les idées et les besoins des autres peuples.

CHAPITRE XII

LA DIPLOMATIE ALLEMANDE ET L'ITALIE

Le sans-gêne de la Prusse avec l'Italie en 1866. — L'Allemagne, la Tunisie et l'Italie. — La légation prussienne au Vatican. — Froissements de l'Italie. — Traité de la Triple-Alliance, 20 mai 1882. — Son renouvellement en 1902. — L'Autriche et les Italiens. — L'Albanie. — L'Italie et la Tripolitaine. — Le Kaiser fournisseur de mines sous-marines aux Turcs. — Remplacement dans la Triple-Alliance de l'Italie par la Turquie. — La dépêche de l'Autriche à M. Giolitti sur la Serbie. — M. de Bulow et l'Italie.

La diplomatie allemande s'est comportée envers ses alliés, comme elle s'est comportée envers la France, la Russie et la Grande-Bretagne.

Dès 1866, l'Italie avait pu apprécier la sûreté de ses relations avec la Prusse. Le 22 juillet 1866, la Prusse ayant conclu un armistice avec l'Autriche, sans la consulter, elle fut obligée d'évacuer le Trentin que Garibaldi et ses volontaires avaient presque entièrement occupé ; sous la menace d'avoir contre elle toute l'armée autrichienne, rendue libre, elle dut se résigner et elle fut trop heureuse de recevoir la Vénétie de Napoléon III.

Après 1871, l'Italie eut peur du mouvement pour la Restauration du pouvoir temporel du Pape qui se produisit en France ; et puis, l'Allemagne était la plus forte. Elle s'en rapprocha.

Le traité austro-allemand de 1879 avait été fait par Bismarck contre l'Italie aussi bien que contre la France : car l'Italie n'avait pas oublié l'oppression de l'Autriche et les irrédentistes continuaient leurs réclamations.

La France fit l'expédition de la Tunisie en 1881. Un violent mouvement de protestations se produisit en Italie, son gouvernement en appela à Berlin. Bismarck lui répondit : « Mais c'est une affaire entendue depuis le congrès de Berlin. »

Et il ne dissimula pas que loin d'avoir découragé les Français de cette entreprise, il les y avait poussés de toutes ses forces.

Les Italiens ne lui en voulurent pas. Le ministère Cairoli fut renversé. Son successeur Depretis, accepta l'invitation faite par l'empereur d'Autriche au roi Humbert de faire un voyage à Vienne. Il eut lieu le 27 octobre 1881 ; mais l'empereur d'Autriche ne lui a jamais rendu sa visite.

Bismarck voulait mieux : et, selon son habitude, il commença par bousculer l'Italie pour acquérir son amitié. Sans daigner en informer le gouvernement italien, il rétablit auprès du Vatican la légation prussienne supprimée depuis 1874. Dans le message impérial au Reichstag, du 17 novembre 1881, il ne fut pas dit un mot de la visite du roi d'Italie à Vienne ; mais, le 29 novembre, il représenta l'Italie comme un pays de révolutions, et la presse semi-officieuse commença une campagne en faveur d'une garantie internationale à donner au Saint-Siège.

Bismarck obtint un résultat opposé à celui qu'il désirait. A la réception des députés le premier jour de l'an, le roi Humbert déclara que « l'Italie entendait rester maîtresse chez elle » ; et l'ambassadeur de Rome à Berlin, reçut des instructions dans le même sens. Tandis que l'Italie refusait de reconnaître le traité du Bardo qui assurait à la France le protectorat de la Tunisie, Bismarck donna au consul allemand à Tunis, l'ordre de reconnaître les décrets du gouvernement français.

L'Autriche aurait voulu que l'Italie renonçât à toute prétention sur le Trentin et sur Trieste. Nul ministère ne pouvait y consentir. On finit par signer le traité de la Triple-Alliance le 20 mai 1882. Son existence ne fut révélée qu'un an après.

YVES GUYOT.

Bismarck a expliqué, qu'en réalité, il n'avait rien donné à l'Italie, et il traitait, avec un certain dédain, l'utilité que ce traité pouvait avoir pour l'Empire allemand.

« Il me suffit, disait-il, qu'un caporal avec un drapeau italien menace l'Ouest au lieu de menacer l'Est. »

Les hommes politiques italiens qui firent cette alliance, obtinrent le résultat paradoxal, que la catholique Autriche devint la garantie de l'occupation de Rome par l'Italie. L'empereur François-Joseph qui, chaque année, sert sur sa cassette un million de couronnes au pape, devint le geolier en chef du prisonnier du Vatican au profit de qui aucun homme d'Etat en France, ne songeait plus depuis 1877, à expulser du Quirinal le roi d'Italie.

Bismarck, détestant le radicalisme de Depretis et de Mancini, les traitait de haut. Le traité de Skiernewice, en 1884, entre les trois empereurs, lui faisait attribuer une importance moindre à la Triple-Alliance. En 1885, Mancini révéla à la Chambre des députés que le traité de 1882 « laissait une liberté d'action à l'Italie surtout à l'égard des intérêts auxquels l'adhésion ne donnait aucune protection ». Ces mots signifiaient que les intérêts de l'Italie dans la Méditerranée restaient en dehors. Au moment de son renouvellement, il paraît que quelques améliorations y furent apportées.

Crispi, plein d'admiration pour Bismarck, fut tout dévoué à la Triple-Alliance. En 1887, il provoqua la rupture des relations commerciales avec la France, ce qui a coûté cher aux deux pays. Il y eut, en 1888 et 1889, échange de visites des souverains à Rome et à Berlin.

En juin 1902, la Triple-Alliance fut renouvelée pour une période de douze ans : mais elle n'avait pas établi des rapports de cordialité entre l'Autriche et l'Italie. L'Autriche pratiquait une politique de petites persécutions contre les Italiens dans le Trentin, l'Istrie et la Dalmatie. Elle avait refusé la création d'une Université italienne pour ses sujets italiens. Comme on avait proposé à titre de transaction la création d'une faculté italienne de droit à l'Université d'Innsbrück, la population et les étudiants en octobre 1902 attaquèrent les Italiens. De nouveaux actes de violence eurent lieu en 1903 et en 1904 et s'étendirent à la Croatie.

La politique autrichienne dans les Balkans, et surtout en Albanie, heurtait directement les intérêts italiens. En 1903, à la suite du programme de Mürsteg, l'Italie obtint la nomination du général de Giorgis comme commandant de la gendarmerie internationale de Macédoine et, pour les officiers italiens, la surveillance du district albanais de Monastir, mais grâce à l'appui de qui ? de la Grande-Bretagne, de la France et de la Russie.

Quand, en 1908, l'Autriche-Hongrie annexa la Bosnie et l'Herzégovine, les Italiens qualifièrent cet acte de brigandage. Ils eurent d'abord l'illusion qu'ils recevraient quelque chose en compensation. L'Autriche-Hongrie n'avait rien promis et, décidée à ne rien donner, elle ne donna rien.

En 1912, l'Italie, après s'être assurée de la neutralité de la France et de la Grande-Bretagne, résolut de s'installer en Tripolitaine, elle prévint Berlin et Vienne. En apparence, elle ne se heurta pas à des objections : mais elle ne devait attaquer la Turquie ni sur la côte de l'Adriatique, ni à Constantinople, ni en Asie Mineure.

Le Kaiser essaya de donner à ses protestations réitérées d'amitié pour la Turquie un effet utile qui ne pouvait être que nuisible à l'Italie.

Les moyens auxquels il eut recours sont décrits de la manière suivante par M. Pichon, ancien ministre des Affaires étrangères, dans le *Petit Journal* du 17 octobre 1914 :

Je précise aujourd'hui les conditions dans lesquelles les mines sous-marines, destinées à couler les navires italiens, avaient été fournies à la Turquie par l'Allemagne.

C'était d'abord l'Autriche qui avait fait cette fourniture. Mais la qualité des mines fut reconnue défectueuse.

L'Allemagne s'offrit à les remplacer. Un officier de marine allemand fut envoyé à Constantinople pour les poser dans le Bosphore. Ce qui fut fait.

J'ai dit qu'un autre officier de l'armée allemande avait été envoyé à Benghazi pour prendre part aux opérations contre les troupes italiennes. Cet officier était un Bavarois, qui sert encore en Orient.

L'ambassade d'Allemagne à Constantinople, alors dirigée par le baron de Marschall, avait pour principaux intermédiaires dans ces affaires le correspondant d'un grand journal allemand en Turquie, M. W..., et le député de Benghazi C...

Ces faits furent tout au moins soupçonnés à Rome, et ce n'est pas de son plein gré que le baron de Marschall quitta l'ambassade de Constantinople. « Si vous pouviez tenir encore quatre mois! » disait-il aux Turcs, en leur représentant la situation intérieure de l'Italie comme ne permettant pas une durée plus longue de la guerre.

Son successeur, M. de Wangenheim, continua d'ailleurs à rendre au gouvernement ottoman des services du même genre contre la puissance alliée de son pays.

Cette manière de comprendre leurs devoirs envers leurs alliés de la part de l'Allemagne et de l'Autriche n'eût pas fait l'admiration de Machiavel : car les Etats qui se livrent à de telles pratiques ne sauraient inspirer que de la haine et de la méfiance à ceux sur lesquels ils devraient pouvoir compter. Elles remplaçaient, dans la Triple-Alliance, l'Italie par la Turquie, mais sans daigner la prévenir.

Les guerres balkaniques aggravèrent les difficultés des rapports entre l'Italie et l'Autriche-Hongrie. Le 6 décembre 1914, M. Giolitti faisait la révélation suivante :

« Le marquis di San Giuliano, alors ministre des Affaires étrangères, reçut, le 9 août 1913 un télégramme par lequel l'Autriche communiquait à l'Italie et à l'Allemagne son intention d'agir contre la Serbie. L'Autriche prétendait qu'il s'agissait là d'une action défensive, qui devait entraîner l'application du *casus fœderis*. »

M. Giolitti répondit à cette communication :

Si l'Autriche agit contre la Serbie, il est évident que le *casus fœderis* ne joue pas. C'est une action qu'elle accomplit pour son propre compte. Il ne s'agit pas pour elle de se défendre puisque nul ne songe à l'attaquer. Il importe que cela soit déclaré à Vienne de la manière la plus formelle.

Ces communications prouvent la préméditation de l'action de la monarchie austro-hongroise contre la Serbie. L'attentat de Sarajevo ne pouvait servir de prétexte en 1913. On s'en passait. L'Allemagne, en 1914, connaissait ces faits. Elle était donc renseignée sur la valeur des motifs allégués par l'Autriche-Hongrie quand celle-ci lança son ultimatum du 23 juillet. C'est une nouvelle preuve ajoutée à toutes les autres que, trouvant le moment opportun pour la guerre, elle ne voulait rien faire qui pût l'empêcher.

Je ne parle pas des conflits de l'Autriche et de l'Italie en Albanie ; le fait certain, c'est que la Wilhelmstrasse connaissant l'attitude de l'Italie en 1913, savait qu'elle ne serait pas entraînée dans la guerre par une agression de l'Autriche-Hongrie contre la Serbie. Par conséquent, la politique de l'Empire allemand arrivait à ce résultat : perdre le bénéfice de l'alliance de l'Italie au moment où elle parvenait à coaliser contre lui et l'Autriche-Hongrie, en Europe la Russie, la France, la Grande-Bretagne, la Belgique et la Serbie.

L'Italie fut tenue à Vienne et à Berlin en dehors de toute confidence relativement à l'ultimatum du 23 juillet. Elle déclara sa neutralité dès le premier jour.

Dans son orgueil, cette abstention ne paraît pas avoir beaucoup inquiété le Kaiser. L'Italie? quantité négligeable. Il n'en avait pas besoin pour écraser la France.

Son plan ayant échoué, la chancellerie a essayé d'agir sur l'Italie ; elle s'est adressée aux cléricaux de la *Kölner Volkszeitung* ; elle s'est adressée aux socialistes qui ont envoyé auprès des socialistes italiens M. Südekum. D'après quelques journaux, certains groupes socialistes italiens reçoivent des subsides des socialistes allemands. Il pouvait donc leur parler avec autorité. Sa mission n'en a pas moins complètement échoué.

Les Allemands ont publié une édition en italien du *Berliner Tageblatt*; ils ont inondé l'Italie de lettres, de brochures, des extraits de journaux et de dépêches de l'*Agence Wolff*. Le gouvernement italien est resté enfermé dans son « égoïsme sacré ». Enfin, l'Empire allemand a envoyé M. de Bulow à Rome. Bismarck raconte, avec son sans-gêne habituel à l'égard de ses collaborateurs, comment le père de M. de Bulow a été amené à fréquenter l'Italie. Le 6 octobre 1879, il dit à Busch, en parlant du père de l'ambassadeur actuel :

> L'Empereur nous use petit à petit. Ma nature à moi, est telle, que j'ai pu résister pendant dix-sept ans, mais Bulow, par exemple, qui m'a remplacé seulement pendant quelques mois, y a attrapé une maladie de la moelle épinière et il en mourra... La faute en est à notre Gracieuse Majesté. On va l'envoyer en Italie[1].

Son fils, M. de Bulow a été expédié à Rome pour tenter un grand effort. L'ambassadeur d'Autriche-Hongrie de Macchio quitta Rome au moment de son arrivée, pour n'avoir pas à se prononcer sur les propositions qu'il apportait. Il offrait à l'Italie le Trentin.

L'Empire allemand dispose volontiers des choses qui ne lui appartiennent pas.

---

1. *Les Mémoires de Bismarck*, par Maurice Busch, t. II, p. 134, 138. (Fasquelle, éd.)

CHAPITRE XIII

L'EMPIRE ALLEMAND ET L'AUTRICHE-HONGRIE

De Beust, François-Joseph et Andrassy. — Raisons du traité de 1879. — Annihilation de l'Empereur d'Autriche. — Subordination de l'Autriche-Hongrie à l'Allemagne. — Le démembrement comme conséquence.

Bismarck a raconté comment il n'avait cessé de lutter contre l'Autriche depuis 1852. Il se plaignait « qu'elle traitât la Prusse abominablement, si bien que nous fûmes obligés un beau jour de lui donner une preuve matérielle que nous pouvions nous passer de son concours. En 1866, nous prîmes la première occasion qui se présenta et nous flanquâmes l'Autriche à la porte[1]. »

Sans rancune, Bismarck tenta de se réconcilier avec l'Autriche; mais de Beust avait le mauvais caractère de ne pas oublier Sadowa.

François-Joseph n'éprouvait pas tant d'amertume de sa défaite. Il félicita l'empereur allemand de sa victoire sur la France. Il alla, en 1872, à Berlin lui faire hommage de sa soumission. Il expliqua à de Beust qu'il devait le sacrifier à Andrassy qui, représentant la Hongrie, éprouvait la plus vive reconnaissance pour la Prusse d'avoir, par sa victoire, forcé l'Autriche à consentir au compromis de 1867 qui instituait le dualisme.

Bismarck apprécie, de la manière suivante, son traité d'alliance avec l'Autriche-Hongrie en 1879.

---

1. *Les Mémoires de Bismarck* recueillis par Maurice Busch. T. II, p. 141.

Il fallait empêcher la monarchie dualiste de s'entendre avec la France. Cet objet était maintenant atteint sans nous imposer l'obligation de défendre Trente, Trieste ou la Bosnie contre les Italiens, les Turcs ou les Slaves du Sud.

Bismarck estimait qu'il mettait la main sur les Allemands d'Autriche en même temps que sur les Hongrois. Dans sa conception, l'empereur d'Autriche ne conservait qu'une façade de pouvoir ; en fait, il avait reconnu l'autonomie de la Hongrie et, pour sa politique étrangère, il était tenu en laisse par le chancelier.

Bismarck achevait pacifiquement l'œuvre de 1866. Il aurait même voulu pour la consacrer « une alliance constitutionnelle et indissoluble ».

Andrassy lui fit observer que c'était trop et qu'il risquait des difficultés avec le Reichsrath.

La *Gazette de Lausanne*[1] a publié les doléances d'un diplomate autrichien sur les rapports de l'Autriche-Hongrie avec l'Empire allemand.

Loin de contester que l'Empire allemand voulût la guerre, il constate qu'il ne cherchait qu'un *casus belli*. Mais il fallait qu'il fût de telle nature que l'Autriche-Hongrie ne pût pas reculer.

L'affaire de Serbie était excellente sous ce rapport. Berlin incita notre diplomatie à l'intransigeance, et le jour où les affaires parurent, malgré tout, s'arranger, il lança son ultimatum à la Russie. Nous étions ainsi acculés à la guerre.

Notre pays est le seul qui n'ait pas, à l'heure actuelle, publié ses documents diplomatiques touchant la période qui précéda la guerre ; il ne peut le faire sans découvrir l'Allemagne.

L'Allemagne emprunta à l'Autriche-Hongrie son artillerie lourde pour faire le siège des places belges ; et l'Autriche

---

1. *Gazette de Lausanne*, 17 décembre 1914.

se vit obligée de déclarer, le 28 août, la guerre à la Belgique pour la punir d'avoir reçu le feu de ses canons mis au service de l'armée allemande.

L'état-major de Berlin a mis la main aussi sur le reste de l'armée autrichienne et l'a employée à défendre contre la Russie le territoire allemand :

L'Autriche-Hongrie est sacrifiée ; les horreurs de l'invasion lui sont réservées pour que les populations de l'Allemagne n'aient pas trop à s'inquiéter et à souffrir.

Non seulement le Kaiser a conduit à son gré, sans contrôle, la politique extérieure de l'Empire allemand ; mais il a conduit aussi à son gré la politique de l'Autriche-Hongrie, et naturellement, les intérêts de l'alliée étaient subordonnés à ses convenances.

Le diplomate autrichien résume très bien la situation :

Depuis le 7 octobre 1879, le Ballplatz a marché dans les voies que lui traçait Berlin. On oublia les blessures de Sadowa, le souvenir du Saint-Empire, pour courir sus à l'Orient que nous désignait l'Allemagne comme une belle proie dont il nous empêchait toujours de nous saisir. Nous servions à inquiéter la Russie, à menacer les intérêts des puissances méditerranéennes, et ausssi à permettre aux chanceliers allemands d'entretenir le malaise de la politique européenne, si nécessaire pour leur permettre de faire voter par le Reichstag les formidables crédits militaires destinés à entretenir l'armée et la flotte sur lesquelles repose la grandeur de l'Empire germanique.

Pour maintenir à son bénéfice le traité de Francfort, pour développer sa puissance dans le monde, l'Allemagne se servit de ses alliés, laissant s'accumuler sur nos têtes toutes les haines de l'Europe.

La guerre a éclaté. Si l'Allemagne était victorieuse, elle aurait tout le bénéfice de la victoire. Le diplomate autrichien ne dit pas que l'Empire allemand exerce une puissante attraction sur les Allemands d'Autriche ; que la victoire de l'Allemagne aurait eu pour conséquence de rejeter le centre de l'Autriche, de Vienne à Budapest ; et que peut-être l'Empire allemand, aurait absorbé les provinces allemandes de l'Autriche-Hongrie.

Mais le diplomate autrichien, ne prévoyant plus que la défaite, considérait que l'Empire allemand fera tout son possible pour faire supporter par l'Autriche-Hongrie « la plus grosse partie des frais de la politique aventureuse de l'Empire allemand ». Il prévoyait un démembrement qui, probablement, sera encore plus complet, qu'il ne le supposait.

Mais ce diplomate se faisait de grosses illusions en supposant que l'Autriche pouvait en négociant une paix séparée, « reconquérir l'hégémonie sur les peuples germaniques de l'Europe centrale ; que la monarchie autrichienne pouvait reconstituer, au détriment de la Prusse militaire et conquérante, l'empire germanique pour le grand bien de l'Europe et de l'humanité ».

Il est trop tard. L'Autriche « a lâchement et aveuglément suivi la politique de son ennemi héréditaire ». Elle est alliée à Berlin.

CHAPITRE XIV

LA NOUVELLE TRIPLE-ALLIANCE

Bismarck et la question d'Orient. — Guillaume II et la Turquie. — Accusation de pots-de-vin par le *Foreign office*. — Condescendances des ambassadeurs britannique et français pour les Turcs. — Enver Pacha. — Le marchandage de l'alliance. — Le *Djidah*. — Allah et le vieux Dieu de Kœnigsberg. — « L'Homme malade. » — Illusion de M. de Bulow.

Bismarck dit : « L'absence de tout intérêt direct dans les questions d'Orient est d'un grand avantage pour la politique allemande[1]. »

Guillaume II a fait tout son possible pour le perdre.

Il voulut bien condescendre à laisser le gouvernement turc diriger ses affaires locales ; mais il entendit diriger les affaires internationales de la Turquie contre ses anciens amis et protecteurs, la Grande-Bretagne et la France, tout en prétendant servir les intérêts de la Bulgarie et de la Roumanie qui ne pouvaient être qu'opposés.

Il conquit l'amitié du gouvernement turc, soit : mais il provoqua la méfiance de la Russie, de la Grande-Bretagne et de la France. Où fut le bénéfice ?

L'armée turque fut organisée par le célèbre von der Goltz, et, en 1912, tous les états-majors européens, sur l'autorité de son organisateur, lui promettaient la victoire. Elle tomba en déroute au contact des Bulgares.

Cependant le prestige militaire de l'Allemagne ne fut pas

---

[1] *Pensées et Souvenirs*, trad. fr., t. II, p. 314.

détruit. Le gouvernement turc investit du commandement en chef de ses troupes le général Liman von Sanders ; puis von der Goltz alla reprendre son ancien poste.

Dès le 10 août 1914, le gouvernement turc donna asile aux navires de guerre le *Gœben* et le *Breslau*, puis il en fit un achat fictif, et, malgré les engagements qu'il contracta avec les nations alliées, il en conserva les équipages et les officiers. Des officiers allemands venaient en grand nombre à Constantinople. Dans son communiqué, le *Foreign office* dit sans ambages que l'influence allemande s'exerçait « à l'aide de pots-de-vin distribués à profusion ».

Les ambassadeurs de la Grande-Bretagne et de la France se montraient cependant pleins d'indulgence pour le gouvernement turc. Ils lui disaient : « Vous commettez des actes qui, pour tout autre État, seraient des violations de la neutralité ; mais nous voulons bien ne pas nous en apercevoir parce que nous désirons que vous restiez neutre afin que vous ne compliquiez pas la situation du lendemain de la guerre par celle du démembrement de la Turquie. »

Pendant ce temps, le ministre de la Guerre Enver Pacha, dévoué à l'Allemagne, et ses conseillers allemands préparaient des forces pour attaquer l'Égypte par Akaba et Gaza et le canal de Suez.

Le cheikh Aiz Shawisl avait distribué dans la Syrie et probablement dans l'Inde un pamphlet exhortant les mahométans à combattre la Grande-Bretagne.

Cependant le grand vizir, le ministre des Finances Djavid Bey et la majorité des ministres étaient d'avis de maintenir la neutralité.

D'après *la Gazette de la Bourse*, renseignée, dit-elle, par une haute personnalité diplomatique, voici donc dans quelles conditions la Turquie se serait résolument engagée dans la guerre.

Au mois d'octobre, la Turquie se voyait obligée de payer les appointements de ses nombreux fonctionnaires, qui depuis plusieurs mois n'avaient rien touché. Pour se procurer des ressources, elle n'avait qu'un seul moyen : s'adresser à l'Allemagne.

On décida d'envoyer à Berlin une personnalité particulièrement sympathique dans cette ville, Fethi bey.

Fort bien accueilli par M. de Bethmann-Hollweg, il eut une audience de Guillaume II.

L'empereur consentit à avancer à la Turquie une somme de 150 000 livres turques (3 400 000 fr.), mais il exigea en revanche que la Turquie marchât aussitôt contre l'Angleterre et la Russie.

— *Sie müssen aber*, stipula l'empereur, *sofort gegen England und Russland marschiren!*

Fethi bey déclara donc que la Turquie appuierait militairement l'Allemagne quand une occasion particulièrement favorable se présenterait, mais que le moment actuel n'offrait pas cette occasion.

Or, le jour même, 27 octobre, où Fethi bey quittait Berlin, l'ordre de bombarder la côte russe fut donné par l'amiral allemand, Souchon Pacha, aux navires allemands qui avaient passé dans la mer Noire.

Renseignés par les journaux, les ministres turcs, étourdis et stupéfaits, coururent chez l'ambassadeur allemand M. de Wangenheim, et lui demandèrent des explications. L'ambassadeur répondit : « Fethi bey a formellement promis à Berlin l'entrée de la Turquie dans le conflit. Et quand on fait une promesse à notre empereur, il faut la tenir. »

Enver bey, l'homme de l'Allemagne, suivi de Talaat Bey, l'emportait.

Si réellement le Kaiser a acheté le concours de la Turquie moyennant 3 400 000 francs, jamais prêt à un taux aussi élevé n'a été fait. Le Kaiser a la gloire de dépasser de beaucoup le Shylock de Shakespeare.

Haïri Bey, le Cheikh ul Islam à Constantinople, a déclaré le *Djidah*, la guerre sainte à tous les giaours, dont fait certainement partie Sa Majesté François-Joseph empereur d'Autriche, roi apostolique de Hongrie ; cependant les catholiques de l'Autriche-Hongrie, de la Bavière et des provinces du bord du Rhin et les Luthériens de Prusse accueillent avec enthousiasme ces paroles de Haïri Bey :

> Rien, pas même les guerres conduites par l'Islam, lors des croisades, ne peut être mis en regard de l'immensité du saint mouvement actuel. Des siècles se sont écoulés depuis lors, mais la doctrine a vécu dans les cœurs musulmans et quand retentit l'appel à la Guerre sainte, tout mahométan croyant et même toutes les femmes mahométanes accomplissent leur devoir. Des centaines de milliers de pèlerins, connaissant la *fetva*, vont de la Mecque à Médine, aux collines sacrées. Tels des microbes (sic), ils entreront dans le corps des empires ennemis.

Le Kaiser a vraiment acheté à bon marché la protection d'Allah, mais comment concilie-t-il ce déchaînement « de la guerre sainte » musulmane avec sa mission divine qu'il caractérise dans ces termes :

> Rappelez-vous que le peuple allemand est le peuple élu de Dieu. C'est sur moi, sur moi empereur allemand, que son esprit est descendu. Je suis son œuvre, son épée, son défenseur. Malheur aux incroyants !

Croit-il que les musulmans sont convertis au « vieux Dieu » qu'il incarne ? S'imagine-t-il que les soixante-dix millions de musulmans de l'Inde, ceux du Turkestan russe, de l'Arabie, de l'Egypte, de la Tunisie, de l'Algérie et du Maroc, considéreront comme un motif de guerre sainte le secours que leur demande le giaour qui, à Damas, en 1898, les assurait de sa protection et qui, aujourd'hui, réclame la leur ? Les chiites persans ne sont pas plus dociles au Cheikh ul Islam que les protestants ne le sont au pape. Le *Djidad* invite les musulmans de la Libye à jeter les Italiens à la mer. Si les Italiens refusent de se laisser faire, ils sont entraînés dans la guerre ; et la diplomatie du Kaiser aura abouti à ce résultat : remplacer l'Italie par la Turquie dans la Triple-Alliance et la pousser, bon gré mal gré, dans la Triple-Entente.

En même temps, il éveille, en Bulgarie et en Roumanie, les vieux souvenirs de la domination turque et il reconstitue la Ligue Balkanique, non seulement contre la Turquie, mais aussi contre l'Empire allemand et l'Autriche-Hongrie.

En 1853, Nicolas Ier, dans une conversation avec sir George Hamilton Seymour, lui dit : « Nous avons, sur les bras, un homme malade. »

En 1914, l'état de santé de l'homme malade ne s'est pas amélioré; et le Kaiser en est réduit à s'appuyer sur lui.

Le 14 avril 1904, M. de Bulow, comme chancelier de l'Empire, disait :

« Si nous tenons notre épée affilée, nous n'avons pas tant à redouter l'isolement. L'Allemagne est trop forte pour n'être pas susceptible d'alliance. »

Et elle est réduite, pour refaire la Triple-Alliance, à l'alliance de la Turquie !

CHAPITRE XV

LA DIPLOMATIE ALLEMANDE ET LES PETITS ÉTATS

Le Luxembourg. — Gladstone et la Belgique. — Espérances de Guillaume II. — M. de Tagow et l'ambassadeur britannique. — Le discours de M. de Bethmann Hollweg. - L'appétit d'Anvers et des Pays-Bas. — L'échec d'Emden. — Le programme d'annexion. — Le professeur Lasson. — Menaces contre les petits pays.

Je ne rappellerai pas l'affaire du Luxembourg de 1867; elle n'avait pour but que de préparer la guerre avec la France, que Bismarck ferait à son heure en donnant le rôle d'agresseur à la France.

La neutralité du Luxembourg n'est pas contestée par l'Allemagne. Dans sa proclamation adressée le 2 août au Luxembourg, mais préparée de longue main, le général Tulff von Tschepe und Weidenbach dit avec cet aplomb dans le mensonge qui est caractéristique des procédés allemands :

La France, ayant violé la neutralité du Luxembourg, a commencé les hostilités — comme on constate avec le moindre doute (sic) — du sol luxembourgeois contre les troupes allemandes. En vue de cette nécessité urgente, Sa Majesté a ordonné aux troupes allemandes — en première ligne au 8ᵉ corps d'armée — d'entrer dans le Luxembourg.

Le prétexte était faux, mais l'Allemagne, ayant besoin de faire passer ses troupes par le Luxembourg, en violait la neutralité, avec tranquillité, malgré les protestations de la Grande duchesse.

On a pu reprocher à Gladstone de graves faiblesses dans

sa politique étrangère, mais jamais il n'a transigé au point de vue de l'indépendance de la Belgique. Au mois d'août 1870, il faisait des traités séparés avec la Prusse et la France, obligeant l'Angleterre dans le cas où l'une des nations ne respecterait pas la Belgique à prendre le parti de l'autre. En 1875, au moment de l'intervention de la reine Victoria pour empêcher une agression de l'Allemagne contre la France, Gladstone envoya une commission pour concerter les mesures de défense.

Le Kaiser tenait à rassurer la Belgique.

En octobre 1911, l'empereur Guillaume s'entretint avec le général belge Heimburger et avec M. Delvapx de Fenffe, gouverneur de la province de Liége, venu pour le saluer au nom du roi des Belges. Il dit à ce dernier :

« Vous êtes gouverneur d'une province avec laquelle nous avons toujours vécu en bon voisinage. Vous avez eu, je pense, ces derniers temps (on était au lendemain du coup d'Agadir), dans votre pays, des angoisses. Croyez-moi, ces angoisses étaient inutiles. »

Et au déjeuner qui suivit, l'empereur, répondant au toast du général Heimburger, dit :

« Vous avez bien fait d'avoir confiance en nous. »

Le 3 août, l'empire allemand violait la neutralité de la Belgique. M. de Jagow, le ministre des Affaires étrangères, en dit franchement la raison à l'ambassadeur britannique.

Cette violation, disait-il, était nécessaire parce qu'il s'agissait de pénétrer en France par le chemin le plus rapide et le plus facile, de façon à avoir une grande avance sur les opérations françaises et de frapper le plus tôt possible un coup décisif. C'était pour l'Allemagne une question de vie ou de mort. Un temps considérable aurait été perdu s'il avait fallu pénétrer par le Sud, où la rareté des routes et la puissance des forteresses auraient retardé la marche, ce qui aurait donné aux Russes le temps d'amener des troupes sur la frontière allemande. La rapidité, ajouta M. de Jagow, est le grand atout de l'Allemagne. Celui de la Russie est d'être un réservoir inépuisable de soldats.

YVES GUYOT.

L'ambassadeur de la Grande-Bretagne fit savoir dans l'après-midi à M. de Jagow que si, à minuit, l'Allemagne n'arrêtait pas ses troupes en donnant l'assurance que la violation de la frontière belge ne serait pas continuée, la Grande-Bretagne prendrait toutes les mesures pour faire respecter le traité signé par l'Allemagne et elle.

M. de Jagow répondit que la sûreté de l'Allemagne exigeait le passage des troupes allemandes par la Belgique. L'ambassadeur britannique répliqua qu'il devait alors réclamer ses passeports et il se rendit chez le chancelier. M. Bethmann-Hollweg lui adressa une harangue qui ne dura pas moins de vingt minutes :

Comment, pour un mot, pour le mot neutralité, pour un mot qui, en temps de guerre, a été si souvent méprisé ; comment, pour un chiffon de papier, la Grande-Bretagne va faire la guerre à une nation apparentée qui ne désirait qu'être son amie ! Tous ses efforts dans ce sens se trouvent anéantis par cette dernière et terrible décision et toute sa politique tombe comme un château de cartes.

Ce que vous faites est inimaginable : vous frappez un homme dans le dos pendant qu'il combat contre deux adversaires. Je tiens la Grande-Bretagne pour responsable de tous les événements terribles qui vont se produire.

Sir W. E. Goschen répondit :

Herr von Jagow et vous, avez essayé de me convaincre que, pour des raisons stratégiques, c'était pour l'Allemagne une question de vie ou de mort de violer la neutralité de la Belgique. Je voudrais vous convaincre que c'est pour l'honneur de la Grande-Bretagne « une question de vie ou de mort » de faire respecter le solennel engagement qu'elle a pris de défendre la Belgique si elle était attaquée.

— Mais le gouvernement britannique a t-il réfléchi au prix que cela lui coûtera ?

Sir W. E. Goschen répondit que « la crainte des consé quences ne pouvait être regardée comme une excuse peu rompre un engagement solennel ». Toutefois le chancelier était dans un tel état de surexcitation que Sir W. E. Goschen « s'abstint de jeter de l'huile sur le feu ».

Ce désarroi du chancelier est une scène de comédie épique. il affirme son profond mépris pour les engagements pris par son propre gouvernement ; et ainsi il proclame lui-même que nul ne doit se fier à ceux qu'il a contractés et à ceux qu'il pourra prendre. Il expose sa déception avec des expressions pathétiques qui prouvent son inconscience.

Il se plaint que la Grande-Bretagne donne à l'Empire allemand « un coup de couteau dans le dos » : mais, et l'Empire allemand est-ce qu'il ne donnait pas un coup de couteau dans le dos à la Belgique ? Et vraiment attribuer à la Grande-Bretagne l'aspect d'un apache sournois parce qu'elle présentait devant les yeux du chancelier un morceau de papier revêtu du sceau de l'Empire allemand, c'était une transposition de rôle d'une ironie formidable.

La violation de la Belgique répondait à une conception stratégique ; mais elle répondait aussi à une conception politique.

L'Allemagne n'a sur la mer du Nord qu'une façade de 120 kilomètres à vol d'oiseau d'Emden à Cuxhaven, l'avant-port de Hambourg. L'Allemagne n'est qu'une puissance continentale.

Mais à côté d'elle, il y a une puissance maritime par excellence. Ce sont les Pays-Bas : et une partie de leur prospérité maritime vient de la prospérité industrielle de la Westphalie et de la Province rhénane.

Cette région, la plus industrielle de l'Allemagne, a deux ports et ces deux ports sont situés dans des pays étrangers : Rotterdam dans les Pays-Bas et Anvers en Belgique.

Pour échapper à cette sujétion, en 1883, M. Windhorst, le chef du centre catholique, réclamait un canal de Dortmund à l'Ems, pour essayer de faire dériver une partie de la houille et une partie de la production de la Westphalie vers Emden. Guillaume II s'empara de cette idée et le canal fut inauguré en août 1899. On avait compté sur un trafic de 1500000 tonnes. En 1905, il n'atteignait pas encore 700000 tonnes, malgré une réduction du taux du péage.

Le canal fut complété par le port d'Emden qui coûta 20 millions de marcks. Il a un mouillage de 11 m. 50. L'empereur obligea certaines lignes de navigation d'y faire des escales inutiles. Le matériel de dragage y a tenu pendant longtemps plus de place que les navires. Quand je l'ai visité, je n'y ai vu que deux navires qui venaient apporter du minerai de fer de Suède.

Cependant on n'avait pas relié au Rhin le canal de Dortmund à l'Ems pour obliger les marchandises et le matériel de ce district à se servir du canal et non du Rhin. Cette précaution a été inutile : et le canal de Dortmund au Rhin a été compris dans le dernier programme.

Malgré tous ces efforts, les marchandises, au lieu de prendre un canal comptant vingt-sept écluses, ont continué de naviguer sur le Rhin. De Carlsruhe à son embouchure, sur une distance de 621 kilomètres, il n'y a que 100 mètres de différence de niveau ; 16 centimètres par kilomètre. La largeur du fleuve n'est nulle part inférieure à 200 mètres. Sa profondeur à Cologne est de 3 m. 40. Le fret entre Ruhrort et Rotterdam est à peine de 1 centime par tonne.

On a amusé longtemps l'opinion publique française avec des projets de partage de l'Autriche en faveur de l'Allemagne et la prise de possession de Trieste. En réalité, le rêve de l'Empereur d'Allemagne a été de comprendre les Pays-Bas dans l'Empire et de mettre la main sur Anvers. Il faut se rappeler que si Anvers appartient à la Belgique, les deux rives de l'Escaut, à une distance de moins de 20 kilomètres en aval d'Anvers, appartiennent aux Pays-Bas.

Le programme d'annexion des Pays-Bas n'était pas un mystère. La Grande-Bretagne est la protectrice naturelle des Pays-Bas. Les Boers du Transvaal étaient d'origine hollandaise. Au moment de la guerre de l'Afrique du Sud, l'opinion néerlandaise était en majorité en opposition avec la Grande-Bretagne. Je dis « la majorité » ; mais il n'y avait pas unanimité, j'en eus la preuve suivante :

A la suite d'un banquet donné pendant l'Exposition de 1900, un de mes amis me dit :

« Les délégués des Pays-Bas désirent vous être présentés pour vous remercier de l'accueil que vous leur avez fait en 1889 et ensuite pour vous féliciter de l'attitude que vous avez prise dans la question de l'Afrique du Sud. »

Mon ami était très étonné et je l'étais un peu. Ces messieurs me dirent :

« Nous avons une menace permanente : c'est l'Allemagne. Tout ce qui peut relâcher nos liens avec la Grande-Bretagne est un danger pour nous. Nous avons blâmé notre gouvernement d'avoir envoyé un navire de l'État chercher Kruger. »

L'appréciation de ces hommes distingués, dont quelques-uns avaient une position officielle, ne tardait pas à être corroborée en Allemagne. En 1901 et en 1902, MM. Stubmann, von Hale et Huton publièrent plusieurs brochures pour inviter les Pays-Bas à s'annexer à l'Allemagne. Ces messieurs employaient la méthode persuasive. Ils parlaient du *Zollverein*. Ils engageaient doucement les Pays-Bas à en faire partie. Ils auraient pour débouché toute l'Europe centrale ! Deux journaux hollandais, le *Haagsche Courant* et l'*Avond post* soutinrent ce projet ainsi qu'une union postale.

Cependant les Hollandais et les Belges ont consenti à une forme d'union qui prend, dans l'*Almanach Gotha* pour titre : *Union d'administration de chemins de fer allemands*. Font partie de cette union les lignes de chemins de fer de l'Allemagne, des Pays-Bas et d'un chemin de fer belge.

Les Hollandais ne répondirent pas avec empressement aux ouvertures germaniques. Ils sont libre-échangistes. Ils ne pouvaient que perdre à être encerclés dans le tarif allemand. Ils profitent du dumping. Les cartels allemands vendent, au dehors, des tôles meilleur marché aux étrangers qu'à leurs nationaux. Les Hollandais en fabriquent des chaudières, qu'ils réexpédient en Allemagne et des péniches qui servent à la navigation du Rhin.

La séduction ayant échoué, des publicistes allemands employèrent la menace et les Pangermanistes déclarèrent que les Hollandais n'avaient pas le droit de se dérober à l'honneur qu'ils leur faisaient de les compter comme des Germains.

Ils continuent. Le 30 septembre le professeur Lasson écrivait :

> La Hollande est incapable de se protéger elle-même. Ce petit royaume mène une existence tranquille à nos dépens. Il vit de sa vieille gloire et de son argent amassé depuis longtemps. La Hollande n'est qu'un appendice de l'Allemagne. Sa vie est confortable, c'est une vie en robe de chambre et en pantoufles qui coûte peu de peines, peu d'efforts et peu de pensées.
>
> Pour cette Hollande d'aujourd'hui, nous n'avons, nous autres Allemands, que peu de respect et de sympathie. Sauf l'appui que nous leur donnons, nous devons remercier Dieu que les Hollandais ne soient point nos amis.

En septembre 1906, dénonçant ce danger dans un article de la *Nineteenth century and After*, je le terminais en disant :

> La sauvegarde d'indépendance des Pays-Bas et de la Belgique est la raison d'être de l'entente cordiale entre la France et la Grande-Bretagne. La nécessité de maintenir indemne la situation de ces deux nations soude les intérêts de la France et de la Grande-Bretagne et, je puis ajouter, les intérêts de toutes les nations civilisées, sauf une.

L'occupation d'Anvers donne à la question toute son ampleur. En prenant Anvers, le Kaiser espère, au moment des préliminaires de paix, invoquer la formule : *Beati possidentes*. Heureux les possesseurs !

Il se trompe. Jamais ni la Grande-Bretagne ni la France ne permettront à l'Allemagne de s'y installer.

Aussitôt après la prise d'Anvers, le *Times* a été l'interprète de l'opinion britannique dans les termes suivants :

Les Pays-Bas ont maintenu leur neutralité d'une manière très honorable au milieu de très grandes difficultés. En ce moment leur patience subit encore une plus dure épreuve quand ils voient l'Allemagne vouloir se rendre maîtresse de l'Escaut, tourner leurs défenses, mettre le royaume de la Reine Wilhelmine dans une situation telle qu'il ne vaudra pas une heure d'achat. Quelle valeur pourrait avoir l'embouchure de l'Escaut qu'elle pourrait continuer de posséder si Anvers devenait un autre Wilhelmshaven et si le grand port jusqu'à présent consacré au commerce devenait le centre du militarisme allemand sur la mer du Nord?

Si l'Allemagne occupait Anvers, ce serait la mort des Pays-Bas, comme état indépendant : ils seraient écrasés sous le talon prussien.

Et après avoir exposé cette situation le *Times* concluait :

Un journal allemand demandait il y a quelques jours si nous continuerions la guerre pendant vingt ans? Oui, pendant vingt ans et plus, si c'est nécessaire parce que jamais nous ne désarmerons, pas même si nos alliés étaient gisants sur le sol, aussi longtemps qu'un bandit prussien restera dans les Pays-Bas.

M. Zimmermann, sous-secrétaire d'État au ministère des Affaires étrangères, n'a cependant pas dissimulé aux Pays-Bas qu'au lendemain de la guerre, ils devaient se résigner à leur absorption dans l'empire d'Allemagne. Mais ce ne sont pas seulement la Belgique et les Pays-Bas qui sont menacés : c'est la Suisse, le Danemark, la Norvège, la Suède.

M. Spahn, professeur à l'Université de Strasbourg, envisageant les résultats de la guerre, dit :

Les conditions de la vie nationale de la Suisse lieront plus étroitement encore que par le passé les destinées particulières de la Suisse à celles de l'Allemagne.

M. Oncken, professeur d'histoire universelle à Heidelberg, a défini, dans une brochure récente : « Un état neutre, un petit organisme parasitaire qui s'engraisse et vit de la discorde des grands. »

Un autre publiciste dit[1] :

Les petits Etats ont perdu leur droit d'exister; car un état ne peut faire valoir ses droits à l'indépendance que s'il peut les défendre par les armes.

Par les actes accomplis et par les ambitions affirmées l'Empire allemand se déclare l'ennemi de toutes les nations.

---

[1]. *Si j'étais l'empereur.*

CHAPITRE XVI

LA DIPLOMATIE ALLEMANDE
SES PROCÉDÉS ET SES RÉSULTATS

La lettre au *Times* et la dépêche Wolff. — Arguments contradictoires de M. de Bethmann Hollweg. — Caractère tantôt dépressif, tantôt agressif de la Triple-Alliance. — Menaces à l'Angleterre. — Naïveté. — L'Allemagne avouant qu'elle a fait la Triple-Entente. — La Grande Bretagne coupable de ne pas accepter l'hégémonie de l'Europe par la Prusse. — Tentatives de séductions. — M. de Bethmann Hollweg ne peut même pas sauver les apparences. — La responsabilité de la guerre. — Contre la Belgique. — Contre le Japon. — La violation de la Convention de la Haye de 1907. — Arguments de l'Allemagne. — Faux en droit et en fait. — « Courber un cheveu d'un Allemand. » — Aveu de la psychologie allemande. — Incapacité politique de l'Allemand. — Aveu de M. de Bulow. — Diplomatie hypocrite et violente.

Il a suffi de rappeler ses actes pour montrer les conséquences auxquelles devait aboutir la diplomatie allemande. Le petit fait suivant, postérieur à la déclaration de guerre, prouve ses procédés ingénus.

Le *Times* reçut une lettre d'un personnage important disant que les convictions religieuses du Kaiser en faisaient un adversaire de la guerre, mais que la Russie l'y obligeait. Le *Times* ne la publia pas ; mais par suite d'une erreur de transmission, le *Times* reçut le soir un télégramme destiné au représentant de l'agence Wolff à Londres et lui disant : « Le *Times* publiera demain un article sur la situation. Télégraphiez-le mot à mot. Wolff, Berlin. »

Dans son discours du 2 décembre, M. de Bethmann-Hollweg

a montré la tranquillité déconcertante avec laquelle les Allemands soutiennent des thèses contradictoires.

Il a commencé par « opposer le caractère agressif de la Triple-Entente au caractère purement défensif de la Triple-Alliance ».

Pour que sa thèse eût quelque vraisemblance, il faudrait supprimer de l'histoire les cinq agressions caractérisées de l'Allemagne contre la France, les actes de l'Autriche-Hongrie dans les Balkans, les discours du Kaiser, les manifestations et les paroles du Kronprinz, les discours des divers chanceliers et des ministres de la Guerre, les appels des ligues pangermanistes, navales et coloniales, la littérature officielle de von der Goltz, de Bernhardi, sans parler des appels de mégalomanie furieuse faits par les professeurs de l'histoire officielle allemande, depuis Treichshke jusqu'à Lamprecht.

Puis il a reproché à la fois à la Grande-Bretagne de vouloir maintenir la balance des pouvoirs et d'affirmer « comme un dogme indiscutable que le rôle d'*arbitrus mundi* lui appartient ».

Oubliant qu'il venait de dire que le caractère de la Triple-Alliance était purement défensif, il a repris :

Je n'ai jamais espéré faire abandonner ce principe par l'Angleterre au moyen de la persuasion. Ce que j'estimais possible, c'est que la puissance croissante de l'Allemagne et le risque grandissant d'une guerre pourraient obliger l'Angleterre à se convaincre que ce principe était insoutenable et qu'il était préférable de l'abandonner en faveur d'un compromis pacifique avec l'Allemagne ; mais ce dogme a toujours paralysé la possibilité d'une entente.

Donc M. de Bethmann-Hollweg ne voyait, comme son prédécesseur M. de Bulow, qu'une seule politique possible à l'égard de la Grande-Bretagne : la menace ! et il s'imaginait que plus grande serait cette menace, et plus facilement la Grande-Bretagne serait disposée à se montrer docile à l'égard de l'Allemagne. Comment cet homme politique ne se tenait-il pas ce simple raisonnement :

« En cédant aux menaces, l'Angleterre fera l'aveu de la peur que nous lui inspirons; et, si une fois elle se montre dominée par cette terreur, elle sera obligée de céder encore à de nouvelles exigences de notre part. Or, quelque mépris que nous ayons pour les hommes d'Etat britanniques, nous ne devons pas les juger incapables de prévoir ce résultat. Par conséquent, loin que de tels moyens les fassent céder, il les pousseront à augmenter leur flotte et à chercher des appuis auprès d'autres nations. »

Un homme d'intelligence moyenne aurait fait cette réflexion à l'égard de n'importe quel peuple ; le chancelier de l'Empire allemand ne l'a pas faite à l'égard de la Grande-Bretagne ; et cependant quiconque possède quelques renseignements sur la psychologie de l'Anglais sait que, depuis sa plus tendre enfance, il est entraîné à résister à la menace et non pas à céder.

M. de Bethmannn-Hollweg se vante d'avoir fait reculer l'Angleterre à Agadir. En dépit du discours prononcé par M. Lloyd George, au Guildhall, acceptons qu'il ait raison. Mais il ajoute : « L'Angleterre songeait continuellement à resserrer ses relations avec la France et la Russie ». Tel est le résultat de la politique menaçante de M. de Bethmann-Hollweg constaté par lui-même. Et avec intrépidité, il continue :

L'Angleterre était prête, il est vrai, à s'entendre avec nous sur certaines questions particulières, mais le premier et le suprême principe de sa politique subsistait, savoir que l'Allemagne doit être tenue en échec dans le libre développement de ses énergies par la *balance of powers*.

C'est très simple : la Grande-Bretagne laisserait l'Empire allemand faire ce que bon lui semble sur le Continent, mettre la main sur les Pays-Bas et la Belgique, s'installer à Calais s'il lui plaisait et s'il le pouvait. La Grande-Bretagne ne s'occuperait pas de ces détails.

M. de Bethmann-Hollweg est froissé qu'elle ne se soit pas laissé séduire par ces offres d'abstention.

Il avoue qu'il a fait des tentatives de séductions auprès de la France et de la Russie pour essayer de dissoudre la Triple Entente. Elles n'ont pas réussi. Alors il ajoute :

> Nous n'avions pas manqué de mettre en garde le gouvernement britannique. Encore au commencement du mois de juin 1914 j'ai laissé entendre au gouvernement anglais que j'avais connaissance des pourparlers secrets anglo-russes relatifs à une convention navale. Je le rendis attentif au danger grave que présentait pour la paix du monde une pareille politique.

Ainsi si la Grande-Bretagne, sous les menaces de l'Empire allemand, prend des précautions, elle fait courir « un danger grave à la paix du monde » ! Pourquoi ? parce que l'Empire allemand aura recours au système connu sous le nom « de guerre préventive ».

M. de Bethmann-Hollweg tire immédiatement une conclusion :

> Deux semaines plus tard se produisait déjà ce que j'avais prévu.

D'après le rapprochement des dates, ce qui s'est produit à ce moment, c'est l'assassinat de l'archiduc. Où est le lien entre cet assassinat, la résistance de la Grande-Bretagne aux menaces de l'Allemagne, et un projet de convention navale avec la Russie ?

Le chancelier conclut :

> Nous tiendrons jusqu'à ce que nous soyons certains que personne ne se hasardera plus à troubler la paix dans laquelle nous voulons nous développer comme un peuple libre.

Mais qui donc a troublé la paix ? M. de Bethmann-Hollweg n'a même pas été assez habile pour mettre les apparences de son côté.

Les recueils de documents diplomatiques publiés par les divers pays, mettent hors de doute que la chancellerie allemande connaissait l'ultimatum de l'Autriche, si elle n'y avait collaboré.

Quand M. Sazonoff en a connaissance le 24 juillet, il demande la prolongation du délai de quarante-huit heures : ce n'est pas là une demande belliqueuse.

Le même jour, l'ambassadeur de la monarchie austro-hongrois, le comte Szecsen, vient annoncer, au quai d'Orsay, la remise de l'ultimatum. La visite du baron de Schœn, ambassadeur de l'Empire allemand, lui succède immédiatement; et il dit aussitôt : « Nous appuyons les arguments de l'Autriche. En cas de refus, elle devra prendre des mesures militaires. L'Allemagne souhaite que personne ne se mêle de ce débat. Il est de l'intérêt des puissances de circonscrire l'affaire en l'abandonnant aux parties intéressées. »

La chancellerie allemande appelait « localiser le conflit » cette démarche comminatoire qui devait entraîner la guerre.

Le lendemain le baron de Schœn revint au quai d'Orsay déclarer que « ces paroles n'avaient pas un caractère de menace », mais il les aggravait en ajoutant : « L'Allemagne approuve ce point de vue de l'Autriche et ne peut plus se laisser guider que par ses devoirs d'alliée. »

Le 31 juillet, M. Sazonoff, ministre des Affaires étrangères de Russie, et M. Szapary, muni des pleins pouvoirs du comte Berchtold, avaient conclu un accord accepté par la Serbie.

J'ai déjà raconté [1] comment le Kaiser, pour empêcher cette solution avait fait porter le 31 juillet à minuit, par son ambassadeur, le comte Pourtalès, un ultimatum à la Russie qui entraînait la guerre : et elle fut, en effet, déclarée, par l'Allemagne le 1er août à sept heures du soir.

---

1. Voir *supra*. Ch. II, p. 11.

Sir M. de Bunsen, l'ambassadeur britannique à Vienne, a montré le comte Berchtold, épouvanté des conséquences de l'ultimatum, négociant encore le 1ᵉʳ août.

L'ambassadeur russe à Vienne, M. Schebeko, a raconté que le cabinet autrichien fut tellement stupéfait et froissé, qu'il faillit laisser le Kaiser seul en face de la Russie. On a parlé de scènes de violence injurieuse auxquelles se serait livré à ce propos l'ambassadeur allemand M. de Tschirschky contre le comte Berchtold.

M. de Bethmann-Hollweg connaît ces faits, et il n'en éme pas moins l'affirmation suivante :

> Ce sont donc l'Angleterre et la Russie qui portent devant Dieu et devant l'humanité la responsabilité de la catastrophe qui s'est abattue sur l'Europe et sur le monde.

En 1867, Bismarck avait soulevé la question du Luxembourg pour isoler la France de l'Europe ; mais il se réservait de lui faire la guerre au moment qu'il choisirait, en donnant à la France le caractère de l'agresseur.

Le Kaiser et M. de Bethmann-Hollweg ont choisi le moment pour faire la guerre à la Russie et à la France ; mais de peur de manquer l'occasion, ils ont assumé le rôle d'agresseurs. Ils ont pensé que le fait accompli, ils pourraient en changer le caractère.

Ceux qui n'ont d'autre criterium intellectuel et moral que le succès font subir de telles déformations aux faits qu'ils auraient en grand nombre accepté la thèse de M. de Bethmann-Hollweg; mais la victoire a manqué pour en effacer l'impudente invraisemblance.

Le chancelier oublie ses propres déclarations. Quand il a eu pour la première fois à s'expliquer sur la violation de la neutralité de la Belgique, il a dit : « Nécessité n'a pas de loi... Un traité qui garantit la neutralité d'un pays n'est qu'un chiffon de papier. »

Dans son discours du 2 décembre, le chancelier, avec une

inconscience stupéfiante, a oublié son aveu et a requis contre la Belgique : « Quant à la culpabilité du gouvernement belge... elle est prouvée par un papier qu'on a trouvé à Bruxelles » : et que disait ce papier? C'était, d'après la version allemande elle-même, un projet de défense de la Belgique, d'accord avec la Grande-Bretagne. Dans quel cas? Au cas où la neutralité de la Belgique serait violée. « Du moment qu'en résistant à l'invasion allemande, la Belgique donnait assistance à la France et à l'Angleterre elle n'était plus neutre. » M. de Bethmann-Hollweg n'a pas parlé du Luxembourg. Cela ne compte pas. Mais accuser le gouvernement belge d'être coupable parce qu'il a essayé de faire respecter sa neutralité, c'est introduire dans le droit international une notion nouvelle qui donne une haute idée de l'éthique allemande.

M. de Bethmann-Hollweg a reproché au Japon d'avoir violé la neutralité de la Chine en prenant Kiao-Chau ; et se retournant d'un air sévère du côté de la Grande-Bretagne, il demande : « Cette violation de territoire a-t-elle provoqué son intervention? » Il serait facile à la Grande-Bretagne de répondre : « Lorsque l'Empire allemand s'est emparé de Kiao-Chau, a-t-il respecté la neutralité de la Chine? » Kiao-Chau étant devenu une possession allemande, ce n'est pas contre la Chine que le Japon a agi, mais contre l'Allemagne.

Par ses procédés de guerre, l'Allemagne n'a pas cessé de violer la Convention de la Haye de 1907. Alors, elle a trouvé cet argument :

1° En droit. — La IX° Convention de la Haye de 1907 n'oblige un belligérant que si *tous* les belligérants en cause en demeurent signataires.

2° En fait. — Trois des belligérants engagés dans la lutte actuelle n'ont pas signé la IX° Convention : la Serbie, le Monténégro et la Turquie.

Or, l'argument allemand est faux en droit et en fait.

1° L'acte final stipule que la dénonciation — ou l'abstention — de l'une des puissances n'aura d'effet que pour elle. La Convention reste en vigueur entre les autres parties contractantes (IX° Convention de 1907, art. 12).

2° La IX° Convention de la Haye a été signée le 18 octobre 1909 par la *Serbie*, représentée par MM. S. Grouïtch, M. G. Milovanovitch, M G. Militchevitch — par le *Monténégro*, représenté par MM. Nelidow, Martens N. Tcharykow — par la *Turquie*, représentée par S. E. Turkan pacha — sans réserves [1].

Quand M. de Bethmann-Hollweg essaye d'invoquer des arguments de droit, il n'arrive qu'à montrer le mépris qu'il en a.

Dans son discours du 2 décembre, après avoir gémi « sur la lutte imposée, M. de Bethmann-Hollweg reprend la paraphrase du fameux *civis Romanus sum*; mais en lui donnant une formule qui n'appartient qu'à l'esprit allemand:

Il faut que le monde apprenne que personne ne peut impunément courber un cheveu d'un Allemand. (*Tempête d'applaudissements.*)

Cette menace est très dangereuse pour les coiffeurs qui s'aviseraient d'onduler les cheveux d'un Allemand et, sans doute, d'une Allemande.

La Ligue pangermaniste, *All Deutscher verein*, organe officiel des ambitions allemandes, proclame qu'en vertu d'un droit supérieur, émanant du vieux Dieu de Kœnigsberg, tout Prussien d'abord et tout Allemand ensuite peut impunément écraser les pieds et les têtes de tous ceux qui ne veulent pas lui céder la place sur laquelle il a jeté son dévolu. M. de Bethmann-Hollweg proclame « la détermination de l'Allemagne de faire prévaloir dans le monde sa force et sa capacité ».

---

1. Edouard Clunet. *Le Temps*, 28 décembre 1914.

M. de Bulow a montré combien les Allemands sont peu psychologues. Dans son livre sur *La Politique allemande*, il constate qu'après l'annexion de la Bosnie et de l'Herzégovine, la Russie n'osa pas intervenir ; que la France et la Grande-Bretagne s'abstinrent. Il en conclut qu'elles cédèrent devant le prestige de l'Allemagne. La conclusion est beaucoup plus simple : la Russie n'étant pas en état d'intervenir à ce moment, la France et la Grande-Bretagne ne devaient pas se substituer à elle.

Conclusion allemande : « La Russie a cédé en 1909, donc elle cèdera en 1914. La France ne s'est pas substituée à la Russie en 1909, donc elle ne la suivra pas en 1914. L'Angleterre n'est pas intervenue en 1909, donc elle se tiendra à l'écart en 1914, même si nous violons la neutralité de la Belgique. »

Les Allemands ont pensé encore que la Serbie était inconnue de la plupart des Français et que, par conséquent, en grande majorité, ils refuseraient de se laisser entraîner dans une guerre au sujet des démêlés de l'Autriche-Hongrie avec elle.

Sans doute il n'y avait pas d'intérêt direct entre la France et la Serbie ; mais les Français ont compris, à l'unanimité, que l'Autriche-Hongrie et l'Allemagne voulaient écraser un petit peuple ; que si la Russie n'allait pas à son secours, il était impossible désormais pour la France, si elle se trouvait dans une situation semblable, de compter sur elle ; que si la France ne marchait pas avec la Russie, personne ne pourrait désormais avoir confiance en elle, et qu'elle se placerait dans un isolement méprisé, en face de l'Allemagne et de l'Autriche-Hongrie qui, à la première occasion, la traiteraient comme elles traitaient la Serbie. Chacun s'est dit : « Il fallait que cela arrivât tôt ou tard ! » et chacun a pris résolument son parti de cet événement fatal, si épouvantable qu'il fût.

Les Allemands ont montré la même ignorance psychologique, en entraînant la Turquie à proclamer la guerre sainte.

Les musulmans du Soudan ont répondu que la guerre actuelle n'a rien de religieux puisqu'elle a pour but de soutenir l'Allemagne et l'Autriche-Hongrie, qui ne pratiquent pas plus la religion d'Allah que la Grande-Bretagne et la France [1].

Même avant les événements actuels, des Allemands ont bien voulu reconnaître qu'il leur manquait quelque chose au point de vue politique. Le prince de Bulow cite dans son livre le passage suivant du docteur Althoff :

Nous sommes, Allemands, la nation la plus instruite du monde, nous avons les meilleurs soldats, nous avons fait de grandes choses dans les sciences et dans les arts : les plus grands philosophes, les plus grands musiciens sont des Allemands.

Nous avons naturellement occupé la première place dans les sciences naturelles. Mais nous avons un point faible, nous sommes des ânes en politique.

Le prince de Bulow approuve et répète : « Nous ne sommes pas un peuple politique. »

Il a prouvé lui-même la vérité de cette constatation, pendant sa présence à la chancellerie ; car il n'a pas modifié le caractère de la diplomatie allemande.

Elle est à la fois hypocrite et violente, et sa violence découvre si bien son hypocrisie, qu'elle ne parvient à tromper personne.

Elle a su par ses entreprises et ses menaces réunir contre l'Empire allemand les trois plus grandes puissances de l'Europe et deux petites, la Serbie et la Belgique, dont l'héroïsme a joué un rôle de premier ordre dans les opérations militaires. Elle a perdu un des alliés de la Triple-Alliance, l'Italie ; et au moment décisif, le second allié qu'elle avait poussé en avant, a failli reculer en voyant

---

[1]. V. Le *Times, the Sudan and the War* ; *Unanimous Loyalty*. Sir. R. Wingates tour, 29 december 1914.

l'abîme auquel elle l'entraînait. Elle aurait pris à tâche de liguer contre elle toutes les forces des nations avancées en évolution qu'elle n'aurait pas agi autrement.

La diplomatie allemande s'est rendue complice des attentats pratiqués par les armées allemandes, en violation de la convention de La Haye; et les attentats ont revêtu un tel degré d'horreur, qu'en les excusant, elle a exclu l'Allemagne de la société des nations civilisées.

Je livre ces résultats de la diplomatie allemande à l'admiration de ceux de nos compatriotes qui, depuis 1870, par une lâche aberration s'aplatissaient devant l'Allemagne et comprenaient le patriotisme en criant bien haut que tout y était parfait, tandis que tout était détestable en France.

… DEUXIÈME PARTIE

Les Causes économiques de la Guerre

CHAPITRE PREMIER

LA CIVILISATION GUERRIÈRE ET LA CIVILISATION PRODUCTIVE[1]

Leurs caractères respectifs. — Le mode d'acquisition des Germains. — Were, étymologie de guerre. — Sainteté et divinité de la guerre d'après Treitschke. — La guerre et le statut. — *La guerre est un instrument de contrainte*, l'échange un facteur de liberté. — Les apologies de la guerre. — La raison pratique des professeurs. — La guerre finit par la paix.

Auguste Comte, Herbert Spencer, G. de Molinari ont mis en parallèle la civilisation guerrière et la civilisation productive. J'en rappelle les caractères en quelques mots.

La capture est le seul mode d'acquisition que connaissent les animaux et qu'a pratiqué l'humanité dans sa phase précommerciale.

---

[1]. *Journal des Économistes* du 15 janvier 1904, ma communication à la *Société d'Economie politique*: De l'influence des idées économiques, d'Herbert Spencer. V. Molinari, *Théorie de l'Evolution, Ultima Verba*. — Yves Guyot, *Le commerce et les commerçants* liv. II, chap. II.

La notion de l'échange, qui constitue un acte de bonne volonté de la part de chacun des contractants, est le propre de l'homme et de l'homme déjà avancé en évolution.

Les Germains représentaient la civilisation guerrière sous la forme la plus violente. D'après Tacite, ils regardaient comme une honte d'acheter par la sueur ce qu'ils pouvaient obtenir par le sang. *Pigrum et iners videtur suadore acquirere quod possis sanguine parare.* (Germ., 14.)

Leurs descendants ne se sont pas dégagés de cette conception.

Je lis dans l'*Encyclopœdia britannica* à l'article *War* : (vieil anglais) *Were*, (fr.) *guerre*, d'origine teutonique.

Des professeurs allemands ont essayé de colorer la guerre de toutes sortes de vertus. Treitschke a célébré « sa sainteté » et « sa divinité », parce qu'elle « est la force la plus puissante qui forme les nations ».

Herbert Spencer a constaté que l'origine du gouvernement, c'est la guerre. L'agrégat humain qui a besoin de se défendre et de conquérir prend un chef qui se distingue par ses qualités belliqueuses. Il exige l'obéissance et il inspire la confiance : de là le type militaire, avec la foi dans le pouvoir gouvernant. Cette évolution aboutit au régime du *statut* réglant les actions des hommes.

La guerre est un instrument de contrainte ; l'échange, étant le résultat de la discussion et de l'initiative individuelles, d'une convention des parties intéressées, est un facteur de liberté.

Treitschke oppose les deux civilisations quand il dit :

La majesté de la guerre réside en ceci que l'individualisme mesquin s'évanouit devant la grande pensée de l'État.

Comme le général Bernhardi, d'autres complètent cette conception :

L'*Ethos* de la politique prussienne, conservée d'une manière inviolable à travers les âges, est *la guerre*, la guerre non pas seulement comme moyen d'ambition politique et d'agrandissement territorial, mais comme discipline morale, presque comme inspiration spiritualiste.

Le baron von Strengel, revenant de la Conférence de La Haye, écrivit un livre pour dénoncer la paix comme un péril national et demandant qu'on « arrachât l'amour de la paix de l'âme de la nation ».

Mirabeau avait dit que « la guerre était l'industrie nationale de la Prusse. » Hans Delbrück ajoute : « C'est la religion nationale et la vie nationale. »

Un professeur autrichien, M. Louis Gumplowitz reprend la thèse latine : « Qui est étranger est ennemi. » Heinrich Rettich considère que la guerre est une obligation entre les Etats : « Ce besoin n'est pas autre chose que la tendance à augmenter son bien-être aux dépens des étrangers. » Si cette conception est bonne pour les groupes, elle doit être également bonne pour les individus; et quand le professeur qui enseigne ces doctrines veut prendre sa tasse de café, au lieu de l'acheter chez l'épicier qui lui-même l'a acheté d'un importateur de café, il devrait partir pour sa conquête. Quelques individus ont recours à ce procédé. Mais les susdits professeurs, par un singulier illogisme, les appellent des voleurs et enseignent qu'il y a un Code pénal qui rend fort dangereux et fort pénible ce moyen « d'augmenter leur bien-être ».

Les descendants des Germains, décrits par Tacite, ont beau réclamer la guerre pour la guerre, la guerre finit toujours par la paix : et les périodes de paix sont beaucoup plus longues que les périodes de guerre.

Mais les Allemands ne sont pas seulement des guerriers, ils se vantent d'être les premiers agriculteurs, les premiers industriels, les premiers commerçants du monde; et la guerre actuelle a pour véritable origine la confusion existant chez eux entre la civilisation productive et la civilisation guerrière.

CHAPITRE II

LA POPULATION DE L'ALLEMAGNE

« Le droit des pays surpeuplés ». — Les Allemands n'émigrent plus. — Population comparée de la Belgique et de l'Allemagne. — Espaces disponibles. — Le climat torride. — Argument pour les néo-malthusiens. — Les Slaves. — Impossibilité d'extermination réciproque.

Il faut toujours se rappeler que la superficie de l'Allemagne et de la France sont égales à 4 400 kilomètres près : 540 800 contre 536 400.

En 1871, l'Allemagne comptait 41 059 000 habitants : en 1900, 56 367 000 ; en 1910, 65 millions ; et, d'après l'évaluation pour 1913, 66 835 000.

L'Allemagne est trop peuplée ; il faut donc qu'elle ait de nouveaux territoires !

C'est la base de ses prétentions : et nombre d'étrangers répètent : « Oui, l'Allemagne est trop peuplée. Elle a droit à des augmentations de territoire. »

Cependant, les habitants de l'Allemagne ne trouvent pas que les conditions y soient devenues si dures qu'ils doivent aller au dehors en chercher de plus douces. Au contraire, l'émigration a diminué. On comptait, en 1885, 171 000 émigrants ; en 1892, 116 000 ; en 1898, 23 000 ; et de 1908 à 1912, la moyenne annuelle n'a pas dépassé ce chiffre.

Puisque les Allemands ne se trouvent pas trop nombreux en Allemagne, que vaut donc l'argument : « l'Allemagne a trop d'habitants ; il lui faut de nouveaux territoires. »

Les Pangermanistes répondent : « Il est vrai que l'Allemagne actuelle peut donner à vivre à 68 millions d'habitants : mais elle serait trop petite pour 80 ou 90 millions. »

Une population atteignant ce dernier chiffre donnerait 166 habitants par kilomètre carré : or, la Belgique, sur une superficie de 29 455 kilomètres carrés, avait, au 31 décembre 1913, une population de 7 658 000 habitants, soit 260 habitants par kilomètre carré, ou 56 p. 100 en plus que l'Allemagne.

Si l'argument donné par les Allemands crée pour eux le droit de prendre des nouveaux territoires à d'autres peuples, il est beaucoup plus fort pour la Belgique ; et il donnerait aux Belges le droit de demander un morceau de l'Allemagne.

Si la population spécifique de l'Allemagne était égale, elle comprendrait 140 millions de têtes au lieu de 67. Il y a donc de la marge.

La Belgique n'a pas besoin de conquêtes pour que ses habitants puissent vivre. Ils n'émigrent même pas au Congo qui ne compte que 5 500 blancs.

La terre n'est pas surpeuplée. Les États-Unis, le Canada, la République Argentine, le Brésil ont encore d'immenses espaces à peu près vides.

Les colonies allemandes sont presque toutes situées dans le climat torride, où l'Européen, surtout l'homme du Nord, ne s'acclimate pas. Le total de leur population blanche, y compris le territoire de Kia-tchéou, se montait à 27 800 têtes en 1912. Ces colonies n'ont pas plus créé un débouché à la population allemande que le Congo n'en a créé un à la population belge.

Les Allemands espéraient mieux dans le Maroc ; mais encore là ils se faisaient des illusions.

Les Allemands, en essayant de fonder un droit d'envahissement et de conquête sur le chiffre de leur population, donnent un argument formidable à tous les chefs d'une nombreuse famille à l'intérieur. D'après cette conception, celui qui aurait le plus d'enfants aurait le droit de mettre la main sur la propriété de celui qui en aurait moins. Les partisans de cette théorie doivent remanier le Code pénal allemand qui punit les voleurs sans tenir compte de leurs charges de famille.

Les partisans de cette théorie donnent un formidable argument aux malthusianistes qui peuvent leur dire : « Au lieu de pratiquer le *self restraint*, vous voulez multiplier à votre gré et arracher les territoires à d'autres peuples, en prétendant que votre imprévoyance vous confère un droit.

« Et pour opérer ce déplacement de responsabilité, vous voulez vous servir de votre surcroît de population pour les écraser sous votre stratégie débordante et votre tactique massive ! Ils résistent ; et par vos procédés de guerre, vous faites vous-mêmes le vide dans votre trop-plein de population. Il eût mieux valu économiser la naissance et l'éducation des malheureux que vous sacrifiez sur les champs de bataille. »

Mais si le nombre donne des droits, les Slaves dont la population s'accroît beaucoup plus vite que la population allemande, ont un droit d'expansion proportionnel : la Russie d'Europe comptait pendant la période 1846-1855, 68 millions d'habitants : au 1er janvier 1910, on évaluait la population de la Russie d'Europe, y compris la Pologne et la Finlande, à 137 millions d'habitants. Si on y ajoute la Russie d'Asie, on arrive à environ 170 millions d'habitants.

L'augmentation de la population de la Russie d'Europe est à peu près du double de celle de l'Allemagne.

Comme principal argument pour l'augmentation de l'armée allemande en 1912 et en 1913, le chancelier a invoqué le péril slave : et ce péril a dû être une des causes de la volonté du Kaiser de faire la guerre en 1914.

Aurait-il eu la prétention d'anéantir les 170 millions d'habitants de l'Empire russe ? Supposons qu'il ait imaginé en tuer 2 millions : mais l'histoire militaire des Russes devait lui avoir appris qu'ils ne se laisseraient pas égorger comme des moutons ; et s'il perd moitié moins d'hommes, la perte pour les Allemands, étant donné la différence de la population, est au moins égale à celle des Russes. S'il perd autant d'hommes, la perte est du double.

Il sait fort bien que la Russie ne peut pas être conquise, que toute armée qui s'y engage est une armée perdue. Alors, quel pouvait être son but pratique? Voulait-il coloniser la Russie avec des Allemands? Mais malgré son appel aux Chevaliers teutoniques, les lois coercitives et les millions dépensés, il n'est pas parvenu à refouler les Polonais du duché de Posen.

Les Allemands ne peuvent pas plus détruire les Slaves que les Slaves ne peuvent détruire les Allemands. Ces conceptions d'extermination sont des cas d'atavisme : c'est le retour au type d'ancêtres ayant vécu il y a deux mille ans et au delà : et les Teutons ne sont même pas parvenus à exterminer complètement les populations clairsemées de l'époque.

Nos contemporains allemands sont grotesques quand ils tâchent de s'assimiler aux civilisations classiques qui ont été écrasées par les invasions des barbares. J'éclate de rire en voyant Gœthe et Nietzsche essayer de transformer les Teutons en Grecs.

Méphistophélès et Zarasthustra se sont formés dans les brumes du Nord. Jamais Aristophane ne les a rencontrés sur l'Agora.

J'attends le sculpteur qui, selon leur conception, plantera, dans le Tiergarten, l'Apollon du Belvédère, coiffé d'un casque à pointe, fumant sa pipe, buvant sa bière et faisant face à une Vénus callypige à larges pieds.

Cette évocation de la Grèce, si ridicule qu'elle en fait pitié, prouve que l'influence civilisatrice d'un peuple ne dépend pas du nombre.

L'humanité lira encore Aristote et Platon quand elle aura laissé dans un profond oubli les noms des quatre-vingt-treize signataires du *Manifeste des Kulturkrieger*[1].

---

1. Voir *Journal des Economistes*, août, septembre 1914 et avril 1915. Lettres de MM. Lujo Brentano, Yves Guyot, D. Bellet et G. Blondel. Cette correspondance a paru, en brochure, sous ce titre : *Le Manifeste des Kulturkrieger*. (Félix Alcan, édit., Paris.)

CHAPITRE III

L'ÉCONOMIE NATIONALE : LA DOCTRINE

La science économique, science camérale. — L'École historique. — L'Economie nationale. — Le Congrès d'Eisenach. — Ad. Wagner et Schmoller. — Contre les disciples d'Adam Smith. — Résumé de la doctrine. — Frédéric List. — Ses conclusions.

En Allemagne, la science économique a toujours été considérée comme une science camérale (venant de *kammer*, la Chambre, qui, dès le moyen âge, dans la plupart des pays allemands était chargée d'administrer le domaine et de veiller aux droits régaliens). En 1727, Frédéric-Guillaume 1er avait fondé, à Halle et à Francfort, des chaires d'économie et de science camérale. L'économie n'était qu'une des formes de l'administration et du fisc. Elle a gardé ce caractère.

L'École historique allemande du droit, dont le chef était Savigny, avait pour but d'opposer le traditionnalisme à la Révolution française et à l'école criticiste de Kant.

Les économistes qui ont fondé l'École historique tiennent tous plus ou moins de Savigny. En réalité, l'École historico-éthique allemande pourrait s'appeler l'économie atavique. Elle a pour idéal le retour au type ancestral. De Thünen, List, Roscher, sont nationaux. Roscher dit qu'il y a plusieurs économies politiques, comme s'il y avait des arithmétiques nationales. Ils se transformèrent en « socialistes de la chaire » quand Roscher, professeur à l'Université de Leipzig qui, en 1843, avait donné le programme de l'École historico-éthique, *Grundriss zu Vorlesungen über die Staatswirthschaft*, fonda l'association de « la politique sociale », dont le premier congrès eut lieu le 6 octobre 1872, à Eisenach. Il réunissait les professeurs Schœnberg, de l'Université de Tubingue ; Adolf Wagner, professeur à l'Université de Berlin ; Lujo Brentano, alors professeur à l'Université de Breslau, maintenant professeur à Munich ; Hildebrand, d'Iéna ; Kniès, de Heidelberg, etc. Schmoller, depuis recteur de l'Université de Berlin, prononça le discours d'ouverture, dans lequel il déclara que « les conditions physiologiques des différentes classes doivent être la base de notre activité réformatrice. Il ne demandait ni la suppression de la liberté industrielle, ni la suppression du salariat, mais il ne voulait pas, par respect pour des principes abstraits, permettre que la soi-disant liberté du contrat aboutît à l'exploitation du travailleur ».

Du reste, ils ne s'entendent pas entre eux. M. Wagner raille « l'Ecole Ethico-historico-psychologico-statistico-inductive », dont les membres se fortifient mutuellement dans leurs idées étroites et font une coterie [1].

Il a qualifié de « quiétisme historique » le fatalisme satisfait des « économistes paléographes » et il a raillé cette « science d'archives ». De son côté, M. Schmoller le traite de métaphysicien.

Les Allemands ont raison de parler de leur méthode historique comme leur étant propre. M. Schmoller l'a exposée ainsi en terminant le discours inaugural de son rectorat à l'Université de Berlin en 1897 : « Tous les grands biens idéaux de l'humanité, le christianisme, le développement du droit depuis des milliers d'années, les devoirs moraux de l'État, surtout comme ils ont été reconnus en Allemagne et en Prusse, nous mènent sur le chemin des réformes que nous avaient montrées les messages impériaux de 1880 et 1890. La science allemande n'a pas fait autre chose que de chercher à asseoir sur de solides bases ces vieux impératifs éthico-religieux et juridico-étatiques. »

---

[1]. Article de M. Adolphe Wagner dans la *Fortnightly Review* (avril 1907). — Yves Guyot, la Banqueroute du socialisme de la chaire, *Journal des Economistes*, mai 1907.

Justifier le passé et le présent de l'Empire allemand, faire l'apologie des conceptions du gouvernement, tel est le rôle de bonne à tout faire que M. Schmoller assigne à la science économique allemande.

« La théorie économique actuelle, dit-il, en est venue à une conception historique et éthique de l'État et de la société toute différente de celle qu'avaient formulée le rationalisme et le matérialisme. Elle n'est plus une simple théorie du marché et de l'échange ; elle est redevenue une grande science politique et morale qui a fait à nouveau de l'homme le centre de la science et non plus les biens et le capital.

M. Schmoller, avec l'autorité que lui donne son rectorat, a soin de prévenir qu' « un pur disciple d'Adam Smith ne peut être un professeur utile » et que, par conséquent, il doit plier sa science aux exigences de la politique sociale du gouvernement ou « renoncer à sa chaire[1] ».

La science économique doit être « nationale ». Les *catheder socialisten*, les socialistes de la chaire, demandent tous une plus forte intervention de l'État en matière économique, « pour fortifier l'esprit public », dit M. Held, qui ne s'aperçoit pas que, plus l'État est fort, plus l'esprit public est faible. M. Wagner est allé jusqu'à nier pour l'individu le droit d'aller et de venir, de changer de résidence d'une commune dans une autre, de se marier sans autorisation ; il admettrait avec Marlo et Schœffle, que l'État pût fixer le nombre des ménages et le nombre des enfants par ménage. Il oublie de dire comment l'État s'y prendrait pour obtenir ce dernier résultat.

Voici le résumé de la doctrine :

1° L'homme n'est pas seulement égoïste, il a le sentiment de la collectivité, le *gemeisuin* et il sait obéir au devoir, à la patrie, à Dieu ;

---

1. Ce passage, contesté par M. Lujo Brentano, se trouve à la page 323 du volume : *Politique sociale et Economie politique*, par G. Schmoller. Traduction française revue par l'auteur.

2° Il n'y a pas de faits généraux et constants de la nature humaine ; les hommes diffèrent entre eux, selon les états de civilisation ;

3° Il faut examiner toute question relativement à un pays donné, en s'appuyant sur la statistique et sur l'histoire. De là, la « méthode historique et réaliste » ;

4° La personnalité de l'État prime celle de la famille, celle de la famille prime celle de l'individu ;

5° Un individu n'a de droits que dans la mesure que des lois existantes déterminent ;

6° L'Économie politique doit examiner la situation des diverses classes et établir un équilibre entre elles ;

7° Le gouvernement a le droit et le devoir de régler la concurrence intérieure, *a fortiori* la concurrence extérieure ;

8° Il est faux que tous les intérêts, même légitimes, soient harmoniques : l'égoïsme porte les hommes à la spoliation, à l'iniquité et à opposer leurs intérêts privés à l'intérêt général. L'État, organe suprême du droit, représentant l'intérêt national, doit les contenir et les réprimer ;

9° L'État doit protéger, provoquer les formes de l'activité économique qu'il trouve utiles, décourager les autres ;

10° L'État doit substituer la prévoyance sociale à la prévoyance individuelle ;

11° Le droit de propriété a revêtu des formes très différentes ; il n'est donc pas absolu et toujours identique ;

12° Les problèmes économiques ne sont pas isolés : ils se rattachent à la psychologie, à la religion, à la morale, au droit, aux mœurs, à l'histoire ;

13° L'Économie politique est une science « camérale » qui a l'État pour objet et la question sociale est une question morale [1].

Frédéric-Guillaume et Frédéric II avaient organisé le régime économique de la Prusse sur le type militaire.

Les « économistes nationaux », « historico-éthiques », « catheder socialisten », ont gardé cette empreinte.

---

1. Voir Yves Guyot. *La Science économique*, 4° éd., 1911, p. 351.

Ils commettent la contradiction de vouloir maintenir dans la civilisation industrielle la prédominance du gouvernement qui caractérise la civilisation guerrière.

L'homme qui a été invoqué, comme autorité, en faveur de la politique protectionniste de 1879, est Frédéric List. Né en 1789, à Reutlingen, dans le Wurtemberg, il attaqua dans sa jeunesse la noblesse et la bureaucratie et se jeta dans le mouvement qui, après 1815, avait pour but de supprimer les douanes intérieures qui séparaient les petits États de l'Allemagne. Après une condamnation à dix mois de prison, avec travail forcé, parce qu'il avait soutenu trop vigoureusement cette thèse, il dut quitter l'Europe pour les États-Unis. Il y attaqua le système « d'économie cosmopolite » d'Adam Smith et y formula sa théorie d'économie nationale. Quoiqu'il continuât à s'occuper des questions intéressant l'Allemagne, il ne put y rentrer que vers 1834. Il publia en 1841 son *Système national d'économie politique* et se tua en 1846.

On peut résumer les conclusions de son ouvrage de la manière suivante :

1° L'importation des articles d'alimentation doit être libre ;

2° Dans le commerce international ce ne sont pas les individus qui échangent, mais les nations ;

3° Les nations doivent adopter la protection jusqu'à ce qu'elles soient à même de faire concurrence à l'Angleterre ;

4° Le gouvernement doit provoquer l'augmentation du pouvoir de production pour tous les objets pour lesquels la nation a des ressources naturelles ;

5° Une nation doit se suffire à elle-même, sauf pour certaines matières premières comme le coton ;

6° Tous les États de l'Allemagne doivent se grouper dans une union douanière ;

7° La Hollande appartient autant à l'Allemagne que la Normandie appartient à la France ;

8° Ce qu'on appelle le maintien de l'équilibre européen n'a jamais été que l'effort du moins fort pour empêcher le plus fort de poursuivre ses desseins;

9° L'Allemagne peut se constituer elle-même avec les territoires maritimes « qui lui appartiennent », la Hollande, la Belgique et la Suisse, comme une puissance commerciale et politique;

10° Les nations qui ont un pouvoir naval inférieur à celui de l'Angleterre, l'Allemagne, la Hollande, la Belgique doivent constituer un pouvoir naval commun, au lieu d'être les satellites de la suprématie de l'Angleterre;

11° C'est de l'intérêt de tous que le pouvoir industriel prédominant de l'Angleterre perde les moyens d'accès (Hollande, Belgique et villes hanséatiques) par lesquels l'Angleterre a jusqu'à présent dominé les marchés du Continent;

12° Il est dix fois plus important de pourvoir et d'entretenir son marché national que de chercher la richesse au dehors;

13° Nul privilège commercial ne doit être réservé en Asie à une nation européenne. Aucune des deux routes à la mer Rouge et au golfe Persique ne doit être dans la possession exclusive de l'Angleterre;

14° Si une nation est qualifiée pour l'établissement d'un pouvoir industriel national, c'est l'Allemagne;

15° Nous affirmons que l'existence, l'indépendance et l'avenir de la nation allemande dépendent d'un système protecteur allemand.

Nous allons voir maintenant quels modes d'application et quelles déviations les hommes qui se réclament de List ont fait subir à ses postulats.

YVES GUYOT.

CHAPITRE IV

LE « ZOLLVEREIN » ET LE TARIF DE 1879

Le *Zollverein*. — Contradiction de la politique de Bismarck. — Sa politique protectionniste, facteur du socialisme. — Population rurale et population industrielle. — Les forces vives de l'Allemagne à l'ouest de Berlin. — Importance de la Province rhénane et de la Westphalie.

Sous le Blocus continental, Napoléon avait prohibé le commerce maritime, mais il avait établi le libre-échange entre tous les peuples qui dépendaient plus ou moins de la France. Leur population était évaluée à 72 millions de têtes.

Après le Congrès de Vienne de 1815, l'Allemagne se trouva découpée entre de petites principautés dont chacune voulut avoir, comme preuve de son indépendance, sa douane et sa monnaie. C'était très glorieux, mais très mal commode pour es populations qui y étaient réparties. La Prusse, composée d'une longue suite d'Etats mal reliés entre eux, comptait 60 tarifs différents comprenant 2 800 articles.

Sur tel point de sa longue frontière, tel article pouvait entrer libre de tout droit ; sur tel autre, il était prohibé.

Le baron Heinrich von Bulow, ministre du Commerce, et Karl George Mxasen, ministre des Finances, décidèrent de donner l'entrée libre aux matières premières ; de frapper d'un droit de 10 p. 100 les objets manufacturés et de 20 p. 100 les produits coloniaux. Les droits étaient spécifiques et non *ad valorem*. Les petits Etats voisins, si jaloux qu'ils fussent de leur liberté économique, acceptèrent peu à peu l'union douanière.

Schwarsbourg-Sonderhausen fut le premier en 1819,

d'autres adhérèrent peu à peu : en 1828, le Wurtemberg et la Bavière formèrent une union douanière ; à la fin de l'année, une union commerciale de l'Allemagne centrale fut formée entre le Hanovre, les duchés de Saxe, Brunswick, Nassau, les cités libres de Francfort et de Brême en opposition avec le développement du système prussien.

Mais le 27 mai 1829, la Prusse signa un traité de commerce avec l'union commerciale du Sud ; le 22 mars 1833, les unions du Centre et du Nord furent amalgamées ; le 1er janvier 1834, la plus grande partie de l'Allemagne n'avait plus qu'une seule frontière douanière. Malgré des tentatives d'opposition de l'Autriche, le système prussien avait, le 1er janvier 1854, absorbé toute l'Allemagne sauf Hambourg qui ne l'accepta qu'en 1888. Le développement des chemins de fer avait converti les plus rebelles à la nécessité du Zollverein.

Le tarif des douanes allemand, à la suite du traité de commerce de 1862, était relativement libéral. Bismarck établit le tarif protectionniste de 1879 dans l'intérêt des industriels de la Province Rhénane et de la Westphalie. En même temps qu'il faisait contre les socialistes des lois de proscription, les droits de douane devaient faire éclore l'industrie en serre chaude et épanouir le socialisme.

Il complétait ce chef-d'œuvre de logique, en établissant l'office impérial des assurances, cataplasme émollient de socialisme bureaucratique qu'il croyait de nature à dissoudre le parti socialiste et qui n'a servi qu'à le développer.

Il contribuait aussi à l'émigration des ouvriers des campagnes vers l'industrie.

En 1871, la population rurale vivant dans des agglomérations de moins de 2 000 habitants était de 64 p. 100 et la population urbaine de 36 p. 100 ; en 1895, les deux populations s'équilibraient. En 1907, la population totale agricole comptait 17 243 000 personnes sur un total de 61 720 000, soit 279,5 p. 1000 au lieu de 349 p. 1000. La population industrielle, sans compter les mines, comptait 23 404 000 personnes, soit

375 p. 1000 au lieu de 355. La population minière comptait 2 982 000 personnes, soit 48,3 p. 1000 au lieu de 35,7 p. 1000. Le commerce et les transports comptaient 8 278 000 personnes soit 134 p. 1000 au lieu de 115,2.

Berlin est à peu près à mi-distance de la frontière est et de la frontière ouest de la Prusse. Les forces vives sont à l'ouest.

En dehors du grand centre industriel de la Silésie, toutes les forces industrielles ont une tendance à se porter à l'ouest. Le mouvement de la population en Prusse l'indique. Sauf Breslau, qui compte 515 000 habitants, toutes les villes ayant plus de 250 000 habitants sont à l'ouest de Berlin qui, au recensement de 1910, comptait 2 071 000 habitants ; Cologne avait 517 000 ; Francfort-sur-le-Mein, 415 000 ; Dusseldorf, 359 000 ; Charlottenbourg, 306 000 ; Hanovre, 302 000 ; Essen, 295 000 ; Magdebourg, 280 000. Pour le reste de l'Allemagne, Dresde avec 552 000 habitants, est au même degré de longitude que Berlin ; mais Leipzig avec 626 000 habitants, Munich avec 608 000 habitants, Hambourg avec 987 000 habitants sont à l'ouest.

A l'exposition de Dusseldorf, en 1902, un grand tableau, situé à l'entrée, indiquait l'importance de la Province Rhénane et de la Westphalie dans la monarchie prussienne :

		Pour 100.
Surface......................	52 820 kilomètres.	15
Population..................	9 955 000 habitants.	29
Circulation des marchandises.	97 545 000 tonnes.	45
Produits houillers...........	72 187 000 —	71
— miniers................	2 977 000 —	66
Produits en fonte............	4 706 000 —	81
— acier.............	3 647 090 —	86

Cette proportion n'a pas diminué. Au contraire.

Bismarck avait voulu séduire les industriels de la Province Rhénane et de la Westphalie, par sa politique protectionniste, et, au moment même où il essayait de proscrire le socialisme, il voulait pouvoir dire :

« Je donne de l'ouvrage aux ouvriers. »

CHAPITRE V

LE PROTECTIONNISME AGRARIEN ET AGRESSIF

Réclamation des agrariens. — Les tarifs de 1885 et de 1887. — Erreur de Bismarck. — Contre la Russie. — Concessions de Caprivi. — Fureur des agrariens. — Appel au Kaiser. — Pour la politique agrarienne contre la politique industrielle. — Le prince de Hohenlohe et les grandes propriétés. — Coalition entre les grands propriétaires et les grands industriels. — Mauvaise alimentation des ouvriers. — Importation des céréales. — « Les Bons d'importation. » — *Dumping* agricole. — L'exportation du seigle en Russie. — Bénéfice procuré par les Bons d'importation. — Les permis à l'alcool. — Les cartels agricoles et la grande propriété.

Dans son tarif de 1879, Bismarck avait mis un droit de 1 mark par 100 kilogrammes sur le froment, le seigle et l'avoine et de 50 pfennigs sur l'orge. C'étaient des droits modérés que List aurait cependant combattus.

Mais ce tarif sur les céréales, loin de donner satisfaction aux grands propriétaires de l'Est, provoqua leur colère et leur ambition. Ils se considérèrent comme sacrifiés. On avait protégé les industriels de l'Ouest. Est-ce que les propriétaires de l'Est n'avaient pas bien plus de droits à la protection? Est-ce qu'ils n'étaient pas les plus fidèles et les plus fermes soutiens de la couronne? Est-ce que la Prusse orientale, la Prusse occidentale, le Brandebourg, la Poméranie ne représentaient pas la vieille monarchie **prussienne**, tandis que les provinces de l'Ouest n'ont été annexées que par la guerre ou par la contrainte diplomatique? Bismarck lui-même n'était-il pas un grand propriétaire agrarien de naissance? Bismarck écouta : et au lendemain du traité de

Skiernewice, oubliant qu'il venait de faire de grands efforts pour établir une entente de l'Empire allemand avec la Russie, il fit voter la loi du 24 mai 1885 qui porta les droits à 3 M. par 100 kilogrammes pour le froment et le seigle, à 1,50 M. pour l'orge et l'avoine. Par la loi du 21 décembre 1887, il les éleva à 5 M. pour le froment, à 4 M. pour l'avoine, et à 2,25 M. pour l'orge.

Cette politique convenait aux agrariens et en même temps était vexatoire à l'égard de la Russie que Bismarck avait la singulière idée de vouloir séduire à l'aide de mauvais procédés. Cette guerre de tarifs n'a pas été sans avoir sa répercussion sur les relations de la Russie avec la France : et cependant Bismarck sentait toute l'importance de maintenir l'Empire allemand dans des relations intimes avec la Russie.

Le chancelier de Caprivi n'avait pas la même préoccupation. Il voulait être en bons termes avec les Etats-Unis et la Grande-Bretagne; mais la Russie lui était indifférente.

Toutefois si les droits refoulaient l'importation du seigle russe en Allemagne, la Russie répondait aux taxes sur les céréales par des taxes sur les marchandises. Les deux pays s'en trouvaient fort mal. Caprivi dut consentir à une réduction du droit sur le froment et le seigle de 5 M. à 3,50 M. et sur l'avoine de 4 M. à 2,80 M. Ces droits, inférieurs à ceux de 1887, étaient encore supérieurs à ceux de 1885.

Les agrariens n'en furent pas moins exaspérés contre le méprisable chancelier qui « n'était propriétaire ni d'un pied de terre ni d'un brin d'herbe ». Ils en appelèrent à l'un des leurs, grand propriétaire foncier lui-même, le Kaiser! Il les entendit et les comprit et, un beau jour, pour remercier le chancelier d'avoir rendu à l'Empire le grand service d'avoir conclu des traités de commerce avec la Russie, la Roumanie, l'Autriche-Hongrie, etc., il lui fit une scène violente, le mit à la porte, et le remplaça par le comte de Bulow, grand propriétaire, se proclamant lui-même agrarien.

Le *Bund* des agrariens triompha.

Dans ses discours d'Essen et de Breslau, en 1902, Guillaume II montrait sa violente aversion contre les socialistes. Il voulut opposer à la politique industrielle, qui les recrutait, une politique agrarienne.

Dans la séance du 23 janvier 1905, le comte Posadowsky, ministre de l'Intérieur, en fit l'exposé. Au « nervosisme » impatient de la vie publique et politique de l'Allemagne, il voulait opposer l'agriculture allemande qu'il appelait « l'ancre solide du vaisseau de l'Etat ». Comme contrepoids à la population flottante et mobile des villes, « qui donnait au Reichstag, la plus grande majorité radicale qu'il y eût dans le monde », il voulait opposer l'élément agricole permanent.

Cependant le prince de Hohenlohe avouait, au Reichstag, qu'une propriété de 12 hectares, loin de pouvoir vendre des céréales, devait en acheter. Les petites propriétés représentent 76 p. 100 de toutes les propriétés agricoles allemandes. Il reconnaissait que 15 millions de paysans n'ont aucun intérêt aux droits de douane.

Le tarif sur les céréales n'était établi que dans l'intérêt des grands propriétaires. Un petit cultivateur produit 10 tonnes de seigle et en vend une. Supposons qu'il profite du droit de 5 M. (6 fr. 25) par 100 kilogrammes. Le tarif protecteur lui procure 50 M. qui, répartis sur 100 quintaux métriques, lui donnent 50 pf. (60 c.) par quintal.

Le grand propriétaire qui produit 1000 quintaux, peut en vendre au moins 900. De la protection, lui, il retire 4500 M. qui, répartis sur la production totale, lui donnent 4,50 M. (5 fr. 60) par quintal.

Mais ces arguments ne portèrent pas. Les grands propriétaires fonciers avaient été assez habiles pour négocier avec les grands industriels : les uns et les autres s'entendirent. Les ouvriers payeraient un peu plus cher leur pain et leur porc, mais la hausse des salaires n'est pas forcément liée à la hausse du pain. L'important est de maintenir la protection : et en 1905, le Reichstag, par 228 voix contre 81, releva les droits sur le froment à 5,50 M., sur le seigle et l'avoine à 5 M., sur l'orge à 4 M. Il porta les droits sur la farine de 7,30 M. à 10,20 M., sur les porcs de 3,30 M. à 9 M., sur les moutons de 1,70 M. à 8 M., sur la viande fraîche et frigorifiée de 15 M. à 35 M.

Comme le prouve le recensement de 1907, les droits sur les objets de l'alimentation n'ont pas ramené la population à l'agriculture.

Mais les droits pèsent lourdement sur l'alimentation des ouvriers. M. Andrew D. White, ancien ambassadeur des Etats-Unis en Allemagne disait en 1905 [1] :

> L'Alimentation en Allemagne pour les gens pauvres est abominable : dans nombre de centres industriels, les êtres humains vivent comme des animaux. La condition des paysans en Prusse, en Silésie, en Thuringe est terrible. L'horrible misère est masquée par les institutions politico-humanitaires que trouvent les enquêtes superficielles faites à l'étranger. Ces institutions ne sont que le déguisement pitoyable de l'état-providence et tombent déjà en poussière.

Toutefois, quelque grandes que soient ces privations, l'Allemagne ne se suffit pas elle-même. Elle est obligée d'importer des céréales.

Dès 1894, les agrariens ingénieux avaient trouvé le moyen de se servir des droits d'entrée sur les céréales pour en constituer des primes à l'exportation, à l'aide du système dit « des Bons d'importation ».

Quiconque exporte de l'Allemagne des céréales ou de la farine peut demander la délivrance d'un bon. Ce bon lui permet d'importer, exempte de droits, une quantité, non seulement de céréales, mais d'articles comme le café ou le pétrole, correspondante à la valeur portée sur le bon [2].

---

1. *Germanreal aim in Foreign politics. North american review*, avril 1905.
2. *Journal des Economistes*, 15 avril 1914, p. 68. *Le Traité de commerce Russo-allemand et l'Allemagne exportatrice de céréales*, par Max Hochschiller.

Si le cours du seigle est de 110 M. au dehors et en Allemagne de 150 M., l'exportateur exportera son seigle pour 110 M. Il recevra un bon d'importation de 50 M. qu'il revendra à la Bourse. Il aura donc perçu 160 M., soit un bénéfice de 10 M. sur le cours de l'Allemagne.

C'est un *dumping* agricole, avec cette circonstance aggravante qu'il est institué par une loi.

Grâce aux bons d'importation, l'Allemagne d'importatrice de seigle est devenue exportatrice

Moyenne quinquennale.	Importation.	Exportation.	Différences.
		(Tonnes.)	
1891-1895.........	646 800	17 400	— 629 400
1906-1910.........	453 600	506 500	+ 52 800
Années 1910.......	389 500	820 000	+ 430 500
— 1911.......	614 100	768 500	+ 158 400

La valeur du seigle russe importé en Allemagne de 1891 à 1895 était de 48 200 000 M., de 1896 à 1900 de 65 700 000 M. En 1909, elle était tombée à 35 200 000 et en 1910 à 39 000 000 M.

Les producteurs du seigle en Allemagne se trouvent surtout dans les provinces de l'Est. Au lieu d'écouler leurs récoltes dans l'ouest de l'Allemagne, ils trouvent avantageux avec les bons d'importation, de les expédier dans le nord de l'Europe, en Pologne, en Russie et en Finlande. Les Allemands ont installé en Russie des minoteries sur la frontière. Ils y introduisent du seigle, grâce aux bons d'importation. La farine est vendue en Russie; le son rentre en Allemagne. Si les prix du seigle n'étaient pas plus élevés en Allemagne, la prime à l'exportation atteindrait 31,35 p. 100 de la valeur du seigle.

Aussi l'importation du seigle allemand en Russie augmente :

	Tonnes.	Millions de M.
1891-1895.................	700	0,1
1901-1905.................	16 100	1,7
1906-1910.................	111 000	15,3
1911.....................	146 700	21,4

L'augmentation de l'importation du seigle allemand en Finlande a passé de 1832 tonnes pendant la période 1885-1889 à 26 437 tonnes pendant la période de 1905 à 1909, tandis que l'importation russe a passé de 14 400 tonnes à 34 000. Elle comptait dans la première période pour 88 p. 100 ; elle ne comptait plus que pour 56 p. 100 dans la seconde.

Pour les farines de blé, la diminution est encore plus grande :

	Russie.	P. 100.	Allemagne.	P. 100.
1885-1889	17 300	98	300	1,7
1905-1909	21 200	25,7	38 000	46,2

La farine de blé exportée par les Allemands en Finlande provient du froment russe importé en Allemagne.

L'Allemagne a éliminé aussi les grains et les farines russes de la Suède et de la Norvège.

Les agrariens allemands maintiennent que ce régime est parfait et réclament même une augmentation de droits sur e froment.

On le comprend. En 1910, l'Allemagne a exporté 820 000 tonnes de seigle, on a délivré pour 41 000 000 de M. de bons d'importation. La même année, elle a importé seulement 389 500 tonnes qui ont payé 19 475 000 M. de droits d'entrée : le montant des bons d'importation non compensés par les droits d'entrée est de 41 000 000 — 19 475 000 = 21 524 000. Tel est le bénéfice net, sans compter le bénéfice résultant de la différence du cours sur le marché mondial et sur le marché allemand.

Le traité russo-allemand arrivait à expiration en 1917 : les Russes considèrent comme intolérable le protectionnisme agressif qui réjouit les Allemands.

On peut affirmer, sans essayer d'en déterminer le rang exact que, parmi les coefficients de la déclaration de guerre à la Russie, s'est rencontrée cette idée : « Une fois que nous aurons battu la Russie, elle sera bien obligée d'accepter les conditions du traité de commerce que nous lui dicterons. »

En vue de favoriser l'agriculture et notamment les grands distillateurs de pommes de terre, on imagina en 1887, sous le régime de M. de Bismarck, de graduer l'impôt de 70 M par hectolitre, de manière à restituer à certaines catégories de producteurs d'alcool et pour des quantités déterminées, 20 M. par hectolitre. La quantité d'alcool taxée à 50 M était inférieure à la consommation, qui fut obligée de payer comme si l'impôt de 70 M était perçu sur la totalité de la production.

De la sorte, les distillateurs agricoles eurent le bénéfice des 20 M sur tout l'alcool produit et vendu par eux. C'était un cadeau d'une quarantaine de millions M par an, destiné à les indemniser du recul de la consommation.

En 1909, l'impôt fut élevé de 70 à 125 par hectolitre — les taxes n'étant que de 105 M jusqu'à concurrence de 226,4 millions de litres. C'était maintenir la *Liebesgabe* de 45 à 47 millions M, mais la consommation ayant diminué, le bénéfice n'était plus que de 40 millions M dans les dernières années. De 1887 à 1910, certaines grandes distilleries bénéficièrent de 6 à 7 millions de M sur la différence de 20 M.

La production et la vente de l'alcool sont dominées en Allemagne par le *Central für spiritus Verwertung* qui embrasse presque tout l'ensemble des intéressés. La législation a été faite conformément aux desiderata du syndicat, elle pénalise la surproduction et accorde des primes à la dénaturation. Les alcools allemands payent 125 M par hectolitre, les alcools importés acquitteraient un droit de 225 M, s'il en entrait.

Les droits de douane et les primes à l'exportation sont favorables à la politique des cartels. M. A. Souchon l'a étudiée, dans un livre, *les Cartels de l'agriculture en Allemagne*[1]. Il conclut « que les cartels sont d'autant plus faciles à établir que le sol est moins morcelé ». Donc, ils sont surtout favorables à la grande propriété. C'est en Poméranie qu'ils ont

---

1. Un vol. in-18, 1903. A. Colin.

le mieux réussi. Le cartel de l'alcool *Central für spiritus Verwertung* a pour adhérents les grands propriétaires de l'Est.

Le cartel du sucre a été tué par la conférence de Bruxelles en 1902[1]. « Le *Central für spiritus Verwertung*, dit M. Souchon, ne résisterait pas mieux à une semblable épreuve. »

Les cartels agricoles provoquent les méfiances et les colères des consommateurs. M. Souchon reconnaît que pour le cartel du sucre, ils n'avaient pas tort[1].

Les cartels, cependant, ne parviennent pas toujours à maintenir des prix élevés parce que, donnant l'espoir d'une hausse de prix, ils développent la production.

Toute l'organisation économique de l'Allemagne a en vue la production sans s'occuper des besoins et du pouvoir d'achat des consommateurs : si les consommateurs font défaut, ils sont coupables.

Donc, l'Allemagne jettera le surplus de sa production chez les étrangers : et si ceux-ci ont la mauvaise grâce de ne pas le recevoir avec enthousiasme, le Kaiser les menacera de sa colère.

---

1. Voir Yves Guyot. *La question des sucres en 1901. — L'industrie du ucre sur le continent.* Journal de la Société de statistique, novembre 1902.

CHAPITRE VI

LES CARTELS ET LE DUMPING

Les cartels sont des monopoles de ventes, non de production. — Ils datent du tarif de 1879. — Les cartels et l'industrie chimique. — M. Liefmann : suppression de l'individualisme économique. — Le prix de revient et le prix de marché. — La lutte contre les clients. — Le consommateur fait pour le producteur. — Les cartels et la potasse. — Gaspillages. — Limitation de la production : importation de houille par le syndicat rhénan-westphalien. — Surproduction. — La revanche du consommateur. — Ecrasement des petits producteurs. — « Les combinaisons. » — Maintien factice des prix. — Effet : prolongation de la crise. — Impuissance à stabiliser les prix. — L'Etat prussien industriel et les cartels. — Le *Dumping*. — Favorisent industriels étrangers. — Rotterdam. — Primes à l'exportation pour les produits finis. — Conséquence contradictoire. — Tôles allemandes et tôles anglaises. — *L'Economie nationale de List fait des cadeaux à l'étranger*. — Agressions. — *The nobel Dynamite trust C° limited*. — L'Union européenne du pétrole et la *Deutsche Bank*. — L'industrie et les Banques. — Les financiers et les cartels. — Conclusions.

M. Robert Liefmann[1] a défini les cartels « de libres conventions entre des entrepreneurs de la même branche qui conservent leur indépendance et qui se proposent d'exercer sur le marché un pouvoir de monopole ».

---

[1]. *Cartels et trusts*, par Robert Liefmann, professeur à l'Université de Fribourg-en-Brisgau, 1909 ; trad. française, 1914. 1 vol. in-8. Paris. — *Trusts, cartels et syndicats*, par Arthur Raffalovich, 2ᵉ édit., 1903. — *Cartels et trusts*, par Martin Saint-Léon. 1 vol. in-18, 3ᵉ édit., 1909. — Consulter surtout *le Marché financier* que M. A. Raffalovich publie annuellement et dans lequel on trouve le récit de tous les événements concernant les cartels depuis vingt-cinq ans (Paris, F. Alcan).

Les mots « conservent leur indépendance » ne sont pas exacts, car les adhérents du cartel sont soumis à un contingent de production qu'ils ne peuvent pas dépasser et ils ne peuvent disposer de leurs produits comme ils l'entendent. Mais cette définition a l'avantage d'être franche en disant que le cartel a pour objet d'exercer un monopole de vente dans le but d'imposer aux consommateurs le prix qu'il lui convient.

Chaque participant reste libre de ses moyens de production. C'est là ce qui distingue le cartel du trust. Il ne constitue, dans presque tous les cas, qu'une opération d'accaparement pour la vente.

Quelques cartels allemands s'étaient fondés antérieurement à 1870. Le grand krach du milieu de cette année en provoqua le développement. Toutefois ils ne représentaient que des phénomènes isolés. L'ère des cartels date du tarif protectionniste de 1879.

M. Liefmann dit que cette réaction douanière a été non pas un motif, mais un moyen pour fonder des cartels.

Admettons cette assertion pour la plupart des cas. Cependant il reconnaît qu'en 1879, le tarif ayant amené un renchérissement de la matière première dans l'industrie du savon et de la dynamite, les producteurs durent adapter, au moyen de conventions, leurs prix de vente aux prix plus élevés de la matière première. Les cartels se sont développés surtout au moment de l'expansion industrielle de 1888 à 1890, de 1895 à 1900 et de 1904 à 1907 ; donc non pas pour maintenir les prix, mais pour les élever.

D'après l'enquête de 1903, faite par l'Office impérial de l'intérieur, ils étaient au nombre de 335, dont 132 pour l'industrie des briques, 62 pour l'industrie du fer, 19 pour l'industrie du charbon, 46 pour l'industrie chimique, 27 pour l'industrie de la pierre et de la terre, 17 pour l'industrie alimentaire. Ils représentaient quinze groupes d'industries, y compris l'industrie textile qui en comptait 27. Mais en fait, ils n'ont pas pu s'y adapter. Ils ne conviennent qu'à des industries dont les produits présentent un caractère de simplicité et d'uniformité. De là des sous-cartels, surtout dans l'industrie chimique, qui ne visent qu'un produit : tel le syndicat du bismuth. On peut compter plus de 5oo cartels actuels ayant fait l'objet de « cartelisation », dont un certain nombre ont disparu et ont été remplacés par d'autres.

Les Allemands ont complété leurs cartels nationaux par des cartels internationaux, dont plus de la moitié appartiennent à l'industrie chimique : les autres concernent les rails, les tuyaux, d'autres produits métallurgiques. La plupart de ces cartels sont limités à l'Autriche et à la Belgique.

M. Liefmann célèbre, avec un enthousiasme plein de franchise, l'avènement des cartels. Ils ont supprimé l'individualisme économique. Adam Smith avait constaté que, dans un marché libre, la concurrence avait une tendance à rapprocher le prix de vente du prix de revient. Les producteurs étant rivaux, le consommateur était le *tertius gaudens*. Le cartel a transformé la lutte pour les clients en lutte contre les clients[1]. C'est la conception militaire que l'individu n'est qu'un moyen. Le producteur n'a plus pour objet de satisfaire les besoins du consommateur, c'est-à-dire de tout le monde, dans les meilleures conditions possibles. Il entend être le maître du consommateur ; et le consommateur n'est pour lui qu'un moyen de faire de bons profits. Dans le régime de la libre concurrence, les profits résultent de la satisfaction du consommateur ; dans le régime du cartel, les profits résultent de l'exploitation du consommateur. Dans le régime de la libre concurrrence, le producteur a plus besoin de l'acheteur que l'acheteur n'a besoin du producteur. Le régime du cartel essaye de subordonner l'acheteur de telle sorte qu'il soit forcé de se fournir au cartel. L'achat exclusif est une des conditions qu'il impose.

Seulement les cartels n'arrivent pas à réaliser toujours cet

---

1. M. Liefmann, p. 35 et 36.

idéal. L'élévation des prix qu'ils obtiennent provoque la fondation d'entreprises nouvelles et concurrentes dont certaines n'ont d'autre but que de se faire acheter par le cartel. Ce phénomène s'est produit dans toutes les industries, mais surtout dans l'industrie de la potasse (*Kaliindustrie*). Les industriels n'ont pas calculé les besoins. Ils ont cru qu'il suffisait d'extraire de la potasse pour faire des bénéfices. Cette erreur est la revanche de la doctrine de la liberté économique contre les cartels. Ils ont habitué les industriels à ne pas considérer les besoins des clients : ils produisent pour produire. En 1879, un cartel fut fondé comptant les deux plus grands producteurs de potasse, l'État prussien, l'État d'Anhalt et deux entreprises privées. En 1905, il y avait trois cents entreprises de perforation. Le *Kalissindihal* a dépensé des millions pour opposer à chaque essai de forage un forage concurrent pour se faire concéder le terrain. En 1909, le nombre des membres du syndicat était de cinquante-deux : trente nouvelles exploitations étaient en construction ; la cote de participation des trois plus vieilles usines tombait à 2,80.

Dans l'été de 1909, quelques grosses entreprises reprirent leur liberté et contractèrent de grosses ventes pour les États-Unis. Le syndicat se trouva dissous.

Cette solution était trop simple. Le gouvernement impérial le rétablit par une loi qui accorda à toutes les entreprises une part du syndicat. Les entreprises de l'État et les sociétés dans lesquelles il était intéressé pouvaient produire leur plein, les autres ne pourraient produire leur plein qu'au bout de six ans. Par cette disposition, on crut arrêter la formation d'entreprises nouvelles. Ce fut le contraire. En 1910, il y avait soixante-neuf entreprises; on en prévoyait deux cent soixante-quinze pour 1915. On considère que de 1901 à 1914; l'industrie de la potasse a provoqué un gaspillage de 1200 millions de marks[1].

---

1. Raffalovich. *Le Marché financier*, 1912-1913, p. 84.

Les cartels ont comme principe la limitation de la production en attribuant un contingent à chaque participant. Ils peuvent se trouver dans la situation où s'est trouvé le Syndicat rhénan-westphalien. Les difficultés qu'il avait apportées à l'extension de la production et à l'ouverture de nouvelles mines ont abouti à ce résultat qu'en 1906, il fut obligé d'acheter de fortes quantités de charbon en Angleterre, son extraction étant insuffisante pour répondre à la demande.

Six mois après, il y avait surproduction. Les mines pour occuper leurs ouvriers étaient obligées d'accumuler les stocks et de vendre à bas prix à l'étranger.

Le cartel a la prétention de régulariser les conditions de l'industrie. Toutefois, malgré tous ses efforts pour subordonner la demande à sa convenance, il ne parvient pas à la régler. De temps en temps, le consommateur prend sa revanche, en lui prouvant qu'il n'est pas fait pour le producteur, mais qu'il est la raison d'être du producteur.

Les cartels ont pour résultat l'écrasement des petits établissements au profit des grands.

Mais ils provoquent aussi ce qu'on appelle « des combinaisons ». Pour se soustraire aux exigences du cartel, des fonderies exploitent des mines, des établissements de produits puis, pour ne pas subir les exigences des divers cartels, concentrent les fabrications des objets dont ils ont besoin. La maison *Hendschel und Solm* de Cassel, qui fabrique des locomotives, a acquis des hauts fourneaux et une mine de houille. Nombre de hauts fourneaux et d'aciéries sont maintenant désignés comme mines-usines (*Hüttenzechen*). D'un autre côté la grande Société minière de *Gelsenkirk* s'est annexée deux grandes usines métallurgiques, la *Hachener Hüttenverein Rote Erde* et la *Schalker gruben-und Hüttenverein* qui étaient déjà des usines combinées.

Au moment d'une crise, les cartels essayent « d'empêcher les prix de baisser proportionnellement à la diminution de la demande ». Ils maintiennent les prix sur le papier, sans tenir compte de la demande. Magnifique résultat! dit le producteur au premier moment. Les prix restent suspendus très haut, mais la demande les respecte sans y toucher. Ils ne sont là que pour la montre. Ces prix factices ont pour conséquence de prolonger la crise. La baisse de prix provoquerait des achats, des fabrications de la part de ceux qui, ayant des capitaux disponibles, profiteraient du bon marché pour être en mesure de bénéficier de la reprise des affaires. Cette hausse fictive la retarde. M. Liefmann constate que c'est surtout pendant les périodes de dépression qu'on se plaint le plus des cartels et de leurs prix élevés.

Mais le cartel lui même ne peut résister à la concurrence des usines qui, n'ayant pas à soutenir des usines plus faibles, et produisant à bon marché, démontrent aux acheteurs les avantages de l'industrie libre.

Le 4 juin 1908, le Syndicat rhénan-westphalien dut commencer à procéder à des réductions de la production du coke qui atteignirent jusqu'à 40 p. 100 ; à dater du mois de mars, il dut réduire aussi la production du charbon.

Les cartels ne peuvent stabiliser les prix : quelquefois ils sont une cause de perturbation.

La dissolution de divers syndicats au 17 janvier 1909 a provoqué une lutte très violente. Les grandes usines mixtes ont ramené à 46-48, en août 1909, la fonte Thomas qui cotait 75 à 76 marks au début de 1908.

En 1909, après la dissolution des groupements du ciment en Silésie, à Berlin, dans l'Allemagne centrale, il y eut une lutte acharnée entre eux et les outsiders. Le syndicat rhénan-westphalien abaissa le prix de vente de 400 marks à 265 [1].

Le 22 janvier 1913, il éleva le prix du charbon de 27 pfennigs à 1 mark pour le coke et celui des briquettes de charbon à 1 mark. Il expliqua cette hausse en disant que la condition de la grosse métallurgie s'était améliorée, que les

---

1. *Raffalovich*, 1912.

salaires et les frais généraux des charbonnages avaient augmenté. Le 14 octobre, en fixant le prix pour 1913-1914, il procéda à une hausse nouvelle. Des protestations accusèrent le syndicat de ne tenir aucun compte des intérêts généraux, d'être uniquement guidé par le désir d'augmenter les bénéfices et les dividendes des participants.

Le fisc prussien intimidé dénonça son arrangement avec le syndicat.

L'État prussien est embarrassé. Il produit plus cher que l'industrie privée. Il voudrait bien vendre cher, mais il craint les récriminations des consommateurs. Toutefois il faut que ses usines lui rapportent des bénéfices. Le fisc n'est pas entré dans le syndicat, mais il charge le syndicat de vendre toute la partie de la production que l'Empire et la Prusse ne prennent pas.

La Gazette de Francfort a traité cette combinaison de capitulation de la part de l'État prussien.

Le renouvellement du syndicat des aciéries pour une période de cinq ans qui a eu lieu en 1912, ne fut signé qu'à trois heures du matin dans la nuit du 30 avril au 1er mai. Trois nouvelles usines produisant de l'acier Thomas réclamaient leur part dans les produits A, (mi-ouvré, matériel de chemins de fer, fer façonné). Elles devaient forcément prendre sur la part des anciennes usines affiliées. De plus le Deutsch-Luxembourg entendait avoir le monopole des poutrelles du système Grey dont il avait le brevet. La répartition s'est faite entre vingt-cinq membres. On dut renoncer à faire comprendre dans le syndicat les produits B, fer en barres, fils laminés, tôles, tuyaux, pièces coulées et forgées. Les usines pures travaillant l'acier Martin payent leurs matières premières aux prix fixés pour les produits A. Elles cherchent à se les procurer dans les établissements libres. Les usines mixtes ont trouvé, au contraire, un appui dans le syndicat.

Le charbon que les mines prenaient pour leurs usines ne participait pas aux charges communes et n'entrait pas dans leur contingent. Elles ont dû accepter de contribuer pour une plus large mesure aux dépenses communes ; mais elles restreignent le débouché des usines simples, puisqu'elles pourvoient elles-mêmes à leur consommation.

Le renouvellement du syndicat des houilles ne s'était pas fait sans difficulté.

Une dépêche du 11 janvier annonçait qu'il serait dissous cette année.

Un des grands moyens d'action du cartel est le *dumping*, la vente à l'étranger à un prix inférieur à la vente aux nationaux.

La prospérité industrielle de Rotterdam est due en grande partie, au *dumping*. Ses usines reçoivent des tôles à bon marché qu'elles peuvent transformer en chaudières et en péniches pour les revendre en Allemagne.

Le syndicat allemand des pointes (*Drahtstiftverband*), dans le second semestre de 1900 perdit, par suite de ses ventes à l'étranger, 859 000 marks, mais réalisa par sa vente à l'intérieur un bénéfice de 1 177 000 marks.

On a reproché au syndicat rhénan-westphalien de vendre 15 p. 100 à l'étranger meilleur marché qu'en Allemagne. On a cité des ventes qu'il avait faites à la Compagnie P.-L.-M. franco Rotterdam à 8 shillings (10 fr.) la tonne, équivalant à 6 marks sur le carreau de la mine.

Donc, les cartels favorisent les industriels étrangers au détriment des industriels allemands qui ont besoin de houille, de fer, d'acier et de divers autres produits mi-finis ou finis.

Pour atténuer les récriminations des fabricants consommateurs de leurs produits, les cartels leur donnent des primes à l'exportation (*Ausfuhrvergütungen*). Ils leur payent une indemnité pour les quantités de produits employés par eux à leurs objets exportés. Depuis 1902, le syndicat du coke et du charbon, le syndicat des aciéries ont établi, à Dusseldorf, un bureau de règlement pour procéder, d'une manière uniforme, dans la concession des primes à l'exportation. Quand ces primes étaient accordées aux fabricants, ils se faisaient concurrence sur les marchés extérieurs. Maintenant, elles ne sont plus accordées qu'aux cartels ; mais ces primes se retournent alors à l'étranger contre les vendeurs de produits non finis; et ce sont eux-mêmes qui les fournissent !

Du 15 décembre 1909 à fin mars 1910, le syndicat rhénan-westphalien accordait une bonification de 1,50 M. par tonne de charbon du syndicat, employée dans la fabrication de produits finis exportés. A partir de cette date, la bonification était réduite à 1 mark et toujours révocable après un préavis de huit jours. Elle a été supprimée à la fin de 1911.

On sait que les matériaux employés à la construction des navires sont exempts de droits en Allemagne. Dans la commission d'enquête de 1903, M. Reumer, national libéral, que M. Singer appelait le commandant des cartels, dit :

Il faut que notre industrie de la grosse tôle entre en concurrence avec l'Angleterre pour livrer des tôles à la construction allemande. Mais il est impossible d'obtenir des commandes sans offrir des produits à un prix moindre que les produits anglais, sans faire de sacrifices. C'est le syndicat qui fait ces sacrifices [1].

Le grand système d'économie nationale aboutit à ce résultat ironique : au lieu de « protéger le travail national », le cartel donne de l'ouvrage aux ouvriers étrangers. La politique de List subordonne l'industrie allemande à l'étranger et lui fait des cadeaux.

Mais en même temps, les Allemands cherchent à écraser, par leurs primes, telle ou telle industrie que pratique une autre nation.

Il y a aussi, dit M. R. Liefmann, des entreprises qui n'exercent aucune activité économique et qui n'ont pour but que de contrôler d'autres entreprises, grâce à la possession de leurs actions.

---

1. Cité dans *Trusts et Cartels*, par Raffalovich, p. 314.

Quelques-unes de ces entreprises se proposent d'établir un monopole : elles veulent créer, pour une industrie tout entière, au moyen de la participation, une organisation uniforme et une concentration. La plus ancienne de ces entreprises est *The Nobel dynamite trust company limited*, qui fut, sans doute, une société anglaise, créée à Londres en 1886, dans la forme de l'institution anglaise des *trusts*, mais qui, en dehors de cela, est surtout allemande [1] et ne comprend qu'une fabrique anglaise de dynamite. Elle possède des actions de toutes ses succursales, qui restent extérieurement des entreprises indépendantes, ont leurs dividendes propres, mais rapportent ces dividendes au trust et ont une même administration.

La première société de contrôle, créée en 1901, fut la Société de riz et de commerce, qui comprend tous les moulins allemands de riz. La plus importante est l'*Union européenne du pétrole*. Elle a abouti à un monopole impérial, exercé par une compagnie privée, sous le contrôle de l'État et avec remise de ses bénéfices à l'État.

« On a prétendu, dit M. Raffalovich [2], que la *Deutsche Bank* qui a de gros intérêts dans l'industrie du pétrole et qui avait conclu avec le *Standard Oil Company*, un contrat désavantageux dont elle a voulu se débarrasser, a poussé à la combinaison ; on dit aussi qu'il y avait des rivalités d'influence avec un autre groupe financier (*Disconto Gesellchaft*). »

Les grandes fabriques électriques *Allemeigne Elektrizitäts-Gesellschaft* et *Siemens und Halske* se sont annexées par des fusions et des participations des entreprises de toute nature ayant quelque rapport avec l'industrie électrique. Les grandes sociétés ont, à côté d'elles, des souches particulières qui n'ont d'autre but que de s'approprier les actions des usines locales d'électricité.

En Allemagne, la plupart des industries, loin d'entraîner

---

1. P. 195. Voir aussi *le Journal des Économistes*, août 1914, p. 253.
2. *Le Marché financier*, 1912-13, p. 81.

les banques sont entraînées par elles. Ses professeurs appellent cette situation le règne du capitalisme. Une industrie ne se fonde pas pour répondre à des besoins de consommateurs. Elle se fonde parce que des banques ont des capitaux à placer et qu'elles supposent que telle ou telle industrie pourra donner des bénéfices. Dans l'enquête sur les cartels par la Société de politique sociale (*Verein für Sozialpolitik*), le professeur Wagner a insisté sur cette transformation du caractère de l'industrie en Allemagne. La direction en échappe aux hommes techniques pour appartenir aux financiers ; et les financiers poussent à la constitution des cartels, espérant qu'ils y trouveront pour leurs capitaux un élément de stabilité et de sécurité.

M. R. Liefmann a la loyauté de dire :

L'exclusion de la concurrence entre les membres de la même profession ou de la même industrie n'a pas le moins du monde conduit à la paix économique; mais une lutte, beaucoup plus acharnée que la même lutte en vue des clients, est maintenant déchaînée dans de nombreuses industries, à savoir la lutte contre les clients ! surtout la lutte contre les transformateurs de matière première et contre les marchands.

Conclusions : Les cartels sont l'organisation du monopole des grands producteurs contre les industriels qui ont besoin de leurs produits et contre tous les consommateurs.

Les industriels ayant besoin des matières premières produites par grandes masses sont sacrifiés au groupe restreint des industriels qui les détiennent ; et avec eux leurs ouvriers. L'organisation industrielle allemande est oligarchique. Les grands industriels des bords du Rhin sont favorisés comme les junkers de l'Est.

Les cartels ne peuvent stabiliser les prix et quelquefois ils sont un élément de perturbation.

Par la politique du *dumping*, ils suscitent à leurs nationaux des concurrents à l'étranger, et ils pratiquent à l'égard de l'étranger le protectionnisme agressif, qui est une cause de perturbation pour son industrie.

Ils essayent de supprimer entre les producteurs la concurrence économique dont bénéficient les consommateurs pour établir des monopoles contre les consommateurs.

Tandis que dans un marché libre, le prix de vente a toujours une tendance à se rapprocher du prix de revient, ils essayent, par la subordination de l'acheteur, d'établir le prix de vente qu'il leur plaît.

CHAPITRE VII

L'INDUSTRIE HOUILLÈRE, L'INDUSTRIE MÉTALLURGIQUE ET L'INDUSTRIE DES PRODUITS CHIMIQUES EN ALLEMAGNE

Produits comparés de la houille. — Réserves de houille. — Production et consommation de la fonte. — Production comparée. — Exportations. — Liquidations. — La fonte et l'acier, matières premières. — L'industrie des produits chimiques. — La répartition des houilles entre les diverses industries.

Les cartels n'ont pas amené la paix économique, comme le dit loyalement M. R. Liefmann.

Mais les Allemands célèbrent les progrès industriels accomplis en Allemagne; et, volontiers, ils oublient que les États-Unis en ont accompli de plus prodigieux et que, s'ils en ont fait, d'autres nations en ont fait aussi, y compris le Royaume-Uni[1].

Voici l'extraction de la houille (lignite non comprise) pour les trois pays[2].

	1901-1905.	1906-1910.	1911.	1912
		(Millions de tonnes anglaises de 1 016 kg.)		
Allemagne............	113,1	142,5	156,0	172,0
Royaume-Uni........	229,0	261,7	271,8	260,4
États-Unis...........	352,9	405,8	443,2	477,2

---

1. Le *Marché financier* (annuel), par A. Raffalowich; *Statistiches Jahrbuch für das Deusche Reich* (Berlin). *Les circulaires du Comité des houillères*. Les rapports diplomatiques et consulaires et les livres bleus britanniques.
2. Circulaire du Comité des houillères, n° 4940, 28 avril 1914.

L'Allemagne a augmenté sa production de 52 p. 100; mais les États-Unis ont augmenté la leur de 58 p. 100; et tandis que l'augmentation en chiffres absolus est de 59 millions de tonnes pour l'Allemagne, elle est de 175 millions pour les États-Unis.

En 1912, la production de la houille a subi un ralentissement dans le Royaume-Uni provenant de la grève des mineurs; mais la production de la Grande-Bretagne n'en restait pas moins supérieure à celle de l'Allemagne de 88 millions de tonnes. En 1913, sa production a été de 287 400 000 tonnes et celle de l'Allemagne de 191 500 000. La différence est de 96 millions de tonnes.

Les importations et les exportations des houillères ont été dans ces trois pays, en 1911 et 1912 :

	1911.		1912.		Excédent des
	Import.	Export.	Import.	Export.	export.
	(Millions de tonnes.)				
Allemagne.........	11,9	36,6	11,3	42,6	31,3
Royaume-Uni......	»	87,0	»	85,8	85,6
États-Unis.........	1,3	25,6	1,8	26,8	25,0

La consommation houillère a été de :

	1901-1906.	1906-1910.	1911.	1912.
	(Millions de tonnes.)			
Allemagne..........	99,7	126,5	131,3	140,7
Royaume-Uni.......	166,0	178,2	184,8	174,8
États-Unis..........	296,5	394,2	425,6	459,5
	Par tête.			
Allemagne..........	1,69	2,00	2, »	2,12
Royaume-Uni.......	3,93	4,04	4,08	3,83
États-Unis..........	3,67	4,43	4,54	4,82

La consommation de la houille par tête d'habitant reste de beaucoup en arrière de la consommation de la Grande-Bretagne et des États-Unis.

La valeur de la tonne sur le carreau de la mine a été pour l'Allemagne et la Grande-Bretagne :

	1901-1905.	1906-1910.	1911.	1912
	Sh. d.	Sh. d.	Sh. d.	Sh. d.
Royaume-Uni..	7, 10 1/4	8, 3 3/4	8, 1 3/4	9, 0 3/4
Allemagne....	8, 9 1/2	10, 0 1/4	9, 11	10, 6 1/4

Nasse ayant dit que les réserves de charbon de la Grande-Bretagne ne seront épuisées que dans six cent soixante-huit ans, n'est digne d'aucune attention de la part des Allemands ; mais Thomson leur assigne une limite de cent cinquante ans ; Forster Brown de soixante ans. Cette dernière prévision est d'autant plus satisfaisante pour eux que les réserves de l'Allemagne ne seront pas épuisées avant mille ans dans la région de la Ruhr, huit cent soixante-dix ans dans la Saxe et cinq cent soixante-quinze ans dans la haute Silésie, d'après le même Nasse qui, ici, est considéré comme faisant autorité.

Donc, la Grande-Bretagne manquera de charbon bien avant l'Allemagne : elle sera dans un état d'infériorité. Logiquement l'Allemagne n'a qu'à se fier au temps. Seulement l'Allemagne est impatiente.

Je trouve, dans un autre document, les chiffres suivants qui ne concordent pas tout à fait avec les chiffres ci-dessus pour 1911 et pour 1912. Ils montrent le progrès de la production de la houille et du minerai en Allemagne.

J'en donne les chiffres essentiels.

Production minière

	Houille.	Valeur.	Minerai de fer.	Valeur.
	(Millions tonnes métriques.)	(Millions marks.)	(Millions tonnes.)	(Millions marks.)
1892.....	71,4	526,9	11,5	41,3
1900.....	109,3	966,0	18,9	77,6
1905.....	121,3	1 050,0	23,4	82,0
1910.....	152,8	1 526,6	28,7	107,0
1911.....	160,7	1 572,6	20,9	114,5
1912.....	174,9	1 840,0	26,2	114,8
1913.....	191,5			

La production, l'importation et l'exportation des houilles y compris, depuis 1907, celles des briquettes, traduites en houille, et la consommation de la houille, donnent les chiffres suivants :

	Production p. 100.	Importation p. 100.	Exportation p. 100.	Consommation intérieure p. 100.
	(En millions de tonnes.)			
1904...	120,8 + 3,5	7,3 + 7,8	18,0 + 3,5	110,1 + 3,7
1905...	121,3 + 0,4	9,4 + 28,8	18,1 + 1,0	112,5 + 2,2
1906...	137,1 + 13,0	9,2 + 1,7	19,5 + 7,69	126,8 + 12,6
1907...	143,2 + 4,4	14,5 + »	25,7 »	132,0 »
1908...	147,7 + 3,1	12,5 — 14,1	26,7 + 4,0	133,4 + 1,0
1909...	148,8 + 0,7	13,1 + 5,3	28,8 + 7,7	133,1 — 0,2
1910...	152,8 + 2,7	12,1 — 8,0	30,9 + 7,3	134,0 + 0,6
1911...	160,7 + 5,2	11,8 — 2	35,0 + 13,2	137,4 + 2,5
1912...	177,0 + 10,1	11,2 — 4,9	40,6 + 15,8	147,7 + 7,4
1913...	191,5 + 8,1	11,3 + 1,2	44,9 + 10,6	157,9 + 6,9

De 1904 à 1913, la production a augmenté de 57 p. 100 et la consommation de la houille de 46 p. 100.

La production et la consommation de fonte du Zollwerein a suivi la progression suivante :

	Production de la fonte.	Par tête.	Consommation du fer exprimée en fonte.	Par tête.
	(Millions tonnes.)	(Kg.)	(Millions tonnes.)	(Kg.)
1866-1869......	1,2	32,7	1,2	33,0
1879...........	2,2	50,5	1,5	35,1
1890...........	4,6	97,1	3,9	81,7
1900...........	8,5	151,4	7,4	131,1
1901...........	7,8	138,0	5,1	89,4
1902...........	8,5	147,0	4,4	76,0
1903...........	10,0	171,4	5,7	97,9
1904...........	10,1	169,2	6,7	112,2
1907...........	13,0	209,8	9,0	145,12
1908...........	11,8	187,6	7,3	115,97
1912...........	17,9	268,52	10,3	155,54

Le développement de la production est beaucoup plus

grand que celui de la consommation : le premier a été de 176 p. 100; le second de 86 p. 100.

La production du *Pig Iron* (fonte) a été en Allemagne, dans le Royaume-Uni et dans les Etats-Unis pendant les cinq années 1908-1912[1], de :

	Allemagne.	Royaume-Uni.	États-Unis.	Production mondiale.
		(Millions tonnes.)		
1908	11,8	9,2	16,2	48,8
1909	12,6	9,7	26,2	60,6
1910	14,8	10,5	27,7	66,4
1911	15,6		24,0	65,0
1912	17,9	9,7	30,2	75,0
1913	19,3			

Depuis 1903, l'Allemagne occupe le deuxième rang parmi les pays producteurs de fonte : sa part dans la production mondiale s'est élevée à 23 p. 100 en 1912.

Les exportations de fer du Zollverein atteignent les chiffres suivants :

	Fonte de toute espèce.	Fer ouvré et acier.	Majoration des chiffres de la colonne précédente de 33 1/3 p 100 pour obtenir les quantités exprimées en fonte.	Totaux.
		(Mille tonnes.)		
1866-1869	62,6	94,4	31,4	188,6
1879	433,1	625,4	208,5	1 267,0
1890	181,8	864,1	288,0	1 334,0
1900	190,5	1 589,0	529,7	2 309,0
1901	303,8	2 250,1	750,0	3 304,0
1902	516,9	3 011,6	1 003,8	4 532,9
1903	527,8	3 202,0	1 067,3	4 797,0
1904	316,2	2 721,0	907,0	3 944,3
1907	385,7	3 529	1 176,0	5 092,0
1908	421,5	3 711	1 237,2	5 370,0
1910	934,0	4 369	1 456,4	6 759
1911	1 003,6	4 890	1 630	7 523
1912	1 217,9	5 391	1 797	8 406

---

1. *Circulaire du Comité des houillères.* N° 4856, 22 décembre 1913.

D'après un travail du docteur Gluckauf, voici le développement de la proportion des exportations de fer du Zollverein relativement à la production de la fonte.

	P. 100		P. 100
1868-1869	15,59	1904	39,12
1879	56,90	1907	40,72
1890	34,59	1908	39,03
1900	27,10	1910	45,70
1901	41,93	1911	48,29
1902	53,14	1912	47,04
1903	39,04		

Le chiffre de 1902 prouve que les exportations sont souvent des liquidations. Dans les années 1910-1912, la proportion des exportations atteint près de la moitié de la production.

Or, comme sir Hugh Bell l'a démontré, dans une remarquable étude, la fonte, l'acier sont des matières premières. Il s'agit moins d'en produire beaucoup que de les utiliser en machines, en tubes, en constructions métalliques, en navires, etc.[1].

Après l'industrie houillère et métallurgique, vient en Allemagne l'industrie des produits chimiques.

Elle a deux fabriques de produits chimiques colossales : les établissements Bayer à Leverkusen et la *Badische anilin und soda fabrik* qui fut fondée en 1865, pour exploiter la fuschine, découverte en 1860 par un chimiste lyonnais, Verguin, et dont nous n'avons pas su tirer parti.

L'Allemagne ne peut pas se plaindre que les étrangers repoussent ses exportations. Le gouvernement français avait, vers 1820, adopté la culotte rouge pour ses soldats afin de favoriser la culture de la garance : cette couleur a été remplacée par l'alizarine qui est fabriquée par la *Badische*

---

1. Voir *l'Industrie du fer et de l'acier dans la Grande-Bretagne*, par Sir Hugh Bell. *Journal des Economistes*, janvier 1911.

anilin fabrik et l'administration de la guerre l'a précieusement conservée.

Sur un ensemble de production de 400 millions de francs des grandes usines de colorants, l'exportation en prend 300 millions.

Une des cinq grandes sociétés de matières colorantes, l'*Actien Geseleschaft für Anilin Fabrikation* de Berlin, a installé dans des proportions énormes la fabrication des films inématographiques. Elle a acheté à deux chimistes parisiens, MM. Clément et Rivière, un procédé pour remplacer la nitro-cellulose ou celluloïd par l'acétate de cellulose qui n'est pas aussi inflammable. Ils n'en n'avaient pas trouvé le placement en France. Mais maintenant les règlements municipaux français en imposent la substitution dans les représentations cinématographiques[1].

Les industries de la filature et du tissage se sont peu développées.

L'Allemagne a la prétention d'avoir le monopole des instruments de musique dont elle expédie pour 80 millions de marks à l'étranger.

Elle exporte des articles de bimbeloterie et de camelote.

M. V. Cambon dit:

L'industrie allemande triomphe pour des raisons étrangères à la perfection du travail, elle s'impose grâce au bon marché, à l'étude inlassable d'acticles nouveaux et divers qui séduisent l'acheteur, enfin à une présentation incomparable et qui a le don d'ubiquité.

La répartition, en 1910 et 1911 du débit des houilles du syndicat rhénan-wesphalien entre les diverses catégories de consommation donnera, à ce point de vue, une idée de l'importance relative des diverses industries[2].

---

1. *Les Derniers progrès de l'Allemagne*, par V. Cambon (1914), (P. Roger, éd.), p. 196.
2. Circulaire du Comité des houillères. N° 4644, 21 janvier 1913.

Coke et briquettes exprimés en houille

	1910.		1911.	
	Tonnes.	P. 100.	Tonnes.	P. 100
1. Extraction des houilles, production de coke et de briquettes..	4 722 249	7,48	4 860 173	7,09
2. Mines métalliques et préparation des minerais..................	305 692	0,46	282 285	0,41
3. Mines de sel et salines..........	277 472	0,42	333 474	0,49
4. Usines métallurgiques de toute nature moins les usines sidérurgiques......................				
5. Usines sidérurgiques (production du fer et de l'acier, laminoirs, fonderies).....................	27 931 992	42,45	28 249 869	41,22
6. Travail des métaux (autres que le fer et l'acier).................				
7. Travail du fer et de l'acier......				
8. Constructions mécaniques.......				
9. Industrie électrique............	958 995	1,46	1 070 744	1,56
10. Industrie des pierres et terres (briques, faïenceries, céramique).	2 835 517	4,31	3 233 271	4,72
11. Industrie du verre..............	482 589	0,73	521 098	0,76
12. Industrie chimique.............	1 979 358	3,01	2 022 015	2,95
13. Usines à gaz..................	2 141 370	3,26	2 274 514	3,32
14. Industrie textile, habillement et nettoyage.....................	2 012 116	3,06	2 000 325	2,92
15. Industrie du papier et métiers polygraphiques..................	684 130	1,04	901 499	1,32
16. Industrie du cuir, caoutchouc, etc.	242 814	0,37	249 456	0,36
17. Industrie du bois et produits découpés........................	97 395	0,15	91 548	0,13
18. Fabrication de sucre de betterave, raffinerie de sucre, y compris la fabrication des sirops..........	405 091	0,61	375 911	0,55
19. Brasserie et distillerie...........	701 697	1,07	734 690	1,07
20. Industrie des autres produits alimentaires.....................	654 629	1,00	646 512	0,94

	1910.		1911.	
	Tonnes.	P. 100.	Tonnes.	P. 100
21. Installations pour la fourniture des eaux, bains et lavoirs...........	307 166	0,47	319 748	0,47
22. Commerce et chauffage domestique.......................	8 693 514	13,22	8 789 934	12,83
23. Construction et exploitation des chemins de fer et tramways....	6 996 767	10,64	7 926 096	11,57
24. Navigation intérieure, maritime côtière, pêcheries de haute mer, service des ports et pilotage....	2 772 867	4,21	2 924 345	4,27
25. Marine de guerre...............	579 863	0,88	718 609	1,05
Totaux......	65 783 280	100,00	68 526 115	100,00

CHAPITRE VIII

LE COMMERCE ANGLO-ALLEMAND

Les cartels sont le grand moyen d'exportation. — Commerce britannique et commerce allemand de 1904 à 1913. — Commerce anglo-allemand. — Chiffres allemands. — Prix *fob* et prix *Cif*. — Chiffres britanniques. — Contradictions. — Exportations allemandes toujours supérieures. — Commerce spécial. — Classe I, objets d'alimentation. — Classe II, matières premières. — Classe III, objets fabriqués. — Classe IV, divers. — Total général. — Réexportations britanniques. — Les importations britanniques en Allemagne et le tarif allemand.

M. Fritz Diépenhors, dans un récent article destiné à célébrer la supériorité économique de l'Allemagne sur la Grande-Bretagne[1], disait :

C'est évidemment aux cartels que l'Allemagne doit en grande partie la conquête des marchés étrangers. C'est grâce à des primes d'exportation apparentes ou cachées qu'il fut possible aux membres des syndicats, notamment dans les périodes de dépression, de se poser en concurrents redoutables à l'étranger : cette assistance permit de maintenir des prix de vente qui couvraient à peine les frais de production les moins élevés...

Il indique avec raison comme conditions essentielles du régime des cartels, « le régime protectionniste en matière douanière, en matière de tarifs, de transports et l'existence

---

1. *La Concurrence anglo-allemande.* (*Revue économique internationale,* 15 mai 1914.)

de productions du sol au sujet desquelles il soit possible d'établir des monopoles ».

L'Anglais considérant la libre concurrence comme une nécessité, s'est efforcé d'écarter, autant que possible, toutes les tentatives de coalition semblables à celles qui ont été admises en Allemagne. Le cartel exige que ses membres renoncent à une part de souveraineté, ce qui est contraire à la tradition anglaise. Il (l'Anglais) se refuse à participer à la suppression de personnalités qui résulte de l'organisation monopoliste, sans réfléchir que ces organisations ne constituent qu'un schéma abstrait d'organisations capitalistes.

Donc, les Anglais, sous le régime du libre-échange, ne peuvent avoir recours au régime des cartels; de là, une grande faiblesse pour eux, d'après cet auteur : et il compare avec enthousiasme les développements économiques de l'Allemagne et de la Grande-Bretagne pour prouver la supériorité de ceux de l'Allemagne.

Voici les mouvements du commerce britannique et du commerce allemand depuis 1904.

Commerce britannique :

	Importations (1) retenues dans le Royaume-Uni.	Exportations.	Total.
	(Millions £.)		
1904.........	480,7	300,7	781,4
1912.........	632,9	487,2	1 120,1
1913.........	659,1	525,2	1 184,3

De 1904 à 1913, l'augmentation est en chiffres absolus de 403 millions de pounds sterling, soit de 51,8 p. 100.

---

1. Moins les réexportations.

Commerce allemand :

	Importations.	Exportations.	Total.
	(Millions de marks.)		
1904.........	6 821	5 315	12 136
1912.........	10 691	8 956	19 647
1913.........	10 770	10 098	20 868

De 1904 à 1913, l'augmentation du commerce allemand a été de 8 500 millions de marks, soit de 69 p. 100. L'augmentation du commerce britannique a été de 10 milliards de francs et celui du commerce allemand de 9 455 millions de francs.

Le commerce britannique a encore un chiffre plus élevé, mais la marge s'est restreinte tout particulièrement en 1913.

Nous allons étudier maintenant le commerce entre le Royaume-Uni et l'Allemagne.

Voici les évaluations de la douane allemande :

	Importations du Royaume Uni.	Exportations au Royaume-Uni
	(Millions de marks.)	
1901.........	552,7	906,7
1902.........	557,3	958,2
1903.........	594,0	982,2
1910.........	766,6	1 102,0
1911.........	808,8	1 139,7
1912.........	842,6	1 161,1
1913.........	876,1	1 438,2

Les importations du Royaume-Uni en Allemagne ont, de 1901 à 1912, augmenté de 54 p. 100 et à 1913 de 58 p. 100.

Les exportations d'Allemagne au Royaume-Uni ont augmenté de 1901 à 1912 de 28 p. 100 et à 1913 de 58 p. 100.

Le pourcentage de l'augmentation des exportations allemandes dans le Royaume-Uni est, jusqu'en 1912, de beaucoup inférieur à celui des importations britanniques en Allemagne, d'après les chiffres de la douane allemande.

Les chiffres de l'exportation sont évalués au prix *fob*, au prix d'expédition, franco-bord, tandis que les prix de l'importation sont calculés au prix *cif*, coût, assurance, fret.

Par conséquent, à la douane allemande, les marchandises, destinées à la Grande-Bretagne, sont évaluées à un prix inférieur à celui auquel elles sont évaluées à la douane britannique, et les marchandises reçues de la Grande-Bretagne sont évaluées à un prix supérieur à celui auquel la douane anglaise les évalue.

Voici les évaluations de la douane britannique. Il s'agit des importations qui sont consommées dans le Royaume-Uni.

	Importations d'Allemagne dans le Royaume-Uni.	Exportations britanniques en Allemagne.
	(Mille £.)	
1901	32 207	23 573
1902	33 633	22 850
1903	34 533	23 550
1910	58 105	37 020
1911	61 277	39 283
1912	65 841	40 362
1913	76 183	40 677

D'après ce chiffre, les importations d'Allemagne dans le Royaume-Uni auraient augmenté, relativement à 1901, en 1912, de 105 p. 100 et, en 1913, de 137 p. 100.

Les exportations britanniques en Allemagne auraient augmenté, en 1912, de 70 p. 100 et, en 1913, de 72 p. 100.

On voit la contradiction qui résulte : 1° de la différence des prix *fob* et des prix *cif*; 2° de la négligence que mettent les douaniers à constater la valeur des marchandises à la sortie. Il n'y a qu'un fait certain : en 1901 et 1902, aussi bien qu'en 1912 et en 1913, l'Allemagne a toujours vendu plus à la Grande-Bretagne qu'elle ne lui a acheté.

Si on compare, d'après les chiffres britanniques, les importations des produits allemands dans le Royaume-Uni et les exportations des marchandises britanniques en Allemagne, on trouve, pour les cinq dernières années :

Classe I. — Objets d'alimentation, boissons et tabac

	Importations d'Allemagne.	Retenus pour la consommation.	Exportations en Allemagne.
	(Millions de £.) Total.		(Millions de £.)
1909	13,0	12,9	2,9
1910	11,7	11,6	3,0
1911	13,2	13,0	3,9
1912	11,0	10,9	4,0
1913	16,4	16,3	4,0

Dans ces chiffres, en 1913, le tabac compte pour £ 102 000.

Le sucre raffiné compte pour £ 6 161 000 et le sucre non raffiné pour 4 733 000, soit un total de 10 894 000, ou 66 p. 100 du total.

Sur le chiffre des exportations britanniques, les harengs comptent pour £ 2 818 000, ou 70 p. 100 du total.

Classe II. — Matières premières.

1909	4,8	4,6	6,6
1910	5,9	5,8	7,0
1911	5,1	4,9	6,8
1912	6,6	6,3	7,2
1913	7,1	6,8	8,4

Sur les £ 8 400 000, il y en a 5 346 000, ou 63 p. 100 qui sont représentées par le charbon. La houille anglaise a pu aller jusqu'à Francfort, faire concurrence au cartel.

Classe III. — Objets fabriqués.

1909.................	39,4	36,5	21,9
1910.................	43,6	40,1	26,0
1911.................	46,4	42,6	27,6
1912.................	51,7	56,1	28,0
1913.................	56,1	52,3	27,0

Les objets qu'envoient les Allemands sont très variés. Les produits chimiques de tous genres ne représentent pas un chiffre aussi élevé qu'on pourrait le supposer : en 1913, £ 1 135 000 dont 1 098 000 retenues pour la consommation des îles britanniques. Il faut y ajouter £ 156 700 de salpêtre; 441 400 de potasse; 102 000 de soude.

Les couleurs, extraites de la houille qu'ils ont envoyées en 1913, atteignent le chiffre de £ 1 730 000 dont 1 717 000 pour la consommation britannique.

Les machines et parties de machines électriques montent à £ 721 000, dont 699 sont retenues pour la consommation. Des machines de tous genres représentent une valeur de £ 1 546 000 dont 1 468 000 restent dans les îles britanniques.

La grosse exportation est l'acier : lingots, billettes, plaques d'étain ; £ 3 055 000 qui sont tout entiers absorbés par la Grande-Bretagne : fer et acier d'autres genres : £ 4 177 000 dont 4 136 000 retenus pour la consommation.

Les instruments de musique : pianos pour £ 700 000 dont 671 000 sont retenus; d'autres genres £ 45 600 dont 40 000 retenues ; pièces détachées £ 156 000, dont 144 000 retenues : total £ 902 000.

Les importations de soies et soieries comptent pour £ 1 758 000 dont 1 665 000 sont retenues: les rubans 493 000 dont 455 000 sont retenues.

Les Anglais, en dépit des droits de douane, ont envoyé en Allemagne en 1913 pour £ 5 141 000 de filés de coton, pour 1 800 000 d'étoffes de coton et pour 633 000 d'autres genres de cotonnades.

Les exportations britanniques en Allemagne de laines peignées, de lainages, de draps, etc., se montent au total de £ 8 147 000.

Classe IV. — Divers.

Colis postaux et autres articles.

(En mille £)

1909	521,0	518	794,5
1910	560,0	556	945,3
1911	567,5	565	958,3
1912	694,1	692	1 059,7
1913	700,5	699	1 255,9

TOTAL GÉNÉRAL.

(En millions de £.)

1909	57,8	54,6	32,2
1910	61,8	58,1	37,0
1911	65,3	61,2	39,3
1912	70,0	65,8	40,4
1913	80,4	76,2	40,7

Les Anglais envoient encore à l'Allemagne comme marchandises provenant de l'étranger ou de leurs colonies.

	Objets d'alimentation.	Matières premières.	Objets fabriqués	Total y compris objets divers.	Total général.
	(Millions de £.)				
1909	1,8	10,7	2,3	14,9	47,2
1910	1,8	13,0	3,0	17,9	54,9
1911	1,9	13,0	3,1	18,1	57,4
1912	2,2	14,0	2,9	19,2	59,6
1913	2,5	14,1	3,2	19,8	60,5

Dans les exportations des matières premières se trouvent en 1913 pour £ 4 100 000 de laine, dont une partie vient de l'Australie et de la Nouvelle-Zélande. Voilà un grief de l'Allemagne contre le Royaume-Uni.

Les Allemands ont bien mauvais caractère de n'être pas satisfaits de leurs rapports commerciaux avec le Royaume-Uni; car ils leur donnent toute satisfaction comme fournisseurs et comme clients.

Un *Diplomatic and consular report* montre la nature des importations britanniques en Allemagne.

Le tarif allemand est classé en 946 groupes divisés en 2009 articles.

En 1912, les marchandises britanniques d'une valeur de 843 millions M., importées en Allemagne, se répartissent en 1400 articles.

Le rapport anglais[1] divise le tarif allemand en quatre catégories : 1° la première comprend les articles soumis aux droits autonomes, c'est-à-dire qui n'ont été modifiés par aucun traité de commerce; 2° celle-ci comprend les articles soumis aux droits conventionnels, résultant de traités de commerce; 3° la troisième comprend les articles déclarés libres de droit de par la volonté de l'Allemagne; 4° la quatrième comprend les articles qui ont été affranchis de tout droit à la suite de traités de commerce. Donc les numéros 1 et 3 comprennent les articles qui relèvent du régime autonome; les numéros 2 et 4 comprennent ceux qui relèvent du tarif conventionnel.

Si on répartit entre ces quatre catégories la valeur des importations britanniques en 1912, on trouve :

Catégories.	Articles.	Valeur. (Millions de M.).	Répartition p. 100.
I	680	324	38,43
II	370	155	18,39
III	290	344	40,81
IV	60	20	2,37
Total	1400	843	100 »

---

1. *Annual series Diplomatic and consular reports*, n° 5404, 1914. *Germany.*

Il en résulte que les importations britanniques relevant des catégories 1 et 3 valent 668 millions de M. représentant 79,24 p. 100 du total, tandis que celles relevant des catégories 2 et 4 valent 175 millions de M. ou 20,76 p. 100.

Ainsi les quatre cinquièmes des importations britanniques ont lieu sous le régime autonome que l'Allemagne a librement choisi : 40,8 p. 100 entrent en franchise dans la catégorie 3 qui déclare libres de droit les marchandises qui y sont comprises : le coton, la laine, le charbon, les tourteaux, le son, les vieux papiers, les métaux bruts et les navires de mer.

Les 680 articles compris dans la première catégorie représentant une valeur de 324 millions de M. soit 38,43 p. 100 de la valeur totale de l'importation, sont frappés de droits ; mais de quels droits ? De ceux que l'Allemagne a jugés suffisants pour se protéger, de droits autonomes. Elle ne peut donc se plaindre que la Grande-Bretagne lui ait extorqué des abaissements de tarifs, puisque ce sont ses tarifs à elle et non des tarifs conventionnels.

La jalousie commerciale contre la Grande-Bretagne ne peut donc résulter d'abaissements de tarifs extorqués puisque l'Allemagne ne les a même pas consentis à une nation tierce : elle les a fixés de son plein gré.

Il est vrai que tandis que Hambourg a reçu du syndicat Rhénan-Westphalien 3 718 000 tonnes de charbon, il a reçu du Royaume-Uni 21 949 000 tonnes de charbon. C'est certainement humiliant pour les mines de la Ruhr ; mais ce n'est peut-être pas une raison suffisante de haine contre la Grande-Bretagne.

CHAPITRE IX

LA JALOUSIE MARITIME

Palmerston et la marine allemande. — Des navires sans ports. — Le
« Kolossal ». — Les grandes compagnies allemandes. — Flotte britannique et flotte allemande. — Constructions navales. — Part de la marine
allemande dans les ports allemands. — Les *tramps* ignorés des Allemands. — La navigation pour le prestige. — Primes d'exportation et
subventions. — Récriminations subjectives contre la Grande Bretagne.
— La liberté des mers et l'Empire allemand.

Quoique l'Allemagne ne puisse lutter avec le Lancashire
pour ses filés de coton, ni pour ses machines à filer et à
tisser, ce ne sont pas ces industries qui excitent la jalousie
maladive de ses hommes d'Etat et d'un certain nombre de
ses industriels ; c'est la marine britannique.

Ils n'ont jamais pardonné à Palmerston d'avoir dit en 1861 :

Les Allemands peuvent labourer le sol, voguer dans les nuages et
construire des châteaux en Espagne ; mais jamais depuis le commencement des temps, ils n'ont eu le génie de parcourir les mers, de se
hasarder sur les eaux.

Ils citent si volontiers cette boutade, et d'une telle façon,
qu'on croirait qu'ils ne lancent l'*Imperator* et le *Vaterland*
que pour y répondre.

L'*Imperator* a 210 mètres de long, 30 mètres de large,
11 mètres de tirant d'eau, un tonnage de 55 000 tonnes et
une force motrice de 65 000 chevaux. Le *Vaterland* atteint
60 000 tonnes, a une longueur de 276 mètres, un creux de
19 m. 25, et une force motrice de 70 000 chevaux.

Dans leur besoin de faire « Kolossal », afin d'écraser l'*Olympic*, ils ont construit ces navires avant d'avoir des ports pour les recevoir. L'Elbe n'a pas assez de profondeur pour les supporter et le vent peut y produire des dénivellements d'un mètre. Ils ont mis en service l'*Imperator* sans que Cuxhaven fût aménagé pour son installation, de sorte qu'il était obligé de mouiller au large. Mais les Anglais n'avaient pas un navire aussi grand : et c'était là l'important !

Les Allemands ont constitué les deux compagnies qui ont chacune la plus grande flotte mondiale du monde. Au début de 1913, la *Hamburg Amerika Linie* possédait un tonnage de 1 307 000 tonnes ; le *Norddeutscher Lloyd* de 821 000 tonnes. Les plus grandes compagnies anglaises, l'*Elleman Lines* n'atteignait que 563 000 tonnes, la *British India steam* C° 553 000, la *Peninsular and oriental* C° 539 000. Les autres tombaient au-dessous de 500 000. Toutefois elles sont plus nombreuses[1] ! Sans doute, mais en quoi la Grande-Bretagne a-t-elle gêné les compagnies allemandes ?

Seulement, en 1913, la Grande-Bretagne a une flotte de 12 602 steamers représentant 11 273 000 tonneaux ; et de 8 336 voiliers représentant 846 000 tonnes, soit un total de 20 938 navires ayant un tonnage de 12 121 000 tonnes.

L'Allemagne n'arrive, au 1er janvier 1914, qu'avec 2 170 steamers ayant 2 832 000 tonnes et y compris les voiliers à 4 935 navires ayant ensemble 3 320 000 tonnes.

Les constructions navales ont représenté en 1914, d'après le Lloyd, 2 852 000 tonnes pour le monde entier, soit 48 000 tonnes seulement de moins qu'en 1913. Sur ce chiffre, le Royaume-Uni compte 59 p. 100 dont il a conservé 1 288 600 tonnes. Si on ne compte que les navires au-dessus de 3 000 tonnes, la part du Royaume-Uni est de 64 p. 100.

---

1. Georges Michon. *Les grandes compagnies anglaises de navigation* 1913 (A. Rousseau, éd.).

Avant l'ouverture des hostilités, l'Allemagne avait mis à flot 387 200 tonnes soit 78 000 tonnes de moins qu'en 1913.

Cependant les Allemands, pour favoriser la construction des navires, ont déchargé de tout droit de douane les matériaux qui y sont employés.

Dans le mouvement des ports allemands, l'étranger figure à l'entrée pour 62 265 000 tonnes et la marine allemande pour 29 000 000 : malgré l'appoint des lignes subventionnées, cette proportion de 45 p. 100 en plus pour l'étranger prouve que leur marine est loin de suffire aux transports des Allemands. Voilà ce qu'ils ne pardonnent pas à la Grande-Bretagne.

Les Allemands connaissent à peine les *tramps*. Ces navires indépendants, qui vont d'un port à l'autre, là où il y a du fret à transporter, choquent leurs conceptions. Dans la Grande-Bretagne, au contraire, ils constituent 60 p. 100 de la flotte. En 1909, dans une enquête faite par *the Economist* sur 160 sociétés maritimes interrogées, 73 n'avaient que des *tramps*, représentant 2 500 000 tonnes et de petits armateurs en avaient eux-mêmes 2 700 000 tonnes.

Les Allemands préfèrent concentrer tous leurs efforts sur leurs grandes compagnies.

Leur activité maritime a quelque chose de factice. Le service direct de Hambourg au golfe Persique est non pas un service commercial, mais un service politique.

Beaucoup de lignes au Chili, à la Colombie, à la République de Saint-Domingue, à Siam, au Maroc, aux îles Philippines, au Venezuela, à la Bolivie, à l'Uruguay ont surtout pour but de promener le pavillon allemand. Elles travaillent pour le prestige : mais le prestige coûte et ne paye pas.

Toutes les expéditions au-dessous de 5 000 kilos et la plupart des expéditions au-dessus sont envoyées aux ports sous le régime de tarifs d'exportation. Vers 1900, pour le Levant et l'Afrique orientale, des tarifs furent établis de toute ville d'Allemagne jusqu'au lieu de destination; ils constituèrent à la fois des primes d'exportation et des subventions pour les lignes affectées à ces transports. Une clause introduite dans tous les connaissements spécifie la nullité de toute convention spéciale.

Seulement la Grande-Bretagne est toujours en tête : mais en quoi gêne-t-elle les navires allemands. S'ils viennent dans les ports britanniques, ils sont traités en navires nationaux? De quoi se plaignent-ils?

Une personne jalouse n'a pas besoin de motifs réels pour alimenter sa passion. Elle en invente de chimériques. De même, les Allemands. Ils disent que la Grande-Bretagne peut leur fermer la Manche; et ils ont eu l'ambition d'occuper Calais ! Ils prétendent que la Grande-Bretagne a le monopole de la mer : mais ils ne peuvent trouver un fait à alléguer qui prouve qu'elle a gêné, en quoi que ce fût, le développement de leur marine ; et ce développement même est une réfutation sans réplique de leur allégation.

Ils se vantent eux-mêmes « d'avoir fait perdre à la Grande-Bretagne sa place prééminente parce que leur marine s'est développée avec une rapidité plus grande que la sienne ». Au point de vue du pourcentage, c'est peut-être exact. Alors, pourquoi la *Ligue navale* et pourquoi son excitation belliqueuse contre la Grande-Bretagne? — Au nom de la liberté des mers ! prétendent les docteurs, chargés selon la méthode de Frédéric II, de justifier les actes politiques du souverain.

Est-ce que la suprématie navale de la Grande-Bretagne a gêné le développement de la marine norvégienne? Est-ce que les Pays-Bas craignent qu'elle ne coupe leurs relations avec les Indes néerlandaises?

Le jour où la maîtrise de la mer appartiendrait à l'Allemagne, les Pays-Bas auraient disparu comme nation indépendante et la marine norvégienne ne se sentirait pas en sécurité.

L'Empire allemand n'a pas plus de souci de la liberté des mers que de la liberté sur terre. Sa politique, c'est d'en avoir le monopole, et, comme il ne pourra l'obtenir, tant que la

Grande-Bretagne attachera à ses escadres l'importance qu'elles méritent, il a accumulé contre elle des efforts ruineux mais décevants.

La guerre éclate : et l'amiral Tirpitz n'ose faire sortir ses dreadnoughts abrités derrière Heligoland ou dans le canal de Kiel. Son essai de raid, pour venger l'échec des zeppelins, sur des villes ouvertes, n'a pas réussi. Il lance les sous-marins contre des navires de commerce.

Le chef d'état-major de la marine allemande, von Pohl, a adressé, le 4 février, un mémoire aux nations neutres annonçant qu'à partir du 18 février la marine allemande cherchera à détruire tout navire marchand ennemi. Pourquoi cette date ? Elle avait déjà usé de ce procédé en envoyant des sous-marins torpiller des navires à l'entrée du Havre et dans le canal de Saint-George ; et, près de Boulogne, au mois d'octobre elle n'avait pas hésité à torpiller l'*Amiral-Gantheaume*, navire des *Chargeurs Réunis*, transportant des réfugiés belges de Calais au Havre ; elle a essayé de torpiller dans la Manche un navire-hôpital, l'*Asturias*. L'innovation réelle, c'est qu'elle menace de couler les navires neutres qui se trouveront dans toutes les eaux entourant la Grande-Bretagne et l'Irlande, y compris la Manche. C'est la continuation de ses procédés de guerre par les bombes des *tauben*, les incendies des maisons, les fusillades de vieillards, de femmes et d'enfants. C'est la manifestation de la fureur que lui donne son impuissance.

Le Kaiser « ne tient pas le trident » et « l'avenir de l'Allemagne n'est pas sur l'eau ».

CHAPITRE X

CARACTÈRE DU COMMERCE FRANCO-ALLEMAND

L'article 11 du traité de Francfort. — Le commerce de la France avec ses principaux clients et ses principaux fournisseurs. — Chiffres français et chiffres allemands. — Les grands objets d'importation en France. Houille, machines, céréales. — Nos exportations de matières premières. — Objets d'alimentation, produits chimiques. — Peaux et pelleteries. — Graines à ensemencer. — Industries textiles. — Bijouterie. — Tabletterie. — Automobiles. — Développement normal des échanges.

L'article 11 du traité de Francfort a soumis « la France et l'Allemagne au régime du traitement réciproque sur le pied de la nation la plus favorisée ». Il ne visait cette condition que pour six nations, l'Angleterre, la Belgique, les Pays-Bas, la Suisse, l'Autriche, la Russie. L'Allemagne a étendu la clause de la nation la plus favorisée à plus de quarante nations parmi lesquelles se trouvent la république de Saint-Marin et les îles d'Hawaï.

Des protectionnistes français furent très émus de cette extension. Je continue à ne pas comprendre leur émotion.

Je prends les chiffres du commerce de la France de quatre années avec les peuples qui sont ses principaux clients et fournisseurs de manière à montrer la place qu'occupe le commerce allemand dans son commerce total.

Je choisis l'année 1903, parce qu'elle précède de dix ans 1912, l'année 1913 dont nous venons de recevoir les chiffres définitifs et l'année 1907, parce qu'elle a présenté une activité exceptionnelle.

Voici, à ces quatre dates, le mouvement de nos *importations* avec nos principaux fournisseurs.

	1903.	1907.	1912.	1913.
	(Millions de francs.)			
Royaume-Uni............	556	883	1 048	1 109
Allemagne..............	444	638	999	1 069
États-Unis..............	540	671	890	894
Belgique................	325	427	541	556
Russie..................	302	271	432	453
Indes anglaises..........	245	360	356	383

Voici, à ces trois dates, le mouvement de nos *exportations* avec nos grands clients :

	1903.	1907.	1912.	1913.
	(Millions de francs.)			
Royaume-Uni............	1 192	1 369	1 361	1 456
Belgique................	631	860	1 143	1 108
Allemagne..............	513	650	822	867
États-Unis..............	254	395	431	423
Suisse..................	241	352	406	406
Italie...................	172	352	302	306

Les importations d'Allemagne en France ont augmenté de 140 p. 100; les exportations de la France en Allemagne ont augmenté de 68 p. 100; mais les exportations du Royaume-Uni ont augmenté de 99 p. 100, tandis que nos exportations n'ont augmenté que de 14 p. 100.

Si nous contrôlons les chiffres de la douane française par les chiffres de la douane allemande, nous trouvons que le commerce de la France avec l'Allemagne, à ces quatre dates, a été en millions de marks :

	1903.	1907.	1912.	1913.
Importations de France...	306,2	453,6	552,2	584
Exportations en France...	253,2	449,1	689,4	790

YVES GUYOT.

D'après les chiffres allemands de 1903 à 1913, notre exportation en Allemagne aurait augmenté de 90 p. 100 au lieu de 60, et nos importations d'Allemagne auraient augmenté de 212 p. 100. Si nous convertissons les marks en francs (au pair de 1 fr. 23), nous trouvons que le chiffre des exportations d'Allemagne en France s'élève, en 1912, à 847 millions de francs, en 1913, à 972 millions.

Nous rappelons que le chiffre du pays importateur est toujours plus élevé que le chiffre du pays exportateur, pour deux motifs : 1° l'objet exporté n'intéresse pas le douanier qui, étant avant tout un agent fiscal, ne demande pas à visiter la malle du voyageur qui sort; 2° il se contente de la valeur déclarée sans la vérifier; et cette valeur est celle du prix *fob*, franco bord, tandis que celle de la valeur importée est celle du prix *cif*, qui comprend les frais de transport et d'assurance.

Quels ont été les objets des importations qui ont causé l'augmentation de ces chiffres ?

Voici les chiffres de la douane française :

	1903.	1907.	1911.	1912.	1913.
Houille.....................	40,2	83,9	118,3	150,3	165,0
Machines et mécaniques...	32,9	76,7	131,9	132,9	132,0
Céréales (grains et farines)..	2	»	52,1	25,7	87,0

De 1903 à 1913, l'augmentation de l'importation de la houille, des machines et des céréales, est de 311 millions sur une augmentation totale de 625 millions. Elle représente 49 p. 100 de cette augmentation.

Sur les trois produits, deux ont pour objet de répondre aux besoins de l'industrie et l'autre aux besoins de l'alimentation

Nous exportons comme matières premières en Allemagne :

	1903.	1907.	1911.	1912.	1913.
Laines et déchets de laines....	65,6	67,2	61,7	60,5	57,7
Coton en masses et déchets de coton....................	23,5	32,7	57,0	59,7	51,6
Cuivre......................	4,4	10,2	13,1	13,5	15,0

Pour les matières premières, si les Allemands nous ont envoyé, en 1913, 6 millions de tonnes de houille valant 165 000 000 francs, nous leur avons envoyé plus de 4 millions de tonnes de minerais, mais ne valant que 34 millions.

Sauf pour les minerais, la plupart de ces exportations de matières premières, sont d'origine étrangère. Elles sont dues à des arbitrages entre prix différents. Elles peuvent représenter pour les vendeurs, soit des liquidations, soit des ventes avec gain. Cependant ce développement continu indique que les exportateurs français y trouvent bénéfice.

Nos importations d'objets d'alimentation représentent des céréales et des pommes de terre, destinées non seulement aux personnes, mais encore aux animaux. Nos exportations d'objets d'alimentation sont d'une toute autre nature. Elles représentent des objets qui ne sont pas indispensables; elles se sont développées en raison de l'augmentation de la richesse de l'Allemagne.

	1903.	1907.	1911.	1912.	1913.
Fruits de table.......	3,5	10,4	20,9	15,0	21,0
Vins................	24,9	29,5	20,5	33,2	19,1

Quand on entre dans le détail des échanges entre la France et l'Allemagne, on constate le synchronisme d'importations et d'exportations de produits appartenant aux mêmes catégories industrielles.

L'industrie chimique est la plus prospère de l'Allemagne. Elle nous envoie de ses produits, mais nous lui envoyons des produits de la nôtre.

Produits chimiques.

	Importations d'Allemagne.	Exportation en Allemagne.
1903	24,3	10,0
1907	34,7	11,7
1911	58,5	31,7
1912	61,2	35,0
1913	86,7	39,9

L'augmentation pour 100 a été de 1903 à 1913 de 260 pour l'Allemagne, et de 300 pour la France. Malgré leurs mines de potasse et leurs puissantes installations, les Allemands n'ont pas le monopole des produits chimiques, puisqu'ils nous en achètent. Si nous totalisons les échanges de 1913, nous trouvons que nous vendons à l'Allemagne pour 31 p. 100 de produits chimiques, tandis qu'elle nous en vend pour 69 p. 100.

Elle nous envoie pour 6 300 000 francs de teintures préparées ; nous lui en envoyons pour 1 600 000 francs.

Le commerce des peaux et fourrures a suivi les phases suivantes :

	Peaux et pelleteries brutes.		Peaux préparées.		Ouvrages en peaux et pelleteries préparées, ouvrées ou confectionnées.	
	Imp.	Exp.	Imp.	Exp.	Imp.	Exp.
1903	14,2	46,8	13,2	11,3	10,4	5,5
1907	12,4	43,4	13,4	11,3	15,5	12,5
1912	21,5	60,4	21,4	22,5	46,5	32,5
1913	23,6	75,5	20,0	22,0	45,6	32,4

Les graines à ensemencer sont un produit national. Volontiers, on nous parle de la supériorité des méthodes de l'agriculture allemande : les cultivateurs de betteraves ont déclaré que, même pendant la guerre, ils ne pouvaient se passer de graines de betteraves allemandes ; mais les Allemands ont encore plus besoin de nos graines à ensemencer puisqu'ils payent plus pour les nôtres que nous ne payons pour les leurs.

	1903.	1907.	1911.	1912.	1913.
Importations d'Allemagne	2,4	4,9	7,7	7,0	7,6
Exportations en Allemagne	11,5	9,4	22,9	13,3	17,0

L'importation de certains objets fabriqués n'a pas augmenté ou n'a augmenté que dans de faibles proportions. Tels sont les produits de l'industrie textile.

	1903.	1907.	1911.	1912.	1913.
Fils.	4,2	3,6	5,0	4,8	4,2
Tissus de lin, chanvre.	0,9	1,5	2,3	2,2	2,3
— coton.	20,5	31,1	28,1	28,2	26,2
— laine.	12,5	11,6	8,6	8,8	8,8
— soie et bourre de soie. . . .	13,8	16,9	12,6	13,4	12,8

Les importations des textiles allemands étaient restées stationnaires.

Voici nos exportations en Allemagne :

	1903.	1907.	1911.	1912.	1913.
Fils.	10,1	22,9	17,0	18,5	23,6
Tissus de coton.	5,2	12,7	9,8	12,3	10,5
— laine.	8,2	6,1	5,3	5,6	7,2
— soie et bourre de soie. . . .	19,2	9,7	10,6	10,0	9,8

Pendant les trois années, 1911-1913, l'importation des fils a été en moyenne de 4 500 000 francs ; notre exportation de 19 millions. L'Allemagne nous envoie plus de tissus de coton et de laine que nous ne lui en envoyons.

Si nous ne regardons tout d'abord que les chiffres de la soie, nous trouvons pour 1911-1913 une importation moyenne annuelle de 13 500 000 francs de soie, tandis que notre exportation n'est que de 10 millions. Mais il faut y ajouter les colis postaux contenant des tissus de soie. Ils donnent :

1903.	1907.	1911.	1912.	1913.
18,4	19,1	21,1	22,8	23,8

Si nous prenons la moyenne des trois dernières années, tandis que l'Allemagne nous a vendu pour 13 millions de soieries, nous lui en avons vendu pour 33 millions, soit 154 p. 100 en plus.

Pour certains objets, le caractère des importations et exportations se dégage nettement.

	1903.	1907.	1911.	1912.	1913.
Importation d'Allemagne : bijouterie fausse........	3,2	6,2	36,5	39,5	37,7
Exportation de France : orfèvrerie et bijouterie or.	5,6	7,4	8,8	9,3	7,4

Nous échangeons de la tabletterie, des éventails, de la bimbeloterie : mais évidemment les objets que représentent ces mots ne sont pas identiques.

	1903.	1907.	1911.	1912.	1913.
Importation d'Allemagne.	11,7	12,2	15,7	18,3	19,7
Exportation en Allemagne.	9,5	16,4	19,3	16,0	18,9

Nos exportations sont restées jusqu'à ces deux dernières années supérieures à celles de l'Allemagne.

La carrosserie et les automobiles présentent les chiffres suivants :

	1903.	1907.	1911.	1912.	1913.
Importation d'Allemagne.	3,0	10,2	5,8	4,0	7,0
Exportation en Allemagne.	6,5	14,5	14,4	16,9	22,0

Notre supériorité est incontestable.

Il n'y a d'augmentation d'importations sans réciprocité que pour les poteries, verres et cristaux.

	1903.	1907.	1911.	1912.	1914.
Importation d'Allemagne.	17,4	29,4	42,1	44,5	37,4
Exportation en Allemagne.	3,4	4,2	4,6	5,0	4,8

Un fait ressort immédiatement de la comparaison du détail des importations et des exportations.

L'Allemagne a envoyé à la France, en 1913 :

Comme objets d'alimentation : céréales : 87 millions de francs ; comme matières premières : houille : 165 millions de francs ; comme objets fabriqués : machines et mécaniques : 132 millions de francs.

Si on déduit du total des importations d'Allemagne en France les 165 millions de francs de houille, on trouve : 904 millions. Entre les importations allemandes et les exportations françaises, la différence se réduit à 37 millions.

Mais si l'importation de 87 millions de francs de grains et farines a eu lieu, c'est apparemment parce que nous en avions besoin, et les agriculteurs ne peuvent se plaindre qu'elle ait écrasé les prix, car ils ont été très élevés.

L'autre grand objet d'importation, ce sont les machines et mécaniques. Elles ont été achetées par qui ? Par des industriels français pour les besoins de leur industrie. Elles contribuent donc au développement économique de la France.

Nous n'avons pas de céréales à envoyer en Allemagne ; nous n'avons pas de houille, et enfin, si nous importons les machines et les mécaniques que font les Allemands, ils ont besoin aussi de machines et mécaniques que nous fabriquons, puisqu'ils en importent régulièrement pour 8 ou 9 millions par an.

Au fur et à mesure que la richesse de l'Allemagne augmentait, elle devenait un meilleur client pour nous, malgré la douane ; nous devenions de même un meilleur client de l'Allemagne. En réalité, les deux peuples étaient de bons clients l'un pour l'autre, et si la conception de l'impérialisme économique n'était pas intervenue, leurs affaires se seraient développées d'une manière normale, pour leur plus grand avantage réciproque.

CHAPITRE XI

ÉCHANGES DE MAUVAIS PROCÉDÉS

Idée d'un État commercial fermé. — Fichte, Oldenberg et Wagner. — Protectionnisme agrarien du chancelier. — Répercussion électorale. — Le tarif de 1909. — La multiplication des articles. — L'article 103. — Une spécialisation. — Pas d'échanges de bovins. — Échanges inutiles de vaines paroles. — L'article 15 de la loi de 1892. — Réplique de l'Allemagne. — Les vins mousseux et les eaux de vie. — Analyses. — *Le comité du commerce français avec l'Allemagne.* — Tarifs des chemins de fer allemands. — La fièvre de l'exportation en Allemagne. — En 1913, dénonciations contre tous les pays. — Jalousie commerciale, ignorance économique, procédés hypocrites et déloyaux.

Les échanges entre la France et l'Allemagne n'ont pa cessé d'augmenter en dépit des protectionnistes des deux pays, qui les forçaient d'échanger de mauvais procédés.

Fichte avait eu la conception d'un état commercial fermé, le *Geschlossener Handelsstaat*. En 1897, cette thèse fut reprise par Oldenberg et appuyée par le fameux professeur Ad. Wagner. Il voulait que l'Allemagne se suffît à elle-même. Dietzel lui répondit par les arguments du libre échange. Oldenberg s'écriait avec terreur : « Si les pays producteurs de blé, les États-Unis, la Russie, deviennent industriels, ils ne nous prendront pas de marchandises nous serons condamnés à mourir de faim.

Ad. Wagner, dans un volume intitulé : *l'Allemagne, état industriel et agricole*, conclut :

Nous devons nous préoccuper de ralentir l'accroissement considérable de notre population[1].

---

[1]. Discussion du huitième congrès évangélique, 1897.

On releva les tarifs sur les céréales. En rendant l'alimentation plus chère, on pouvait espérer obtenir le résultat préconisé par Ad. Wagner. Il ne s'est pas produit. La population a continué d'augmenter : et si son taux d'accroissement s'est ralenti considérablement dans ces dernières années, le phénomène s'est produit dans les parties les plus riches de l'Allemagne.

Cette question de doctrine est abandonnée par les deux grands groupes de protecteurs[1] : les propriétaires et les agriculteurs, d'une part; les industriels, de l'autre. Quoique les industriels soient nationaux libéraux et hostiles en politique aux agrariens, ils sont d'accord avec eux pour poursuivre une politique protectionniste.

Cependant, leurs intérêts sont différents; mais le centre catholique s'appuie à la fois sur les ouvriers et les propriétaires agricoles et sur les ouvriers de la Province rhénane. En Silésie, les grands propriétaires sont en même temps métallurgistes et sont très puissants.

En septembre 1911, les chemins de fer prussiens diminuèrent de moitié leurs tarifs pour le transport des objets d'alimentation pour le bétail. La récolte des pommes de terre fut si faible que le gouvernement prussien permit d'y substituer le maïs pour faire de l'alcool.

Les chambres de commerce et autres corps demandèrent la suppression temporaire des droits sur le maïs, qui sont de 3 marks (3 fr. 70) par quintal, sur l'orge de basse qualité, et la suspension des restrictions contre l'importation de la viande et du bétail.

Au Reichstag, le chancelier répondit que toute suppression ou réduction de droits porterait atteinte aux cultivateurs. Une suppression temporaire serait d'autant plus dangereuse qu'elle pourrait devenir définitive.

Cependant les orateurs du centre et ceux des nationaux

---

1. Lujo Brentano, Congrès du Libre échange d'Anvers (1910).

libéraux, tout en protestant de leur fidélité à la protection, demandèrent la réduction ou la suspension temporaire des droits sur le maïs et sur l'orge, l'admission des viandes frigorifiées de la République Argentine, et une revision du régime des bons d'importation pour les grains. Le chancelier se trouva plus protectionniste que les protectionnistes. Le *Deutsche Export revue*, l'organe du *Bund des Industriellon*, déclara que son attitude aurait pour résultat de causer le plus grand mécontentement parmi les commerçants et les industriels.

Il est probable que cette attitude du chancelier a été pour quelque chose dans l'élection des cent dix socialistes aux élections de 1912.

Le tarif allemand de 1909 ne comprenait pas moins de neuf cent quarante et un articles. La bureaucratie prussienne qui le dressa voulut éluder un certain nombre des conséquences de la clause de la nation la plus favorisée. Son procédé consista à multiplier les numéros du tarif des douanes de telle sorte que telle et telle spécialité expédiée de France en Allemagne n'était pas comprise dans les traités de commerce qu'elle a conclus.

Les protectionnistes français dénoncèrent, avec beaucoup de fracas, l'article 103 visant les bovins à grandes taches baies ou brunes, vivant habituellement à 300 mètres au-dessus du niveau de la mer et qui, chaque année, sont menés pendant un mois environ à des pâturages situés à une altitude de 800 mètres ; quelle qu'en fût l'origine, les bœufs destinés à l'engrais payaient le même droit de 9 marks par 100 kilos, tandis que d'autres vaches étaient astreintes au droit de 20 marks.

Il est évident que cette distinction avait été établie en faveur d'un certain troupeau suisse, peut-être dans le but d'introduire des spécimens utiles en Allemagne ; en tout cas, les vaches françaises, autrichiennes, italiennes, néerlandaises, belges, danoises, etc., ne remplissant pas ces conditions, ne peuvent profiter de cette réduction de tarif.

C'était une spécialisation. Au point de vue français, quel en a été le résultat? Est-ce que nous avons un troupeau si abondant que nous puissions envahir l'Allemagne avec notre bétail?

Pouvait-on répondre à cette spécialisation en frappant des vaches d'origine allemande? L'Allemagne n'en envoie pas. On ne pouvait pas frapper la houille, matière première. Les métallurgistes protectionnistes auraient récriminé. Dans le tarif français de 1910, on releva les droits sur les mécaniques et les machines, mais ils frappaient aussi bien les mécaniques et les machines belges ou anglaises que les mécaniques et les machines allemandes. Cette augmentation pouvait être favorable à quelques industriels; mais elle était nuisible à tous ceux qui avaient besoin de machines.

Ces spécialisations servirent de tremplin à M. Klotz pour sa campagne qui aboutit à la revision de 1910. Ses amis et lui répétaient que 12 p. 100 de nos produits avaient été atteints par les spécialisations allemandes tandis qu'il n'y en avait eu que 6 p. 100 à en bénéficier.

En tout cas, elles n'empêchèrent point les échanges de se développer; et nos exportations dépassaient les importations.

M. Klotz fit des discours belliqueux qui paraissaient s'adresser à l'Allemagne, mais en même temps il disait :

> La revision n'a pas pour but le relèvement systématique de notre tarif minimum. Elle a pour but le relèvement systématique de notre tarif général.

Dans ses manifestes, M. Klotz désignait l'Allemagne et ses spécialisations; mais en vertu de l'article 11 du traité de Francfort, la France ne pouvait lui appliquer son tarif général.

Les Allemands savaient fort bien à quoi s'en tenir; mais les échanges de mauvaises paroles ne préparaient pas des échanges de bons procédés. Cependant, les échanges de marchandises augmentaient quand même. Cependant il y eut plus que des discours.

La loi douanière du 11 janvier 1892 contient un article 15 ainsi conçu :

> Sont prohibés à l'entrée, exclus de l'entrepôt, du transit et de a circulation, tous produits étrangers, naturels ou fabriqués, portan , soit sur eux mêmes, soit sur des emballages, caisses, ballots, env loppes, bandes ou étiquettes, etc., une marque de fabrique ou de commerce, un nom, un signe ou une indication quelconque de nature à faire croire qu'ils ont été fabriqués en France ou qu'ils sont d'origine française.
>
> Cette disposition s'applique également aux produits étrangers fabriqués ou naturels obtenus dans une localité de même nom qu'une localité française, qui ne porterait pas, en même temps que le nom de cette localité, le nom du pays d'origine et la mention « importé » en caractères manifestement apparents.

Cet article ne semblait avoir pour but que d'empêcher la confusion entre l'origine étrangère et l'origine française d'un produit. Mais dans ces dernières années on est arrivé à l'appliquer de telle manière que toute marchandise étrangère doit porter une marque d'origine.

La douane obligeait une maison allemande qui, depuis plus de soixante ans, vendait en France des instruments d'optique avec sa marque (Maison X à Iéna) à ajouter : « importé d'Allemagne ». La douane a bien voulu renoncer à ce pléonasme[1].

Cependant, nous devons reconnaître que la douane, avec un rare esprit de modération, a bien voulu ne pas exiger une marque spéciale sur les morceaux de houille que nous importons d'Angleterre, de Belgique et d'Allemagne.

Pour répondre à ces mauvais procédés, on songeait en Allemagne à introduire une disposition qui répondrait à

---

[1]. Maurice Ajam. *Le Conflit économique franco-allemand. Journal des Économistes*, novembre 1913.

l'article 15 en exigeant non seulement que toutes les marchandises importées en Allemagne, mais toutes les marchandises en transit portassent des indications précises ; et la douane pourrait exiger qu'elles fussent inscrites en caractères indélébiles.

L'augmentation des droits de douane décidée par l'Allemagne en 1910, élevait sur les vins mousseux le droit de 130 M. à 180 M. et sur les eaux-de-vie de 300 à 350 M.

Le règlement de douane allemand exigeait qu'une analyse de chaque expédition de vin fût opérée à l'entrée à la charge de l'expéditeur. Les expéditeurs français s'y résignaient, la douane allemande se contentant d'une seule analyse par envoi ; mais le 1ᵉʳ septembre 1910, la douane allemande décida qu'elle ne considérerait comme « vins homogènes » que ceux d'un même cru, d'une même année, et d'un même prix : de là, cette conséquence : autant d'analyses qu'il y a de crus particuliers dans une même expédition.

La loi allemande permet le coupage jusqu'à 49 p. 100 : ce coupage légal n'était pas destiné à améliorer la qualité des vins de Bordeaux.

Un certain nombre de Français, sur l'initiative de M. Lucien Coquet, fondèrent, il y a quelques années, le *Comité du commerce français avec l'Allemagne*. Il a eu pour présidents M. Pierre Baudin, M. René Millet, et, à partir du mois de juin 1913, M. Maurice Ajam. On le connaît sous le nom de Comité franco-allemand. Il avait pour but d' « augmenter entre la France et l'Allemagne de fructueux échanges ». M. Maurice Ajam a fait dans l'été de 1913, un voyage d'études en Allemagne dont il a bien voulu publier le résumé dans le *Journal des Économistes* de novembre 1913 sous ce titre : *le Conflit économique franco-allemand*. Il a en outre donné les détails de son enquête dans un volume intitulé : *le Problème économique franco-allemand*[1].

---

1. 1 vol. in-18. (Perrin éditeur.)

Ce comité était surtout composé d'exportateurs des deux pays : j'en parle d'autant plus à l'aise que, quoique sollicité d'y entrer, je n'en ai jamais fait partie. Mais les protectionnistes qui veulent toujours vendre sans jamais acheter ne pouvaient cependant reprocher à des Français d'essayer de vendre des marchandises en Allemagne. Mais les Allemands en vendaient en France ? Les protectionnistes font le même reproche aux Anglais et aux Belges : et malgré tous leurs efforts, ils n'ont pas encore trouvé le moyen d'empêcher les produits de s'échanger contre des produits.

Mais les protectionnistes ont recours à d'autres moyens que les tarifs de douanes. En Allemagne, ils se servaient des tarifs de chemins de fer, très bas pour les exportations, très élevés pour les importations. Ils frappaient ainsi le consommateur de deux manières : en facilitant l'exportation du produit national et en élevant le prix du produit étranger.

Toujours vendre, ne jamais acheter : tel est dans chaque pays le premier commandement des protectionnistes : la politique des cartels l'applique largement. Mais les personnes qui cherchent toujours des « remèdes aux crises » voudraient encore mieux faire.

Dans le second semestre de 1913 une dépression se produisit.

Aussitôt la presse trouva le remède ; c'est l'exportation. Au nom de la mission économique de l'Allemagne dans le monde, et au nom du *Weltwirtschaft*, on dénonce à la haine la Grande-Bretagne qui a ses colonies, les États-Unis qui possèdent un Continent, tandis que l'Allemagne venue la dernière n'a pas de territoires privilégiés ; et alors ces imaginatifs lui montrent la nécessité de prendre sa part en Afrique, de s'assurer le monopole de l'Asie turque, de l'Amérique du Sud et de la Chine.

A quarante-huit heures de distance, au mois de février 1914, furent inaugurées deux institutions scientifiques ayant pour but d'apprendre **la science (?)** ou l'art du commerce international : l'une à l'Université de Kiel, le *Kaiser Wilhelm Stiftung*, et le *Weltwirtschaftliche Gesellschaft* ; constituées à Berlin, composées de savants et poursuivant des fins théoriques, lectures et publications sur le rôle économique de l'Allemagne dans le monde.

Jalousie commerciale ; ignorance économique ; procédés hypocrites et déloyaux : tels sont les caractères de la politique protectionniste dans tous les pays.

CHAPITRE XII

LA PORTE OUVERTE

Quand le commerce d'une nation devient-il son commerce ? — La porte ouverte. — *Le Journal de Genève* et l'Algérie. — Le commerce allemand en Algérie.

La France et l'Allemagne pouvaient être réciproquement mécontentes de leurs procédés protectionnistes, mais l'Allemagne ne pouvait être mécontente des procédés de la Grande-Bretagne à son égard.

A la fin de 1903, M. Balfour avait bien menacé de tarifs de représailles ; mais il avait paru dépourvu de conviction. M. Chamberlain parlait bien du *tariff Reform*, mais les Anglais ne l'ont pas adopté. L'Allemagne est très jalouse de la marine britannique. Dans des articles intitulés : *Germany and England*, sir George Paish posait la question suivante [1] :

Quand le commerce d'une nation devient-il son commerce?
Un navire chargé de blé est la propriété d'une personne ou d'un groupe de personnes d'une nationalité, la cargaison appartient à une personne ou à un groupe de personnes d'une autre nationalité. Jusqu'à ce que le navire soit arrivé dans la Manche, personne ne sait s'il déchargera sa cargaison à Liverpool, à Hambourg, à Rotterdam, à Anvers ou dans un port français. Jusqu'à ce que sa cargaison soit débarquée, elle peut changer dix fois de propriétaires de divers pays. Une partie des marchandises vient dans la Grande-Bretagne sur des navires

---

1. *The Statist*, 1911.

étrangers, une partie allant en Allemagne n'y est pas portée par des navires allemands. Une nation peut avoir un grand commerce maritime et n'avoir ni navires ni marchandises sur mer.

Mais l'Allemagne voulait se suffire à elle-même et ne pardonnait pas aux navires anglais de lui apporter des marchandises à meilleur marché que les siens.

Enfin, l'Allemagne trouvait dans la Grande-Bretagne le régime de la porte ouverte. Mais la *Gazette de Cologne* disait au moment d'Agadir :

> L'expérience enseigne que, en Algérie, en Tunisie, en Indo-Chine, à Madagascar et partout ailleurs, la France a barricadé et verrouillé la porte pour exclure le commerce étranger.

La France ne pratique certainement pas la politique de la porte ouverte : et cependant la force des choses triomphe de l'esprit protectionniste. Voici ce que disait, en réponse à cette allégation, le *Journal de Genève* :

> Les nombreux Suisses, notamment, qui se sont établis en Algérie et en Tunisie et s'y sont — beaucoup d'entre eux tout au moins — créé des positions fort honorables, sont unanimes à dire combien le régime français y est accueillant, large et généreux pour les étrangers. Entre eux et les nationaux, aucune différence. Mêmes facilités pour les achats de terrain. Même liberté complète d'établissement et de commerce. Aucun impôt spécial pour les non-Français. « J'ai vécu dix ans en Tunisie, nous disait l'autre jour un Suisse de nos amis : j'y ai cultivé et développé mon domaine sans jamais payer un sou de contribution au fisc. »

La France a si bien « barricadé et verrouillé sa porte », pour parler le langage de la *Kœlnische*, que 105 000 Italiens sont aujourd'hui installés en Tunisie, tandis qu'on n'y trouve que 38 000 Français. Les Italiens sont comme chez eux. Ils ont leurs écoles, leurs médecins, leurs avocats, leurs cercles. Aussi se sont-ils réconciliés complètement avec le protectorat français qu'ils avaient d'abord vu d'un œil méfiant et dépité. Ils ont pu constater qu'ils n'en auraient pas usé plus largement si c'était leur pays qui avait fait les frais, couru les périls et surmonté les difficultés d'occuper la Tunisie et d'y mettre l'ordre.

L'Algérie héberge plus de 400 000 Européens, pour la plupart Espagnols et Italiens, sans parler de nombreux Suisses.

Et le commerce ?

Prenons l'*Annuaire statistique de l'Empire allemand* pour 1910. Il nous apprend que les exportations allemandes ont passé, en Algérie, de 500 000 marks en 1902, à 3 600 000 en 1910. En Tunisie, elles se sont élevées de 600 000 marks en 1901, à 1 300 000 en 1910 et, dans la même période, en Afrique occidentale, de 2 millions 400 000 marks à 4 500 000.

Le même *Annuaire*, fixant par un triomphal pourcentage les progrès du négoce national, montre que les exportations allemandes ont augmenté, en huit ans, de 575 p. 100 en Algérie, de 127 p. 100 en Tunisie, de 86 p. 100 dans l'Afrique occidentale, de 360 p. 100 dans l'Indo-Chine française, de 183 p. 100 à la Guyane et à la Martinique, de 253 p. 100 dans les possessions françaises de l'Océanie.

C'est une preuve de l'absurdité et de l'impossibilité de la politique de la porte fermée.

La politique de l'Allemagne était d'ouvrir la porte des autres à coups de canon et au besoin de fermer la sienne.

CHAPITRE XIII

AMBITIONS ET DÉCEPTIONS COLONIALES

Politique coloniale allemande. — Faim de territoires. — Colonies de peuplement en Afrique. — Massacre des indigènes. — Pas de débouché pour la population allemande. — Les postulats et les faits. — Kiao-Tchéou. — Les intérêts allemands au Maroc. — Navigation de parade. Prétextes économiques, visées politiques. — « L'accroissement des superficies. »

Les protectionnistes allemands, comme les protectionnistes des autres pays, en même temps qu'ils s'attachaient à restreindre les échanges de leur pays avec d'autres pays, voulaient s'assurer deux choses :

1° Que l'Allemagne pût se suffire à elle-même ;

2° Que l'Allemagne augmentât ses débouchés en acquérant des consommateurs qui seraient sa propriété.

De là, la politique coloniale, à laquelle Bismarck, malgré ses méfiances, n'osa pas résister. En 1884, il reçut Angra Pequena d'un marchand de Brême, Lüderitz, qui l'avait acquise d'un chef Namaquois.

M. F. Kolke, directeur du *Koloniale Zeitschrift* donne un tableau indiquant pour l'année 1911, le commerce suivant de l'Allemagne avec les colonies de l'Angleterre, de la France, de la Hollande et de la Belgique.

Importations en Allemagne.	Exportations d'Allemagne.
(Millions de francs.)	
1342,5	352,5

Acheter trois fois plus aux colonies étrangères qu'ils ne leur vendent : cela indignait les théoriciens de l'Économie nationale.

Ils étaient encore plus indignés quand ils constataient que, sur les 135 millions de kilomètres carrés de terrain habitables du globe, l'Angleterre en avait 32,8 millions, la Russie 19,7 millions, la France 11 millions, tandis que l'Allemagne n'en avait que 2 952 000.

De là, ce sentiment qu'ils ont exprimé par le mot *Landgier*. Ils avaient faim de territoires.

Ils disaient dogmatiquement : Une grande puissance doit disposer, dans différentes parties du globe, de territoires d'une étendue proportionnelle au nombre de ses habitants et à sa force d'expansion.

Ils entendirent que les colonies africaines fussent des colonies de peuplement. Les savants allemands ne voulaient pas savoir que le blanc s'acclimate fort mal dans les pays de la zone torride caractérisée par 25 degrés isothermes [1].

Les Allemands massacrèrent les Herreros et autres nègres. Ils furent surpris de voir que les noirs étaient indispensables à la mise en valeur des colonies. Si le docteur Dernburg, le premier secrétaire d'État des colonies, méprisait les noirs, il n'estimait pas davantage les blancs ; il voulait faire des colonies vides d'hommes qui seraient exploitées par des banques. Mais les banques eurent de la méfiance. Son successeur, Solf, a voulu en faire de nouveau des colonies de peuplement ; mais Poménariens et Mecklembourgeois craignent la fièvre et la dysenterie ; c'est toujours l'Amérique du Nord qui a leurs préférences.

En 1913, les colonies allemandes comprenaient 28 800 individus de race blanche. Comme l'excédent des naissances, en Allemagne, est de 800 000, le peuplement des colonies allemandes ne débarrassait pas la métropole du trop-plein que

---

[1]. V. Yves Guyot. *Lettres sur la politique coloniale*, p. 47, 55.

redoutaient M. Ad. Wagner et quelques autres professeurs.

Sur ce chiffre, plus de 12 000 étaient des fonctionnaires ou des missionnaires.

M. Bonn, professeur à l'Université de Munich, directeur de l'École supérieure du commerce, prononça, en 1911, dans une circonstance solennelle, un discours étudié sur la politique coloniale allemande surtout en Afrique. Il fit ressortir la contradiction existant entre les postulats et les faits[1]. On avait dit que les colonies africaines pourraient fournir le coton nécessaire à la consommation de l'Allemagne.

Elle était, en 1909-1910, de 1 664 000 balles = 377 millions de kilogrammes. Pour couvrir les besoins de l'Allemagne, il aurait fallu planter 2 millions d'hectares et disposer de 2 ou 3 millions d'ouvriers; et le docteur Bonn estimait qu'il y avait en tout, hommes, femmes, enfants, 14 millions de nègres !

Le total du commerce des colonies allemandes était de :

	Importations.	Exportations.	Total.
		(Millions de francs.)	
1912..................	322	251	573

Mais si on sépare la part de Kiao-tchéou :

	143	101	244

On trouve :

	179	150	229

Kiao-tchéou constitue les deux cinquièmes du commerce total.

L'ambition du Kaiser fut, pendant quelques années, détournée de la Turquie vers la Chine.

L'Allemagne considérait qu'en vue du partage futur de la Chine, Kiao-tchéou était la meilleure place à prendre. La

---

1. En voir l'analyse. *Journal des Economistes*, septembre 1911.

Belgique, les Etats-Unis, la Grande-Bretagne avaient obtenu des chemins de fer, mais sans cessions de territoires.

En novembre 1897, deux missionnaires allemands furent assassinés; il y avait là, comme par hasard, une petite escadre allemande, sous le commandement de l'amiral von Diedricks. Le 14 novembre, elle débarqua quelques troupes qui prirent possession des terrains entourant la baie de Kiao-tchéou et hissèrent le drapeau allemand sur les collines voisines. De suite, une proclamation assura les Chinois de l'amitié de l'Allemagne, mais déclara que dans le but d'obtenir satisfaction pour le meurtre des deux missionnaires, elle occuperait ce territoire.

Péking en demanda l'évacuation. Les Allemands, loin d'y consentir, demandèrent la concession d'un chemin de fer et de mines dans la province de Chantoung. La Chine n'était pas en mesure de résister, et le gouvernement allemand obtint à bail de quatre-vingt-dix-neuf ans, 193 milles carrés de la province de Chantoung, la baie de Kiao-tchéou, et une sphère d'influence égale à 2750 milles carrés. La cession fut signée le 6 mars 1898. Le second paragraphe de l'article premier commence par ces mots : « Sa Majesté l'empereur de Chine, désirant que les troupes allemandes prennent possession du territoire ci-dessus désigné... »

L'ironie continue. La province de Chantoung est abandonnée au gouvernement allemand. En échange, l'Allemagne assure qu'elle n'entretient aucune intention traîtresse à l'égard de la Chine, et « qu'elle n'essayera de saisir illégalement aucune terre dans cette province ». En échange des concessions de mines, l'Allemagne assure encore la Chine « qu'elle n'a pour mobile aucune intention traîtresse contre elle, mais qu'elle veut seulement augmenter le commerce et améliorer les relations entre les deux pays ».

En demandant un crédit de 5 millions de marks pour mettre ce territoire en état, le prince de Bulow disait :

Les autorités chinoises auront une preuve constante de la puissance allemande qui leur prouvera qu'aucun préjudice contre le peuple allemand ne sera laissé sans vengeance.

Nous nous sommes assurés à Kiao-tchéou une position stratégique et politique qui nous donne une influence décisive sur l'avenir de l'Extrême-Orient.

L'Allemagne travailla activement à sa fortification. On dit qu'elle y envoya cinq cents canons Krupp des derniers modèles. On célébra le développement de son port; mais une partie de son activité était due aux transports nécessités par ces travaux et ceux du chemin de fer.

En 1904, le chemin de fer de Tsing-tao à Tsinan-fou, long de 256 milles, fut ouvert. Il traverse les terres les plus fertiles et les plus peuplées, jusqu'alors dépourvues de moyens de communication et rejoint la principale ligne de la Chine de Nankin à Pékin.

De là le développement de l'activité commerciale du port de Kiao-tchéou, qui, d'après les chiffres de la douane, est passé de 59 482 Hiakuam taels en 1900, à 1 670 000 en 1912.

Le développement de la marine de guerre allemande coïncide avec l'occupation de Kiao-tchéou : elle a coûté cher à l'Empire allemand.

Maintenant, les Japonais en ont éliminé les Allemands, qui n'y rentreront jamais. Cette colonie a été la seule qui ait eu un brillant succès commercial, parce qu'elle a mis des moyens de transport à la disposition des Chinois; mais ce sont les Chinois, non les Allemands, qui en ont fait la prospérité. Ceux-ci la considéraient toujours « comme un point stratégique[1] ».

Quand l'Allemagne parlait des intérêts allemands au Maroc, on aurait cru qu'elle y avait un commerce de premier ordre.

---

1. *Tsingtan and its significance* : with some impressions from a recent visit by William Blane. *The Nineteenth century and after.* Décembre 1914. *Tsing-tao et la Ruine de la culture allemande en extrême-orient*, par D. Bellet. *Revue des deux mondes*, 1er mars 1915.

Or, le commerce total de l'Allemagne avec le Maroc était, en 1909, de 11 300 000 marks ; tandis que son commerce total était de 17 milliards : pas 1 p. 100, quelque chose comme 0,6 !

La valeur du commerce au Maroc du Royaume-Uni était de 2 204 000 livres sterling ; celui du commerce français, de 2 195 000 ; celui de l'Allemagne, de 564 147.

Ebranler le monde pour un intérêt si minuscule, prouve que le Kaiser et ses conseillers n'ont pas la notion des proportions.

En même temps, il essayait, d'une manière artificielle, de grossir l'importance des affaires allemandes. La comparaison du tonnage des navires entrés dans le port de Tanger est très instructive sous ce rapport :

	Allemands.		Anglais.	
	Chargés.	Sur lest.	Chargés.	Sur lest.
1907	40,540	104,517	195,245	81,835
1908	25,375	147,176	191,606	25,387
1909	42,896	135,670	193,230	34,636

Tandis que la proportion des navires anglais sur lest est d'environ un huitième relativement aux navires chargés, les navires allemands sur lest représentent les quatre cinquièmes du total. Ces navires se promènent pour montrer le pavillon allemand, « en échange de subsides, écrivait le consul britannique ; autrement, ils ne continueraient pas leurs services sur cette côte ».

En 1901, on comptait 16 500 Européens au Maroc, sur lesquels les Allemands, y compris les Autrichiens et les Suisses, n'atteignaient que le chiffre de 153 : 1 p. 100 !

Le *Panther* fut envoyé pour protéger la vie des Allemands et des protégés des Allemands, disait la note officielle ; et Agadir, village de 300 ou 400 habitants, ne contenait pas un seul Allemand.

En réalité, ce qui intéressait le Kaiser, c'était la position stratégique du Maroc ; il envoyait le *Panther* à Agadir, où il n'y avait pas un Allemand à protéger, et non pas à Mogador, parce que Agadir est susceptible de devenir un port important et qu'il voulait en faire un port de guerre. « Le pays, disaient les Allemands, occupe le coin de l'Afrique, et une telle position sur un continent est un facteur stratégique du monde. »

Le géographe Ratzel posait le principe d'accroissement des superficies : « Le développement d'un empire terrestre exige que, de province en province, le conquérant recule les frontières politiques », disait-il. Le Kaiser, installé au Maroc, aurait essayé d'appliquer cette formule, comme il avait essayé de l'appliquer en essayant de joindre sa colonie de l'Afrique du Sud ouest à l'Afrique orientale.

La politique coloniale du Kaiser a été toujours bien plus inspirée par des préoccupations politiques et stratégiques que par des préoccupations économiques.

CHAPITRE XIV

LE CHEMIN DE FER DE BAGDAD

édéric Barberousse et Guillaume II. — Témoignage d'amitié à Abdul-Hamid. — La voie ferrée de Konia à Bagdad. — Arrangements financiers. — Concours du gouvernement français. — Echec en Angleterre. — Accord franco-allemand du 15 février 1914. — Accord anglo-allemand du 15 juin 1914. — Homs-Bagdad. — Mystères diplomatiques. — Commerce allemand en Turquie.

En 1189, Frédéric Barberousse entra à Constantinople. En 1889, Guillaume II y fit une entrée solennelle pour célébrer ce septième centenaire. Quoique les croisades aient assez mal réussi à ceux qui les ont entreprises, il se sentait animé du souffle des croisés, tout en venant assurer de son amitié le sultan Abdul Hamid et les musulmans de sa protection. Il remporta de cette visite la concession des chemins de fer d'Anatolie jusqu'à Konia.

En 1898, les massacres d'Arménie avaient eu lieu. Le sultan Abdul Hamid était devenu un objet d'horreur pour tous.

C'était le moment pour le Kaiser de se distinguer. Il lui envoya son portrait et, dans un discours d'apparat, il l'assura de son éternelle amitié, épithète trop ambitieuse; car cette amitié avait eu un commencement et devait avoir une fin.

Au mois d'octobre 1898, il fit une nouvelle visite à Constantinople, et, en 1899, un iradé décida le prolongement de la voie ferrée de Konia à Bagdad.

Pendant cette période, cependant, le Kaiser avait été hanté surtout par le rêve chinois : toutefois les études du chemin de fer, sous forme de missions archéologiques ou autres, n'avaient pas cessé. En 1900, un ingénieur de la *Deutsche bank* publia un livre dans lequel il reliait la Turquie d'Europe à la Turquie d'Asie par un pont sur le Bosphore.

Cependant, la Russie avait obtenu du Sultan l'engagement de ne faire que par lui-même ou que par les Russes des chemins de fer dans les provinces arméniennes. La Grande-Bretagne était occupée par la guerre du Transvaal. Le souvenir de Fashoda brouillait encore la France et la Grande-Bretagne. Les savants allemands consolaient l'Allemagne de ses déceptions en Afrique et en Chine en montrant la résurrection agricole de la Mésopotamie, qui offrirait le plus bel avenir à la colonisation allemande.

Le Kaiser obtint un second iradé en date du 18 février 1902. Le devis se montait à 800 millions; mais, malgré les garanties données par le gouvernement turc, les financiers allemands savaient qu'ils ne les trouveraient pas sur leur marché.

Ici, il faut bien le dire, il y eut en France des erreurs gouvernementales et financières. D'après un contrat intervenu entre la Compagnie allemande des chemins de fer d'Anatolie et la Compagnie française Smyrne-Cassaba, le capital nécessaire devait être fourni à raison de 40 p. 100 par l'Allemagne, 40 p. 100 par la France et 20 p. 100 par les puissances possédant des intérêts financiers en Turquie. L'Allemagne n'était même pas en état de fournir les 40 p. 100. Elle les offrit généreusement à la Russie. M. de Witte répondit en faisant publier une note dans le *Messager financier russe*, conseillant aux sujets russes de réserver leurs capitaux pour des entreprises nationales d'un intérêt plus immédiat.

L'Allemagne, loin de trouver de la résistance de la part du gouvernement français, obtint son concours. « M. Delcassé, dit M. Victor Bérard [1], avait profité de son voyage à Péters-

---

1. *La France et Guillaume II*, 1907.

bourg avec le président Loubet (mai 1902) pour plaider la cause de Bagdad ; durant toute l'année 1902 et le début de 1903, il revint à la charge ; il finit par convaincre le comte Lamsdorf que les Allemands étant décidés, coûte que coûte, à faire leur chemin de fer, il était plus conforme aux intérêts de la Russie d'être avec eux que contre eux, tout au moins de laisser la France entrer dans une combinaison qui ne pourrait plus alors devenir une arme contre la Russie. »

Après l'entretien entre l'empereur Guillaume et le tsar Nicolas à Revel (en août 1902), la Russie consentit.

L'empereur Guillaume, dans son voyage en Angleterre en 1902, essaya d'intéresser l'Angleterre à cette entreprise. En 1903, le projet se présentait sous la forme suivante : 30 p. 100 aux Allemands, 30 p. 100 aux Français, 30 p. 100 aux Anglais et 10 p. 100 de disponibilités. En échange, les Anglais devaient donner leur assentiment à une majoration des douanes ottomanes; le passage de la malle des Indes par le chemin de Bagdad; et l'établissement d'une station terminus sur le golfe Persique. M. Balfour déclara qu'il valait mieux que cette route ne restât pas sous la seule direction d'une association franco-allemande. Lord Lansdowne avait affirmé des sentiments amicaux pour cette affaire.

Mais M. Balfour fut bientôt obligé de reconnaître que la direction de cette affaire resterait exclusivement allemande : et le 23 avril 1903, la Grande-Bretagne refusa définitivement de participer à cette affaire.

On en revenait aux 40 p. 100 à fournir par la France et par l'Allemagne; les 20 p. 100 restant seraient placés en Suisse et en Belgique.

Plus l'Allemagne était embarrassée et plus elle montrait d'exigences. Il avait d'abord été convenu que si le directeur était Allemand, le président serait Français. Berlin entendit que les deux seraient Allemands. La réponse fut simple. La cote fut refusée aux actions du chemin de fer de Bagdad (octobre 1903). Le voyage à Tanger, en 1905, fut une revanche.

Les Allemands construisirent les 200 kilomètres de Konia à Boulgourdou, en pays de plaine; mais il s'agissait des grandes dépenses nécessitées par les travaux d'art, tunnels et ponts, pour la traversée du Taurus. Les Allemands obtinrent une nouvelle garantie kilométrique de 4 p. 100 pour un emprunt spécial de 98 millions de francs. La Deutsche Bank revint en France, offrant comme appât cette garantie de 4 p. 100, en croyant naïvement qu'elle susciterait de puissants concours.

La Russie, en échange de sa condescendance pour le chemin de fer de Bagdad, obtint la reconnaissance de sa situation privilégiée en Arménie et au nord de la Perse.

Elle s'est arrangée en même temps avec la Grande-Bretagne pour déterminer sa zone d'influence en Perse, et la convention du 31 août 1907 a réglé leurs rapports réciproques avec l'Afghanistan que rejoint actuellement un chemin de fer débouchant du Transcaspien à Merw.

Un nouvel arrangement turco-allemand de 1908, a garanti à la société concessionnaire, les excédents de recettes douanières.

A la fin de l'année 1913, une négociation menée par MM. Porsot et Sergent, pour la France, et MM. de Gwinner et Hellferich, pour l'Allemagne, avec l'appui de M. Cambon et de M. Zimmermann, a abouti à l'accord du 15 février 1914, en vertu duquel la France renonçait à sa part du Bagdad, et l'Allemagne lui reconnaissait le droit exclusif d'entreprendre des travaux publics, chemins de fer et aménagements de ports, dans la Syrie, dans le nord et dans le nord-est de l'Anatolie.

Les Allemands, les bons amis de la Turquie, procédaient ainsi à son démembrement avec un sans-gêne complet. Mais les trois réseaux français, en y comprenant celui de Smyrne-Afiounkara-hissar et Soma-Panderma étaient isolés et ne pouvaient donner à la France une influence comparable à celle que l'Allemagne avait acquise avec la grande ligne de Bagdad.

Mais Bagdad est située à 800 kilomètres du golfe Persique. L'Allemagne s'était heurtée à la situation acquise par la Grande-Bretagne. Son ambitieux projet ne lui ouvrait pas la route des Indes. Le 15 juin 1914, six semaines avant la guerre, l'Angleterre avait consenti à un accord pour un partage d'influence au delà de Bagdad. Naturellement, le jour où la Turquie a déclaré la guerre aux alliés, l'Angleterre a installé ses troupes anglo-indiennes à Bassorah.

Comme contre-projet franco-anglais du chemin de fer allemand de Bagdad, se trouvait la ligne de Homs-Badgad aboutissant au port de Tripoli de Syrie. Elle était plus courte que le chemin de fer allemand de Bagdad, elle n'exigeait pas de grands travaux d'art comme ceux du Taurus. Elle rejoignait l'Euphrate à Deir. Elle desservait la Mésopotamie. Elle était la voie la plus directe par la Méditerranée pour le service de la malle. L'idée de cette ligne datait de plus de quatre-vingts ans.

Sans doute les Allemands pouvaient alléguer la concurrence. Mais si les deux lignes aboutissaient à Bagdad, elles étaient sur presque tout leur parcours, suffisamment éloignées l'une de l'autre pour qu'on pût réfuter cet argument d'opposition. Sir William Willcock, chargé par le ministre des Travaux publics de Constantinople, d'étudier les meilleurs moyens d'améliorer la Mésopotamie, avait établi, dans un rapport de 1909, que ce chemin de fer devait être le grand facteur du commerce local. Il n'évaluait les frais d'établissement qu'à 69 000 francs par kilomètre, mais pour un chemin de fer à voie étroite. Un autre projet de ligne à voie large, passant par Palmyre, Deir et Anah, fut proposé, en 1910, par M. Bernard Marimone soutenu par un puissant groupe de financiers anglais et français. Il y eut à ce moment des intrigues d'ambassade qui ont été racontées dans un article intitulé : *A Bungle in « Entente » diplomacy*, par M. Francis Aldridge[1]. On ne comprend pas les motifs qui

---

[1] *Fortnightly review*, août 1914.

ont provoqué l'attitude hostile de certains diplomates français. Ce projet échoua pour la grande satisfaction des Allemands. Il ne faudrait pas, au moment des arrangements en Orient entre la France et la Grande-Bretagne, voir la reproduction de pareils malentendus.

A entendre nombre de publicistes et d'hommes politiques, le commerce allemand aurait acquis dans l'Empire ottoman la prépondérance qu'y ont prise ses hommes politiques. Les chiffres réduisent de beaucoup ces allégations dont certains Français se font naïvement les propagateurs, sous prétexte d'exciter l'émulation de nos industriels, de nos commerçants et de nos gouvernants.

Les résulats fournis pour les années fiscales qui finissent le 13 mars, sont, depuis 1903, ceux des années 1906, 1909, 1910 et 1911. (La piastre = 0 fr. 23).

Les voici :

Importations.

Pays de provenance.	1906.	1909.	1910.	191 .
	(Millions de piastres)			
Grande-Bretagne	1 099	941	882	848
Autriche-Hongrie	651	407	628	765
France	267	397	318	393
Allemagne	132	194	221	387

Exportations.

Grande-Bretagne	633	314	558	537
Autriche-Hongrie	213	248	174	219
France	381	363	365	440
Allemagne	123	115	112	131

Ensemble du commerce de l'Empire ottoman.

Importations	3 137	3 143	3 338	4 256
Exportations	1 967	1 844	1 820	2 208

Le commerce de l'Allemagne dans l'Empire ottoman reste de beaucoup inférieur à celui de la Grande-Bretagne. Mais ses exportations en Turquie ont augmenté et se rapprochent de celles de la France. Soit; mais cette augmentation est due en partie aux fournitures pour le chemin de fer de Bagdad et aux fournitures militaires.

Ici, comme presque partout, nous voyons quelque chose de factice dans les affaires allemandes.

L'Allemagne a envoyé aussi des colons allemands, mais en petit nombre. Ils n'ont pas eu d'action sur la population et ils se sont probablement trouvés très mal du régime oriental.

Les ambitions de l'Allemagne ont encore là abouti à une déception.

L'influence du Kaiser a pu s'exercer tout à l'aise à Constantinople. Il a eu des ambassadeurs audacieux qui avaient écarté les anciennes influences des ambassadeurs anglais et français. Ceux-ci n'essayaient pas de leur créer des difficultés. Croyant tous à la victoire des Turcs en 1912, ils étaient tellement fascinés par l'ambition allemande qu'ils acceptaient avec une résignation passive toutes ses conséquences.

Si dans la guerre de 1912, la Turquie avait été victorieuse, l'Autriche-Hongrie écrasait la Serbie et étendait son influence jusqu'à Salonique. L'empereur d'Allemagne tendait sa main fraternelle au sultan et faisait savoir à la Bulgarie, à la Roumanie et à la Grèce qu'elles devaient le regarder comme leur protecteur de droit divin.

Berlin, Vienne, Constantinople, Bagdad! De la terrasse de Potsdam, il se voyait maître d'attaquer l'Angleterre dans l'Inde et dans l'Égypte; et ses rêves à la Picrochole le portaient dans l'infini.

En 1915, la flotte alliée est dans les Dardanelles; les Anglais sont à Bassorah; la Russie bat les Turcs tandis qu'en Pologne elle détruit les armées allemandes. Quelle chute!

CHAPITRE XV

LES INTÉRÊTS ÉCONOMIQUES ET L'IMPÉRIALISME

Contradiction. — Déclarations pacifistes d'industriels et de financiers. — Leurs arguments. — Ils étaient évidents. — « L'organisation économique de l'Allemagne était taillée pour la paix. » — Les individus font des échanges, les gouvernements font de la politique. — Le Kaiser, mouche du coche. — Fournisseur du sultan. — Déviation de l'enseignement de l'économie nationale. — L'impérialisme économique. — Les intérêts militaires. — L'anglophobie de M. Thyssen. — Les mines de fer en France possédées par les Allemands. — Matières premières. — La Russie et la Grande-Bretagne les grands fournisseurs de l'Allemagne. — La Grande-Bretagne, son meilleur client. — Abandon des arguments économiques. — « Le prestige. » — Le parti de la guerre. — Les excitations de Harden. — Conclusions. — Base objective et exploitations de passions subjectives.

J'ai indiqué le caractère agressif de l'impérialisme économique de l'Allemagne. Cependant, au fur et à mesure que se développaient ses intérêts économiques, ils apportaient un facteur pacifique.

Des écrivains français ont raconté des conversations avec des financiers et des industriels allemands. Tous étaient très fiers des progrès réalisés par l'Allemagne. Ils vantaient l'augmentation de leurs capitaux.

Un banquier disait : « Dans un pays comme le nôtre, où l'industrie est aux mains de la finance, la finance est nécessairement tranquille[1]. » « *Nous voulons la paix avant tout.*

---

[1]. Georges Bourdon. *L'Enigme allemande*, 1913, p. 300.

Nous sommes des hommes d'affaires », disait le directeur de la *Dressdner Bank*.

Un Prussien, haut fonctionnaire de l'Empire, exposa à M. Bourdon, en fort bons termes, bien coordonnés, le développement historique de l'Allemagne et conclut :

« Nous sommes en pleine expansion. La première nécessité vitale pour nous est que cette expansion ne soit ni interrompue, ni contrariée. Nous avons besoin de la paix. La paix est le premier besoin des peuples qui s'enrichissent, comme le pillage et la guerre sont la loi des conquérants pauvres. La victoire ne nous donnerait rien que nous ne possédions. La défaite nous écraserait[1]. »

Le docteur Rathenau, directeur de la Société générale d'électricité, déclarait : « En Allemagne, le peuple veut la paix[2]. »

M. Maurice Ajam a fait, en 1913, une enquête auprès de grands industriels allemands, au nom du *Comité du commerce français avec l'Allemagne* dont il était président.

Quelques-uns lui ont parlé du péril slave et lui ont dit:

La seule chance d'une guerre entre la France et l'Allemagne est là, dans une attaque brusque des Russes contre l'Autriche. Ce jour-là nous marcherons, dût l'univers entier être ébranlé par ce choc épouvantable.

Toutefois, en aucun cas, l'attaque ne viendra de nous[3].

Au point de vue économique, ils ajoutaient :

Nous ne pouvons envisager les autres pays, et particulièrement la France, que comme des marchés. Une nation aussi essentiellement industrielle et commerciale que la nôtre, ne peut pas pratiquer une politique agressive.

---

1. G. Bourdon. *L'énigme allemande*, p. 386.
2. G. Bourdon, *ibid*, p. 176.
3. Le *Problème économique franco-allemand*, 1914, par Maurice Ajam, député de la Sarthe.

Et revenant sur le péril slave, ils faisaient la réflexion, qu'« une guerre ne le supprimerait pas ».

M. Maurice Ajam avait reçu une telle impression de ces conversations, qu'il écrivait :

La paix ! J'écris que tous les Allemands, sans exception, lorsqu'ils appartiennent au monde des affaires, sont des partisans acharnés du maintien de la paix européenne.

Hélas ! si M. Ajam avait des illusions, il les a chèrement payées, car il a eu un fils tué à l'ennemi ; mais ces industriels et ces commerçants donnaient des raisons de leurs motifs de vouloir la paix.

L'industrie, le commerce, la richesse de l'Allemagne se développaient. La politique même de cartels et de *dumping*, agressive pour les industries auxquelles elle faisait concurrence, était avantageuse pour les consommateurs étrangers en faveur desquels elle était pratiquée. Il est facile de dire aujourd'hui, que les Allemands qui tenaient ce langage n'étaient pas de bonne foi ; mais leurs arguments sont exacts aujourd'hui comme ils l'étaient en 1913, et on pourrait en tirer la conclusion qu'en tirait M. Maurice Ajam.

Raffalovich, qui connaît si bien l'Allemagne, a écrit : « L'organisation économique de l'Allemagne est taillée pour la paix. »

Tandis que les individus des diverses nations font des échanges, les gouvernements et les hommes qui les représentent font de la politique : toute action de l'Etat implique la contrainte, et entre nations, la contrainte s'appelle la guerre.

L'empereur d'Allemagne jouait, auprès des industriels et des commerçants allemands, le rôle de la mouche du coche ; et il est possible qu'un certain nombre d'entre eux crussent qu'il faisait avancer le char de l'industrie et que la pointe de son épée leur ouvrait des débouchés. Cela pouvait être vrai pour Krupp dont il se faisait le représentant. Il se donnait la peine d'écrire lui-même au Sultan pour lui en recommander les canons et il le remerciait des commandes obtenues. Quand à la fin de 1905, tous les Etats européens envoyaient leurs escadres en Crète pour faire une démonstration, seule l'Allemagne s'abstenait. En échange, Guillaume II avait obtenu d'Abdul Hamid une commande de 2 millions et demi de livres turques, soit de 60 millions de francs [1].

Guillaume II ne pouvait espérer remporter le même succès auprès de son oncle Edouard VII. Cependant quand il alla à Sandringham, en 1909, il emporta avec lui une pacotille de petits appareils à alcool pour l'éclairage, la cuisine, le chauffage et la coiffure, *Lampen, Kochapparate, Frisierapparate*, et en les faisant fonctionner lui-même, il tenta le placement de ces produits de l'industrie allemande.

L'enseignement de l'économie nationale est réduit à des platitudes de ce genre.

Comme il ne peut dégager des principes qui donnent des convictions, il doit chercher de petites recettes empiriques à appliquer à chaque cas. Mais quand elles sont dépourvues d'application immédiate elles perdent tout intérêt. Ce n'est pas dans les cours des universités qu'un étudiant apprendra les procédés de vendre ou d'acheter. Conscients de leur incapacité, les professeurs, au lieu de se concentrer dans des études économiques, se livraient à des considérations politiques. Ils s'échappaient vers l'histoire ; ils montraient comme idéal à leurs étudiants les coups de force qui sont des victoires ou des défaites. Ils donnaient des leçons d'impérialisme économique.

Tous les généraux, les officiers, leurs familles aristocratiques, les sous-officiers et leurs parents étaient intéressés à entretenir chez leurs compatriotes une passion guerrière ; car elle était leur raison d'être. L'empereur et le chancelier leur fournissaient les formules qu'ils répétaient : le péril slave

---

[1]. Victor Bérard. *La France et Guillaume II*, p. 179.

d'un côté, « l'ennemi héréditaire » de l'autre côté; et enfin, la perfide Albion, que les officiers de marine qui prenaient part aux parades de la *Ligue navale* dénonçaient comme si elle avait empêché les navires de la *Hamburg American Linie* ou du *Norddeutscher Lloyd* de franchir le Pas-de-Calais.

Pour justifier la guerre, M. Thyssen, le grand métallurgiste, qui a mis en exploitation les mines de fer de Perrières, de Soumont et de Diélette, dans la Normandie, dit :

Chaque Anglais perspicace doit avoir prévu que l'Allemagne ne tolérerait pas toujours la pression exercée par l'Angleterre.

La politique de l'Angleterre a rendu la guerre inévitable et elle ne peut pas finir avant que l'égoïsme et l'arrogance de l'Angleterre ne soient brisés et que la position de l'Allemagne dans le monde ne soit reconnue.

En quoi la Grande-Bretagne gênait-elle M. Thyssen? L'at-elle empêché de s'installer en Normandie? elle n'a même pas essayé de lui faire concurrence.

L'Allemagne a troublé le monde sous prétexte d'avoir les mines de fer du Maroc. Personne n'a refusé de lui vendre du minerai. Ses métallurgistes ont pu pénétrer pacifiquement dans le bassin de Meurthe-et-Moselle. Ils ont des participations dans sept concessions d'une superficie totale de 5 165 hectares : Valleroy, Jarny et Sancy, Murville, Moutiers, Conflans et Serrouville.

La cession d'une partie de Serrouville a été faite en échange de la cession d'une partie d'un charbonnage en Allemagne. Pour les participations dans la concession de Valleroy, la Société des aciéries de Longwy a obtenu des Röchling une participation dans le charbonnage Carl Alexander à Baesweiler. La Société métallurgique de Senelle-Maubeuge a constitué la Société des mines de Jarny qui constitue une participation avec trois établissements métallurgiques allemands : *Phœnia, A.-G. für Bergbau u Hüttenbetrieb*, de

Hœrde ; *Hasper, Eisen-u, Stahlwerk,* de Hasper et *Hœsch, Eisen-u, Stahlwerk,* de Dortmund. La Société Senelle-Maubeuge a également constitué pour l'exploitation des mines de Murville, une société avec les hauts fourneaux lorrains, *Aumetz-Friede.* La mine de Moutiers est exploitée par un Consortium formé en 1900, qui compte deux groupes français, deux groupes belges et un groupe allemand. Dans la concession de Conflans, sur 200 parts, 100 appartiennent à MM. Vieillon et Migeon, 70 aux *Dislinger verke* de Detlingen (Allemagne), 10 à une société belge. La *Gelsenkirken* possède près de 2 000 hectares du bassin lorrain avec les concessions de Saint-Pierremont, Sexey, Haute-Lay, Saint-Jean, Sainte-Barbe, Crusnes et Villerupt.

Enfin M. Thyssen lui-même a acquis, dans le bassin de Meurthe-et-Moselle, les concessions de Batilly, de Bouligny et de Jouaville, destinées à alimenter son usine de *Hagendingen,* située près de la Moselle.

Les Allemands contrôlent, pour nous servir du terme anglais, dix-huit concessions du bassin de l'Est s'étendant sur plus de 10 000 hectares, soit le septième du bassin, et dix concessions normandes, comprenant 7 300 hectares[1].

Si les Allemands entendent que l'Allemagne se suffise à elle-même pour toutes ses matières premières, ils doivent annexer la Louisiane et quelques autres États du Sud des États-Unis, pour avoir le coton, et la République Argentine et l'Australie pour avoir la laine.

Mais, sur 717 000 kilos d'or fin, 410 500 kilos proviennent des territoires de l'Empire Britannique! soit 1 412 millions de francs sur 2 465 millions de francs. Toutefois personne n'a empêché les Allemands d'acheter des actions des mines du Transvaal et, avant la guerre, ils ont toujours pu acheter de l'or à Londres.

La Grande-Bretagne ne refuse pas de le leur vendre. Si la

---

1. *L'Allemagne en France. Enquêtes économiques,* par Louis Bruneau.

Russie, en 1913, leur a vendu pour 1 424 millions de M., la Grande-Bretagne vient immédiatement après, avec 876 millions de M., mais elle leur a acheté pour 1 438 millions de M. Elle est leur meilleur client. L'Autriche-Hongrie, malgré sa mitoyenneté, a fait de moindres achats : 1 104 millions de M. Quant à la Turquie, malgré tous les efforts du Kaiser, et malgré toute l'activité développée par les voyageurs allemands, elle n'a acheté que pour 98 millions de M. et dans ce chiffre sont compris des fournitures pour le chemin de fer de Bagdad et probablement quelques envois de l'usine Krupp pour l'armée.

Les intérêts économiques de l'Allemagne exigeaient-ils qu'elle fît la guerre à ses deux meilleurs fournisseurs et à son meilleur client?

Dans l'étude dont j'ai déjà parlé sur le commerce anglo-allemand, M. Diepenhorst, après avoir énuméré tous les arguments que pouvait lui dicter son anglophobie économique, s'est sans doute aperçu qu'ils se retournaient contre sa thèse : et alors il conclut que dans l'opinion de beaucoup de gens le problème anglo-allemand ne peut être résolu que par les armes, et lui-même prend à son compte la déclaration suivante :

Ce n'est pas l'économiste, c'est l'homme politique qui doit déterminer de quelle façon les deux peuples arriveront le mieux à s'entendre.

La concurrence économique ne suffisait pas à cet Allemand. Il proclamait hautement qu'elle avait fait place à la concurrence politique. Et pourquoi? Pour hâter le moment de la suprématie économique de l'Allemagne? Il n'avait donc pas, en dépit des chiffres que constatent leurs industriels et commerçants, confiance dans leur avenir. Il pensait donc que la loi de l'offre et demande appliquée librement ne suffisait pas. Il fallait le coup de force qui écraserait le concurrent et leur laisserait la place complètement libre.

Ce n'était plus l'intérêt objectif du gain qui les animait

quand ils mettaient de côté l'économiste pour le remplacer par le guerrier : C'était la passion suggestive du prestige !

Un parti de la guerre, qu'on a appelé la trinité Bernhardi — Keim — Reventlow, avec le journal de Harden, la *Zukunft* pour organe, et le Kronprinz pour représentant, exploitait ces sentiments.

Harden se plaignait de ce que « le bourgeois allemand était trop préoccupé de ses affaires, de son travail, de son argent. Peu de gens songent à la guerre, ou bien ont trop besoin de la paix [1] ».

Il essayait de les arracher à cet engourdissement pacifique par des excitations comme celles-ci :

L'Allemagne étouffe de pléthore industrielle. Ne lui a-t-on pas promis qu'elle dominerait sur les mers et qu'on ne partagerait pas un pouce de terrain dans le monde sans qu'elle en eût la meilleure part?... A-t-on, depuis, partagé la terre? Non, pas même l'Afrique, ni le golfe de Bothnie... Au lieu des succès attendus, elle voit toujours commettre faute sur faute. Ce n'est pas la *Pax Germanica*, mais la *Pax Britannica* qui règne sur l'univers. A quoi a servi le coup d'Agadir? A nous donner, au fond du Congo, quelques marécages improductifs et à réveiller en France le chauvinisme et l'instinct militaire.

C'est avec le fer qu'on forge l'or, mais non le fer avec de l'or. Prétendre le contraire est un péché mortel contre le saint esprit de la nation. Écoutez, bonnes gens, ce que dira l'étranger : quarante-trois ans après Sedan, le riche Empire d'Allemagne, pour défendre ses 68 millions d'hommes contre 40 millions de Français, doit procéder à la confiscation des biens, parce qu'il ne peut plus même cueillir un seul brin d'herbe sur les sentiers qu'il s'est tracés. Le vrai Prussien, qui a toujours su dans quel but il travaillait, serait-il donc mort [2]?

---

1. Bourdon. *L'Énigme allemande*, p. 230.
2. Voir *Maximilien Harden, Guillaume II et le Kronprinz. Le Correspondant*, 10 février 1915, p. M. André.

L'auteur d'un livre : *Si j'étais Empereur !* qui a eu un grand succès, M. Freymann, écrivait :

Point de guerre ! tel est le cri de nos capitalistes. Elle nous ruinerait !

Il en prend aisément son parti :

Le commerce perdra évidemment beaucoup, mais il cherchera de nouveaux débouchés. Bien plus terribles seront les dommages causés à l'industrie ; pour se rendre compte de ce que cela peut être, il faut considérer les traces que laisse après elle une crise de quelques mois. Mais cela aussi a un bon côté : *avec une terrible évidence nous voyons où nous conduit notre politique d'exportation,* en nous rendant tributaires de l'étranger. Grâce à cela, ceux qui sont à la tête de notre industrie se résoudront plus rapidement à limiter leurs efforts à la proportion des besoins de notre marché intérieur.

Ce partisan de la guerre était adversaire de l'expansion commerciale de l'Allemagne. Elle devait faire la guerre pour avoir le droit de ne pas vendre au dehors, et pour obliger ses industriels à limiter leur production !

Nous pouvons conclure : Il y avait contradiction entre la politique guerrière et les intérêts économiques de l'Allemagne.

Cette contradiction était perçue par de nombreux industriels et financiers.

L'impérialisme économique ne pouvait être justifié par des arguments économiques.

Il plaçait l'Allemagne en conflit avec ses deux meilleurs fournisseurs, la Russie et la Grande-Bretagne et son meilleur client, la Grande-Bretagne.

Les excitations guerrières avaient pour base objective les intérêts militaires et les intérêts aristocratiques qui y étaient liés. Elles n'avaient à leur service que l'exploitation de passions subjectives.

CHAPITRE XVI

LES BÉNÉFICES DE LA GUERRE ;
L'INDEMNITÉ DE GUERRE DE 1871

M. Harden. — Conception de brigands. — L'indemnité de 5 milliards. — Le prix de la guerre de 1870 pour les Allemands. — La part remboursée par l'indemnité de guerre. — Mode de payement de l'indemnité de guerre. — L'or et l'Allemagne. — Perte sur l'argent. — L'emploi de l'indemnité. — La crise de Vienne. — Opinion de Bismarck sur l'indemnité. — Hypothèse de M. Angell. — L'indemnité de guerre, les prix et les salaires. — Elle a coûté cher à l'Allemagne.

Cependant, M. Harden ajoutait un argument objectif aux vitupérations que nous venons de citer.

Il affirmait que « l'affaire la plus lucrative qu'eussent faite les Allemands dans le dix-neuvième siècle était la guerre de 1870 ». M. Harden leur donnait l'allure de brigands de grands chemins, comptant les 5 milliards de l'indemnité de guerre.

Il rappelait que la France l'avait complètement payée le 5 septembre 1873, alors que le payement total n'était exigible que le 2 mars 1874. Les Allemands eurent alors la conviction que leurs exigences avaient été trop faibles. La menace de guerre de 1875 provenait de cette déception. S'ils recommençaient, ils saigneraient la France à blanc. En prévision de la guerre, les auteurs allemands ont parlé couramment d'une indemnité de 30 milliards à lui imposer. Elle leur donnerait la double satisfaction d'enrichir l'Allemagne et de ruiner une nation qui a survécu à leurs victoires. Cet esprit de brigandage est un des facteurs qui ont déterminé la guerre actuelle.

Les charges, ajoutées aux dépenses militaires, en 1912 et en 1913, seraient compensées par les dépouilles des vaincus. Les contribuables allemands en seraient délivrés. Cependant quelques dizaines de milliers d'entre eux payeraient de leur vie cette fructueuse opération; mais ce déchet ne comptait pas.

Les résultats procurés par l'indemnité de guerre de 1871 ont-ils été tels qu'ils pussent inspirer ces ardentes convoitises?

Le gouvernement a reçu 5 milliards de francs : mais il ne les a pas distribués entre les habitants de l'Allemagne.

D'après sir Robert Giffen[1], la guerre de 1870-1871 aurait coûté aux Allemands :

	Millions de francs.
Dépenses directes.	1 650
Dépenses indirectes.	1 250
Total.	2 900

Le capital représenté par les vies humaines perdues n'est pas compté. Sir Robert Giffen considère qu'on pourrait l'évaluer à 750 millions, chiffre très faible.

Même sans en tenir compte, l'indemnité de guerre n'aurait donc dépassé que de 2 milliards les dépenses causées à l'Allemagne par la guerre.

Comme avantages positifs, on a dit qu'elle avait permis à l'Allemagne d'établir l'étalon d'or. Elle a pu, en effet, y contribuer; mais c'est une grosse erreur de croire qu'elle s'est manifestée sous la forme d'un flot d'or coulant sur l'Allemagne.

Le total a atteint les chiffres suivants :

---

[1]. *Essays in finance, the cost of the franco german War.* Second édit., 1880.

	Francs.
En principal....................................	5 000 000 000
En intérêts......................................	302 123 000
En frais d'escompte et frais de conversions de valeurs étrangères à la charge du gouvernement français.....................	13 635 000
Total............	5 315 758 000

Les compensations admises par l'Allemagne s'élevèrent à 325 millions représentant la valeur de la portion du chemin de fer de l'Est cédée à l'Allemagne par suite de l'annexion.

En réalité l'exportation du numéraire français ne fut que de 512 294 933 francs. Le reste 4 353 365 519 francs fut payé en numéraire et billets de banque allemands et en lettres de change. Les lettres de change entrèrent dans cette somme pour 4 248 326 374 francs se subdivisant ainsi :

	Francs.
Valeurs allemandes libératoires..........	2 799 514 184
Valeurs autres qu'allemandes y compris les marcs Banco, monnaie de compte de la banque de Hambourg..................	1 448 812 190

Telles sont les constatations faites par M. Léon Say dans son rapport de 1874.

Pendant le payement de l'indemnité de guerre, le change fut en faveur de l'Allemagne; mais dès qu'il fut réglé l'or quitta l'Allemagne : de juillet 1874 au commencement de 1875, il y eut une exportation d'or de 500 millions de M. La Banque de Prusse dut élever son taux d'escompte à 6 p. 100 et commença à donner, au lieu d'or, des thalers d'argent qui avaient conservé « provisoirement » leur pouvoir libératoire.

L'adoption de l'étalon d'or est du 9 juillet 1873. Une large portion de l'indemnité avait été payée en argent. Sur ses ventes d'argent, montant à 800 millions de francs, le gouvernement allemand perdit 15 p. 100, soit 120 millions de francs.

Sur les 5 315 millions de francs, l'Empire garda 2 050 millions et répartit le reste entre les divers États. La confédération du Nord reçut environ 2 800 millions et les autres États reçurent le reste. On n'a pas de détails sur leur emploi, mais on considère qu'ils furent surtout consacrés à réparer les dommages résultant de la guerre ou à des dépenses militaires.

L'Empire ne répartit que 56 millions entre les dépenses civiles : 25 500 000 francs pour l'érection du palais du Reichstag, le reste pour les chemins de fer d'Alsace-Lorraine et la ligne du Luxembourg. 1 milliard fut remis à la disposition sans contrôle du chancelier. Provisoirement, des fonds, avant qu'ils fussent utilisés, entre autres pour la construction et la réparation des forteresses, furent prêtés à intérêt à des banques et au fonds de pensions pour les soldats retraités.

La Confédération du Nord acquitta 325 millions d'emprunts contractés pour la guerre. Une somme de 120 millions de M. constitua un trésor de guerre déposé dans la forteresse de Spandau. L'Angleterre a reçu, au mois de mars 1915, des livres sterling toutes neuves dont le millésime annonçait qu'ils avaient dû en faire partie.

L'État s'en servit pour payer ce qu'il devait pour son matériel de guerre; il s'en servit pour le renouveler et l'augmenter; il s'en servit pour faire des constructions de forteresses. L'indemnité donna donc une certaine activité à certaines industries, mais pour des travaux qui, loin d'être reproductifs, entraînaient de nouvelles dépenses.

Le professeur Ad. Wagner, examinant l'usage qui aurait pu être fait de l'indemnité de guerre, a regretté qu'elle n'eût pas servi à entreprendre de grands travaux productifs.

Dans « le Mai noir » de 1873, une crise éclata en Autriche, frappa l'Allemagne et s'étendit sur le monde entier. Elle provenait de l'absorption énorme de capitaux faite par la guerre, par les travaux de construction de chemins de fer aux États-Unis, qui avaient doublé leur réseau en sept ans;

en Russie, dont le réseau, depuis 1868, représentait 19 000 kilomètres ; en Autriche qui, depuis 1865, avait augmenté le sien de 6500 kilomètres ; par les emprunts faits par le Brésil, la Plata, le Chili, le Pérou, sans compter ceux du Honduras, du Paraguay, de Saint-Domingue et de Costa-Rica.

La crise provint, comme toutes les crises, d'une destruction ou d'une absorption de capitaux circulants en capitaux fixes[1]. L'indemnité de guerre n'en mit pas l'Allemagne à l'abri. On est même allé jusqu'à dire qu'elle fut une des causes de l'état de malaise dans lequel elle se trouva. C'est exagéré[2]. Mais elle ne l'a pas empêché.

Quand Bismarck introduisit son projet politique protectionniste, le 2 mars 1879, il compara la situation de l'Allemagne à celle de la France : et il déclara que l'indemnité de guerre de 1871 n'avait pas enrichi l'Allemagne.

Deux ans plus tard, le 29 novembre 1881, il disait :

C'est vers 1877 que je fus frappé, pour la première fois, de la détresse générale et croissante de l'Allemagne, comparée à la France ; j'ai assisté à la diminution du bien-être général.

Ce n'était pas seulement des phrases de tribune. D'après Busch, dans des conversations privées, il formulait ainsi son opinion :

En définitive, les milliards français n'ont pas été une bénédiction, au moins pour nos industriels, qu'ils poussèrent à la surproduction. Les banquiers seuls en profitèrent et parmi eux, seulement les gros[3].

Dans son livre, *la Grande illusion*, M. Angell suppose que l'Allemagne ait arraché 25 milliards à la Grande-Bretagne. S'ils sont payés en richesses réelles, produits,

---

1. Voir Yves Guyot. *La Science économique et Journal des Economistes*, août 1913.
2. Robert Giffen. *Essays in finance*. The liquidation of 1873-1876.
3. Bismarck. *From secret pages of his history*. T. III, p. 161. (English edition.)

marchandises utiles à l'existence, directement ou indirectement, ils provoquent un excès d'importation que les protectionnistes considéreront comme une ruine. Mais M. Angell suppose que cette indemnité entraînerait une élévation des prix; cependant, si elle donnait lieu à une augmentation d'importation, cette augmentation d'importation devrait avoir pour résultat de les abaisser. Elle ne pourrait donner lieu à une élévation des prix que si elle provoquait de nouveaux besoins et une grande activité.

D'après le *Fiscal blue book* (Cd. 1761), M. Horace Handley O'Farrell[1] a dressé deux tableaux. Pour obtenir les salaires réels, il a divisé les chiffres des salaires par l'index number représentant les prix.

Les salaires allemands sont ceux de l'usine Krupp.

	Prix et salaires en Allemagne.			Prix et salaires en France.		
Années.	Prix. (1900=100)	Salaires normaux. (1900=100)	Salaires réels 0,	Prix. (1900=100)	Salaires normaux. (1900=100)	Salaires réels 0,
1870.....	111	64	581	»	»	»
1871.....	117	63	540	104	74	712
1872.....	130	71	545	111	74,5	672
1873.....	135	78	576	110	75	682
1874.....	124	81	653	101	75	743
1875.....	116	81	695	102	75	735
1876.....	113	76	672	100	76,5	765
1877.....	113,5	70	616	102	78,5	785
1878.....	104	67	654	89	79	870
1879.....	94,5	63	666	86	79	920
1880.....	105,5	67	635	80	84	1050

D'après ces chiffres, il y eut en Allemagne une grande hausse de prix en 1872 et en 1873, suivie d'une baisse qui les ramena au-dessous de ceux de 1870. La hausse des salaires, selon un phénomène presque constant, ne se produisit qu'après; puis elle fut suivie d'une baisse. Cependant comme

---

[1]. *The Franco war indemnity and its Economic results* (The Garton fondation) Harrisson and sons, London, 1913. P. 47.

les marchandises étaient au-dessous du prix de 1870, il en résulta une hausse définitive pour le salaire réel.

En France, il y eut aussi une hausse en 1872 et 1873, mais beaucoup moins accentuée; le taux des salaires augmenta peu; mais étant donnée la baisse des marchandises, le salaire réel augmenta relativement à 1871 de 47 p. 100, tandis que le salaire allemand n'augmenta que de 17 p. 100.

L'usine Krupp devait avoir largement profité de l'indemnité de guerre : elle avait reçu le payement complet des armes qu'elle avait fournies et elle avait dû entrer pour une grande part dans le nouvel armement qui devait remplacer celui qui avait été consommé par la guerre. Les ouvriers se trouvaient donc dans les meilleures conditions pour bénéficier de l'indemnité de guerre de 1870, et au point de vue du taux et de la progression des salaires, ils restèrent de beaucoup en deçà des ouvriers français.

Dans toutes les opérations de rapine, la perte dépasse pour la victime le gain du pillard. Au cours de son entreprise, il court des risques. La guerre est non seulement onéreuse au point de vue humain; mais elle entraîne des préparations et des frais désastreux. D'après les calculs de Giffen, le montant réel de l'indemnité ne s'est élevé qu'à 2 milliards de francs pour l'Allemagne.

Depuis qu'elle les a touchés, combien avait-elle dépensé avant la guerre actuelle pour ses armements? L'indemnité de guerre n'en représente pas la dixième partie. Mais l'Allemagne a forcé aussi la France à s'armer; et aussi la Russie, et aussi l'Angleterre : Elle a su les réunir contre elle. Aujourd'hui les 2 milliards nets qu'elle a reçus disparaissent sous le tas de milliards qu'elle a dépensés depuis le mois d'août et auxquels viendront s'ajouter les dommages-intérêts qu'elle devra payer.

Les Allemands qui sont capables de réflexion doivent avoir laissé pour le compte de Harden « la conviction que la meilleure affaire qu'aient faite les Allemands dans le dix-neuvième siècle est la guerre de 1870 ».

CHAPITRE XVII

LE POIDS DES ARMEMENTS

Caractères du septennat et du quinquennat. — Anciennes résistances du Reichstag. — Lois du 27 mars 1911, du 14 juin 1912 et du 3 juillet 1913. — La peur des Slaves et le discours du 7 avril 1913. — Progression budgétaire. — Les dettes de 1900 à 1909. — La souscription des emprunts en mars 1913. — L'impôt sur la fortune. — Son caractère. — Déception. — Encouragements à la prodigalité. — Dépenses de l'Empire allemand entraînent dépenses des autres pays.

Nous avons vu le régime du septennat fonctionner sous le gouvernement de Bismarck; mais les augmentations de dépenses militaires trouvaient de l'opposition au Reichstag.

Le projet du 25 novembre 1886 se heurta à l'opposition du centre, représenté par Windhorst, des libéraux représentés par Richter, des socialistes représentés par Grillenberger. Le 14 janvier, le Reichstag adopta un amendement de Stauffenberg en limitant les effets à trois ans. Immédiatement Bismarck lut un message de l'empereur prononçant la dissolution. Les élections donnèrent, en faveur du septennat, une majorité de 227 voix contre 31 et 84 abstentions. Quand le Chancelier Caprivi présenta son projet portant l'effectif pour la période 1893 à 1899 à 492 068 hommes, la commission chargée d'examiner le projet le rejeta le 12 janvier 1893; et le 6 mai, le général de Caprivi dut dissoudre le Reichstag; le 15 juillet, il obtint le vote de la loi militaire par 201 voix contre 185.

Les résistances du Reichstag n'étaient pas ratifiées par les électeurs.

Nous avons déjà vu que le septennat engageait le Reichstag pour un minimum de dépenses militaires, mais n'engageait pas le chancelier. Il en fut de même pour le quinquennat établi par la loi du 27 mars 1911. Il fut suivi par la loi du 14 juin 1912, qui ajouta 29 000 hommes sur le pied de paix aux 10 000 hommes ajoutés l'année précédente, et on ajouta aux dépenses prévues une nouvelle dépense de 880 millions de M., échelonnée sur les budgets de 1912 à 1917.

Cette loi fut suivie de la loi du 3 juillet 1913.

Cette dernière loi fut la conséquence de la guerre des Balkans. La population allemande ne constitue dans le centre de l'Europe qu'une minorité relativement à la population slave; sur les 65 millions d'habitants de l'Allemagne, il faut déduire les 3 millions de Polonais du duché de Posen, sans compter 1 million d'étrangers. Si on y ajoute les 12 millions d'Allemands habitant l'Autriche-Hongrie, on a, au maximum, 74 millions d'Allemands. Or, la Russie d'Europe seule a 132 millions d'habitants; et sa population augmente plus rapidement que celle de l'Allemagne : déduction faite de 10 millions de Magyars, de 3 millions de Roumains, la population de l'Autriche-Hongrie comprend plus de 25 millions de Slaves.

Quand l'Allemagne se comparait à la France elle avait 'orgueil du nombre; quand elle se comparait à la Russie, elle en avait la terreur.

Dans son discours du 7 avril 1913, M. de Bethmann-Hollweg, assura que si l'Allemagne voulait être prête à la guerre, elle ne rêvait que paix. S'il n'y avait pas de méchants voisins, la paix perpétuelle serait assurée. Mais quels voisins? Il affirma les bonnes relations de l'Allemagne et de la Russie; il déclara qu'une guerre de race était peu probable. Il affirma les bonnes relations de l'Allemagne avec la Grande-Bretagne. Restait donc la France? M. de Bethmann-Hollweg dénonça les chauvins français; mais si les chauvins français s'agitaient inutilement et trop bruyamment, leurs prétentions étaient moindres que celles des pangermanistes.

Tous les ans en prenant 280 000 recrues l'Allemagne laissait 60 000 hommes de côté. Dans son discours le chancelier M. de Bethmann-Hollweg posa la question suivante : « Devons-nous nous payer le luxe de renoncer à des milliers de soldats exercés si nous pouvons avoir ces milliers de soldats? »

La loi de 1913[1] comportait un accroissement numérique de l'effectif de paix de 4 000 officiers; 15 000 sous-officiers; 117 000 hommes; 27 000 chevaux. Elle fixait le nombre des unités des diverses armées à 669 bataillons, au lieu de 651; à 550 escadrons de cavalerie, au lieu de 516; à 633 batteries de campagne, sans augmentation; à 55 bataillons d'artillerie à pied au lieu de 48; à 44 bataillons de pionniers, au lieu de 33; à 31 bataillons de troupes de communication, au lieu de 18; à 28 bataillons du train, au lieu de 25. L'effectif budgétaire de l'armée allemande se trouvait être de 36 000 officiers; 110 000 sous-officiers, au lieu de 95 000; 661 000 soldats, au lieu de 544 000; auxquels il faut ajouter 6 000 employés supérieurs et 4 000 employés subalternes dont les fonctions sont remplies en France par des militaires et 18 000 volontaires d'un an, au lieu de 14 000; soit un total de 835 000, les incorporations en surnombre augmentant d'ailleurs l'effectif réalisé qui devait atteindre 870 000 au début du printemps. La loi devait recevoir sa complète application pour le 1er octobre 1915; elle l'avait reçue, dès le 1er octobre 1913, en ce qui concernait les trois armées principales.

Septennats ou quinquennats, toujours extensibles, étaient empreints d'un vice budgétaire.

Au moment où ils étaient votés, on prévoyait un certain chiffre pour les dépenses qu'ils comportaient; mais à leur expiration, la plus grande partie de ces dépenses devait continuer.

En 1872, le budget de l'Empire était de 450 millions de

---

1. *La Vie militaire en France et à l'étranger.* 2ᵉ année 1912-1913, p. 222 et suiv. (F. Alcan.)

M., dont 270 millions pour l'armée et 25 millions pour la marine.

En 1912-1913, les dépenses de la guerre et de la marine atteignaient 1 335 millions de M. Si on y ajoutait les secours aux vétérans et le service des emprunts contractés pour la défense nationale, on arrivait à 1 558 millions de M.

Les dépenses budgétaires de l'Empire et des États confédérés atteignaient pour 1912-1913, d'après le ministre des Finances, M. Wermuth, 8 600 millions de M. ou 5 200 millions, si on fait abstraction des exploitations se suffisant à elles-mêmes.

A la fin de 1870, la dette impériale était de 485 millions de M ; en 1880, elle était de 1 240 millions.

Le ministre des Finances, M. Wermuth, en 1912, reconnaissait que de 1900 à 1909, l'Empire avait dû emprunter 2 700 millions de M. :

14 p. 100 du total de cette dette, disait-il, ont été appliqués à des dépenses productives, c'est-à-dire aux dépenses de la poste et des chemins de fer ; les autres 86 p. 100 ne représentent, en réalité, qu'un appoint plus ou moins déguisé aux budgets ordinaire et extraordinaire, 60 p. 100 concernent la guerre et la marine, plus de 14 p. 100 les expéditions dans l'Asie orientale et le Sud-Ouest africain. Une partie minime a été employée à la construction et à l'agrandissement du canal Empereur-Guillaume, à l'administration des protectorats ; le reste a indubitablement le caractère d'emprunt destiné à couvrir le déficit budgétaire.

Et il ajoutait :

Faire continuellement face aux dépenses d'armement pendant une longue période de paix au moyen d'emprunts qu'on n'amortit pas cela s'appelle se débarrasser du soin d'assurer l'existence de la nation sur la génération suivante et aggrave doublement à cet égard les charges de cette génération.

La première semaine de mars 1913, les Allemands furent

appelés à souscrire deux emprunts ; l'un de 150 millions de
M. de rente pour l'Empire et pour la Prusse ; un autre de
400 millions de bons du Trésor de Prusse à 4 p. 100, émis à
99 et remboursables en cinq ans.

Les souscriptions des rentes se sont montées à 200 millions
de M., soit en plus 40 p. 100 ; les souscriptions pour les bons
du Trésor n'en fournirent que la moitié, quoique toutes les
grandes banques eussent compté sur un succès. En réalité,
les souscriptions individuelles furent insignifiantes pour
l'un et l'autre emprunts.

Les frais nécessités par les deux lois militaires et navales
de 1911 et de 1912 restant à couvrir, étaient de plus de 550 millions de M. qui devaient être répartis sur quatre années.

En plus, il y avait des déficits ; on avait évalué le produit
de l'impôt sur l'alcool à 36 millions de M.; il n'avait été que
de 18 ; on avait ajouté aux prévisions budgétaires une prévision de plus-values de 45 millions de M., pour les douanes ;
mais cette plus-value n'avait été que de 28 millions.

Les finances étaient dans cet état, lorsque le nouveau
projet de 1913 exigea une dépense de 1 milliard de M., soit
1 230 millions de francs. Cette dépense a été couverte par un
impôt sur les fortunes qui ne devait fonctionner que pour
cet objet déterminé.

Les socialistes exultèrent : « Il s'agit d'un pas courageux
vers un plein socialisme ! » s'écrièrent-ils. La mégalomanie
militaire forgeait la clef qui permettrait à la révolution sociale
d'ouvrir les coffres-forts.

Mais cette joie était compensée par quelque méfiance. Le
nouveau système militaire entraînait des dépenses annuelles
de 250 à 280 millions de M.; quels seraient les impôts destinés à les payer ? Tandis que l'impôt sur la fortune serait
accidentel, les autres seraient permanents.

L'annonce de cet impôt produisit une baisse générale et
éleva à 6 p. 100 le taux de l'escompte. La *Gazette de Francfort*
dit : « Derrière le demi-assentiment, on remarque de l'hésitation et des hochements de tête. » Et elle constata quelque

danger après que la menace de cet impôt avait eu pour résultat l'exportation de capitaux, d'où une double conséquence : diminution du capital imposable et diminution du stock d'or.

Pas plus que les contribuables des autres pays, les contribuables allemands n'ont de vocation pour augmenter leurs charges.

L'impôt sur la fortune ne fut pas un impôt d'Empire. Les États confédérés payaient une contribution matriculaire de 1 M. par tête. Elle fut élevée à 2 M. Mais la répartition ne fut pas établie sur la population, mais sur l'évaluation de la fortune.

Les États fédérés durent se procurer ce supplément au moyen d'un taux sur la fortune, sur les successions ou quelque autre du même genre. Le choix fut laissé à leurs diètes respectives.

Un député libéral national, M. Lucke, ayant demandé un impôt sur les successions, le chancelier le repoussa avec beaucoup de force, comme étant de nature à provoquer un dangereux conflit avec les États.

La Loi comportait une amnistie fiscale en cas de rectification spontanée dans les déclarations de capitaux et de biens précédemment dissimulés. Cette disposition ne provoqua pas un grand excédent. Il y eut de fortes déceptions. On avait espéré que l'impôt rapporterait 1 milliard et demi et qu'on pourrait ainsi supprimer le versement de la troisième année. Il n'atteignit que le milliard. On avait compté que Berlin et sa banlieue donneraient 200 millions de M. Le résultat fut 145. On avait évalué la fortune de Francfort à 3300 millions qui auraient dû fournir 45 millions. On n'obtint que 35 millions.

Pour l'année 1914-1915, le budget de l'Empire allemand se réglait de la manière suivante :

Total des recettes 8 797 900 000 dans lesquelles il fallait comprendre 831 millions pour les postes et télégraphes ; 162 millions pour les chemins de fer ; des recettes diverses

82 millions ; des recettes extraordinaires dont 5388 millions provenant d'emprunt.

Les dépenses permanentes étaient de 2669 millions et les dépenses « pour une fois seulement », de 736 1/2 ; les dépenses extraordinaires de 5393 millions : soit un total de 8798 millions de M.

	Dépenses permanentes.	Dépenses « pour une fois ».	Dépenses extraordinaires.
		(Millions de M.)	
Administration militaire.......	871	338	—
— de la marine...	221	235	29
Dépenses pour la guerre.......	—	—	5300

		Millions de M.
Dettes de l'Empire d'Allemagne portant intérêt...		4897
Sans intérêts :		
Bons du trésor.............................	160	
Papier monnaie.............................	120	280
Total.............................		5177
Augmentation depuis 1912.....................		95

Une dépêche de Berlin du 11 juillet 1914 annonçait qu'une nouvelle taxe de guerre destinée à la marine serait demandée en automne.

Les professeurs Delbrück et Ballod poussaient à la dépense en répétant ces paroles de List :

Les nations, appelées à parcourir les mers, se moquent du système de parcimonie des peuples attachés au sol.

Mais toute augmentation de dépense de l'Allemagne pour l'armée et la marine avait pour effet une augmentation de dépense en France, dans la Grande-Bretagne et la Russie. L'Allemagne, haletante, mais voulant tenir tête, devait s'épuiser dans cette lutte. Elle ne pouvait y mettre fin qu'en provoquant une catastrophe.

CHAPITRE XVIII

LE COEFFICIENT SOCIALISTE

Progrès des socialistes. — Leur importance électorale. — Agrariens et socialistes. — La protection des objets d'alimentation. — La faillite de l'assurance sociale. — Baisse de salaires en 1914. — « L'internationalisme rouge » et « le nationalisme rouge. »

Parmi les motifs qui ont pu provoquer le Kaiser à faire en 1914 une guerre préventive, il ne faut pas oublier la situation du parti socialiste.

Voici le nombre des députés qu'il a réuni à chaque élection depuis 1898 :

1898.	1903.	1907.	1912.
56	82	43	110

Il a remplacé le centre qui était le groupe le plus important du Reichstag; et ce chiffre n'est pas proportionné avec le chiffre de voix qu'il a obtenu dans le pays. Les élections ont lieu d'après le recensement de 1867; de sorte que telle circonscription industrielle n'élit qu'un député socialiste alors que le chiffre de sa population devrait lui donner droit à plusieurs. Le chiffre des voix obtenues par les socialistes a été de 4 239 000 voix, soit 991 000 de plus qu'en 1907. Alliées avec les autres voix de l'opposition, elles donnent un total de 7 524 000. Le parti du gouvernement n'a eu que 4 664 000 voix.

Il y a en plus 221 socialistes dans les diètes des divers États; la Bavière en compte 30; dans le Schartzburg Rudolstadt, les socialistes ont la majorité, malgré deux dissolutions de la diète. Le parti socialiste avait 85 journaux quotidiens, y compris le *Vorwaerts*.

En 1914, ils ont fait une semaine rouge qui a augmenté le nombre des membres du parti de 132 200 membres, le portant à 1 115 000.

L'empereur avait lancé à diverses reprises des adjurations contre les socialistes : tel était le résultat obtenu.

La propagande socialiste se développait dans l'armée. Rosa Luxembourg avait fait une campagne sur les mauvais traitements soufferts par des soldats. Elle fut poursuivie. Elle demanda à faire entendre 925 témoins. Le gouvernement recula et abandonna le procès.

La politique agrarienne avait donné des arguments formidables aux socialistes. Ils invoquaient, en 1911, les cours du froment (la tonne) :

	Marks.
Berlin	211,50
New-York	153,80
Liverpool	166,20
Paris	206,40

Dans les discussions qui eurent lieu à la fin de novembre 1912, les ministres déclarèrent que les consommateurs devaient diminuer leur consommation de viande; mais que cette diminution n'atteignait pas seulement les ouvriers, mais atteignait aussi les classes moyennes. Le ministre prussien de l'agriculture, M. von Schorlemer-Lieser disait : « Ce ne sont pas seulement les ouvriers, mais les petits employés, les petits artisans, les petits commerçants; » et il ajoutait comme consolation : « On aime de plus en plus la viande de cheval. » M. Delbrück, ministre de l'Intérieur, reconnut que « la politique du tarif avait pour objet de relever les prix ». C'était sans doute fâcheux pour les mangeurs de viande, mais ils devaient s'y résigner. Une majorité de 174 voix approuva les déclarations protectionnistes; mais la minorité en faveur de la suppression des droits sur les objets d'alimentation atteignit le chiffre de 140 voix.

On se rappelle la belle ardeur qu'en 1890 Guillaume II avait mise à convoquer à Berlin une conférence pour la protection internationale du travail qui devait d'abord se tenir à Berne. La faillite du socialisme impérial que l'Allemagne a étendu sur le monde a été enregistrée par un professeur de l'Université de Berlin [1], M. Ludwig Bernhard, invoquant lui-même l'autorité d'un certain nombre d'autres professeurs et d'un des plus hauts fonctionnaires de l'office des assurances, M. Friedensbourg. Ce beau système d'assurances sociales a créé la *Rentenhystérie* et la dissimulation. L'assistance obligatoire a démoralisé ceux auxquels elle s'applique. M. Bernhard montrait aussi que la réglementation du travail avait introduit un contrôle oppressif qui menaçait de détruire l'esprit d'entreprise.

Le premier semestre de 1913 avait été très avantageux pour les ouvriers. Une baisse dans les salaires s'était produite précédant le second semestre. Elle continuait pendant le premier trimestre de 1914, comme le prouvent les chiffres suivants [2] :

Salaire de l'ensemble des ouvriers du bassin de la Ruhr :

1er trimestre 1913	1er trimestre 1914	Salaire trimestriel 1913	Salaire trimestriel 1914
par jour			
M. Pf.	M. Pf.	M.	M.
5 44	5 31	429	405

La guerre a été envisagée par le Kaiser et certains de ses ministres, comme un moyen de se débarrasser de ces questions embarrassantes et de transformer le parti socialiste de parti d'opposition en parti national, lié au Kaiser, chef suprême de l'armée et personnification de l'Empire allemand. Il a appliqué l'idée de M. Fendrich, ancien député à la diète du duché de Bade, qui avait proposé de remplacer « l'internationalisme rouge par le nationalisme rouge ».

---

[1]. Voir *Journal des Économistes*, juillet 1912. *La Faillite de la politique sociale allemande*, par A. Raffalovich. — *L'Industrie et les Industriels*, par Yves Guyot. Liv. IV, ch. IX (1914).
[1]. Comité des Houillères. N. 4983, 25 juin 1914.

CHAPITRE XIX

LE CONFLIT DES DEUX CIVILISATIONS

Causes de guerre immédiate. — La guerre préventive. — Le conflit de la civilisation guerrière et de la civilisation productive.

De ces faits nous pouvons tirer les conclusions suivantes :

Le *Kaiser* et les hommes qui l'ont poussé à la guerre ont voulu liquider des difficultés intérieures par une grande crise. C'est une conception analogue à celle de la grande catastrophe qui éclaire de ses lueurs sanglantes les rêveries des socialistes révolutionnaires et que Karl Marx et Engels ne cessaient de montrer à l'horizon.

Une grande guerre, supprimait le souvenir des révélations sur les mœurs extraordinaires des favoris de l'empereur, le prince d'Eulenbourg, le comte de Sanders, etc. Elle masquait l'anarchie politique dans laquelle se débattait le gouvernement allemand [1].

Elle refaisait l'armée dont les faiblesses avaient été dénoncées dans le livre *Iéna ou Sedan*, par Franz Adam Beyerlein. Elle renforçait le prestige de l'armée ébranlé par des incidents comme celui de Saverne.

Un article du 2 mars 1914 de la *Gazette de Cologne* disait qu'en 1917, la Russie aurait achevé la transformation de son armée de terre, établi une flotte sérieuse dans la Baltique, fortifié le golfe de Finlande, réorganisé son corps d'officiers et établi un réseau de lignes stratégiques en Pologne. De plus le renouvellement du traité de commerce avec la Russie

---

1. V. *Suprà*. Première partie. Ch. v. *Le Gouvernement du Kaiser.*

aurait lieu en 1917. En l'écrasant auparavant, l'Allemagne lui imposerait les conditions qu'il lui plairait.

Il fallait broyer la France de manière que l'Empire allemand ne la trouvât plus jamais devant lui dans sa politique internationale.

La France avait fait sa loi de trois ans. Elle avait réuni deux classes et avait licencié la classe exercée; son armée serait beaucoup plus forte en 1915, en 1916, en 1917. Ses socialistes avaient voté la grève générale en cas de guerre. Ses finances étaient embarrassées. Ses ministres avaient voté contre la loi de trois ans. Un sénateur, M. Humbert avait prouvé que de nombreuses et grosses négligences existaient dans l'administration de l'armée. On se retrouverait en face de l'armée de 1870, sans qu'il y eût un général dont le prestige s'imposât.

La Grande-Bretagne continuait de donner des centaines de millions pour sa flotte. L'Allemagne s'épuiserait avant d'épuiser la volonté et les ressources britanniques. Il fallait profiter de ce qu'on avait obtenu. Le moment était donc favorable pour faire une guerre préventive.

En déclarant la guerre en 1914, le Kaiser ne faisait qu'en avancer la date dans de meilleures conditions ; car cette guerre était la conséquence fatale de sa politique. Elle était l'expression de la doctrine qui place le militarisme au-dessus de tous les besoins de la civilisation, la guerre étant nécessaire à l'Etat.

Un Belge, M. Léon Hennebicq, dans son livre, l'*Impérialisme économique anglais*, célébrait avec enthousiasme l'impérialisme germanique :

> L'Allemagne, à la fois agressive et méthodique, a grandi dans l'industrie et le commerce, en appliquant aux luttes économiques les principes de son grand État-major; c'est un impérialisme militaire. (P. 276.)

Tout impérialisme économique ou non se traduit par *l'ultima ratio*, la violence.

La politique économique de l'Empire allemand est une survivance du système pourvoyeur dans lequel l'État faisait le commerce pour les individus.

Mais cette expression, l'impérialisme économique, est une antiphrase : car l'impérialisme comporte l'acquisition par la force, sans échange, tandis que l'action économique, comporte l'acquisition par la production ou par l'échange.

La civilisation productive est fondée sur le contrat ; la civilisation guerrière sur la contrainte.

La civilisation productive a pour force motrice la concurrence économique ; la civilisation guerrière, la concurrence politique.

Les types les plus caractéristiques des deux civilisations sont l'Allemagne et la Grande-Bretagne.

De là, la haine et la jalousie féroces de l'Allemagne contre la Grande-Bretagne.

La guerre actuelle est le conflit de ces deux civilisations.

Elle doit avoir pour conséquence le triomphe définitif de la civilisation économique sur la civilisation guerrière.

TROISIÈME PARTIE

Les Causes historiques :
La Constitution de l'Empire allemand

CHAPITRE PREMIER

LE SAINT-EMPIRE ROMAIN ET LA PAIX DE WESTPHALIE

Le couronnement de Charlemagne. — Le traité de Verdun (843). — Droit historique? — La part de Lothaire. — La Germanie. — Le Saint-Empire Romain. — L'anarchie germanique. — Les électeurs. — Les Habsbourg. — La France et la guerre de Trente ans. — L'Alsace et la France. — Français pacificateur. — Service rendu par la France. — L'électeur de Brandebourg — Caractère de la paix de Westphalie. — La Prusse contre l'influence française.

Quel est le caractère des belligérants en face desquels se trouvent les alliés?

L'Empire allemand, l'Autriche-Hongrie, la Turquie ne sont pas des Etats unitaires comme la Grande-Bretagne, la France ou la Russie. Nous devons rechercher comment ont été réunis les éléments complexes qui les composent afin d'en déterminer le degré d'union et les possibilités de dissolution ou de réorganisation.

Un résumé historique est indispensable, mais nous ne remonterons que jusqu'au jour où Charlemagne, pendant les fêtes de Noël en l'an 8oo, étant agenouillé à Rome dans la basilique de Saint-Pierre, le pape Léon III posa sur sa tête la couronne impériale. Ce couronnement lui confiait un pouvoir illimité « pour défendre la foi contre l'hérétique et la propager au dehors, sur les terres des païens ».

Le traité de Verdun (843) partagea son Empire.

Il est de tradition d'affirmer qu'il est le principe du droit historique de l'Europe. De quoi? en faveur de qui? Il donnait à Lothaire avec le titre d'Empereur, l'Italie, une grande bande de terre qui n'était même pas limitée à l'Ouest par le Rhône : elle conservait Vivier, Uzès. Au Nord-Ouest, elle comprenait Cambrai, mais ne comprenait pas Gand. On dit qu'elle était limitée à l'Est par le Rhin, mais elle s'étendait jusqu'à l'embouchure du Weser. Louis le Germanique avait Spire et une forte enclave sur la rive gauche du Rhin. Les limites ne coïncidaient ni avec celles des archevêchés de Cologne, de Reims et de Lyon ni avec celles des diocèses de Mayence et de Besançon.

Les rois francs, d'un côté, les empereurs allemands de l'autre, se sont battus pour conquérir ou conserver des territoires que le traité de Verdun n'avait donnés ni aux uns ni aux autres. Ce traité n'a constitué qu'un terrain à contestations.

Les Allemands déclarent que l'existence nationale de l'Allemagne date du traité de Verdun, et toute l'histoire de l'Allemagne est celle d'une anarchie féodale, dans laquelle les seigneurs ont l'aspect de chefs de brigands, et ils ont conservé ce caractère pendant des siècles.

Il y a quatre duchés primitifs de l'Allemagne, Bavière, Souabe, Franconie, Saxe. Chaque duc est souverain. Il a sa cour, son armée, ses assemblées. Les duchés se divisent en comtés; les comtés situés sur les frontières prennent le nom de marches et leurs chefs le nom de margraves.

Les peuples qui les habitent n'ont ni la même langue, ni les mêmes coutumes, ni les mêmes lois. Il y a bien un roi, mais ce n'est qu'en 919 avec Henri l'Oiseleur de la maison de Saxe qu'il commence à prendre quelque autorité. En 962,

Otton, appelé en Italie par les Romains, les Lombards, probablement par le Pape Jean XII, rétablit l'empire; et il n'eut plus seulement à lutter contre l'anarchie germanique, contre les envahisseurs qui menacent son territoire, mais encore contre les Papes et les factions italiennes.

Rome est la capitale de l'Empire; seulement quand l'Empereur veut y entrer, il doit souvent en faire le siège.

On connaît la lutte du pape et de l'Empereur. La légende de Frédéric Barberousse est la plus haute expression de la puissance des Hohenstaufen. Quand la lutte finit au milieu du treizième siècle, elle avait épuisé leurs deux pouvoirs.

La Pragmatique sanction rendue à Francfort en 1338 par les Etats affirme que la Majesté de l'autorité impériale ne vient que de Dieu; qu'elle se confirme par la seule élection des princes électeurs; que le Saint-Siège n'a ni le droit d'approuver, ni celui de rejeter le choix des électeurs.

La Bulle d'or de 1356 régla les conditions de l'élection de l'empereur; le nombre des électeurs demeura fixé à sept, dont trois ecclésiastiques : les électeurs de Mayence, de Cologne et de Trèves ; et quatre séculiers : l'électeur-roi de Bohême; l'électeur-comte Palatin; l'électeur-duc de Saxe et l'électeur-marquis de Brandebourg.

L'Empereur avait maintenu le pouvoir électoral aux prélats des bords du Rhin, parce qu'il avait besoin de leur appui contre les seigneurs féodaux, presque indépendants et toujours opposés.

Le titre de Saint Empereur Romain ne donnait, à celui qui en était investi, ni terres, ni argent, ni hommes.

Ces électeurs ne voulaient pas d'un empereur trop puissant. De là, leur choix sur de petits seigneurs comme Rodolphe de Habsbourg. Ils voulaient enlever à ce titre tout caractère d'hérédité; mais, à partir de 1438, il devint héréditaire dans la maison des Habsbourg. Maximilien (1493-1519) fortifia les possessions autrichiennes en leur annexant de grands domaines.

Tout Empereur se considérait comme obligé de faire une

expédition en Italie : il y rencontra les Francs ; et le pape et l'Empereur eurent une haine commune : celle des rois de France habituellement indépendants de l'un et de l'autre.

En 1519, François Ier fut candidat à l'empire contre Charles, petit-fils de Maximilien. Alors commença entre la France et l'Autriche cette série de guerres, interrompues seulement par la guerre de Sept ans, qui s'est continuée jusqu'en 1859.

Richelieu intervint dans la guerre de Trente ans en appelant le roi de Suède pour sauver l'Allemagne des ravages des armées de Tilly et de Waldstein.

Les Suédois, par le traité de Paris du 1er novembre 1634, prièrent le roi de France de se mettre en possession de l'Alsace, comme protecteur, à la condition que les princes et les Etats protestants ne feraient ni paix ni trêve avec l'Empereur que du consentement de la France et de la Suède.

La guerre se prolongea encore pendant quatorze ans avec des armées dont la plupart appartenaient à leurs généraux, qui, comme solde, ne leur donnaient que le droit de pillage ; et elles avaient si bien réussi, que ne trouvant plus rien, elles périssaient de misère, sans pouvoir faire d'opérations militaires.

Loin que les Français aient eu une part dans ces désastres, ce fut leur intervention combinée avec celle de la Suède qui y mit un terme.

La paix de Westphalie fut inspirée par le livre du légiste Chemnitz : *De ratione status in imperio nostro romanico-germanico*. Les diplomates ne firent que le ratifier [1]. Il allègue que la constitution germanique devait être traitée comme un produit du sol national, que la prétendue *lex regia* et tout le système absolutiste de Justinien dont les Empereurs s'étaient servis, constituaient, appliqués à l'Allemagne, non seulement un fait injustifiable, mais une absurdité ; puis il

---

[1]. Jame Bryce. *Histoire du Saint-Empire romain*, ch. XIX.

dénonça la maison des Habsbourg, ses querelles incessantes avec la noblesse ; et il conclut à l'extirpation de la maison d'Autriche.

L'Empereur dut reconnaître la souveraineté de tous les princes, catholiques et protestants, sans distinction, sur leurs territoires respectifs. Les princes et les Etats de l'Allemagne, jouiraient dans toutes les assemblées nationales, d'un suffrage libre et décisif relativement à toutes les affaires de l'Empire : lois nouvelles, déclaration de guerre, levée de troupes, établissement d'impôts dans l'intérêt de la Fédération. Les villes libres eurent voix décisive aux diètes particulières. Les électeurs et les princes pouvaient faire des alliances entre eux et avec les puissances étrangères, pourvu que ces alliances ne fussent formées ni contre l'Empereur ni contre l'Empire.

La paix de Westphalie profita surtout à l'électeur de Brandebourg, auquel d'Avaux, le ministre de France écrivait : « Monsieur, j'ai fait tout ce que j'ai pu pour vous servir. » Il perdait la Poméranie citérienne, mais il acquérait le fertile pays de Magdebourg et les diocèses de Cammin, de Habberstadt, la principauté de Minden.

La France avait payé les Suédois et donné diverses subventions pendant la guerre de Trente ans. Elle ne demanda aucun remboursement à ces pays ruinés. Elle se fit confirmer la possession des trois évêchés Verdun, Toul, Metz et de l'Alsace, sauf Strasbourg. Pour l'Alsace et le Sundgau elle donna aux archiducs du Tyrol 3 millions de livres. Elle eut encore l'ancien Brisach et ses dépendances et le droit de mettre garnison dans Philipsbourg. Strasbourg se donna à la France en 1682. La France acquit encore Pignerol et Casal en pleine souveraineté indépendante de l'Empire.

La Hollande et la Suisse furent déclarées indépendantes.
Un huitième électorat fut créé en faveur du Palatin.

L'égalité fut établie entre les Etats protestants et les Etats catholiques. Luthériens et Calvinistes furent déclarés affranchis de la juridiction du pape ou de tout autre État catholique.

C'était l'abrogation de la souveraineté de Rome. Ferdinand avait enlevé aux protestants les avantages conférés par la paix de Passau. La France et la Suède furent d'accord pour les rétablir. Elles remirent l'état public de la religion sur le pied où il était, en 1624, la sixième année de la guerre, sauf dans le Palatinat et sur les terres du Palatin où l'on remonta jusqu'en 1619. Tous les biens ecclésiastiques que les protestants avaient possédés devaient leur rester.

L'Autriche demeura en dehors, sauf pour la Silésie où les Luthériens eurent le droit de bâtir de nouvelles églises.

La paix de Westphalie fut signée à Munster et à Osnabruck, le 14 octobre 1648, « comme une loi fondamentale et perpétuelle ».

Le Pape lança une bulle contre le traité de Westphalie ; elle ne produisit aucun effet ; mais il était évident que l'Empereur n'était plus investi du pouvoir absolu conféré par le Pape à Charlemagne « pour défendre la foi contre les hérétiques et la propager au dehors sur les terres des païens ».

Ce traité donna la paix à l'Allemagne qui avait subi les plus épouvantables dévastations : et il ne fut obtenu que grâce à l'action de la France et de la Suède.

On continua d'appeler l'Allemagne, l'Empire, comme siège de l'Empire romain. L'Empereur n'avait plus en Italie un seul domaine : il n'était en Allemagne que le chef d'une république de princes et de villes.

Ce fut cependant en qualité d'Empereur romain que Léopold Ier conféra, en 1701, le titre de roi en Prusse à l'électeur de Brandebourg. Mais la Prusse, petit morceau de terre situé sur les bords du Niémen, ne faisait pas partie de l'Empire. Le roi en Prusse resta électeur de Brandebourg.

La paix d'Utrecht (1713), le traité de Radstadt (1714), donnèrent à l'empereur les Pays-Bas, Naples, la Sardaigne, le Milanais, les Présides de Toscane et ramenèrent sa politique en Italie.

Les Prussiens ont l'habitude de traiter la France d'ennemie héréditaire ; et cependant l'importance de la Prusse date du traité de Westphalie dans lequel elle a joué un rôle qu'ils ne peuvent ignorer.

Mais Frédéric Guillaume, le père du grand Frédéric, qui resta l'allié de l'Autriche, voulait détruire l'influence française en Allemagne. Il fit alliance en 1733 avec l'Autriche et la Russie pour enlever du trône de Pologne Stanislas Leckzinski, le candidat de la France.

CHAPITRE II

LA FRANCE ET LA PRUSSE DE 1735 A 1814

La France alliée de la Prusse. — Le traité d'Aix-la-Chapelle (1748). — La France alliée de l'Autriche pendant la guerre de Sept ans. — Le manifeste de Brunswick en 1792. — Le traité de Bâle de 1795. — Accord de la Prusse et de la France. — Le traité de Lunéville. — Bénéfices de la Prusse et de l'Autriche. — Le Saint-Empire romain devenant protestant. — L'acte final de la diète de Ratisbonne. — Faute de Napoléon. — La Convention de Potsdam et le lendemain d'Austerlitz. — La paix de Presbourg. — La confédération du Rhin (12 juillet 1806). — Près du Saint-Empire romain. — Napoléon héritier de Charlemagne. — La guerre de Prusse. — La paix de Tilsitt. — Procédés de Napoléon. — Stein. — Le général Scharnhorst. — Offres de la Prusse à Napoléon. — York et les troupes prussiennes après la campagne de Russie. — Hardenberg : offres à la France. — Indifférence de la Prusse pour l'Allemagne. — Le traité de Kalisz. — Appel à la guerre. — Le traité de Paris. — La confédération germanique.

Quand Frédéric partit pour la conquête de la Silésie, il demanda l'alliance de la France; la France envoya quarante mille hommes au fond de la Bavière au lieu d'aller dans les Pays-Bas. Marie-Thérèse abandonna la Silésie à la Prusse; l'armée française fut enfermée dans Prague : et nous eûmes toute l'Europe contre nous, après avoir travaillé uniquement pour le roi de Prusse. Au bout de cinq ans de guerre, nous renonçâmes par le traité d'Aix-la-Chapelle (1748), complètement aux Pays-Bas dont nous occupions la majeure partie. La marquise de Pompadour avait dit aux parlementaires français : « Ne revenez pas sans la paix. Le roi la veut. »

Il est vrai que, dans la guerre de Sept ans, la France fut l'alliée de Marie-Thérèse contre Frédéric II. C'était un changement complet dans sa diplomatie. Frédéric battit si bien les Saxons qu'il incorpora leur armée dans la sienne : et s'il sortit victorieux de la Coalition constituée contre lui, ce fut, en grande partie, grâce à l'incapacité de nos généraux. Il opposa la Prusse puissante, protestante et unie, à l'Autriche catholique et composée de peuples de races diverses.

Marie-Thérèse acheta la succession de l'électeur de Bavière à son héritier direct, l'électeur Palatin. Frédéric s'y opposa avec l'appui de la France et de la Russie (1779).

Pendant le dix-huitième siècle, la France se trouva tantôt adversaire tantôt alliée de la Prusse.

Le 27 août 1791, le roi de Prusse Frédéric-Guillaume et l'Empereur Léopold II, réunis à Pilnitz, près de Dresde, firent une déclaration annonçant leur intervention en faveur de Louis XVI. Le 25 juillet 1792, le chef de l'armée prussienne, le duc de Brunswick, lança un manifeste menaçant de livrer la capitale de la France à une exécution militaire si Louis XVI n'était pas rétabli dans tous ses droits. Elle provoqua la journée du 10 Août.

Les Prussiens furent battus à Valmy le 20 septembre (1792); mais en 1795, par le traité de Bâle, le roi de Prusse abandonna les adversaires de la Révolution.

Les instructions, données à son ministre le comte de Golz, portaient que « la Prusse avait toujours eu des sentiments favorables à la France, ce dont Sa Majesté avait donné des preuves dans le cours de la guerre [1] ».

Le traité et ses articles additionnels donnaient à la France les Provinces Rhénanes tandis que les cercles de Westphalie, la Basse et la Haute-Saxe, la partie des deux cercles du Rhin situés sur la rive droite du Main, formaient une

---

[1]. *Histoire de la Prusse depuis la mort de Frédéric II jusqu'à la bataille de Sadowa*, par Eugène Véron. (Libr. F. Alcan.) Thiers. *Histoire du Consulat et de l'Empire*.

ligne de démarcation dont la Prusse s'engageait à respecter la neutralité. En fait, la France donnait à la Prusse le protectorat de l'Allemagne du Nord. La Prusse, en concluant cette paix séparée, trahissait le Saint Empire Romain.

Lors de la paix de Lunéville (9 février 1801) elle offrait de lier sa politique à celle du Premier Consul, de s'engager à lui par une alliance formelle, de garantir tous les arrangements faits en Italie. Le traité de Lunéville spécifiait que les princes laïques, ayant des possessions sur la rive gauche du Rhin dont la France prenait possession, recevraient des indemnités.

Pour se les procurer, on eut recours à un moyen qui avait déjà été employé pendant la Réforme et à la paix de Westphalie : la sécularisation des principautés ecclésiastiques. Aussi bien la catholique Autriche que la Prusse luthérienne considéraient que ces territoires, avec leurs habitants, étaient des propriétés dont on pouvait trafiquer. L'Autriche prenait pour des parents de l'empereur, deux archiducs italiens dépossédés et la Prusse pour le stathouder de Hollande qui n'avaient rien de commun avec l'Allemagne, le quart des sécularisations.

Le Premier Consul, assiégé par toutes ces réclamations, demanda à l'empereur de Russie d'intervenir en même temps que lui.

La Prusse avait perdu sur la rive gauche du Rhin les duchés de Gueldres et de Juliers, la principauté de Mœurs et une partie du duché de Clèves, comprenant en tout une population de 137 000 habitants et ayant un revenu de 3 millions de francs. Une convention signée le 13 mai 1802 avec la France lui assurait, en échange, les évêchés de Paderborn et d'Hildesheim, Eichsfeldt, Erfurth, Untergleichen, la ville et l'évêché de Munster avec plusieurs autres villes et abbayes. Elle gagnait plus de 400 000 habitants à l'échange. Le prince de Nassau recevait l'évêché et l'abbaye de Fulde, les abbayes de Corwen et de Weingarten qui devaient revenir à la Prusse en cas d'extinction de la ligne directe.

Le Premier Consul se mit ensuite d'accord avec Bade,

Wurtemberg, les deux Hesses qui furent très bien traités.

L'Autriche n'avait pas à se plaindre; car elle reçut pour l'archiduc de Toscane, les évêchés de Brixen, de Trente, de Salzbourg, de Passau (sans la place de Passau), la Prévôté de Berchtolsgaden représentant un revenu de 3 500 000 florins pour compenser un revenu de 2 500 000.

Mais ces remaniements impliquèrent de profonds changements dans la constitution du Saint-Empire romain. Le collège électoral se composait alors de huit membres. Des trois électeurs ecclésiastiques, deux disparaissaient, les archevêques de Cologne et de Trèves. Restaient la Bohême; l'électeur Palatin pour la Bavière et le Palatinat; le duc de Saxe; le roi de Prusse pour le Brandebourg; le roi d'Angleterre pour le Hanovre.

Finalement, le nombre des électeurs fut porté à dix: mais les protestants y disposaient de six voix contre quatre catholiques. S'ils avaient dû élire un nouvel empereur conformément à leur foi, le Saint-Empire romain aurait eu pour chef un hérétique auquel le pape ne pouvait demander de renouveler le serment de Charlemagne contre les hérétiques.

La majorité catholique qui était dans le collège des princes, de 54 voix contre 43, disparaissait. Presque tous les princes, héritiers des voix ecclésiastiques étaient protestants et, par conséquent, du côté de la Prusse.

Toutefois, cette démarcation n'était pas absolue. La Bavière catholique votait avec la Prusse contre l'Autriche; la Saxe, protestante, était habituellement en opposition à la Prusse dont elle avait peur.

Le 25 février 1803, la Diète de Ratisbonne adopta l'acte final. La Suède fut le seul opposant : et les membres de la Diète, loin de dissimuler leur reconnaissance pour les solutions données, auraient volontiers demandé que la France fût chargée de son exécution.

L'Autriche le ratifia le 24 mars; et elle commit un abus de confiance en s'emparant de 30 millions de florins déposés à la Banque de Vienne par les principautés récemment sécularisées.

La politique de Bonaparte avait été habile ; mais après la rupture de la paix d'Amiens en 1803, il fit occuper le Hanovre par ses troupes : et le Czar était garant de l'application de l'acte final de la Diète de Ratisbonne. Il avait pris aussi sous sa protection le royaume de Naples, que Napoléon faisait occuper. L'enlèvement du duc d'Enghien sur le territoire badois provoqua la rupture avec la Russie. Napoléon avait besoin de la Prusse ; mais l'occupation du Hanovre, la fermeture de l'Elbe et du Weser la choquaient. Son aristocratie détestait la France. La reine Louise avait été conquise par l'empereur de Russie, Alexandre. Le roi Frédéric-Guillaume restait passif ; à la veille d'Austerlitz, il n'osa accepter le Hanovre que lui offrait Napoléon, mais pendant qu'il faisait respecter la neutralité de son territoire par la Russie, les armées françaises la violaient.

Alors a lieu la Convention de Potsdam entre Alexandre et le roi de Prusse ; mais le lendemain d'Austerlitz, l'envoyé prussien à Vienne, le comte de Haugwitz, félicite Napoléon de sa victoire. « Voilà un compliment dont la fortune a changé l'adresse », lui répondit-il. Il en profita. Le 15 décembre, il signait avec Haugwitz un traité d'alliance offensive et défensive donnant le Hanovre à la Prusse. Il lui enlevait quatre cent mille sujets et lui en donnait un million.

Mais le traité ne fut pas ratifié à Berlin. Pendant que le roi de Prusse se perdait en hésitations et en contradictions, Napoléon résolut de faire la Confédération du Rhin.

Par la paix de Presbourg, l'Autriche avait été expulsée d'Italie, la Bavière avait reçu de sérieux avantages. Napoléon conféra le titre de roi aux princes de Bavière et de Wurtemberg. Il constitua d'abord avec eux et le grand duc de Bade son projet de confédération, sans s'occuper de l'opinion des autres princes, ni de celle des villes libres, encore moins de celle des populations. Il n'essaya même pas de sauver les apparences comme en 1803. Il donna le traité à signer aux autres princes qui furent compris dans la Confédération, sans leur demander leur avis (12 juillet 1806).

Elle était composée de deux collèges : le collège des rois, comprenant : 1° le prince Primat, ex-électeur de Mayence ; 2° le roi de Bavière auquel étaient données les villes libres de Nuremberg et de Ratisbonne; 3° le roi de Wurtemberg; 4° le grand duc de Bade; 5° le grand duc de Berg; 6° le grand duc de Hesse-Darmstadt. Le collège des princes se composait des ducs de Nassau-Usingen-Weilbourg; des princes de Hohenzollern-Hechingen-Sigmaringen; des princes de Salm-Salm, de Salm-Kirbourg, d'Isambourg, d'Aremberg, de Lichtenstein et de Leyen. La noblesse immédiate enclavée dans les territoires de ces Etats était incorporée. Elle perdait ses droits de législation, de juridiction, de haute police, d'impôt, de recrutement.

Le 1er août, l'ambassadeur français annonçait à la Diète de Ratisbonne que l'empereur des Français, qui consentait à devenir le protecteur des princes confédérés, ne reconnaissait plus désormais l'existence de l'Empire. François II, par une circulaire du 6 août, déclara qu'il considérait comme dissous les liens qui l'attachaient au corps germanique, releva de l'allégeance les Etats qui le formaient, et il se confina dans le gouvernement de ses domaines héréditaires sous le titre « d'Empereur d'Autriche » qu'il avait pris en 1804. Le Saint-Empire romain, fondé en 800 par le couronnement de Charlemagne avait duré mille six ans. Sa disparition était définitive.

Le Saint-Empire romain n'était plus, mais le souvenir de Charlemagne obsédait Napoléon. Bourrienne raconte qu'un jour il dit : « Je n'ai pas succédé à Louis XIV, mais à Charlemagne. » Il devait faire frapper une médaille avec cet exergue : *Renovatio imperii*. Il entendait devenir Empereur d'Occident, entouré de rois, de grands-ducs, de ducs, de comtes qui seraient ses vassaux.

Par une note, il félicita le roi de Prusse d'être dégagé des liens de l'Empire germanique. « Il verrait avec plaisir que la Prusse rangeât sous son influence au moyen d'une Confédération semblable à celle du Rhin, tous les Etats du nord de l'Allemagne. » C'étaient Hesse Cassel, la Saxe avec ses diverses branches, les deux maisons de Mecklembourg et quelques petits princes du Nord.

Le roi de Prusse, séduit par cette invitation, voulut en profiter : mais Napoléon avec le sans-gêne que lui donnait l'orgueil de ses victoires, invita le prince de Hesse Cassel à entrer dans la Confédération du Rhin, et, pour le séduire, lui offrit Fulde qui était la propriété du prince d'Orange, beau-frère du roi. Il interdit aux villes hanséatiques, Brême, Hambourg et Lubeck d'entrer dans la Confédération du Nord. En même temps, il négociait avec l'Angleterre la restitution du Hanovre qu'il avait donné au roi de Prusse.

Le roi de Prusse se résigna à la guerre qu'il n'avait pas faite quand il pouvait entrer dans la coalition de l'Autriche et de la Russie. Les troupes légendaires dont il avait hérité, furent écrasées à Auerstædt et à Iéna (14 octobre 1806), et en sept semaines, la Prusse n'existait plus. L'arrivée des Russes prolongea la résistance de sept mois. Ce ne fut que le 9 juillet que fut conclu le traité de Tilsitt.

Le roi de Prusse cédait tous les territoires compris entre le Rhin et l'Elbe qui devaient former le royaume de Westphalie et en reconnaissait Jérôme Napoléon comme souverain légitime. Il renonçait à toute la Pologne prussienne qui fut donnée à l'électeur de Saxe. Il gardait la Prusse orientale et occidentale, la Poméranie, le Brandebourg et la Silésie, environ cinq millions d'habitants sur dix. Le payement des contributions arriérées qui devait être remis au vainqueur était évalué par les commissaires du roi à 19 millions de francs.

Daru en réclama 154, puis consentit à réduire de 35 millions. En attendant le payement de ces sommes, deux cent mille hommes vécurent en Prusse aux dépens des habitants. Il y avait en Prusse deux monnaies d'argent de titre différent; naturellement, il ne resta en Prusse que la monnaie au plus bas titre. Ce ne fut qu'au bout de trois ans qu'elle put être retirée de la circulation. Soumise au Blocus continental, la Prusse ne pouvait plus exporter de bois, et elle ne pouvait importer ce qui lui était nécessaire.

Après la défaite de la Prusse, la Confédération du Rhin comprit quatre royaumes, cinq grands-duchés, vingt-trois duchés et principautés, une population de vingt millions d'habitants. Napoléon voulut constituer des principautés et des royaumes pour des membres de sa famille : il forma le grand-duché de Berg et le donna à son beau-frère Murat, puis à un des fils du roi de Hollande encore au berceau. Il avait créé le royaume de Westphalie pour son frère Jérôme qu'il maria à la fille du roi de Wurtemberg. Il maria Eugène de Beauharnais à la fille du roi de Bavière. De l'électeur de Saxe, il fit un roi qu'il opposa au roi de Prusse ; il lui donna le grand-duché de Varsovie et la nouvelle Galicie. En taillant, de cette manière, l'Allemagne, il mécontenta et inquiéta tout le monde ; il n'eut comme allié fidèle et dévoué que le grand duc de Hesse-Darmstadt.

Napoléon introduisit de vive force un certain nombre de réformes qui, avantageuses à la masse des individus, irritaient les privilégiés. Il extirpait, au moyen de la conscription, les jeunes gens de leur sol natal. Le Blocus continental rendait sa domination insupportable à chacun et attirait toutes les sympathies vers la Grande-Bretagne.

Il avait fait des rois, des grands-ducs, des ducs, mais il méprisait, dans leurs personnes, les dignités dont il les avait gratifiées. Au lieu de récolter des sympathies, il soulevait des haines formidables.

Un ministre de Prusse, Stein, organisa la résistance en Prusse. Napoléon, en l'expulsant du ministère, puis en ordonnant son arrestation et la confiscation de ses biens, le désigna à tous les Prussiens comme le représentant du patriotisme.

Pour combattre l'oppression de Napoléon, Stein introduisait en Prusse les principes de 89. Il transformait le vasselage des paysans en droit libre sur leurs propriétés territoriales. Bourgeois et paysans purent en acquérir en même temps que les nobles purent pratiquer le commerce et l'industrie. Il donna aux villes la loi municipale française de 1789.

L'armée avait été réduite à quarante-deux mille hommes. Le général Scharnorst organisa le service universel avec la landwehr et le landsturm, de manière à faire passer toute la population mâle par l'armée, et il ouvrit aux bourgeois l'accès aux grades supérieurs.

L'Autriche qui s'était réorganisée, sous la direction du comte Stadion, crut, en 1809, que le moment était venu de prendre sa revanche. Elle adressa un appel aux peuples allemands. Pas un, sauf le Tyrol, ne répondit. Battue à Wagram, elle dut céder à la Bavière, Salzbourg, Berchtesgaden, ses districts sur l'Inn, au duché de Varsovie la Galicie occidentale, et à la Russie, une partie de la Galicie orientale. La France prit la Croatie, la Carniole, le Frioul, Trieste qui, réunis à l'Istrie et à la Dalmatie, formèrent les provinces illyriennes. Le Tyrol s'acharna dans sa résistance à la domination de la Bavière. Quand il fut vaincu, la Bavière dut en céder une partie au royaume d'Italie. Elle dut remettre aussi Ulm au Wurtemberg et elle reçut en échange les principautés de Ratisbonne et de Baireuth.

Napoléon avait fait son frère Louis, roi de Hollande. Comme celui-ci appliquait mal le Blocus continental, il dut abdiquer. La Hollande fut réunie à l'Empire français avec les villes hanséatiques de Hambourg, Brême et Lubeck, le duché d'Oldenbourg, une partie du Hanovre et quelques petites principautés (décembre 1810). L'Empire français comptait alors cent trente départements, s'étendait de l'Elbe au Carigliono en Italie, et avait comme feudataires les royaumes d'Italie, de Naples, d'Espagne, de Westphalie, de Saxe et de Bavière.

Mais le roi de **Prusse**, d'accord avec son ministre Hardenberg, offrait son alliance à la France au mois d'avril 1811, et

Napoléon daignait l'accepter le 28 février 1812. Le 9 mars 1812, il partait de Paris et s'installait à Dresde où il tint une cour de rois jusqu'au 22 juin, date de sa déclaration de guerre à la Russie.

Il englobait dans son armée, vingt mille Prussiens, trente mille Autrichiens, et des troupes arrachées par la conscription à tous les États de la Confédération du Rhin.

Après la retraite de Moscou, le général York qui commandait les troupes prussiennes, sollicité par Clausewitz, au service de la Russie, les lui livra. Le roi de Prusse, en apprenant cette défection, fut terrifié. D'accord avec son ministre Hardenberg, il écrivit à Hatzfeld, son ministre à Paris : « Je suis l'allié naturel de la France. En changeant de système, je ne fais que donner à l'empereur le droit de me traiter en ennemi. S'il me donne de l'argent, je puis encore lever et armer cinquante à soixante mille hommes pour son service[1]. »

En même temps, il offrait à l'empereur Alexandre d'entrer dans son alliance si la Russie voulait s'avancer de suite vers la Vistule et l'Oder.

Quelques jours avant la défection d'York, Hardenberg suggérait à Saint-Marsan, l'ambassadeur français, l'idée de faire le roi de Prusse, roi de Pologne : « Les côtes et les territoires de la Prusse et de la Pologne présenteraient aussi une masse compacte qui deviendrait une barrière formidable contre les envahissements de la puissance russe. »

Le roi de Prusse et Hardenberg ne pensaient qu'à la Prusse : ils se souciaient peu de la délivrance et de l'unité de l'Allemagne que les Hohenzollern ont depuis voulu incarner en eux. Saint-Marsan écrivait à Maret : « Si l'Empereur voulait faire quelque chose pour la Prusse, il serait très facile, malgré l'exaspération de la nation, de retenir

---

1. V. Eugène Véron. *Histoire de la Prusse depuis la mort de Frédéric II*, p. 189. (Lib. Alcan.)

Frédéric-Guillaume dans la ligne qu'il a suivie jusqu'ici. »
Il prenait contre York les mesures prescrites par Napoléon :
mais York, installé dans le vrai royaume de Prusse à
Kœnigsberg, l'organisait avec Stein, muni des pleins pouvoirs du Czar, sans se soucier des injonctions du roi, et complétait son armée. Les Cosaques s'avançaient jusqu'à Berlin.
Scharnhorst opérait des levées en Silésie, au moment où
Napoléon achevait de ruiner le pays par des réquisitions
pour ses garnisons de l'Oder.

En même temps, Napoléon déclarait au corps législatif
qu'il entendait maintenir à tous ses alliés l'intégrité de leurs
Etats. Le roi de Prusse ne pouvait donc plus compter sur les
compensations qu'il espérait. Stein le rejoignit secrètement
à Breslau, le 27 février.

L'armée russe, depuis le passage du Niémen, était réduite
à environ cinquante mille hommes. L'empereur Alexandre
était prêt à la paix. Cependant Koutousof, pour la Russie, et
Scharnhorst, pour la Prusse, signaient, le 28 février, à Kalish,
un traité entre la Russie et la Prusse. Le roi de Prusse suivit, et le 17 mars, il fit appel à son peuple, et par deux édits,
leva la landwehr et le landsturm. Le préambule de l'édit de la
levée du landsturm, disait : « A l'approche de l'ennemi, tous
les habitants des villages doivent s'en aller, combler les puits,
emporter ou détruire les farines. Le combat auquel tu es
appelé sanctifie tous les moyens. Les plus terribles sont les
meilleurs. » En deux mois et demi, la Prusse qui ne comptait guère que 4 500 000 habitants leva une armée de
148 000 hommes, qui deux mois plus tard, furent complétés
par 100 000 autres. Napoléon, qui, par une incroyable négligence, n'avait pas pénétré le système de la landwehr et du
landsturm, disait : « La Prusse pourra m'opposer 40 000
hommes dans deux mois et jamais plus de 75 000. »

Le 10 avril, Napoléon avait offert à l'Autriche le partage
de la Prusse. Le 15 juin, l'Autriche, la Russie et la Prusse
signèrent un traité d'alliance à Reichenbach. Le 20 août,
l'Autriche déclarait la guerre à la France. Le 19 octobre, sur

le champ de bataille de Leipzig, les Saxons abandonnèrent l'armée française.

La suppression du royaume de Westphalie avait été proclamée dès le 28 septembre. Le 8 octobre, la Bavière avait réuni ses troupes à celles de l'Autriche. La Confédération du Rhin était déjà dissoute; le roi de Wurtemberg, le grand-duc de Bade et le grand-duc de Hesse-Darmstadt avaient fait des traités avec les alliés. Les princes dépossédés, Frédéric-Guillaume de Brunswick, le prince d'Oldenbourg, l'électeur de Hesse rentrèrent dans leurs Etats. L'œuvre de Napoléon sur la rive droite du Rhin n'existait plus à la fin de 1813. Le 1er janvier, les armées alliées traversèrent le fleuve.

Le 1er mars 1814, la Russie, l'Angleterre, l'Autriche, la Prusse, par le traité de Chaumont, s'engagèrent à ne pas faire de paix séparée et à ne pas traiter avec Napoléon.

Le 30 mai fut signé le traité de Paris limitant les frontières de la France à celles de janvier 1792. Il portait : « Les Etats de l'Allemagne seront indépendants et unis par un lien fédéral. » Le Congrès qui devait l'organiser se réunit à Vienne au mois de septembre.

CHAPITRE III

LE CONGRÈS DE VIENNE

Le programme du traité de Kalisz et les réalités du Congrès de Vienne. — Talleyrand. — Le principe de la légitimité. — Le droit public. — Mépris des Prussiens et de l'Empereur de Russie par le droit public. — L'Autriche, Talleyrand et Lord Castlereagh. — Le traité du 3 janvier 1815. — Erven capitale de Talleyrand et de Lord Castlereagh. — Gains de la Prusse, de l'Autriche, de la Russie. — La Suisse. — Les articles de l'acte de Vienne concernant la Confédération germanique. — Mécontentement de la Prusse. — « N'accepte province rhénane que pour la défense de l'Allemagne ». — La Sainte-Alliance. — L'acte final du congrès de Vienne.

D'après la proclamation de Kalisz (25 mars 1813), l'empereur de Russie et le roi de Prusse « devaient essayer de rétablir un empire vénérable ». Mais les traités de Téplitz, de Chaumont et de Paris ne parlèrent point de cette résurrection ; et il n'en fut pas question à Vienne.

La catholique Autriche n'essaya pas de revenir sur les sécularisations faites en 1803, de rétablir la noblesse médiatisée dans son rôle de noblesse immédiate, de revenir à l'élection des empereurs et de leur restituer le titre d'empereurs romains.

Frédéric de Gentz, secrétaire du congrès, dans un rapport du 12 février 1815, dit avec franchise :

> Les grandes phrases de reconstruction de l'ordre social, de régénération du système politique de l'Europe, de paix durable fondée sur une juste répartition des forces, etc., se débitaient pour tranquilliser ses peuples et pour donner à cette réunion solennelle un air de

dignité et de grandeur : mais le but réel du congrès était le partage entre les vainqueurs des dépouilles du vaincu[1].

Les quatre grandes puissances, l'Autriche, la Grande-Bretagne, la Prusse et la Russie avaient, par le traité de Chaumont (1ᵉʳ mars 1814) décidé que la France, réduite à ses frontières de 1792 n'aurait pas à intervenir pour les territoires à partager ; et elles avaient décidé qu'à Vienne, elles régleraient seules les grandes questions.

Talleyrand, le représentant de la France, eut l'habileté de grouper autour de lui toutes les puissances secondaires, en déclarant que les États convoqués pouvaient être inégaux en force, mais qu'ils étaient égaux en droits ; et il fit adjoindre au comité chargé de préparer le programme des travaux la France, l'Espagne, le Portugal, la Suède.

Talleyrand posa le principe de la légitimité dans ces termes : « Le premier besoin de l'Europe est de bannir l'opinion qu'on peut acquérir des droits par la seule conquête. »

Il demanda l'insertion dans la déclaration du 8 octobre des mots que « les arrangements seraient conformes au droit public ». Les représentants de la Prusse, Hardenberg et de Humboldt, protestèrent avec violence. Le 23 octobre, l'empereur de Russie lui disait : « Le droit public n'est rien pour moi. Quel cas croyez-vous que je fasse de tous vos parchemins et de tous vos traités ? » Des hommes réunis pour conclure un traité affirmaient ainsi d'avance le mépris qu'ils avaient pour l'œuvre qu'ils étaient appelés à faire.

Quand Talleyrand oppose la légitimité à la force, il se place au point de vue du prince qu'il considère comme un propriétaire. Quant à la volonté des sujets, on n'en parle pas, parce que personne n'y songe.

La Prusse, appuyée par la Russie, voulait prendre le royaume de Saxe.

---

1. Debidour, *Histoire de la diplomatie*. — *Mémoires de Metternich*. T. II, p. 474.

L'Autriche ne voulait pas de ce voisinage. Pour lui complaire, Talleyrand conclut avec l'Angleterre et elle, le traité du 3 janvier 1815. Le roi de Saxe garda son titre et un peu plus de la moitié de ses Etats. Le reste fut donné à la Prusse avec quelques autres territoires, ce qui augmenta sa population de 855000 habitants. Il est fort regrettable que Talleyrand n'ait pas abandonné la Saxe à la Prusse au lieu de lui donner à l'Ouest la Province rhénane et la Westphalie qui en ont fait la richesse. Il a mis ainsi la Prusse en contact immédiat avec la France ; et lui, représentant de la France, a posé la Prusse comme le boulevard de l'Allemagne contre elle[1].

La nouvelle Prusse était une fois plus étendue et plus peuplée que la Prusse de Frédéric II. Elle se composait de deux groupes : la Prusse orientale et le Brandebourg reliés par la Poméranie, la vallée de la Vistule entre Thorn et Dantzig, le grand duché de Posen avec 750000 habitants, la Poméranie occidentale avec Stralsund et l'île de Rugen, la moitié de la Saxe avec Torgau et Wittemberg, la Silésie et la Lusace. L'autre groupe couvrait les deux rives du Rhin, de Ringen à Emmerick.

Comment Castlereagh et Talleyrand ne prévoyaient-il pas que la Prusse aurait pour politique de s'emparer du Hanovre afin de les réunir ?

La Bavière reçut une partie des anciens domaines autrichiens de Souabe : Aschaffenbourg et Würtzbourg; les comtés d'Anspach et de Baireuth.

L'Autriche céda le Brisgau et quelques territoires de la Haute-Souabe à Bade et au Wurtemberg; la Belgique à la Hollande. Elle garda la Vénétie et recouvra la frontière de l'Inn, le Salzbourg, la Carinthie, le Tyrol et les provinces Illyriennes, tout ce qu'elle avait obtenu par les traités de Campo-Formio, de Lunéville, de Presbourg et de Vienne.

---

[1]. Voir sur l'erreur commise par Talleyrand, *Mémoires du Chancelier Pasquier*. T. 3, ch. 4 et 5.

La Russie n'avait rien perdu par la guerre ; mais par son alliance avec Napoléon, elle avait gagné la Finlande. Elle laissa à l'Autriche la Galicie et Cracovie qui devint un gouvernement libre sous la protection de la Russie, de l'Autriche et de la Prusse. Elle avait enlevé aux Turcs le territoire situé entre le Boug et le Dniester, plus la Bessarabie entre le Dniester, le Danube et le Pruth.

Les dix-neuf cantons de la Suisse furent augmentés de Genève, du Valais et de Neuchâtel, à la fois canton et comté.

Le Hanovre fut reconstitué au profit de la maison régnante d'Angleterre et la Prusse lui céda l'Ost-frise, Hildesheim, Goslar et une partie du comté de Lingen.

Les articles organisant la Confédération germanique sont les articles de 53 à 64 du traité général du 9 juin 1815.

Les princes souverains et les villes libres d'Allemagne, l'empereur d'Autriche et le roi de Prusse pour toutes celles de leurs possessions qui ont anciennement appartenu à l'Empire germanique, le roi de Danemark pour le duché de Holstein et le roi des Pays-Bas pour le grand duché de Luxembourg établissent entre eux une Confédération perpétuelle qui portera le nom de Confédération germanique.

Le but de cette Confédération est le maintien de la sécurité intérieure et extérieure de l'Allemagne, de l'indépendance et de l'inviolabilité des États confédérés.

Les membres de la Confédération sont égaux en droits.

L'administration des affaires de la Confédération est remise à une diète fédérale dans laquelle tous les membres doivent voter par leurs plénipotentiaires. Les membres sont au nombre de dix-sept et ont chacun une voix dans l'assemblée ordinaire. Mais quand il s'agit des lois fondamentales, l'assemblée devient générale et alors l'Autriche, la Prusse, la Saxe, la Bavière, le Hanovre ont chacun quatre votes. Le total des voix est de soixante-neuf.

La diète est permanente ; mais elle peut s'ajourner pendant des périodes n'excédant pas quatre mois.

L'article 63 stipule que les princes confédérés s'engagent à défendre non seulement l'Allemagne tout entière, mais encore chaque

État particulier de l'union et se garantissent toutes celles de leurs possessions qui font partie des territoires confédérés. Les princes confédérés peuvent toutefois s'allier avec des princes étrangers à la Confédération pourvu que ces alliances n'aient pas pour but de porter atteinte à la Confédération ou à aucun des États qui la composent. Ils s'engagent également à ne se faire la guerre entre eux sous aucun prétexte et à soumettre leurs différends à la diète qui doit essayer de les concilier. Si ce moyen ne réussit pas et qu'une sentence devienne nécessaire, il y sera pourvu par un jugement (*austragal instanz*) auquel les parties contendantes se soumettront en appel.

Le siège de la diète est à Francfort et la présidence perpétuelle est dévolue à l'Autriche.

La Prusse de 1795 à 1806 et de 1810 jusqu'au milieu de 1812, avait fait son jeu à part, ne s'occupant que de ses intérêts sans se soucier de ceux de l'Allemagne. Si Napoléon avait montré un peu moins de mépris pour son roi Frédéric-Guillaume, celui-ci s'attelait à son char. En récompense de cette politique particulariste, il obtint que le Congrès de Vienne doublât la Prusse : et cependant, ni lui, ni ses hommes d'Etat, Hardenberg et Stein, ne furent satisfaits. Ils avaient dû céder la Franconie à la Bavière ; et la Bavière restait attachée à l'Autriche. La Prusse, dans sa grande longueur de Memel à Sarrebruck, était coupée par le Hanovre qui la séparait de la mer du Nord ; et elle avait dû renoncer en sa faveur à la Frise orientale. La population des bords du Rhin était imbue des institutions françaises, elle était catholique ; elle formait un élément hétérogène qui affaiblissait la Prusse. Les hommes d'Etat prussiens consentaient à recevoir la Province Rhénane « seulement pour la défense de l'Allemagne » ; et ils donnaient à la Prusse l'attitude de champion de l'Allemagne.

Cette apparence de dévouement ne touchait pas les petits souverains de l'Allemagne qui, connaissant son âpreté, avaient peur d'être dévorés par elle. Ils se groupaient autour de la Bavière, du Wurtemberg et de Bade et se confinaient dans un particularisme inquiet et soupçonneux.

Des promesses de réformes, plus ou moins ratifiées par les princes, que Stein et autres patriotes prussiens et allemands avaient faites aux populations, il ne fut plus question au Congrès de Vienne.

Le 26 septembre 1815, l'empereur de Russie, l'empereur d'Autriche et le roi de Prusse signaient le pacte de la Sainte-Alliance. L'Angleterre y refusa son adhésion.

Le 7 août 1819, onze membres de la Confédération se réunissaient à Carlsbad et arrêtaient des résolutions qui devinrent l'acte final du Congrès de Vienne. Ils proclamèrent que « le principe fondamental de la Confédération germanique exigeait que tous les pouvoirs de la souveraineté restassent réunis dans le chef suprême du gouvernement ». Le droit d'intervention était reconnu pour les cas où une révolte intérieure menacerait la sûreté des autres Etats de la Fédération. La diète s'attribuait le droit de poursuivre tout écrit ou journal dans tout Etat de la Confédération. Pouvoirs étaient donnés à une commission de cinq membres d'assurer, au besoin par la force, l'exécution de ces lois ; des mesures furent prises contre les universités et une commission d'enquête fut nommée pour rechercher les coupables de libéralisme.

Chacun des petits princes, le roi de Prusse compris, tyrannisait et exploitait ses sujets à son gré.

CHAPITRE IV

LA PRUSSE ET L'AUTRICHE. — 1847-1866

Frédéric-Guillaume IV contre les constitutions écrites. — Essai de déviation de la Révolution de 1848 vers l'unité allemande. — « La Prusse transformée en Allemagne. » — Le Parlement de Francfort. — Élimination de l'Autriche. — Offre de la couronne impériale au roi de Prusse. — Le traité des Trois Rois. — Le Parlement d'Erfurt. — La Diète de Francfort. — La convention d'Olmutz. — Désirs de revanche. — Bismarck et la prussification de l'Allemagne. — *Ferro et igne.* — Gouverner sans budget. — « La force prime le droit. » — L'insurrection de Pologne et Bismarck. — La question des duchés. — Napoléon III, l'Autriche et la Prusse. — Bismarck et Napoléon III. — La guerre de 1866. — Les préliminaires de paix de Nikolsbourg. — Le traité de Prague. — Les incorporations à la Prusse. — La question des compensations. — Naïveté de M. Benedetti. — Ses appréhensions en 1868.

En 1847, Frédéric-Guillaume IV avait consenti à donner un Parlement à la Prusse ; mais le 11 avril, à l'ouverture de la Diète, il disait :

Jamais je ne permettrai qu'une feuille écrite vienne s'interposer pour jouer le rôle d'une seconde Providence entre Dieu, Notre-Seigneur du ciel, et ce pays, pour nous gouverner par ses paragraphes et pour remplacer par eux la sainte et antique fidélité.

La Révolution de 1848 éclata. Le roi exploita la peur que la France ne réclamât les Provinces Rhénanes. Cependant, il fut obligé de faire des concessions de politique intérieure ; mais il essaya de leur imprimer une déviation générale :

Avant tout, nous demandons que l'Allemagne soit transformée

d'une Confédération d'Etats en un Etat confédéré. Nous demandons un système militaire uniforme pour toute l'Allemagne, imité du système prussien avec un général en chef fédéral. Nous demandons un pavillon allemand, une flotte allemande, un tribunal fédéral allemand pour régler tous les différends entre les peuples et les Etats.

Il essayait de soulever la passion de l'unité allemande pour détourner ses sujets des questions de constitution et de liberté intérieures. Un lendemain d'émeute, le 20 mars, il proclama qu' « il se sentait appelé à sauver la liberté et l'unité allemandes ». Le 21, il ordonnait que l'armée joignît la cocarde allemande à la cocarde prussienne, et dans une proclamation, il annonçait que « la Prusse, dès ce moment, se transformait en Allemagne ».

L'Autriche et les autres puissances trouvèrent que le roi Frédéric-Guillaume IV avait une singulière manière de comprendre « l'acte fédéral » du congrès de Vienne : et s'il était déchiré de cette façon au point de vue de la Confédération germanique, quelle valeur pouvait-il conserver au point de vue de ses relations avec les autres Etats.

Pendant ce temps, un congrès de cinquante délégués, délégués surtout par leur propre initiative, tenu à Heidelberg, avait décidé la réunion d'un Parlement national allemand. Ce Parlement ne fut qu'une assemblée, plus ou moins régulièrement élue. Il élabora péniblement une constitution pour l'Empire d'Allemagne. Il déclara qu'un Etat allemand ne pouvait former un seul État avec des États non allemands. C'était placer l'Empereur d'Autriche dans l'obligation de ne conserver qu'un lien personnel avec la Hongrie, la Bohême, l'Italie. Alors, il y eut conflit entre les partisans de la « Petite Allemagne » qui ne voulaient admettre dans l'Empire allemand que des Allemands et ceux de la « Grande Allemagne » qui y englobaient tous les peuples dépendant de l'Empire d'Autriche. L'assemblée se prononça en faveur des premiers (27 novembre). Dès lors, elle faisait de la Prusse la maîtresse de l'Allemagne.

Le 14 janvier 1849, elle exclut l'Autriche de l'Empire germanique. Le 27 mars, elle vota que la couronne impériale serait héréditaire dans la maison du prince qui serait choisi ; et le 28 mars, elle offrit la couronne impériale au roi de Prusse par 290 voix contre 248 abstentions.

L'Autriche rappela ses députés. La Chambre prussienne donna, le 26 avril, ordre au ministère de reconnaître la Constitution de Francfort. Le lendemain, la Chambre était dissoute. Le roi refusait la couronne impériale, protestait contre la Constitution et invitait les souverains à un congrès. La veille, les Russes étaient entrés en Hongrie ; et la peur de l'Autriche, libérée de la préoccupation de l'insurrection hongroise, doit être comptée comme un des coefficients de la décision du roi de Prusse.

Le Parlement de Francfort s'évanouit ; mais Frédéric-Guillaume cherchait les moyens de saisir la couronne impériale qu'il avait refusée. Il conclut avec les rois de Saxe et de Hanovre le traité des Trois rois dont le but déclaré était « de veiller à la sécurité intérieure et extérieure de l'Allemagne ». L'Autriche n'admit pas l'existence d'une commission de cinq membres se réunissant à Berlin sous ce prétexte. Le roi fit décider par cette commission la convocation d'un nouveau Parlement fédéral siégeant à Erfurt, ville prussienne. Malgré l'adhésion de vingt-sept gouvernements allemands, ce ne fut qu'un fantôme. L'Autriche convoqua à Francfort, le 26 avril 1850, les membres de l'ancienne Diète. Malgré la protestation de la Prusse, elle reprit ses fonctions. L'électeur de Hesse proclama, le 7 septembre 1850, l'état de siège parce que l'Assemblée des États refusait de l'autoriser à faire un emprunt sans en justifier l'emploi. Il invoqua le secours de la Diète germanique, tandis que la Prusse y faisait entrer ses troupes. On crut à la guerre. La Prusse recula et subit la convention d'Olmutz, en vertu de laquelle elle renonçait à l'Union d'Erfurt, adoptait la politique de l'Autriche à l'égard du Sleswig Holstein, évacuait la Hesse électorale et Bade et se soumettait aux décisions de la conférence qui se réunirait à Dresde.

A partir de ce moment, le gouvernement prussien eut pour principale préoccupation politique de prendre la revanche de cet échec. Pendant la guerre de Crimée, il garda la neutralité tandis que l'Autriche menaçait la Russie de son intervention.

En 1857, l'intelligence de Frédéric-Guillaume était tellement atteinte que le prince royal Guillaume fut chargé de l'administration du royaume. Il représentait le parti libéral : mais pour ce parti, la liberté c'était la prussification de l'Allemagne. Bismarck publia une brochure dans laquelle il dit nettement :

La Prusse ne doit pas rester plus longtemps avec l'Autriche dans la Confédération germanique telle que l'acte fédéral de 1815 et l'acte final de 1820 l'ont formée. Elle n'aurait jamais dû en tolérer la reconstruction en 1850 et son intérêt est d'en provoquer la dissolution.

Le régent Guillaume montra qu'il partageait cette opinion en nommant Bismarck, ministre en Russie : et celui-ci fit, pour conquérir l'appui de cette puissance, des efforts qui ne furent pas inutiles. Il fut ensuite envoyé à Paris. Bismarck, dans une lettre, dénonçait « la situation fédérale dont souffrait la Prusse » et qu'il faudrait extirper *ferro et igne* (par le fer et le feu.) En 1862, le Roi de Prusse le choisit comme président du Conseil et ministre des Affaires étrangères dans le but d'imposer à la Chambre des députés les dépenses militaires qu'elle refusait.

De 1862 à 1866, pendant quatre ans, le roi de Prusse et Bismarck gouvernèrent sans budget voté par la Chambre des députés. Toute dissolution ramenait les mêmes députés. Bismarck, dès le premier jour, avait déclaré que du moment que les députés refusaient de voter le budget et que le roi et lui entendaient assurer la marche de l'Etat, la question devenait une question de force; et qu'ayant la force, ils ne céderaient pas. C'est dans une discussion à ce sujet qu'intervint la fameuse phrase : « La force prime le droit. » Bismarck se défendit de l'avoir prononcée ; mais en la formulant, son adversaire n'avait fait que condenser sa pensée. Bismarck appliquait la dernière loi de finances votée avant son entrée au ministère ; et il consacrait les excédents aux charges militaires décrétées par le roi.

En 1863, avait lieu l'insurrection de la Pologne. La Prusse s'attacha la Russie, en livrant aux autorités russes les insurgés qui se réfugiaient sur son territoire.

A la fin de l'année, Christian IX montait sur le trône de Danemark. La Constitution du 15 novembre 1863 comprenait l'incorporation du Slesvig aux États danois et le détachement du Holstein. Le prince Frédéric d'Augustenbourg riposta en prenant possession des deux duchés par une proclamation du 16 novembre 1863. La Prusse et l'Autriche demandèrent l'annulation de la constitution. Le 20 janvier 1864, la Prusse envahit les duchés. L'Autriche suivit. Les Danois résistèrent héroïquement jusqu'au 30 octobre 1864. Le roi de Danemark dut céder à l'Autriche et à la Prusse le Holstein, le Sleswig et le Lauenbourg. Les deux puissances commencèrent aussitôt à se menacer de la guerre pour le partage des dépouilles. Bismarck repoussa toutes les prétentions de l'Autriche et de la Confédération germanique. La convention de Gastein, 14 août 1865, décida que les duchés resteraient en la possession des conquérants ; que le Sleswig reviendrait à la Prusse, le Holstein à l'Autriche. La Prusse acheta le duché de Lauenbourg, Bismarck reçut le titre de comte, mais l'indivision dans la souveraineté était maintenue.

L'empereur Nicolas, allié à la famille de Holstein-Gottorp, aurait pu revendiquer des droits éventuels sur une partie des possessions danoises. En remerciement de l'appui que lui avait donné la Prusse dans l'insurrection de Pologne, il fut rempli de complaisance. L'Angleterre proposa une entente, Napoléon III un congrès. L'Angleterre manqua d'énergie pour faire respecter le traité de Londres de 1852 et Napoléon III était trop occupé au Mexique pour intervenir avec autorité.

Je n'ai pas l'intention de faire l'histoire de la diplomatie française ; toutefois, il est indispensable que je parle de ses rapports avec l'Allemagne.

L'institution de la Confédération germanique, incapable d'un effort collectif, était une garantie de sécurité pour la France. Napoléon III ne pouvait faire pardonner son coup d'État qu'en dirigeant l'opinion vers les questions extérieures. Les nations européennes redoutèrent cette condition logique de son règne, à ce point que malgré son discours de Bordeaux de 1851 dans lequel il avait dit : « l'Empire, c'est la paix », l'Angleterre, la Russie, l'Autriche et la Prusse avaient, le 3 décembre 1852, signé un protocole secret. Et il faut avouer que le programme extérieur de l'Empereur comportant la destruction des traités de 1815 et le principe des nationalités, était vague et inquiétant.

La guerre de Crimée lia la France à l'Angleterre, pour une mauvaise besogne qui aboutit à faire garantir par le Congrès de Paris l'intégrité de la Turquie (1856). Cette guerre ne pouvait que rapprocher la Russie et la Prusse.

Par la guerre d'Italie de 1859, Napoléon III affaiblit l'Autriche au profit de la Prusse ; et en même temps, il solidarisa la Prusse avec l'Allemagne. Sommée par la Diète de Francfort d'intervenir pour l'Autriche, elle le fit; et ce fut son intervention qui força Napoléon III de consentir à la paix de Villafranca, en contradiction avec les espérances qu'il avait provoquées en Italie.

Bismarck était allé à Biarritz et avait séduit Napoléon III à tel point qu'il avait sa photographie sur sa table de travail. Il s'était convaincu que Napoléon III était un esprit rêveur et indécis, qui s'inclinerait, confus et mécontent, devant le fait accompli.

Bismarck proposa une nouvelle constitution fédérale en

transformant la question du Sleswig-Holstein en affaire fédérale. Le 10 juin, il présenta aux gouvernements des États moyens un plan de réforme d'après lequel l'Allemagne deviendrait un Etat fédéral dont l'Autriche serait exclue : le commandement en chef de l'armée du Nord appartiendrait au roi de Prusse, celui de l'armée du Sud au roi de Bavière. L'Autriche, tout en s'en remettant à une décision finale de la Confédération sur la question du Sleswig-Holstein, convoqua l'assemblée des États du Holstein pour le 11 juin 1866.

La Prusse fit entrer ses troupes dans le Holstein pour imposer un gouvernement unique aux deux duchés. Le 9 juin, l'Autriche demanda à la Diète la mobilisation de toute l'armée fédérale, à l'exception du contingent prussien. La Diète, par 9 voix sur 6, accepta sa proposition. Le 15 juin, la Prusse demandait à la Hesse électorale, à la Saxe, au Hanovre, leur adhésion à la nouvelle Constitution fédérale et leur neutralité. Sur leur refus, elle les envahit. La Bavière se joignit à eux.

Mais six semaines après le commencement des hostilités, le 26 juillet 1866, les préliminaires de paix entre la Prusse et l'Autriche furent signés à Nikolsbourg.

Le lendemain de la victoire de Sadowa, Bismarck résista au parti militaire qui réclamait des annexions de territoire prises sur l'Autriche et une entrée triomphale à Vienne. Il voulait conclure la paix le plus vite possible pour trois motifs : 1° empêcher une intervention de la France ; 2° faire abandonner, par l'Autriche, les États qui avaient combattu avec elle, de manière à leur prouver sa faiblesse et la force de la Prusse ; 3° réserver pour l'avenir une entente avec l'Autriche.

L'empereur d'Autriche consentit à la dissolution de la Confédération germanique et, à l'exclusion de l'Autriche de toute réorganisation de l'Allemagne.

Par le traité de Prague du 23 août, l'indépendance de quatre États allemands au-dessous du Mein fut reconnue. La Prusse renonça à l'incorporation de la Saxe à la condition qu'elle entrât dans la Confédération de l'Allemagne du Nord et qu'elle mît son armée sous le commandement du roi de Prusse.

Furent incorporés à la Prusse le royaume du Hanovre, l'électorat de Hesse, le duché de Nassau et la ville libre de Francfort sur le Mein. La Prusse passait d'une étendue de 281 000 kilomètres carrés à 348 300 ; d'une population de 19 600 000 à 23 900 000 habitants. Son territoire devenait compact.

La commission de la Diète prussienne déclara qu'elle avait en vain cherché une base juridique pour les annexions à la Prusse. « La Prusse a fait la guerre, déclara M. Kirchmann, et veut en recueillir les fruits. » Cette volonté a constitué son droit.

M. Benedetti a, dans son plaidoyer pour la diplomatie française qu'il représentait à Berlin, montré lui-même la naïveté étrange de Napoléon III. Avant la déclaration de la guerre, Bismarck parle d'une alliance à trois, la Prusse, la France, l'Italie. Il admet les rectifications de frontières ; mais M. Benedetti, dans une lettre du 8 juin, dit que « le roi ne supporterait pas en ce moment qu'on lui fît entrevoir l'éventualité d'un sacrifice de cette nature ». Généreusement, Bismarck présente la compensation en Belgique. Le général Govone, qui négociait pour l'Italie, lui fit observer que faire cadeau « d'un pays qui avait une vie propre si vigoureuse et un sentiment si prononcé » n'était pas une offre très séduisante.

Napoléon III était prévenu qu'il n'y avait aucun engagement de la part de la Prusse. Cependant au moment de la guerre, il disait dans son discours d'Auxerre : « Si la Prusse s'adjugeait un pouce de terrain, la France aurait sa compensation. »

En prononçant ces mots, s'il était de bonne foi, il ne connaissait pas les dépêches de son ambassadeur ; s'il les connaissait, il trompait sciemment la France.

Au lendemain de la guerre, tandis que Drouyn de Lhuys

refusait de reconnaître les annexions de la Prusse, l'empereur les reconnaissait à l'insu de son ministre. Il le remplaça par La Valette qui adressa une circulaire affirmant que « la France ne pouvait que se réjouir de l'agrandissement de la Prusse. » Elle contenait seulement un regret discret que la Prusse n'eût pas eu recours à des plébiscites pour réaliser ses annexions.

Cette attitude était si extraordinaire que personne ne croyait à sa sincérité. M. de Bismarck refusait toute compensation en Allemagne, mais il engageait la France à chercher la compensation en Belgique : et en même temps, lui attribuant le plan qu'il lui suggérait, il s'en servait pour resserrer les liens entre les Etats de l'Allemagne ennemis de la veille et pour inquiéter la Russie et l'Angleterre.

Le lendemain du triomphe, à Nickolsbourg, M. Benedetti écrivait à Paris (26 juillet 1866) :

Je n'apprendrai rien de nouveau à Votre Excellence en lui annonçant que M. de Bismarck est d'avis que nous devrions chercher (la compensation) en Belgique et qu'il m'a offert de s'en entendre avec vous.

De retour à Berlin, Bismarck repousse d'une manière définitive tout projet de compensation sur le Rhin ; et Benedetti avoue :

C'est ainsi que nous en sommes venus à libeller un projet de convention pour lequel j'ai tenu la plume [1] et qui disposait éventuellement de la Belgique. J'admis que le Luxembourg nous serait acquis sans délai, à l'aide d'une entente avec le roi des Pays-Bas et que nous serions autorisés à poursuivre ultérieurement la réunion de la France et de la Belgique avec le concours de la Prusse.

M. Benedetti envoya le projet à Paris comme l'œuvre de Bismarck. L'empereur, dans une lettre à M. Rouher, ne

---

1. Benedetti. *Souvenirs diplomatiques. L'Empereur Guillaume Ier et le prince de Bismarck*, etc., p. 58 et suiv.

parle pas de l'annexion de la Belgique qu'il trouvait évidemment trop difficile pour le moment. Il ne parle que du Luxembourg, de remise des forteresses fédérales à chaque État, Luxembourg à la France, Mayence et Saarlouis à la Prusse, Landau à la Bavière, Rastadt à Bade, Ulm au Wurtemberg ; de l'annexion de la Saxe, pays protestant, à la Prusse et du transfert du roi de Saxe sur la rive gauche du Rhin, pays catholique. Napoléon III reprenait le projet que Talleyrand et Lord Castlereagh, d'accord avec l'Autriche, avaient empêché le roi de Prusse de réaliser en 1815. Seulement il était trop tard.

Bismarck ne parla plus de la Belgique. Quant aux propositions enfantines de l'Empereur, il est probable qu'elles ne virent même pas le jour. Napoléon III se rabattit sur le Luxembourg en l'achetant au roi de Hollande, Guillaume III. Alors, changeant d'attitude, la Prusse s'opposa à cette cession. La France exigea que la Prusse renonçât au droit de tenir garnison dans la forteresse de Luxembourg. Les représentants des puissances, qui avaient signé le traité belge de 1839, se réunirent en conférence, et décidèrent, en garantissant la neutralité du Luxembourg, d'en assurer l'indépendance.

Le seul résultat pratique de ces négociations fut, après avoir presque amené la guerre entre la France et la Prusse, de la rendre inévitable dans un délai plus ou moins rapproché.

Napoléon III, entraîné au Mexique dans l'idée d'y fonder un Empire de race latine pour faire contrepoids aux États-Unis, abandonna Maximilien, retira son armée avant le délai fixé et endossa la responsabilité de son exécution à Queretaro le 19 juin 1867. Les autres États de l'Europe s'inclinèrent devant le traité de Prague. Mais ce n'était qu'une première étape. L'ambassadeur de France à Berlin, M. Benedetti, prévoyait que la Prusse voulait réunir à la Confédération du Nord les Etats du Sud et relever, au profit des Hohenzollern, la couronne impériale. Il écrivait le 5 janvier 1868 :

Plus j'observe la conduite du gouvernement prussien, plus je me persuade que tous ses efforts tendent à asseoir sa puissance sur l'Allemagne entière, et il m'est chaque jour démontré qu'il poursuit ce succès avec la conviction qu'il ne peut l'atteindre sans placer la France dans l'impossibilité d'y mettre obstacle...

C'est donc une guerre formidable dans laquelle tout un peuple prendrait parti contre nous que nous aurions à soutenir [1].

Ainsi averti, Napoléon faisait demander à Berlin par Londres, en janvier 1870, la réunion d'un congrès où serait posée la question du désarmement. Bismarck répondit que la Prusse ne pouvant acquiescer à une pareille proposition, il était inutile d'en débattre le principe et les conséquences.

---

[1]. Benedetti. *Souvenirs diplomatiques. L'Empereur Guillaume I*er *et le prince de Bismarck. Ma mission à Ems.*

CHAPITRE V

LA CONFÉDÉRATION DE L'ALLEMAGNE DU NORD

Plan de constitution fédérale. — Procédure. — Le roi de Prusse *Bundes Præsidium* et *Bundes - Feldherr*. — Attributions identiques à celles du *Deutsche Kaiser*. — Le chancelier. — Le Bundesrat. — Le Reichstag. — Conditions d'élections, non modifiées depuis 1867. — Traités d'alliance défensive avec les États du Sud. — Le Zollverein.

Dès le 10 juin 1866, Bismarck avait envoyé aux gouvernements allemands une circulaire dans laquelle il leur proposait « les bases générales d'une nouvelle Confédération à établir ». Le 14 juin, l'envoyé prussien à l'assemblée fédérale déclara que le gouvernement prussien se retirait de la Confédération, mais était disposé » à former une nouvelle Confédération avec ceux des gouvernements allemands qui voudraient bien dans ce but lui tendre la main ». Par le traité d'alliance du 18 août, seize Etats s'engagèrent à envoyer des délégués à Berlin pour établir un plan de Constitution fédérale sur les bases suivantes: alliance offensive et défensive et leurs troupes placées sous le commandement supérieur du roi de Prusse. Un Parlement serait convoqué en se basant sur la loi électorale de l'Empire du 12 avril 1849; et il était appelé à ratifier le plan de constitution fédérale adopté par les fondés de pouvoirs des Etats[1].

L'opération ne se fit pas sans résistance. La Chambre des députés de Prusse ne voulait pas accorder au Reichstag le droit de voter la Constitution : elle ne voulait lui reconnaître

---

[1]. Laband. *Le Droit public et l'Empire allemand*. T. I, p. 38 et suiv.

que le droit de la discuter : puis la Constitution devait être soumise au Landtag prussien et aux vingt et un autres assemblées d'Etats. Le gouvernement dut accepter des modifications apportées à la loi électorale par la Chambre des députés; dans la majorité des Etats on n'accorda au futur Reichstag que le droit « de discuter » la Constitution.

Elle fut arrêtée dans des conférences des fondés de pouvoirs des Etats qui prirent fin le 7 février 1867. Le Reichstag vota, le 16 avril 1867, par 230 voix contre 53, son projet de Constitution. Les fondés de pouvoirs des Etats alliés l'acceptèrent immédiatement.

Le roi de Prusse avait obtenu plus que n'osait espérer Bismarck : le commandement absolu de l'armée. La Constitution lui donnait le cumul du *Bundes Præsidium* et du *Bundes-Feldherr.*

Comme président, le roi de Prusse pouvait convoquer et ouvrir, ajourner ou dissoudre le Parlement fédéral, nommer et révoquer le chancelier fédéral et les fonctionnaires fédéraux, déclarer la guerre et faire la paix.

Comme commandant supérieur de l'armée, il avait le suprême commandement des forces de terre et de mer, il en déterminait la force, pouvait ordonner de nouvelles fortifications, mettre en état de siège une partie des Etats fédéraux et mobiliser l'armée fédérale contre un membre récalcitrant de la Fédération. Pour que le Reichstag ne pût pas le gêner, il pouvait faire voter le budget militaire pour plusieurs années.

Ce sont exactement les attributions que le roi de Prusse a conservées quand, en 1871, il est devenu le *Deutsche Kaiser*, l'Empereur allemand. Ce titre n'a rien ajouté aux droits qu'il s'était donnés sur la Confédération de l'Allemagne du Nord.

Le chancelier est l'unique dépositaire du pouvoir exécutif; il ne relève que du président du Bundesrat, l'empereur allemand; et en même temps il préside le Bundesrat. Il concentre à la fois le pouvoir exécutif et le pouvoir législatif.

Les ministres plénipotentiaires réunis dans le Bundesrat ne sont que des fonctionnaires.

Le Reichstag ne possédait qu'un droit; le refus du budget. Les membres étaient privés de toute initiative parlementaire. Les projets qu'il avait à examiner l'avaient été d'abord par le Bundesrat, s'il les modifiait le Bundesrat pourrait les frapper de veto. Il n'avait pas de ministres responsables devant lui.

Les pouvoirs du Reichstag n'ont pas été augmentés en 1871.

Les députés du Reichstag étaient élus à raison d'un membre par 100 000 habitants plus un membre pour chaque fraction au-dessus de 50 000 habitants dans un Etat. Quoique le Lauenbourg eût moins de 100 000 habitants, il eut cependant un député. Les élections eurent lieu d'après le recensement de 1867. Cette répartition électorale a été maintenue en 1871, autrement le Reichstag actuel aurait 600 députés au lieu de 397. Berlin avec 2 millions d'habitants continue à n'avoir que 6 députés. Tel district industriel dont la population a triplé ou quadruplé et qui aurait droit à 3 ou 4 députés n'en a toujours qu'un.

La Confédération de l'Allemagne du Nord comprenait vingt-deux Etats : Prusse, Saxe Weimar, Adenbourg, Brunswick, Saxe-Altenbourg, Saxe-Cobourg-Gotha, Anhalt, Schwarzbourg-Sondershausen, Schwarzbourg-Rudolstadt, Waldeck, Reuss (branche cadette), Schaumbourg-Lippe, Lippe, Lubeck, Brême, Hambourg, les deux Mecklembourg, Reuss (branche aînée), Saxe-Meiningen, le royaume de Saxe, soit 22 Etats.

Le roi de Prusse et Bismarck considéraient que la guerre de 1866 n'était que la première étape. La paix n'était pas signée que le roi de Prusse s'occupait de la réorganisation de l'armée qui devait comprendre les effectifs des Etats annexés et ceux des Etats confédérés à la Prusse, ce qui portait le nombre des corps d'armée de 9 à 12.

Dans le traité de Nikolsbourg, l'empire d'Autriche déclarait accepter que les Etats allemands, situés au-dessous de la ligne du Main, formassent une union dont l'Association nationale avec la Confédération de l'Allemagne du Nord restait réservée à une entente ultérieure des deux parties. Les États du Sud avaient appelé Napoléon à leur secours dans leurs négociations avec Berlin; mais Bismarck les retourna en leur montrant que le protecteur qu'ils invoquaient voulait prendre, à la Bavière, le Palatinat Bavarois et, à la Hesse, le Rheinessen sur la rive gauche du Rhin; il obtint d'eux des traités d'alliance défensive qui les lièrent intimement à la Confédération de l'Allemagne du Nord et placèrent leurs armées, en cas de guerre, sous le commandement du roi de Prusse.

Le traité du Zollverein fut renouvelé le 8 juillet 1867, en donnant à l'Union douanière une organisation plus ferme.

« Dès l'origine, dit Laband, la Confédération de l'Allemagne du Nord était disposée à pouvoir s'élargir en **Empire allemand**. »

CHAPITRE VI

LA CANDIDATURE HOHENZOLLERN

Prudence de Bismarck et du roi Guillaume. — Naissance de la candidature Hohenzollern en mars 1869. — Refus du prince Léopold. — L'acceptation lui est imposée. — Démarches à Ems. — Désistement du prince de Hohenzollern. — Demande contradictoire de M. de Gramont. — L'incident d'Ems. — La dépêche de Bismarck. — Résistance des États du Sud.

Bismarck et le roi Guillaume étaient d'accord qu'il ne fallait faire un pas en avant qu'après avoir assuré le précédent. Ils voulaient aussi toujours mettre l'apparence pacifiste de leur côté. En 1866, ils s'étaient arrangés de manière à faire faire la déclaration de guerre par l'Autriche. En 1867, ils n'avaient pas assez en mains leurs alliés allemands pour risquer une nouvelle guerre; et ils craignaient d'éveiller les susceptibilités de l'Europe.

Mais de Moltke et Roon préparaient l'armée, Bismarck préparait son prétexte. Dès les premiers mois de 1869, il mit en avant la candidature du prince de Hohenzollern au trône d'Espagne. Le roi Guillaume jugea que ses troupes étaient encore trop nouvelles.

M. Benedetti a prouvé que, le 27 mars 1869, il signalait au quai d'Orsay cette affaire Hohenzollern. Le 11 mai, il interrogea à ce sujet Bismarck qui lui répondit que « si le prince devenait roi d'Espagne, sa souveraineté ne saurait avoir qu'une durée éphémère et l'exposerait encore à plus de dangers personnels que de mécomptes ».

Mais en novembre 1869, M. de Werther, alors ministre de Prusse en Bavière, présenta certainement avec l'assentiment de Bismarck aux princes de Hohenzollern, dans un de leurs châteaux, un député espagnol, M. Salazar, chargé d'offrir à l'un d'eux la couronne d'Espagne. Il l'offrit à chacun d'eux successivement et même au roi Charles de Roumanie. Tous la refusèrent.

M. Salazar revint en Allemagne en janvier 1870, mais cette fois il se rendit directement à Berlin. Le prince Léopold hésitait. Le prince Antoine écrit le 20 mars 1870 : « Bismarck désire l'acceptation pour des raisons dynastiques et politiques. Le 15, nous avons tenu une délibération très intéressante et importante, présidée par le roi, et à laquelle assistaient, avec le prince royal, Bismarck, Roon, de Moltke, Schleinitz, Thile et Delbrück. Ces messieurs ont conclu unanimement à nous recommander l'acceptation comme l'accomplissement d'un devoir patriotique prussien. Léopold a refusé. » On imagine de leur substituer le prince Frédéric ; mais le prince Léopold, « sur les instances de tous, finit par accepter ».

Au fond, personne ne se souciait de la couronne d'Espagne ; on voulait tout simplement avoir un prétexte de conflit avec la France. Toutefois le roi de Prusse craignait de provoquer la guerre à propos d'une affaire spéciale à la dynastie des Hohenzollern.

Quand au mois de juillet, la question se précise, le gouvernement prussien dit aux puissances :

— Le souverain peut avoir participé à la candidature du prince de Hohenzollern comme chef de la famille, mais non pas comme roi de Prusse. Le gouvernement n'a pas l'intention de s'occuper de cette affaire. Du reste, il faut que les Cortès aient ratifié le choix du prince Léopold.

Au moment où la crise surgit, on trouve le système d'absence et d'alibi employé encore en 1914 : Bismarck est à Varzin, le roi à Ems, les ambassadeurs sont en congé, il n'y a à Berlin qu'un sous-secrétaire d'État, M. Thile, qui répond :
— Cette affaire n'existe pas pour moi.

M. Benedetti se rend à Ems, muni d'une lettre de M. de

Gramont lui demandant d'obtenir du roi la déclaration suivante :

« Le gouvernement du roi n'approuve pas l'acceptation du prince de Hohenzollern et lui donne l'ordre de revenir sur cette détermination. » Le ministre ajoutait : « Il restera ensuite à me faire savoir si le prince obéissant à cette injonction... »

M. Benedetti ne se servit pas de ces termes comminatoires qui lui étaient envoyés. « Je me préoccupai surtout du soin de ne pas précipiter avec moi le gouvernement de mon pays dans le piège préparé. »

M. de Gramont fit tout son possible pour nous y précipiter. Le prince de Hohenzollern se désista de sa candidature. Il est vrai qu'en France on en fut informé par une dépêche étrangère aux négociations d'Ems ; mais M. Thiers trouvait avec raison le désistement suffisant.

L'affaire était finie. Mais le ministère Ollivier, veut avoir un succès d'apparat. M. de Gramont, sans en informer M. Benedetti, demande à l'ambassadeur prussien d'inviter le roi à adresser une lettre à l'empereur, dans laquelle le roi déclarerait qu'il n'avait pas cru porter atteinte aux intérêts et à la dignité de la nation française en autorisant la candidature du prince de Hohenzollern. En même temps, sans renseigner M. Benedetti sur cette démarche, il lui enjoint de demander au roi de Prusse « de donner l'assurance qu'il n'autoriserait pas de nouveau la candidature d'un prince de Hohenzollern ». Ainsi l'ambassadeur devait demander au roi une chose plus grave que ce que le ministre des Affaires étrangères demandait lui-même.

Le 13 juillet, dans la matinée, le roi apercevant M. Benedetti dans une allée vint à lui. M. Benedetti lui demanda « l'autorisation de transmettre à son gouvernement l'assurance que Sa Majesté userait au besoin de son autorité pour prévenir toute tentative de reprendre la candidature abandonnée ».

— Vous me demandez, dit le roi, un engagement sans terme et pour tous les cas. Je ne saurais le prendre.

Il exprima ses regrets de ne pouvoir faire « une concession nouvelle et inattendue ».

Dans l'après-midi le roi fit déclarer à l'ambassadeur que le prince Léopold s'était désisté et qu'il donnait son acquiescement à cette renonciation ; mais qu'il jugeait les négociations terminées par cette communication. Le roi ne refusa pas de recevoir M. Benedetti : il lui fit savoir seulement qu'il refusait de reprendre la discussion relative aux assurances pour 'avenir.

Le ministère Ollivier voulait-il avoir tout simplement un succès d'apparat à brandir devant le corps législatif ou voulait-il la guerre ? En tous cas, il s'était placé dans la situation qui pouvait le mieux convenir au roi de Prusse. Bismarck fut autorisé immédiatement à faire tout ce qui était nécessaire pour aboutir à la guerre. Il rappela l'ambassadeur allemand à Paris. Il raconta à sa manière à tous les gouvernements l'incident d'Ems. Le roi lui a télégraphié :

> Le comte Benedetti m'a demandé finalement, d'une manière très indiscrète, de l'autoriser à télégraphier aussitôt à l'empereur que je m'engageais pour l'avenir à ne jamais plus donner mon consentement si les Hohenzollern revenaient sur leur candidature. Je finis par refuser assez sévèrement attendu qu'on ne devait, ni ne pouvait, prendre de pareils engagements à tout jamais. Je lui dis naturellement que je n'avais encore rien reçu et puisqu'il était, par la voie de Paris et de Madrid, informé plus tôt que moi, il voyait bien que mon gouvernement était hors de cause.

Bismarck, ayant à déjeuner de Moltke, le chef d'État-major, et Roon, le ministre de la Guerre, leur demanda si l'armée était prête. Sur leur réponse, il se vante d'avoir modifié la dépêche de telle manière qu'elle se terminait ainsi :

> Sa Majesté le roi a refusé de recevoir encore l'ambassadeur français lui a fait dire par l'aide de camp de service que Sa Majesté n'avait plus rien à communiquer à l'ambassadeur.

Bismarck ajoute qu'il dit à ses hôtes :

Il est essentiel que nous soyons les attaqués; la présomption et la susceptibilité gauloises nous donneront ce rôle, si nous annonçons publiquement à l'Europe, autant que possible sans l'intermédiaire du Reichstag, que nous acceptons sans crainte les menaces publiques de la France.

Les deux généraux, moroses jusque-là, retrouvèrent tout à coup l'envie de manger et de boire ; et Roon dit béatement : « Le Dieu des anciens jours vit encore et ne nous laissera pas tomber honteusement[1]. »

Les traités avec l'Allemagne du Sud avaient un caractère défensif. Le comte de Bray, ministre de Bavière, conseillé par son ami de Beust, et Varnbüler, ministre du Wurtemberg, espéraient être dispensés de suivre la Prusse dans une affaire qui, regardant le trône d'Espagne, ne pouvait intéresser ni exciter l'opinion allemande.

Du 13 au 16, en Bavière, la seconde Chambre et une partie de la presse, étaient opposées à la guerre. Le gouvernement de Napoléon III fit jusqu'au bout le jeu du roi de Prusse et de Bismarck en déclarant la guerre le 15 juillet. Cependant encore le 19, la Commission de la Chambre bavaroise décida qu'il n'y avait pas de raison de proclamer le *Casus fœderis* et ses propositions ne furent repoussées que par 89 voix contre 58. Le traité de 1866 fut exécuté sans enthousiasme dans le Wurtemberg et dans le Duché de Bade. La guerre faisait, bon gré mal gré, l'unité de l'Allemagne, selon les prévisions de Bismarck[2].

---

[1]. Bismarck. *Pensées et Souvenirs*. T. 2, p. 107.
[2]. V. *supra* 1re partie, ch. IV. *L'Autocratie allemande*.

CHAPITRE VII

LES PAPIERS DE CERÇAY ET L'EMPIRE ALLEMAND

M. de Gramont contre l'Autriche et l'Italie. — Bray, le ministre de Bavière. — Ses intentions et sa conversion. — Celle de Beust suit. — Les papiers de Cerçay. — Les explications de M. de Ruville. — Résistance de la Bavière. — La cérémonie de Versailles. — L'Empereur contre Bismarck. — Aurait voulu le titre d'empereur d'Allemagne et non d'empereur allemand. — Nécessité de la dissolution de l'Empire allemand.

Toute la politique de Napoléon III semble avoir été faite en faveur du roi de Prusse. Il lui déclarait la guerre au moment même où il aurait pu le souhaiter. La France aurait pu avoir des alliances; elles lui furent offertes par M. de Beust pour l'Autriche et par l'Italie ; mais une condition s'imposait, l'abandon de Rome à l'Italie. Le 25 juillet, M. de Gramont apprit que tout était conclu; il s'empressa de tout rompre, disant : « La France ne peut pas défendre son honneur sur le Rhin en le sacrifiant sur le Tibre. » Et le 27 juillet, il écrivait : « C'est un sentiment de révolte et de répulsion que nous inspire la conduite du comte de Beust. » Tous les vœux de M. de Gramont furent exaucés; il eut la guerre qu'il cherchait; il perdit les alliances qu'il redoutait[1]; et il apporta les dernières pierres à l'édification de l'Empire allemand.

En Bavière, le prince de Hohenlohe qui suivait une politique prussienne avait été remplacé par le comte de Bray

---

1. Bolton King. *Histoire de l'unité italienne.* (F. Alcan, éd.) Emile Bourgeois. *Manuel historique de politique étrangère.* T. III, p. 722.

qui avait été certainement mêlé au projet d'alliance conçu par de Beust entre la France et l'Autriche.

Malgré le refus de Gramont d'accepter les propositions du comte de Beust, celui-ci s'était demandé si l'Autriche ne devait pas profiter de l'éloignement des armées allemandes pour se jeter sur la Silésie et marcher sur Berlin.

D'après son adversaire Hohenlohe, Bray serait allé jusqu'à dire au comte Stadion : « L'Autriche a commis une lourde faute quand les Chambres bavaroises ont reconnu le *casus fœderis*. Il eût fallu les menacer d'une déclaration immédiate de guerre, si elles ne revenaient pas sur leur vote et ne proclamaient pas la neutralité. Le roi se perd dans ses châteaux. »

Pendant le siège de Paris, Bismarck poursuit son projet de constitution de l'Empire allemand. Il voudrait que l'initiative vînt de la Bavière. En octobre, il invite Bade et Wurtemberg à envoyer des délégués à Versailles, mais il n'ose insister auprès de la Bavière, « la laissant libre d'agir selon ses convenances ». De Bray annonce qu'il ira lui-même à Versailles, et de Beust lui rappelle que « l'article 4 du traité de Prague porte que S. M. l'empereur d'Autriche consent à ce que les Etats allemands du sud de la ligne (du Main) contractent une union, dont les liens nationaux avec la Confédération du Nord feront l'objet d'une entente ultérieure entre les deux parties et qui aura une existence internationale indépendante ».

De Bray arriva à Versailles le 23 octobre. Au bout de quelques jours, redoutant l'adhésion de Bade, de la Hesse et du Wurtemberg à la Confédération du Nord, il imagina d'unir la nouvelle Confédération à la Bavière. « A côté de l'empereur allemand, le roi de Bavière paraîtrait comme représentant de l'Empire allemand. Ces deux princes représenteraient chacun une partie de l'Allemagne et ensemble le tout. » Il est évident que jamais ni Guillaume, ni Bismarck n'auraient accepté cette combinaison. De Bray annonce à Bismarck qu'il va quitter Versailles et retourner à Munich, quand le 5 novembre, il a un entretien prolongé avec Bismarck : et il en sort un tout autre homme. D'adversaire de l'Empire allemand, il en devient partisan.

En même temps, de Beust, sous prétexte d'accompagner sa femme en Suisse, se rend à Munich. Il voit les ministres et les engage à adhérer à l'Empire allemand.

Le Wurtemberg recule; le roi Charles écrit à ses ministres présents à Versailles, de ne rien signer sans la Bavière. De Bray envoie à Stuttgard le conseil de signer. Le 23, de Bray reçut du roi Louis l'autorisation de signer.

Que s'était-il donc passé dans l'entretien du 5 novembre entre Bismarck et de Bray?

Voici l'explication qu'en a donnée un professeur de l'Université de Halle, Allemand, quoique son nom soit à consonnance française, M. A. de Ruville dans un livre intitulé : *La Restauration de l'Empire allemand. Le rôle de la Bavière*[1].

Des chasseurs mecklembourgeois avaient découvert dans le château de Cerçay, près de Brunoy, appartenant à M. Rouher, des liasses de papiers. Ils furent expédiés à Bismarck. Ces papiers avaient été transportés à Cerçay par Rouher, pour les soustraire aux Allemands, et ils étaient tombés entre leurs mains.

Ces papiers sont restés jusqu'à présent inabordables. M. de Ruville n'a pas pu les avoir à sa disposition; mais en comparant les mémoires des hommes que ces papiers concernent, les livres publiés par eux ou sur eux, M. de Ruville est arrivé à en reconstituer un certain nombre. Ces papiers devaient contenir des lettres de Benedetti, des instructions de l'empereur, des lettres de Drouyn de Lhuys et du marquis de la Valette; des correspondances de nos ambassadeurs et ministres en Allemagne; les lettres du comte de Beust. Dans des conversations, M. de Bismarck a montré qu'il en connaissait certaines pièces. En 1871, il publia dans *le Moniteur de*

---

1. Introduction par Joseph Reinach. Un vol. in-8, trad. fr., 1911. (Lib. Félix Alcan.)

l'Empire, des lettres de Benedetti du mois d'août 1866, sur les projets d'annexion de Napoléon III. Rouher fit paraître dans le journal *le Peuple français*, une note ainsi conçue : « Les lettres de Benedetti ne sont pas les seuls documents qui sont tombés dans les mains du gouvernement prussien. Toute la correspondance particulière qui a été échangée en 1865 et 1866 entre le gouvernement français et les gouvernements bavarois et wurtembergeois avait été également laissée à Cerçay et elle est maintenant entre les mains du prince de Bismarck. » C'était une menace contre les hommes d'Etat devenus les alliés de Bismarck. Celui-ci avait tout intérêt à ne pas les compromettre. Il cessa toute publication empruntée aux papiers de Cerçay.

Wachenhusen, le correspondant de *la Gazette de Cologne*, raconte qu'entrant à Cerçay, il avait trouvé dans une lettre de Dalwigk, ministre hessois, à Rouher à propos de l'affaire du Luxembourg cette phrase : « Si la guerre éclatait, l'Allemagne recevrait les Français à bras ouverts. » Ducrot avait adressé en 1868 de nombreux rapports sur sa conversation avec lui, avec le grand-duc de Hesse qui lui disait : « Comment l'Empereur nous a-t-il abandonné à la fureur de ces insupportables Prussiens ? » Ducrot rappelait les lettres autographes de ce grand-duc, du roi de Wurtemberg et du roi de Bavière à l'empereur, avant et après Sadowa, pour demander son secours.

Ces lettres furent portées à la chancellerie vers le 12 octobre; plus d'un an après, Bismarck dit à Hohenlohe « qu'il y avait encore des caisses entières de lettres qu'il n'avait pas parcourues »; que la saisie de ces lettres l'avait rendu maître de « toute la correspondance diplomatique de Napoléon III ». Il dit lui-même à de Beust que toute sa correspondance avait été prise à Cerçay.

Alors, voici la conclusion de M. de Ruville. Les papiers les plus importants furent remis à Bismarck à la fin d'octobre, telle la correspondance du comte de Beust avec Bray et avec Gramont, les lettres de Varnbüler et de Dalwigk, les lettres des rois et grands-ducs du Sud. Bismarck avait un puissant instrument de chantage contre eux, et il s'en servit directement. De là, viennent les revirements de Bray, de Beust, de Dalwigk.

« Voilà la clef, dit M. de Ruville, de la fondation de l'Empire allemand, que les données dont on disposait jusqu'ici ne suffisaient pas à expliquer. »

Cependant, l'adhésion à l'Empire ne fut donnée par la Bavière que le 21 janvier. Or, la Constitution est entrée en vigueur le 1er janvier 1871, et la cérémonie dans laquelle le roi de Prusse fut proclamé Empereur allemand, eut lieu le 18 janvier.

Cette cérémonie eut lieu dans la grande galerie des glaces du palais de Versailles. Elle vengeait, dans le palais de Louis XIV, les traitements infligés à la Prusse par Napoléon.

Cependant l'orgueil de Guillaume n'était pas complètement satisfait de trôner à la place de Louis XIV. Il aurait voulu le titre d'empereur d'Allemagne qui aurait impliqué des prétentions souveraines sur les territoires non prussiens ; les princes n'étaient pas disposés à le reconnaître ; et Bismarck avait fait voter, par le Reichstag, la Constitution en lui donnant seulement le titre d'Empereur allemand.

Le matin de la cérémonie, Bismarck alla trouver le grand-duc de Bade qui devait le premier prendre la parole après la lecture de la proclamation, et lui demanda quel titre il donnerait au nouvel empereur : « — Empereur d'Allemagne, selon l'ordre de Sa Majesté. » Bismarck lui démontra que ce n'était pas possible : et le grand-duc de Bade se tira de la difficulté en poussant son vivat en l'honneur de « l'Empereur Guillaume ». Bismarck dit :

Sa Majesté m'en voulut tellement de la façon dont les choses s'étaient passées, qu'en descendant de l'estrade élevée des princes, elle affecta de ne pas me voir, alors que je me trouvai seul dans 'espace libre en avant de l'estrade et, passant devant moi, elle alla donner la main aux généraux qui se tenaient derrière.

La Constitution de l'Empire était l'exécution des traités de novembre qui faisaient entrer dans la Confédération, d'un côté la Confédération de l'Allemagne du Nord, de l'autre, la Hesse, le grand-duché de Bade, le Wurtemberg et la Bavière.

L'Alsace-Lorraine fut rattachée à l'Empire allemand par la loi du 9 juin 1871, qui transporte à l'empereur l'exercice de la souveraineté en Alsace-Lorraine ; mais certains actes de son autorité sont soumis à l'approbation du Bundesrat et du Reichstag.

Tel est l'Empire allemand édifié « par le fer et le feu », par le mensonge et le chantage, grâce à la faiblesse, aux complaisances et aux erreurs de la diplomatie des diverses nations européennes et spécialement de la France.

Bismarck et l'empereur Guillaume ne l'ont institué qu'au bénéfice de l'hégémonie prussienne. Ils avaient pour but non pas l'unification de l'Allemagne, mais sa prussification.

Dans les deux premières parties de ce travail, nous avons vu à l'œuvre le régime qu'ils ont établi. Il a multiplié les preuves qu'il est le plus grand danger moral et matériel du monde qui ne peut être conjuré que par la dissolution de cette puissance politique. Comment peut-elle être réalisée d'une manière définitive ? Le traité, qui terminera la guerre actuelle, doit donner la solution de ce problème.

YVES GUYOT

QUATRIÈME PARTIE

Les Causes historiques de la Guerre
La Monarchie austro-hongroise

CHAPITRE PREMIER

RACES ET NATIONALITÉS

Caractères de la race. — Défaut de concordance. — Éléments divers des groupes ethniques. — Rôle secondaire des caractères somatiques. — La question des races en Autriche-Hongrie. — Caractères historiques et linguistiques.

Tous les anthropologistes savent combien il est difficile de trouver la concordance des caractères somatiques qui distinguent un groupe d'un autre. Le mot race, dont on parle si facilement dans le langage courant, reste imprécis dans le langage scientifique.

La classification Topinard, basée sur le groupement de cinq caractères : l'indice nasal, la nature des cheveux, l'indice céphalique, la couleur, la taille, distingue dix-neuf races.

Dans l'article *Races actuelles*, du *Dictionnaire des sciences anthropologiques*[1], A. Hovelacque conclut : « Certes divers

---

[1]. *Dictionnaire des Sciences anthropologiques. Magyars*, par Emile Picot. — *Races*, par A. Hovelacque. — *Roumains*, par A. Hovelacque. — *Les Races et les Nationalités de l'Autriche-Hongrie*, par B. Auerbach. (1898, F. Alcan.) — J. Deniker, *Races et Peuples de la terre*, 1900. — W. Z. Ripley, *The Races of Europe*, 1900. (London, Kegan Paul and C°.)

indices peuvent distinguer les races humaines les unes des autres? Mais entre les différents caractères, la concordance n'existe pas. Les classifications n'ont point de réalité et ne répondent pas à des catégories précises : prétendre systématiser un ensemble de caractères, cela est une chimère. »

Dans son savant livre, *Races et Peuples de la terre*, M. Deniker dit qu'il ne maintient le mot de « race » que parce qu'il est employé : mais il a bien soin de spécifier que les groupes désignés par ce mot sont des « groupes ethniques » constitués en vertu de la communauté de langue, de religion, d'institutions sociales, et nullement des espèces zoologiques : ils peuvent englober des êtres humains d'une seule ou de plusieurs espèces, races ou variétés. » (P. 3.) Les caractères somatiques ne jouent qu'un rôle secondaire.

Dans les trois provinces de l'Autriche allemande, ce sont des brachycéphales à yeux et cheveux bruns qui dominent[1]. Sauf les Slovènes, les Dalmates et les Croates, qui sont des brachycéphales de haute taille, tous les groupes présentent des caractères généraux communs.

M. Louis Leger raconte qu'en 1866 M. Thiers n'admettait pas qu'il y eût en Autriche d'autres hommes que des Allemands.

Cependant la question de races joue un rôle prééminent dans la politique de l'Autriche-Hongrie.

En 1849, l'illustre historien de la Bohême, Palacky, comptait sept nationalités : allemande, bohême, polonaise, italienne, jougoslave, magyare et valaque.

On peut ranger ces groupes en deux catégories : les uns, comme le groupe allemand et le groupe hongrois veulent être maîtres des autres; chacun des autres a comme lien commun son histoire et sa langue qui constatent sa force de résistance poussée parfois jusqu'à l'héroïsme.

---

1. Auerbach, *op. cit.*

On a appelé l'Autriche une polyarchie polyglotte.

Les groupes historiques et linguistiques, dont l'origine est fort obscure, invoquent des droits historiques fondés sur des documents ou des faits plus ou moins contestés et contestables.

Pour comprendre leur situation réciproque et la complexité politique de la question austro-hongroise, il est nécessaire de faire un résumé de l'histoire des principaux d'entre eux.

CHAPITRE II

L'AUTRICHE

Margraviats d'Autriche. — Duché. — Les Habsbourg. — Le monogramme A. E. I. O. U. — L'Autriche n'a jamais été électeur de l'Empire. — Un duché. — L'Autriche n'a pas d'histoire. — Titre : « Empire d'Autriche » date de 1804.

Le nom français de l'Autriche est la transcription de l'allemand, *OEsterreich* (royaume de l'Est), qui apparaît pour la première fois, dans un document, de 996 : *In regione vulgari nomine Ostirrichi*. Mais ce n'était pas un royaume. Elle se divisait en deux margraviats (*mark graf*, comté de la frontière); celui de Frioul comprenant la Pannonie inférieure au sud de la Drave, la Carinthie, l'Istrie et la Dalmatie, moins le littoral qui avait été cédé à l'empereur de Constantinople; celui de l'Est comprenant la Pannonie inférieure au nord de la Drave, la Pannonie supérieure et l'Ostmark proprement dite. La population se composait d'Allemands et de Slaves. Les limites de cette marche varient : tantôt elle possède la Bavière, tantôt elle perd la Pannonie; les Hongrois en envahissent une partie, puis en sont refoulés après la bataille d'Augsbourg (955). Léopold de Babenberg, dont le nom se retrouve dans celui de la ville de Bamberg, reçut la Marche de l'Est en 973 et fonda une dynastie qui s'éteignit en 1246. Les premiers successeurs portèrent la Marche jusqu'à la Leitha en luttant contre les Hongrois pour le profit et avec l'appui de l'Empire romain. Leur politique est mêlée à celle des empereurs qu'ils appuient, en général, contre le pape. Léopold III épousa la sœur de Henri V, dont il eut dix-huit enfants. Par les mariages de ses filles, la maison de

Battenberg se trouva alliée aux familles de Saxe-Thuringe, de Montferrat, aux Piasts de Pologne et aux Prémyslides de Bohême.

Cette politique matrimoniale, commencée par les Battenberg, a été continuée par les Habsbourg avec une très grande habileté.

Ayant été forcé de renoncer à la Bavière qu'il avait acquise par son mariage avec la veuve de Henri le Superbe, mais que réclama le fils de celui-ci, Henri le Lion, après la mort de sa mère, Henri II fit ériger l'Autriche en duché, indépendant de la suzeraineté de la Bavière, héréditaire même dans la ligne féminine (1141-1177). Il fut un des fondateurs de Vienne.

Léopold V acquit la Styrie, peuplée de Slovènes et d'Allemands.

Après deux refus d'Otokar II, roi de Bohême, Rodolphe de Habsbourg fut élu empereur en 1273. Il obligea Otokar de lui abandonner la Carinthie, la Carniole, l'Autriche et la Styrie, et il regarda la Bohême comme partie intégrante de l'Empire.

Mais l'Empire n'était pas héréditaire. En homme prudent, il fit don à ses fils, Albert et Rodolphe, en 1282, à Augsbourg, de l'Autriche, de la Styrie et de la Carniole. Si habiles qu'ils fussent pour augmenter leurs possessions, les Habsbourg n'étaient pas parvenus à faire admettre les ducs d'Autriche parmi les électeurs du Saint-Empire. En compensation, Rodolphe IV inventa le *Privilegium majus*, composé d'une série de faux qui donnaient toutes sortes de privilèges à l'Autriche. Ces prétentions faillirent amener la guerre et aboutirent au traité de 1364, par lequel les maisons de Habsbourg-Autriche et de Luxembourg-Bohême se garantissaient mutuellement leur héritage. Rodolphe IV ajouta le Tyrol à ses possessions. Par son mariage en 1422, avec Elisabeth, fille de l'empereur Sigismond, Albert V acquit la Moravie. Sur l'invitation de Sigismond, les États de Bohême et de Hongrie le choisirent comme roi (1438). Depuis ce moment, la dynastie des Habsbourg a conservé la couronne impériale. Frédéric V, aïeul de Charles Quint et de Ferdinand d'Autriche, érigea l'Autriche en archiduché. C'est à lui qu'on doit le fameux monogramme A. E. I. O. U. qu'on a traduit par des formules superbes : *Austriœ Est Imperare Orbi Universo* ; *Aquila Electa juste omnia vincit* ; *Alles Erdreich Ist Œsterreich Unterthan*, toute la terre est soumise à l'Autriche, etc.

Mais la grandeur de la maison d'Autriche date de Maximilien. Il réunit la Styrie, la Carinthie, la Carniole et le Tyrol, eut Trieste et Frioul, hérita de Gorica, de Gradiska, de Nuttesbourg et du Puthersthal. Il lutta contre la France pour s'assurer la succession des ducs de Bourgogne. Empereur, il essaya encore de faire compter l'Autriche au nombre des électeurs. Les sept électeurs existants se garantirent réciproquement contre l'intrusion de tout nouvel électeur. Ainsi l'Autriche, dont le duc fut constamment empereur titulaire du Saint-Empire romain, ne compta jamais parmi les électeurs.

Son fils, Philippe le Beau, fut le père de Ferdinand Ier et de Charles Quint. Celui-ci fut élu empereur en 1519 ; mais s'il garda le titre de duc d'Autriche, il abandonna ses possessions d'Allemagne à son frère Ferdinand, à qui, en 1526, après la défaite de Mohacs, les Hongrois et les Tchèques offrirent la couronne. De l'Empire de Charles Quint, comprenant les Pays-Bas, l'Espagne, une partie de l'Italie et de l'Amérique, il ne resta rien. Ferdinand, au contraire, acheva de constituer l'Autriche.

L'Autriche n'a pas d'histoire par elle-même. Son duc a des rapports de tout genre avec la Hongrie, la Bohême et d'autres nationalités, sur lesquelles il étend ou cherche à étendre, à des titres divers, son pouvoir. Il est empereur élu, mais héréditaire dans la maison de Habsbourg ; et, comme tel, il est mêlé activement à l'histoire générale du monde. L'Autriche n'existe pas comme nation. Ce n'est même pas un royaume ; ce fut un archiduché jusqu'en 1804. Napoléon s'étant fait proclamer empereur des Français, François II se fit alors proclamer empereur d'Autriche, et le Saint-Empire romain s'écroula complètement en 1806.

CHAPITRE III

LES TCHÈQUES

I. — Slaves et Teutons. — Civilisation tchèque. — Évêché de Prague. — Invasion pacifique allemande. — Relations avec la France. — Roi de Bohême électeur de l'Empire. — Lutte contre les influences allemandes. Jean Hus. — La langue tchèque. — L'Université de Prague. — Concile de Constance. — Résistance des Hussites. — Ferdinand de Habsbourg.— *Confessio Bohemica*. — Lettre de Majesté. — Défenestration de Prague. — La défaite de la Montagne Blanche. — Réaction en Bohême.

II. —Réveil de la nationalité.— *Le jugement de Liboucha*. —La solidarité slave. — Lettre de Palacky au comité des cinquante. — Le Congrès de Prague. — Les trois partis en Autriche : centralisme, dualisme, fédéralisme. — La Constitution de 1849. — Réaction. — Politique allemande. —Régime électoral. —Le dualisme. — Progrès des Tchèques. — Refoulement des Allemands. — Les Allemands et les Tchèques. — Le *Wacht am Rhein* et *la Marseillaise*.

Les Allemands prétendent que les territoires de la Bohême, d'abord conquis par les Teutons[1] furent envahis par les Slaves du cinquième au septième siècle. Cependant d'après Poseidonios les Cimbres dans leur marche contre Rome se heurtèrent aux Boïens, d'où Bojohœmum, Bohême. Les luttes entre les Slaves et les Teutons, disent les historiens allemands, Ranke, Treitschke et Lamprecht, se sont déve-

---

1. Voir *la Colonisation dans l'Est*, par le professeur Richard Mayer, ap. *Histoire du Monde* du docteur H. F. Helmolt. T. VI. — *Les Races et les Nationalités en Autriche-Hongrie*, par Bertrand Auerbach. 1 vol. in-8 (librairie F. Alcan). — *Histoire de l'Autriche-Hongrie depuis Marie-Thérèse*, par M. Asseline (librairie F. Alcan). — Louis Léger, *Histoire de l'Autriche-Hongrie, le Monde slave*, etc. — *Austria-Hungary*, by Geoffrey Drage.

loppées autour des frontières de la Bohême et de la Moravie. De là l'importance de l'histoire de la Bohême qui, de tous les groupes nationaux composant la monarchie austro-hongroise, est la plus complète. Dès 874, elle est gouvernée par un prince chrétien Borivoj ; mais son fils demanda la protection de la Germanie et remplaça la liturgie slave, qui employait la langue du pays, par la liturgie latine. Henri L'Oiseleur, de concert avec Arnulf de Bavière, envahit la Bohême et imposa un tribut au prince Vacslav que l'Eglise a canonisé et que nous connaissons sous son nom latin de saint Venceslas. L'évêché de Prague fut fondé à la fin du dixième siècle, mais rattaché à l'archevêché de Mayence. Il eut pour premier titulaire saint Adalbert qui baptisa le prêtre-roi saint Etienne de Hongrie, alla en Pologne et fut tué par les Prussiens (997) qu'il essayait de convertir.

Ayant aidé l'Empereur Henri IV dans ses expéditions en Italie, Vratislav II en reçut le titre de roi en 1086. La Bohême était une anarchie féodale déchirée par les querelles des princes, de la noblesse et de l'évêque de Prague. Les petits propriétaires, exploités par la noblesse, se groupèrent auprès de grands nobles auxquels ils demandaient protection et dont ils augmentaient la puissance.

Quand Prémysl Otokar II occupa le trône en 1250, la Bohême était un grand Etat. Sur l'invitation du pape Innocent IV, il envoya, dans la Prusse orientale, une expédition qui fonda Kœnigsberg, la future capitale du royaume de Prusse.

Au milieu d'agitations de toutes sortes, la Bohême était devenue le foyer de la civilisation de l'Europe centrale et Prague un de ses plus importants marchés. On y exploitait les mines d'argent de Kutna Hova et de Némecky Brod. La célébration du mariage de Vacslav II, en 1297, réunit vingt-huit princes accompagnés de cortèges, évalués à autant de milliers de chevaux. Ce fut une des grandes cérémonies du moyen âge.

Pendant le douzième et le treizième siècle, les Allemands,

appelés par les rois de Bohême, étaient venus défricher des forêts. Ils firent du commerce, ils occupèrent l'évêché de Prague et d'autres importantes dignités de l'Etat.

La dynastie des Premyslides s'éteignit en 1306 avec Vacslav III qui, ayant forcé l'empereur Albert de s'engager à ne plus intervenir dans les affaires entre la Bohême, la Pologne et la Hongrie, fut assassiné peu de temps après.

Jean, fils de l'empereur Henri de Luxembourg, aimait la France à ce point que, devenu aveugle, il se fit tuer à la bataille de Crécy; mais il avait fait élever en France son fils Charles; et ce qui prouve la supériorité, à cette époque, de l'administration française, il en rapporta des habitudes d'économie et d'ordre; en Bohême il rétablit les finances, il réorganisa la justice, réprima le brigandage. Il fonda en 1348 l'Université de Prague qui réunit jusqu'à vingt mille étudiants et fut classée immédiatement après celle de Paris.

Il fit reconstruire la cathédrale de Saint-Vit par un Français, Mathias d'Arras. Il établit le grand pont de pierre de Prague, fit bâtir le château royal de Prague et fonda la première école de peinture qui ait existé au moyen âge. La littérature tchèque se développa sous son règne.

En 1355, il réunit à la couronne de Bohême le duché de Silésie, le marquisat de Lusace et deux districts de la Pologne.

Empereur, sous le nom de Charles IV, il régla, en 1356, par la Bulle d'or le droit public de l'Allemagne. Elle spécifie que le roi de Bohême est un des sept électeurs du Saint-Empire, mais que son royaume n'est pas un fief de l'Empire. Si la famille royale s'éteint, le roi de Bohême ne peut être élu que par les Etats et non pas imposé par l'empereur. Tout appel à l'extérieur est interdit à ses sujets.

Les influences allemandes qui pesaient sur le pays furent énergiquement combattues par un puissant mouvement national qui, sous des apparences religieuses, s'incarna dans Jean Hus. Doyen et prédicateur à la chapelle de Béthléem, en 1402, il faisait ses sermons en langue tchèque. Il la réforma, en fixa l'orthographe, y adapta l'alphabet latin, et en élimina les germanismes. Ayant attaqué les abus de l'Eglise, il fut accusé de soutenir les propositions de Wiclef.

Soutenu par le roi, par les seigneurs de Bohême, qui étaient alléchés par la possibilité de sécularisation des biens du clergé, dont ils pouvaient avoir leur part, suivi par le peuple, dénonçant les Allemands qui l'avaient fait condamner par l'université de Prague, il disait : « Les Tchèques doivent être les premiers dans le royaume de Bohême comme les Français dans le royaume de France, les Allemands en Allemagne. Les lois, la volonté divine, l'instinct naturel veulent qu'ils y occupent les premiers emplois. » Le roi Vacslav décréta que, désormais, à l'Université, la nation tchèque aurait trois voix et les étrangers une seule. Furieux de ne pas la dominer, les Allemands allèrent fonder l'Université de Leipzig, quittes à reprendre plus tard leur revanche. Jean Hus fut nommé recteur de l'Université de Prague : mais le pape Jean XXII mit en interdit toute ville où il résiderait. Jean Hus continua sa propagande dans les châteaux et auprès des paysans.

Un concile se réunit à Constance. L'Empereur Sigismond invita Jean Hus à y comparaître et lui donna un sauf-conduit formel. Jean Hus s'y rendit, mais le comité, considérant que le sauf-conduit impérial était un empiétement du pouvoir temporel sur le pouvoir spirituel, emprisonna Jean Hus sous l'accusation d'hérésie ; puis, après avoir refusé de l'entendre, il le remit, le 6 juillet 1415, comme hérétique au bras séculier qui le brûla vif.

Ce supplice ne fit qu'exalter ses compatriotes. Sous le nom d'utraquistes, ils opposèrent la communion sous les deux espèces à la communion romaine. L'Université de Prague se dressa devant le concile. Les paysans se réunirent autour de chefs comme le vieux chevalier Jean Ziska, et prirent le nom de Taborites.

L'Empereur Sigismond leva une croisade contre eux. Ils le battirent et, en quelques mois, occupèrent toutes les villes de Bohême, sauf Pilsen et Budejovice. Partout les Allemands furent chassés et perdirent le bénéfice de cinq siècles d'efforts pour établir leur domination en Bohême.

Les Hussites offrirent la couronne à Wladislaw de Pologne qui eut le grand tort de la refuser sur les instances du pape Martin V. Les princes allemands, avec Sigismond, préparèrent une nouvelle croisade. Les Hussites étaient tombés dans l'anarchie. Une partie de la noblesse céda. Cependant l'armée impériale fut encore écrasée par Ziska aveugle sur les bords de la rivière Sazava (1422). Les troupes de Ziska étaient fanatisées par des conceptions religieuses dont nous ne pouvons comprendre l'importance ; mais en même temps, ce qu'elles défendaient, c'était la nationalité tchèque et slave contre les Allemands.

Mais la guerre éclata entre Taborites et les partisans des *compactata*, qui faisaient de grandes concessions aux utraquistes. Les Taborites furent écrasés le 30 mai 1434 à Lipany. Procope fut tué avec seize mille de ses guerriers. « Les Tchèques n'avaient pu être vaincus que par eux-mêmes », conclut M. Louis Leger qui a fait connaître, en France, les nationalités slaves que tout le monde ignorait[1].

Cependant l'Empereur-roi Sigismond s'engagea à n'admettre aucun étranger aux fonctions publiques, à accepter à sa cour des prédicateurs hussites, à assurer la prospérité de l'Université de Prague.

La nation était épuisée. La noblesse s'était enrichie aux dépens de l'Église et du domaine de la couronne. Le mouvement national de Jean Hus s'était effondré dans des chicanes dogmatiques. Avec la mort de Sigismond, en 1437, finit la ligne masculine de la maison de Luxembourg, sans parvenir à réaliser l'union de la Bohême et de la Hongrie.

Les luttes de la Bohême contre les Allemands, contre les Hongrois continuèrent avec des succès divers. En 1526, après

---

1. *Histoire de l'Autriche-Hongrie.*

la célèbre bataille de Mohacz, dans laquelle les Hongrois furent écrasés par les Turcs, une délégation de la diète élut, comme roi, Ferdinand de Habsbourg, et, depuis cette époque, la couronne n'est plus sortie de la dynastie. Comme frère de Charles Quint, il voulut l'aider à extirper l'hérésie protestante ; mais les utraquistes de Bohême et les frères bohémiens sympathisaient avec les luthériens. Après l'écrasement des protestants allemands à Mühlberg (1547), Ferdinand établit les jésuites en Bohême et revisa les privilèges des villes. Les *compactata* furent abolis sous Maximilien qui, roi de Hongrie et empereur, sceptique mais politique, voulut agglomérer ses Etats si différents les uns des autres par l'unité religieuse. La majorité de la diète adopta une profession de foi connue sous le nom de *Confessio Bohemica*, inspirée par les calvinistes. Maximilien lui donna son approbation personnelle, mais refusa de la laisser publier et de la laisser déposer dans les chartriers des royaumes (1575). Mais, en 1609, Rodolphe, par la *Lettre de Majesté*, reconnut la *Confessio Bohemica*, et donna aux protestants le contrôle de l'université de Prague. En 1617, sous le règne de Mathias, l'archevêque de Prague ordonna la suppression des services protestants. Les protestants bohémiens, sous la direction du comte de Thurn, protestèrent et résolurent de châtier les conseillers les plus influents du roi. Ils en jetèrent deux sur cinq et leur secrétaire par une fenêtre du château de Prague. Leurs manteaux ayant fait fonction de parachutes, ils tombèrent sans se tuer d'une hauteur d'environ trente mètres, sur un tas de papiers et de fumier. Le défenestration de Prague fut le commencement de la guerre de Trente ans.

La Bohême a été un des pays qui en ont le plus souffert. La bataille de la Montagne Blanche la livra, le 21 juin 1621, à Ferdinand. Les chefs du mouvement national furent exécutés et leurs têtes exposées sur le pont de Prague. D'autres furent jetés en exil; les biens de tous furent confisqués et donnés à des aventuriers, la plupart Allemands, qui avaient fait partie de l'armée impériale.

Encore, à l'heure actuelle, presque tous les nobles de Bohême en descendent. Le catholicisme fut la seule religion admise en Bohême; les jésuites prirent la direction de l'Université et de l'archevêché de Prague. En 1627, la Constitution de Bohême fut abrogée; l'hérédité de la couronne fut proclamée dans la dynastie des Habsbourg. L'allemand, proclamé comme langue officielle à l'égal du tchèque, devait devenir sous Joseph II la seule langue officielle. L'histoire de la Bohême, comme nation, s'arrête ici. Foulée et refoulée, tour à tour, par les armées de Waldstein et par les Suédois, elle avait perdu, à la fin de la guerre de Trente ans, une grande partie de sa population.

Mais, au commencement du dix-neuvième siècle, le réveil de la nationalité tchèque se fit par la littérature. D'anciens livres tchèques furent exhumés. Dans son *Histoire de l'Autriche-Hongrie*, M. Louis Leger dit : « La découverte de poésies du moyen âge comme le *Jugement de Liboucha* et du manuscrit de Kralove-Dwor fut accueillie avec enthousiasme. » On a contesté l'authenticité de ces poèmes : vrais ou faux, ils exercèrent une irrésistible influence. « Il serait honteux à nous de chercher le droit chez les Allemands », dit le *Jugement de Liboucha*. « L'étranger est entré par force dans notre héritage et il nous commande dans une langue étrangère, » disait le manuscrit de Kralove-Dwor. Le poète Kollar publiait en 1824, la *Slavy deera*, la fille de Slava et criait : « Honte à la Bohême de s'être laissée coloniser par les Allemands » et dans un appel passionné, il affirmait la solidarité slave.

Russes, Serbes, Tchèques, Polonais, unissez-vous ! De l'Athos à la Poméranie, des champs de la Silésie à la plaine de Kossovo, de Constantinople au Volga, partout où l'on entend le langage slave, réjouissons-nous, embrassons-nous !

En 1848, le parti national demanda la réunion de la Moravie et le retour de la Silésie à la Bohême, la reconstitution du royaume de Bohême, la reconnaissance du droit égal des deux nationalités d'Autriche et de Bohême. C'était un programme très modéré.

Le comité allemand des Cinquante à Francfort, réuni pour préparer la convocation du Parlement allemand, invita Palacky, l'historien de la Bohême, à s'y rendre. Il répondit :

> Le but déclaré de votre réunion est de substituer la fédération des peuples à la fédération des princes, de renforcer le sentiment national allemand... Je ne suis pas Allemand, je suis Tchèque, d'origine slave, et le peu que je vaux est tout entier au service de ma nation. Elle est sans doute petite, mais elle constitue une individualité historique.

Le gouvernement de Vienne avait pris des engagements envers la Bohême, dont il ne fut tenu aucun compte dans la Constitution du 25 avril. Alors fut convoqué, à Prague, un congrès comprenant des délégués tchèques, moraves et slovaques, des Polonais et des Ruthènes, des Croates et des Serbes. Une émeute, dont on a jamais connu les causes, le fit dissoudre aussitôt réuni.

Il y avait trois partis : le centralisme, préconisé par les Allemands, qui fusionnait toutes les nationalités et les soumettait à un gouvernement unique siégeant à Vienne ; le dualisme, représenté par les Hongrois, qui entendaient rester autonomes et maîtres ; le fédéralisme qui essayait de conserver l'Empire d'Autriche, tout en donnant satisfaction aux diverses nationalités qui s'y trouvaient. Palacky avait fait un projet fédéral avec quatre ministères communs et une diète centrale comptant sept nationalités : allemande, bohême, polonaise, italienne, jougo-slave, magyare et valaque.

Pendant ce temps, le parlement de Francfort déclarait qu'aucune partie de l'Empire allemand ne pouvait être réunie en un seul État avec des pays non allemands ; si un pays allemand a le même souverain qu'un pays non allemand, les rapports entre les deux pays ne pourront être réglés que d'après les principes de l'union personnelle pure. L'empereur d'Autriche, loin de consentir à son exclusion de l'Allemagne, continuait d'avoir la prétention d'en conserver l'hégémonie. La diète réunie à Vienne fut dissoute et le gouvernement lui octroya la constitution du 4 mars 1849, qui ne fut jamais appliquée et fut supprimée le 1ᵉʳ janvier 1852.

Cette constitution garantissait l'égalité des droits non plus des peuples historiques (*Wölker*), mais des peuplades (*Wölkerstämme*); cette peuplade, non définie, avait le droit de cultiver sa langue et sa nationalité. L'arrière-pensée des gouvernants n'était pas douteuse; toutes ces peuplades sont égales, mais l'Allemand leur est supérieur [1].

Le nouveau chef du ministère, Alexandre Bach, reprit les traditions de la politique de Metternich jusqu'au lendemain de la guerre d'Italie. A la veille de la guerre, les paysans de Bohême disaient : — Si nous sommes vaincus, nous aurons la constitution; si nous sommes vainqueurs, nous aurons 'inquisition.

L'empereur fut vaincu et congédia Bach; mais le ministre Schmerling avait toujours la volonté de maintenir la domination allemande. Il organisait les diètes provinciales, sous le régime de la représentation des intérêts, en établissant rois catégories d'électeurs : les grands propriétaires, les bourgeois des villes et les paysans des campagnes. De plus, la répartition des circonscriptions favorisait les Allemands aux dépens des Slaves. En Bohême, le bourg allemand de Panhen avec 500 habitants, avait un député; la ville slave de Kladno n'en avait pas un seul. En 1863, l'arrivée d'un Morave aux affaires, M. Belcrédi, donna un moment d'espoir aux Slaves.

Mais le lendemain de Sadowa, l'empereur François-Joseph ppela M. de Beust, ancien ministre de Saxe, qui n'eut qu'un programme : établir le dualisme et sacrifier résolument les populations slaves aux Magyars et aux Allemands d'Autriche.

Les Tchèques de Bohême et de Moravie protestèrent. En

---

[1]. Auerbach, p. 29.

1871, le premier ministre autrichien, Karl Hohenwart, leur donna un moment l'espoir de la reconstitution du royaume de Bohême. Les Allemands, dans les entrevues de François-Joseph et de Guillaume, à Ischl, à Salzbourg et à Gastein firent échec à la Bohême. Tout ce qu'elle a pu obtenir, c'est, en 1878, l'égalité des langues ; en 1879, la fondation d'une Université tchèque à Prague ; mais les Tchèques s'affirment plus que jamais.

Prague qui, en 1850, était une ville germanisée, est aujourd'hui complètement tchèque. Il en est de même de Pilsen. De même pour les petites villes, dont la population se recrute parmi les Tchèques habitant les campagnes. Les Allemands n'occupent plus que quelques centres miniers dans les montagnes.

Les Allemands de Bohême n'ont cessé de manifester leur haine contre les Tchèques, en arborant les vieilles couleurs de l'Allemagne, en entonnant le *Wacht am Rhein*. Non seulement ils fêtaient l'anniversaire de Sedan, mais ils voulaient élever une statue à Bismarck, en l'honneur de Sadowa. Les Tchèques répondaient par *la Marseillaise* et par l'affirmation de leurs sympathies pour la France.

Les Tchèques de Bohême, les Slaves de Moravie, les Slovaques de la Transleithanie, formaient, en 1910, un total de 8 500 000 têtes. En cas de démembrement de la monarchie Autro-Hongroise, ils peuvent constituer un Etat indépendant.

CHAPITRE IV

LES HONGROIS

Origine obscure. — Famille finno-ougrienne. — Opta pour influence occidentale. — Saint Etienne. — État indépendant de l'Empire d'Orient et de l'Empire romain. — Luttes contre les Turs. — Élection de Ferdinand d'Autriche comme roi de Hongrie. — Invasions ottomanes. — Persécutions religieuses. — Résistance à la germanisation. — Aristocratie hongroise. — Szechenyi. — Langue magyare. — Privilèges fiscaux. — Droit historique et la forme. — Révoltes contre les Hongrois et révolte des Hongrois. — Régression. — Le Compromis de 1867. — Déak. — Triomphe du dualisme. — La politique hongroise antiallemande à l'intérieur, prussienne à l'extérieur. — L'ambition hongroise : sa réalisation actuelle.

L'origine des Hongrois est fort obscure. Leur langue est considérée comme appartenant à la famille ougro-finnoise mêlée à des éléments turcs. On suppose que parmi les sujets des Khazans, mélange de Huns et de Turcs, dont le Kha-Kan résidait en Crimée, se trouvait une peuplade à laquelle les Grecs et les Latins ont donné le nom de Hungares ou Hongrois.

Vambéry, les donne comme turco-tatars. Dans le courant du neuvième siècle, ils franchirent les Carpathes, sous la conduite de leur chef demi-mythique Arpad, et s'établirent dans la grande plaine qu'ils ont appelée l'Afold, située entre le Danube et la Tisza. Ils y trouvèrent un débris de la nation Khazan qui s'appelait « Mogers » ou « Magyars », mot qui signifie « les hommes du sol », d'après la version commune; mais Vambéry prétend qu'il est le synonyme du turc « bajar » qui signifie « puissant, dominateur ».

Appelés par l'empereur Arnulf contre les Moraves, ils en détruisirent le royaume; en 899, ils ravagèrent la Carinthie, le Frioul et pénétrèrent en Lombardie; en 900, ils entrèrent dans la Bavière et l'obligèrent à un tribut; leurs cavaliers parcoururent l'Alsace, la Lorraine et la Bourgogne, laissant en souvenir de l'effroi qu'ils avaient inspiré, le nom « d'ogres »; mais ils furent repoussés de l'Allemagne, en 955, par la bataille d'Augsbourg.

Les Hongrois eurent à choisir entre l'influence orientale et l'influence occidentale. Ils adoptèrent l'alphabet latin et la religion romaine. En l'an 1000, Etienne se fit donner la couronne royale par le pape. Il constitua ainsi un État à la fois indépendant de l'empire d'Orient et de l'Empire romain. Les Magyars gardent la couronne de saint Etienne comme le symbole de leur nationalité.

Ils partagèrent le sort des Serbes dans la défaite de Kossovo, en 1389. Quelquefois alliés des Ottomans, le plus souvent ils furent écrasés par eux. Après la bataille de Mohacs (1526), dans l'espoir d'augmenter leur force de résistance, ils offrirent la couronne de saint Etienne à Ferdinand d'Autriche; mais en la recevant, il dut faire la déclaration suivante : « *Nationem et linguam vestram servare, non perdere, intendimus.* Nous nous engageons à servir votre nation et votre langue et non à les perdre. »

Peu de nations ont été plus déchirées que la nation hongroise. Elle fut envahie, partiellement occupée par les Turcs jusqu'en 1698. Ayant embrassé la Réforme, elle subit des procès, comme celui de Presbourg, en 1673, dans lequel quatre-vingt-dix ministres protestants furent condamnés à mort. En 1687, Léopold déclara qu'il avait le droit de traiter la Hongrie comme un pays conquis et il transforma la monarchie élective, pratiquée depuis sept cents ans, en monarchie héréditaire dans la famille des Habsbourg. Les efforts vers sa germanisation redoublèrent.

Marie-Thérèse obtint des résultats en poursuivant cette œuvre de germanisation par la séduction. Joseph II, imprégné des idées des philosophes français, fort en avant de son époque, plein de dédain pour les traditions historiques et les prétentions des races et des nationalités, voulut imposer l'allemand. A sa mort, en 1790, les Hongrois se révoltèrent et voulurent rompre avec la dynastie des Habsbourg. Mais les représentants de la nationalité n'étaient que les nobles, les magnats, oppresseurs des paysans, leur laissant toutes les charges. Ils eurent peur que les paysans n'entendissent un écho de la Révolution française ; ils furent trop heureux que Léopold II voulût bien recevoir la couronne de saint Etienne.

Quand François II se proclama empereur d'Autriche, en 1804, ils furent froissés dans leur orgueil national.

Les guerres subies par l'Autriche pendant la Révolution et l'Empire n'en séparèrent pas la Hongrie. Napoléon, après Wagram, adressa aux Hongrois une proclamation très habilement inspirée par le poète Bacsanyi, qui, coupable d'avoir traduit *la Marseillaise*, avait subi neuf ans de prison ; mais pour les magnats hongrois, Napoléon représentait les idées de la Révolution dont ils avaient horreur.

Après 1815, François II pensant qu'il n'avait plus besoin d'eux sur les champs de bataille, négligea de convoquer la Diète, et avec Metternich, il s'appliqua consciencieusement à les germaniser. Mais en 1825, il eut besoin de soldats contre l'Italie. Il dut convoquer la Diète. Dans les diètes antérieures, on parlait un mauvais latin. Szechenyi parla la langue magyare à la tribune. De 1833 à 1835, on discuta sur les améliorations à apporter au sort des paysans. Mais les magnats avaient une telle passion pour leurs privilèges, qu'un péage atteignant tous les passants, quels qu'ils fussent, ayant été établi sur le pont de Budapest, le grand juge du Royaume Cziraki jura qu'il ne franchirait jamais ce pont égalitaire.

Fondant leur politique sur le droit historique, les Hongrois attachent une grande importance aux formes qui le consacrent : et Ferdinand IV les froissa profondément en ne daignant même pas venir se faire couronner à Budapest.

La Révolution de 1848 entraîna l'effondrement de la politique de Metternich. Tous les petits princes allemands accordèrent des constitutions. Toutes les nationalités de la monarchie austro-hongroise fermentèrent. Le 3 mars, la Chambre des députés magyars, réunie à Presbourg, vota, sur la proposition de Kossuth, une résolution réclamant une Constitution.

Mais dans les pays de la couronne de saint Etienne, les Hongrois ne formaient qu'une minorité. Les Serbes, les Croates, les Roumains qu'ils tyrannisaient, se soulevèrent. Les Hongrois s'insurgèrent de leur côté contre l'empereur qui avait chargé Jellachich, ban de Croatie, de rétablir l'ordre. Par haine des Slaves, le peuple viennois s'associa aux Hongrois. Ferdinand abdiqua le 2 décembre 1849 en faveur de François-Joseph, l'empereur actuel.

Il appela la Russie à son secours. Les Russes intervinrent vigoureusement et la Hongrie fut réduite au silence.

Mais l'Autriche subit deux guerres malheureuses : 1859, la guerre d'Italie ; 1866, la défaite de Sadowa. Alors ce fut le triomphe du Dualisme. Le « sage » hongrois, Déak, formula un programme composé de dix points : en 1867, il obtint le compromis qui « fixa la situation de la Hongrie à l'égard des autres pays de Sa Majesté ». La Hongrie ne reconnaît pas de parlement central ; elle constitue une monarchie constitutionnelle indépendante dont elle a reconnu comme roi l'empereur d'Autriche. Elle nomme une délégation dans les deux chambres pour traiter les affaires communes. La défense de l'intégrité de la monarchie est une affaire commune à la Hongrie et aux autres pays de la monarchie ; les affaires étrangères sont communes ; les finances sont communes en ce qui concerne l'armée et les affaires étrangères. Les affaires communes sont gérées par un ministère spécial.

Mais cet accord ne fut conclu qu'entre les Hongrois et l'Empereur. M. de Beust qui avait été appelé de Dresde pour présider le ministère autrichien, aurait dit à Déak :

« Gardez vos hordes, nous garderons les nôtres. » Ces hordes, ce sont les Croates, les Serbes, les Roumains.

Consciencieusement, depuis cette époque, tandis que le gouvernement de Vienne a continué de germaniser les habitants de la Cisleithanie, les Hongrois ont avec passion essayé de magyariser les Roumains, les Slovaques, les Serbo-Croates, habitant la Transleithanie.

En même temps, ils n'ont cessé de protester contre l'Autriche. Ils ont voulu changer le compromis de 1867 en une simple union personnelle. Enfin, il y a eu la grande bataille à propos des commandements en allemand dans l'armée. Pendant quelques années, la Hongrie a été en pleine anarchie.

Les Magyars sont des hommes charmants et très aimables; mais ils se rappellent qu'ils doivent le compromis de 1867 aux victoires des Prussiens, et si leur politique dans l'intérieur de la monarchie austro-hongroise est antiallemande, Andrassy a prouvé que leur politique extérieure est prussienne.

A entendre les réquisitoires de certains Hongrois contre le gouvernement de Vienne, on pouvait supposer qu'ils voulaient la séparation de la Hongrie et de l'Autriche. Tel n'est point le but des plus farouches des indépendants : ils ne veulent point se trouver dix millions de Hongrois isolés sur vingt et un millions d'habitants dans la Transleithanie; trois millions de Roumains de la Transylvanie vont à la Roumanie; les deux millions de Slovaques rejoignent les Tchèques et les Moraves pour constituer un État tchèque; les trois millions de Croates et de Serbes vont à la grande Serbie.

Ils resteront un petit État entouré de populations qu'ils n'ont cessé de froisser et de mécontenter. Quelle influence auront-ils? A quel rôle peuvent-ils prétendre? La Hongrie, réduite à sa propre expression, n'a plus d'accès à la mer.

Les Hongrois loin d'être séparatistes, sont adversaires du démembrement de la monarchie austro-hongroise : leur ambition, c'est d'en être les maîtres. Actuellement M. Tisza et le baron Burian ont réalisé cette ambition suprême.

CHAPITRE V

LES SLAVES DU SUD

Les Croates. — Influence latine. — Les Serbes, influence byzantine. — Droit historique : Kolcman II. — Croates contre Magyars. — La défaite de Kossovo. — La Serbie. — Pachalik turc de 1459 à 1804. — Les Croates ont échappé à ce régime. — L'Illyrie. — Provinces sujettes ou royaumes alliés. — Nationalité croate. — La nogoda de 1868. — Subordination aux Hongrois. — Oppression de la Croatie. — Émancipation de la Serbie. — La Bosnie et l'Herzégovine. — Oppositions et aspirations. — Le Congrès d'Abbazia.

Les Romains possédaient la Pannonie l'an 35 avant notre ère. Au moment de la constitution de l'Empire d'Orient, en 315, elle resta à l'Empire d'Occident.

Après les invasions des Goths, des Avares, pendant le cinquième et le sixième siècles, nous voyons apparaître, dans la première moitié du septième siècle, les Croates, que les chroniqueurs contemporains appellent *Chrobati*, *Chrovati* et *Khwraty*. Ils formaient l'aile droite de la grande invasion slave qui s'étendit de la Bulgarie à l'Adriatique. Ils occupèrent les régions entre la Drave et la Save, connues maintenant comme Croatie-Slavonie, la Dalmatie, le nord-ouest de la Bosnie. Ils subirent l'influence latine et, en 806, quand ils furent annexés à l'Empire des Francs, ils adoptèrent l'Église romaine et l'alphabet latin.

Les Serbes passèrent le Danube, peut-être un peu avant l'occupation de la Pannonie par les Croates. Ils ne représentaient qu'un groupement de clans, plus ou moins apparentés, sans unité politique. Ces clans, appelés zhupaniyas, vou laient se dominer réciproquement. Tiraillés entre l'Empire et l'Église d'Orient et l'Église latine, menacés par les Bulgares qui, dès la fin du septième siècle, formaient un royaume puissant à l'est et au sud-est de leurs territoires, ils avaient une existence tourmentée.

A la fin du neuvième siècle, ils reconnurent la suzeraineté de l'Empire byzantin et adoptèrent l'Église grecque, ainsi que l'alphabet cyrillique. Mais, à la fin du douzième siècle, la Serbie s'affranchit de tout hommage à l'Empire d'Orient et fonda une église nationale, avec une liturgie slavonne et des livres sacrés en langue slavonne.

Les différences qui ont séparé, et qui séparent encore le groupe croate et le groupe serbe, viennent de la rivalité de ces deux influences. Leurs caractères somatiques sont identiques; les uns et les autres sont de grands bruns brachycéphales.

Les Croates, comme les Serbes, eurent à se défendre à la fois contre les Bulgares et contre les Hongrois. Ils offrirent en 1102 la royauté à Koloman II.

Magyars et Croates, partisans du droit historique, discutent encore avec passion le caractère de cette royauté.

Les écrivains magyars, comme Pesty, soutiennent que la Croatie s'est donnée par peur aux Magyars et que, depuis cette date, elle est sous leur domination. Les Croates prétendent que Koloman ne devint roi qu'à titre personnel; qu'ils conservèrent leur capitale Zagreb; le droit de régler leur administration, de nommer les évêques, d'avoir leur armée, leur monnaie, leur régime fiscal : ils invoquent encore aujourd'hui la maxime : *Regnum regno non præscribit leges*; et à l'appui, ils rappellent le fait indéniable qu'ils n'ont pas cessé de lutter contre les empiétements des Magyars.

Le roi de Serbie, Étienne Dushan, se fit proclamer, en 1346, à Uskub, empereur des Serbes et des Grecs, publia, en 1349, le livre des lois du tsar Dushan, qui prouve l'état avancé de la civilisation de la Serbie. Il mourut, en 1355, au moment où, marchant contre Constantinople, il espérait constituer un État assez puissant pour résister aux Turcs. Ceux-ci, après une première victoire sur le Ténare, en 1371, remportèrent, en 1389, la victoire de Kossovo qui leur livra la Serbie et la Bulgarie. Cependant, si la Serbie était tributaire de la Turquie, elle avait gardé son gouvernement; mais, en 1459, elle devint un simple pachalik, gouverné directement par la Porte et resta dans cette situation jusqu'en 1804, soit pendant trois cent quarante-cinq ans.

Nous ne pouvons pas nous imaginer, en France, l'état lamentable des populations soumises pendant des siècles à un pareil régime : et nous devons admirer d'autant plus l'énergie avec laquelle elles ont maintenu leur personnalité, leur caractère distinct, sans jamais se résigner à considérer leur servitude comme définitive.

Tout en luttant contre les Turcs, les Hongrois ne négligeaient pas d'assurer leur pouvoir sur la Croatie. En 1490, Mathias Corvin dut leur abandonner la Slavonie; mais son successeur, Ladislas de Pologne, s'intitula roi de Dalmatie, de Croatie et de Slavonie.

Après la bataille de Mohacs (1526), les Turcs étendirent leur domination non seulement sur la Hongrie, mais sur la Croatie si bien qu'en 1606, la Croatie occidentale seule, avec les villes de Zagreb, Karlstadt, Warasdin et Zengy, resta indépendante. Cependant, les Turcs n'essayèrent pas de coloniser la Slavonie et la Croatie et ne frappèrent pas les provinces d'une empreinte pareille à celle qu'ils ont laissée sur la Bosnie. Les différences qui existent actuellement encore entre les Bosniaques et les Serbo-Croates viennent de cette différence de régime.

Par la paix de Carlowitz, en 1699, puis par le traité de Passarovitz, en 1718, les Turcs cédèrent à l'Autriche la Slavonie en même temps que la partie de la Hongrie qu'ils occupaient.

Le titre de Croatie fut appliqué officiellement aux provinces slavonnes de Visovitica, Pozega et Syrmie. De 1767 à 1777, ces provinces, auxquelles fut ajoutée la Dalmatie, reçurent le nom d'Illyrie et furent gouvernées par Vienne; puis elles furent divisées; le port de Fiume fut enlevé à la Croatie et rattaché directement à la Hongrie. En 1809, après Wagram, Napoléon groupa de nouveau une large partie de la Croatie, la Dalmatie, l'Istrie, la Carinthie, la Carniole, Görz et Gradisca, sous le nom de provinces d'Illyrie. Elles restèrent jusqu'en 1813 sous l'administration française qui leur rendit beaucoup de services; toutefois, ces services étaient compensés par la charge de la conscription à laquelle elles ne se résignèrent jamais. En 1814, la Dalmatie fut incorporée à l'Autriche, tandis que l'Istrie, la Carinthie, la Carniole, Görz et Gradisca, devinrent le royaume d'Illyrie d'Autriche qui subsista jusqu'en 1849; mais la Croatie et la Slavonie étaient déclarées apanages de la couronne de Hongrie.

D'après les Magyars, elles devaient être considérées comme *partes adnexæ* ou provinces sujettes; d'après les Croates et les Slavons, elles étaient des *regna socia*, ou royaumes alliés. Les Croates purent conserver leur langage comme langue officielle, une Diète élue. Un ban ou vice-roi les gouvernait au nom de la Hongrie.

Pendant toute cette période, chez les Croates, comme chez les Tchèques, eut lieu le même effort de reconstitution de leur nationalité, dirigé par un publiciste Ljudevit Gaj, puis par l'évêque Strossmayer et par le baron Joseph Jellachich qui devint Ban, en 1848, quand les Illyristes parvinrent à prendre le pouvoir. Ils engagèrent une lutte armée contre les Hongrois, mais furent battus; cependant, Jellachich agit ensuite contre les Hongrois au nom du gouvernement de Vienne. La Constitution de 1849 sépara la Croatie et la Slavonie de la Hongrie et en fit une province de la couronne autrichienne. Fiume y fut annexée. Le régime de réaction pendant lequel il n'y eut ni ban, ni Diète, dura de 1850 à 1860. Au lendemain de la guerre d'Italie, le gouvernement de Vienne lui octroya le « diplôme d'octobre », puis la constitution de février 1861; mais la diète élue fut dissoute immédiatement parce qu'elle avait réclamé la formation d'une grande confédération slavonique du Sud, sous le gouvernement impérial.

Après Sadowa, sous le régime du dualisme, la Croatie et la Slavonie furent annexées aux pays de la couronne de saint Étienne.

En vertu de la *Nagoda* de 1868, elles sont subordonnées au gouvernement de Budapest. Le vice-roi ou Ban est nommé par Sa Majesté impériale et royale, en réalité, par le premier ministre de Hongrie. Le gouvernement provincial comprend trois ministres; ils sont responsables devant le Ban qui n'est responsable qu'à l'égard du ministère hongrois, et devant l'assemblée nationale (*Narodna Skupshtina*) dont le contrôle est nul. Elle est composée de membres élus par des électeurs qui votent à haute voix devant des fonctionnaires qui dépendent du ban et de membres privilégiés, pris parmi les nobles, les hauts membres du clergé et de l'administration. Tous les actes qu'elle adopte doivent être signés par un ministre sans portefeuille qui fait partie du cabinet hongrois. L'assemblée délègue à la Chambre des députés hongroise quarante membres qui ne peuvent intervenir que pour les affaires de la Croatie-Slavonie.

Par sa situation, Fiume est le port de la Croatie : et il en dépendit de 1848 jusqu'en 1870, date où il fut donné, ainsi que son territoire de 20 kilomètres carrés, à la Hongrie. Il est administré par le gouvernement de Budapest.

La Croatie ne s'est jamais résignée à ce régime. De 1875 à 1876, quand, sur l'initiative de la Bosnie, éclata la guerre contre la Turquie qui se termina par le traité de Berlin de 1878, un parti, ayant pour titre « le parti du droit » réclama « une grande Croatie ». Il n'obtint que la persécution. Son chef fut emprisonné.

Depuis cette époque, la Croatie a été placée sous un régime de despotisme. L'évêque Strossmayer fut obligé de se retirer en 1888, parce qu'il avait envoyé un télégramme à l'église russe.

Les Croates en ont profité pour réclamer l'union avec la Bosnie et l'Herzégovine. En 1908, le baron Rauch, nommé Ban de Croatie, refusa de convoquer la Diète.

Nous avons parlé des abominables procédés employés contre les Croates[1].

On a vu que la Serbie de 1459 à 1804 était restée un pachalik turc. A partir de cette date jusqu'à l'automne de 1813, elle se gouverna comme une nation indépendante. En 1812, dans son traité avec la Turquie, la Russie ne protégea pas suffisamment les Serbes; mais, en 1817, la Serbie, après des batailles, regagna son autonomie sous la suzeraineté du sultan; en 1829, par le traité d'Andrinople, cette autonomie fut garantie par la Russie; mais les garnisons turques restèrent encore à Belgrade et dans d'autres villes de la Serbie jusqu'en 1867.

En 1875, quand la Bosnie essaya de secouer le joug de la Turquie, elle lui déclara la guerre en 1876. Elle fut battue; mais son action entraîna la Russie dans la guerre qui se termina par les traités de San-Stefano et de Berlin. Le traité de Berlin affirma l'indépendance complète de la Serbie; mais il plaçait la Bosnie et l'Herzégovine sous l'administration de l'Autriche-Hongrie.

Le ministre Andrassy, d'origine hongroise, qui avait conclu l'alliance entre l'Autriche-Hongrie et l'Empire allemand, se retira plutôt que d'accepter ce cadeau.

Seulement, il y a des Serbo-Croates d'un côté de la frontière, il y a des Serbes de l'autre côté, il y a contigus aux uns et aux autres, des Bosniaques et des Herzégoviens : la pression de l'Autriche-Hongrie les unit. Le 13 mai 1848, quand es Serbes se constituèrent en nation indépendante, ils demandèrent l'union avec la Croatie.

On répète : « Deux aspirations sont en conflit : une grande Serbie et une grande Croatie : entre les deux, la Bosnie, l'Herzégovine et la Dalmatie. »

---

1. V. I" partie, ch. IV et V.

Ces deux groupes slaves sont-ils capables d'imposer silence à leur amour-propre national, de faire coexister l'un auprès de l'autre leurs différences religieuses et lingustiques ? sont-ils capables de proclamer et de pratiquer l'égalité entre tous ces groupes qui comprennent tous les Slaves du Sud, du nord de l'Istrie, de la région d'Udine, de la Carniole, Slovènes, Serbo-Croates, Croates, Serbes, Dalmates ?

Si de longues et douloureuses expériences peuvent servir aux peuples, la réponse est affirmative ; et elle paraît avoir déjà été faite.

Cependant, le clergé serbe se montra hostile au mouvement illyrien parce qu'il voulait conserver le slavon comme langue liturgique. Il redoutait, dans la généralisation d'un idiome commun, un empiétement du papisme.

La différence de religion sépare surtout les clergés. Cependant, le concordat conclu en 1914 entre la Serbie et la papauté est une mesure de conciliation.

On rappelle qu'en 1902, les Serbes ont provoqué à Zagreb des rixes sanglantes, mais à la fin de mars 1913, les Slaves du Sud tinrent un congrès à Abbazia dans lequel on lut un mémorandum qui avait été remis à l'archiduc héritier, François-Ferdinand, par un groupe de membres du Parlement croate. Ils demandaient la substitution, au dualisme de 1867, d'une confédération dans laquelle entrerait la Serbo-Croatie. « Toute la jeunesse, y était-il dit, s'enthousiasme pour une union avec la Serbie et se sent attirée vers le Sud par les récents succès de la Ligue balkanique. En maintenant la Croatie sous le régime d'exception auquel elle est soumise, les gouvernements d'Autriche et de Hongrie prépareraient la voie à un grand mouvement séparatiste et peut-être à une révolution de tous les Slaves du Sud. »

CHAPITRE VI

LA DISSOLUTION DE LA MONARCHIE AUSTRO-HONGROISE

Tentative de germanisation de Joseph II. — Politique de Metternich et de François II. — *Divide ut imperes.* — 1848. — Politique constitutionnelle et centraliste. — La diète de Kromeriz. — Gouvernement de Bach. — Allemands d'Autriche se solidarisant avec l'Empire allemand. — Les trois liens de la monarchie austro-hongroise. — L'Empereur. — Ses titres. — L'armée. — La bureaucratie. — Le recrutement des officiers. — La dissolution de la monarchie austro-hongroise. — Allemands et Hongrois en poursuivent le démembrement. — Le centralisme magyar.

Les efforts tentés par les ducs ou empereurs d'Autriche, rois de Bohême et de Hongrie, etc., pour germaniser les divers groupes ethniques qui se sont trouvés sous leur domination ont échoué. Joseph II qui, systématiquement, avait poursuivi l'unification du langage et des institutions, provoqua des émeutes et des résistances passionnées : et cependant il avait agi avec le désir d'engager ses divers peuples dans une voie de progrès. Sur son lit de mort, en 1790, il allégea ses successeurs du fardeau de ses réformes en les annulant.

Cependant François II imposa, en 1803, un code pénal et, en 1811, un code civil. Toutefois le code civil fut repoussé par la Hongrie et la Transylvanie. Quoique inspiré par les idées du dix-huitième siècle, il maintenait une législation spéciale pour l'Église, pour les juifs, pour la grande propriété ; sans aller jusqu'au servage, il soumettait les paysans à des sujétions féodales.

Au lendemain de 1815, Metternich ne tenta pas l'œuvre d'unification. Il prit pour maxime *Divide ut imperes*. François II donnait de sa politique la définition suivante à l'ambassadeur de France :

> Mes peuples sont étrangers les uns aux autres. Tant mieux. Ils ne prennent pas les mêmes maladies en même temps. Je mets des Hongrois en Italie et des Italiens en Hongrie. Ils ne se comprennent pas, ils se détestent. De leurs antipathies naît l'ordre et de leur haine réciproque la paix générale.

Nous avons vu cependant la résistance des magyars, et lorsque éclata la Révolution de 1848, tout sembla crouler.

Des hommes d'Etat intelligents auraient répondu aux vœux des diverses nationalités en adoptant le système du parti fédéral ; mais les Allemands entendaient continuer d'avoir la direction de l'Empire.

Schwarzenberg leur opposa l'absolutisme ; mais Ferdinand IV fut obligé d'abdiquer en faveur de François-Joseph, l'empereur actuel, âgé alors de dix-huit ans et déclaré majeur pour la circonstance. Son ministre Stadion avait un programme constitutionnel et centraliste : « Réunir en un grand corps d'Etat tous les pays et toutes les races de la monarchie, avec un seul gouvernement à Vienne. » Mais il sentait si bien l'impossibilité de réaliser ce programme qu'il ne convoqua pas les représentants de la Hongrie à la Diète de Kromeriz ; et il se servit de cet oubli, dont il était responsable, pour la déclarer incompétente et la dissoudre. L'Empereur regardait aussi du côté de Francfort ; et les Allemands de Vienne voulaient conserver à la fois la direction de la Confédération germanique et de tous les pays de l'Empire d'Autriche.

L'Autriche fut déclarée Etat indépendant, indivisible, indissoluble. De 1850 à 1860, Bach continua la tradition despotique de Metternich. Jusqu'en 1854, il maintint l'état de siège. Ce fut un gouvernement de police et de cléricalisme, hostile aux nationalités. En 1856, un Concordat livra tout l'enseignement au clergé et aux jésuites. En dehors du catholicisme, l'exercice des autres religions devait être domestique. Le jury et la publicité des tribunaux furent supprimés. Il fut interdit de publier un journal en langue tchèque.

Le gouvernement allemand centraliste fut écrasé par les désastres de 1859 et de 1866. Les populations soumises à Vienne n'ont été affranchies que par les victoires des étrangers. La défaite a été l'instrument du progrès politique en Autriche.

Mais le compromis de 1867 n'a satisfait que les Allemands de la Cisleithanie et les Magyars de la Transleithanie; les uns et les autres menacent la monarchie hongroise de dissolution.

Les Allemands d'Autriche, ont comparé la Bohême au Sleswig et s'assimilant complètement aux Allemands de l'Empire, ils disaient en plein Reichsrath : « Nous n'avons pas vaincu à Sedan pour devenir les ilotes des Tchèques. »

Après l'établissement du dualisme, le premier ministère autrichien comptait huit Allemands et un Polonais.

Les peuples de l'Autriche-Hongrie sont les peuples de l'Empereur et Roi dans un sens presque féodal.

Il a raison des Hongrois dans l'affaire des commandements militaires quand il menace d'abdiquer. Le parti des indépendants les plus exaltés n'ose prendre la responsabilité de provoquer une pareille catastrophe. Au fond les Habsbourg n'ont eu qu'une foi politique : *Voluntas imperatoris suprema lex esto.* La volonté de l'Empereur est la loi suprême. Mais tandis que le Kaiser la brandit et en fait parade, les empereurs d'Autriche se contentent de la mettre en pratique.

Les ministres, serviteurs publics, doivent concentrer leur patriotisme dans la personne de

François-Joseph (Franz-Joseph) 1ᵉʳ-Charles empereur d'Autriche, roi apostolique de Hongrie, roi de Bohême, de Dalmatie, de Croatie, d'Esclavonie, de Galicie, de Lodomérie et d'Illyrie, roi de Jérusalem, etc., archiduc d'Autriche, grand-duc de Toscane et de Cracovie, duc de Lorraine, de Salzbourg, de Styrie, de Carinthie, de Carniole et de Bukovine, grand prince de Transylvanie, margrave de Moravie, duc de la Haute-Silésie, de la Basse-Silésie, de Modène, Parme, Plaisance et Guastalla, d'Auchwitz et Zator, de Teschen, Frioul, Raguse et Zara, comte princier de Habsbourg et Tyrol, de Kybourg, Goritz et Gradisca, prince de Trente et Brixen, margrave de la Haute et de la Basse-Lusace et en Istrie; comte de Hohenembs, Feldkirch, Brigance, Sonnenberg, etc., seigneur de Trieste, de Cattaro et de la Marche wende, grand-voyvode de la voyvovie de Serbie, etc., etc. Maj. Imp. et Roy. Apostolique [1].

L'Empereur a deux moyens d'action: l'armée et la bureaucratie. La bureaucratie est l'Etat; les Universités préparent les fonctionnaires et les professeurs deviennent eux-mêmes ministres dans les cabinets autrichiens qui ne sont pas formés par des ministres parlementaires. Ils représentent la tradition de l'administration de Joseph II. Personnellement, ce sont en général des hommes fort aimables et connaissant bien leur spécialité; mais ils sont sans scrupules quant aux moyens de gouvernement et ont le plus profond mépris pour l'individu [2].

L'autre moyen de gouvernement, c'est l'armée. Un poète viennois disait au général Radetzki en 1848 : « C'est dans ton camp qu'est l'Autriche. »

Elle ne peut être nationale, puisque son ensemble ne représente pas une patrie, mais est composé de nationalités juxtaposées et plus ou moins hostiles les unes aux autres. L'unité en est constituée par la personne de l'Empereur et l'Etat-major général et par la caste d'officiers qui la commande. Beaucoup d'officiers, nobles et pauvres, ne comp-

---

1. *Almanach de Gotha.*
2. Voir *supra* 1re partie, ch. III, p. 15.

tent pour leurs enfants que sur la carrière militaire. Dès l'âge de dix à douze ans, les enfants sont admis gratuitement dans les écoles primaires militaires « réales », de là ils passent dans les écoles supérieures militaires « réales ». Entre dix-sept et vingt ans, ils choisissent leur arme et entrent dans l'une des deux Académies d'où ils sortent sous-lieutenants, non d'après les hasards d'un concours, mais d'après l'ensemble de leurs études. Les mieux notés sortent officiers, les autres, cadets, avec des grades variant de celui de suppléant d'officier à celui de sergent (corpoul).

Pour les familles aisées qui ne veulent pas se séparer sitôt de leurs fils, il y a des écoles de cadets où ils entrent de quatorze à dix-sept ans. Jamais les cadets ne sont mêlés à la troupe. On a augmenté les hauts grades pour faciliter l'avancement et encourager les officiers. Il y a peu d'officiers magyars dans l'armée active, mais il y a beaucoup d'officiers slaves.

Cinq différentes espèces de gardes du corps entourent le souverain. Les Arcierengarden et la Garde hongroise se composent d'officiers supérieurs et ordinaires. Les fonctions de sous-officiers sont remplies par des généraux ou des colonels.

Les archiducs ont droit à des titres et à des honneurs spéciaux.

Chaque soldat prête un serment solennel à l'Empereur. Tout soldat doit appartenir à un culte. Tous les jours à midi on sonne à la prière; les postes sortent des corps de garde et se forment devant les armes pour prier.

On a essayé de développer dans chaque régiment l'esprit de corps à l'aide d'insignes spéciaux, de particularités d'uniforme, mais il y a peu de régiments qui ne comprennent que des hommes d'une même nationalité. Certains sont

---

1. *Armée, race et dynastie en Autriche-Hongrie*, par E. Terquem. 1903, Libr. Cerf.

composés à la fois d'Allemands, de Roumains, de Croates et de Magyars. La langue unique de service est l'allemand; mais l'officier doit expliquer aux soldats, dans leur langue maternelle, les expressions usuelles militaires allemandes.

On se rappelle l'opposition formidable provoquée en Hongrie par l'emploi des termes militaires allemands.

On démembre les régiments dans des garnisons diverses au mépris de la tactique, mais par nécessité politique. On les dépayse et on les change souvent de garnison.

A Gratz, à la chute du ministère Badeni, un régiment bosniaque réprima l'agitation allemande. Tous les Allemands, d'un bout à l'autre de la monarchie, furent indignés de l'intervention des « sauvages slaves ». On voulut reprendre les concerts de musique militaire. La population couvrit d'immondices les musiciens.

En Bohême, les Allemands troublent une fête tchèque à Brux avec une telle violence qu'il fallut faire appel à la troupe. Quand des dragons allemands parurent, ils furent reçus par les perturbateurs allemands au chant de *Wacht am Rhein* tandis que les Tchèques leur lançaient des pierres.

Ce n'est pas le cas de guerre extérieure que vise l'article du règlement qui stipule qu'au cas où un « soldat, dans les moments critiques, tient des propos de révolte, il pourra être mis à mort par tout supérieur qui se trouvera dans son voisinage ».

A chaque général en chef lui-même est attaché un *socius*, sous le nom d'adjoint au général commandant de corps d'armée, presque toujours de grade égal, qui a pour mission de le surveiller : et les divisionnaires de la « honved », la landwehr transleithane, sont soumis au même contrôle. En 1866, les régiments recrutés dans la circonscription de Venise refusèrent de marcher contre les Italiens. Diverses informations ont annoncé que des troupes slaves et tchèques avaient manifesté leur opposition à la guerre actuelle. Nous attendons la confirmation de ces faits avant d'en faire état. Mais ils ne sont pas invraisemblables; car elles doivent se rendre compte de l'intérêt de leurs nationalités.

La dissolution de l'armée austro-hongroise entraîne la dissolution de la monarchie austro-hongroise.

La politique de François-Joseph, comme celle de ses prédécesseurs, a été de maintenir la dynastie. Mais que représente cette dynastie? Devenu caudataire du Kaiser, François-Joseph a provoqué la catastrophe de 1914.

Quelle garantie ses héritiers peuvent-ils donner aux autres nations de l'Europe? Essayer de maintenir la monarchie austro-hongroise, ce serait recommencer une œuvre aussi vaine et aussi dangereuse que celle du maintien de l'intégrité de l'Empire ottoman.

Du reste le démembrement de la monarchie austro-hongroise ne sera pas l'œuvre des alliés. Il a commencé en 1867 avec le dualisme. A partir de 1870, les Allemands d'Autriche ont subi l'attraction moléculaire de l'Empire allemand, et les Magyars les y ont poussés. De Beust était résigné à « l'itinéraire forcé » qui conduisit François-Joseph à Berlin ; mais, pour de bonnes raisons, il n'inspirait pas de confiance à Bismarck. Son remplaçant, Andrassy, au contraire, dès le 14 novembre 1871, proposait à l'Empire allemand l'alliance qui fut retardée, à cause de la Russie, jusqu'en 1879. Le dualisme se transforma en mainmise par les Magyars sur l'ensemble de la monarchie austro-hongroise. En 1914, cette politique a continué. M. Berchtold était un Hongrois : mais c'est M. Tisza qui, de Budapest, a conduit la campagne du Ballplatz. Après le départ de M. Berchtold, qu'il n'avait pas suffisamment en mains, il est resté à Budapest, mais il a envoyé un homme à lui, le baron Burian, occuper le ministère des Affaires étrangères commun ; il est allé lui-même conférer avec le Kaiser affirmant ainsi la subordination de Vienne à Budapest.

Le dualisme de 1867 est devenu le centralisme magyar : et la politique extérieure magyare a pour point de départ la **victoire de la Prusse sur l'Autriche.**

CINQUIÈME PARTIE

Les Conséquences

CHAPITRE PREMIER

POLITIQUE OBJECTIVE [1]

Le droit international.— Une aspiration plutôt qu'une réalité. — Les traités résultant des guerres sont des extorsions. — Ni le vainqueur, ni le vaincu ne les tiennent pour définitifs. — La souveraineté de l'État. — L'immoralité de l'État. — « La force prime le droit ». — Le droit de la force. — Le droit historique. — Les grands traités. — Le problème à résoudre.— Le traité à venir sera un résultat de la force. — L'emploi et le non-abus de la force. — La paix à venir et la résignation au fait accompli.

Les développements qui ont précédé ont eu pour but de faire sortir la solution de la guerre des causes lointaines ou immédiates qui l'ont produite.

---

[1] *Les Grands Traités politiques*, par P. Albin. Recueil des principaux textes diplomatiques depuis 1815 jusqu'à nos jours. Avec des commentaires et des notes. Préface de M. Herbette. 2ᵉ édition, revue et mise au courant. 1912. 1 vol. in-8. — *Le «Coup» d'Agadir. La Querelle franco-allemande*, par le même. 1912, 1 vol. in-16. — *L'Allemagne et la France en Europe (1885-1894). La Paix armée*, par le même, 1913. 1 vol. in-8. — *Bismarck et son temps*, par P. Matter (Couronné par l'Institut). 3 vol. in-8. — *Bismarck (1815-1898)*, par H. Welschinger, de l'Institut. 1 vol. in-8, 2ᵉ édition. — *L'Esprit public en Allemagne vingt ans après Bismarck*, par H. Moyssel

Pour la déterminer, il est nécessaire de ne se placer qu'au point de vue objectif et d'abandonner résolument les mots vagues qui ont représenté surtout des aberrations politiques dont nous subissons les graves conséquences.

On a beaucoup parlé de droit international depuis le commencement de la guerre, mais A. V. Dicey a raillé « son ami le professeur de droit international, habitué à l'enseignement du droit qui n'est pas du droit, et habitué à expliquer ces règles de morale publiques qui sont improprement appelées droit international[1] ».

Ces mots : « Le droit international » expriment plutôt une aspiration qu'une réalité.

Dans les conventions de La Haye, on a essayé d'établir des régles de droit international; mais un des cosignataires de ces conventions a pu impunément les violer.

Une fois de plus, les événements ont prouvé qu'à la constitution du droit international manque un pouvoir judiciaire indépendant et désintéressé pour l'appliquer, une sanction pour le faire respecter.

Les rapports des États entre eux sont toujours à l'état d'anarchie.

Les États concluent cependant des traités entre eux; mais

---

1 vol. in-8. (Couronné par l'Académie française.) — *La Crise politique de l'Allemagne contemporaine*, par William Martin. 1 vol. in-16. — *Cent projets de partage de la Turquie, depuis le treizième siècle jusqu'à la paix de Bucarest*(1911), par T. G. Djuvara, ministre de Roumanie en Belgique. Préface de M. Louis Renault. Avec 18 cartes hors texte. — *La Vie politique dans les Deux Mondes*, publiée sous la direction de M. A. Viallate et M. Caudel, professeurs à l'Ecole des Sciences politiques, avec la collaboration de MM. D. Bellet, J. Blosciszewski, P. Chasles, M. Courant, M. Escoffier, G. Gidel, Paul Henry, René Henry, G. Isambert, J. Ladreit de Lacharrière, G. Lagny, A. de Lavergne. A. Marvaud, P. Matter, Ch. Mourey, R. Pinon, P. Quentin-Bauchart, H. Sage, A. R. Savary, A. Tardieu, R. Waultrin, professeurs et anciens élèves de l'Ecole des Sciences politiques. 7 vol. in-8 (1906-1907) (1912-1913). Tous ces ouvrages édités chez F. Alcan.

1. *Introduction à l'étude du droit constitutionnel.* Trad. fr., p. 20. Voir *Journal des Économistes*, 5 juin, les observations de M. D. Batie à la conférence de la *British constitution association*.

le plus souvent ces traités ont été le résultat d'un conflit et ne sont que l'acceptation par le vaincu des exigences que le vainqueur lui a imposées.

Ils sont les résultats d'extorsions qui, dans le droit privé, rappent de nullité les contrats ainsi obtenus.

Le traité conclu, le vainqueur en use pour faire valoir ses prétentions; le vaincu, pour maintenir ce qu'il a pu sauvegarder comme, par exemple, le tracé de ses frontières; mais le vainqueur a la méfiance perpétuelle que le vaincu ne saisisse une occasion pour le déchirer et le vaincu ne le subit qu'avec l'arrière-pensée de provoquer une occasion favorable ou d'en profiter pour annihiler ce document qui atteste sa défaite. Dans cette méfiance, le vainqueur peut vouloir déchirer lui-même le traité qu'il a imposé afin d'écraser plus complètement le vaincu : telle a été la préoccupation constante de Berlin à l'égard du traité de Francfort, et s'il a attendu pour essayer de s'en débarrasser par une nouvelle guerre jusqu'en 1914, ce n'est que parce qu'il ne se sentait pas prêt ou parce qu'il craignait l'intervention d'autres États.

Le Kaiser invoque le droit divin qui, le constituant roi de Prusse, le suit comme empereur d'Allemagne; et du moment qu'il incarne le Dieu des mains duquel il a pris directement a couronne à Kœnigsberg, rien ne lui est interdit. Pour toute mission divine, la fin justifie les moyens.

Des hommes politiques, qui ne croient pas plus à la mission divine du Kaiser qu'ils ne croient au droit divin de Louis XIV, ffirment cependant la souveraineté de l'État comme un dogme intangible. Ils comptent les voix dans une séance du Parlement; et ces voix ne représenteraient-elles qu'une infime minorité dans le pays, du moment que, dans le formalisme parlementaire, elles constituent la majorité, ils attribuent à a décision qui résulte de cette addition et de cette soustraction, une puissance illimitée qui doit écraser toutes les résistances individuelles et morales et dont jamais une parcelle ne saurait être aliénée. On a entendu des partisans de l'impôt sur le revenu déclarer que l'État ne pouvait renoncer à en frapper ses emprunts sans porter atteinte à sa souveraineté. Cependant quand un État fait un traité avec un autre, il sacrifie une partie de sa souveraineté; quand il fait un contrat avec des fonctionnaires, il aliène sa souveraineté à leur égard; quand il fait un contrat pour des achats de fournitures ou des travaux publics, il devient un simple cocontractant ; quand il emprunte, il se soumet à la formule : donner et retenir ne vaut; et il ne peut la violer que par un abus de la force.

Je ne discuterai pas en ce moment le terme de souveraineté, si discutable qu'il soit. Je me borne à constater que lorsqu'un État fait des contrats soit avec d'autres États, soit avec des particuliers, il doit agir en honnête homme.

Mais la plupart des hommes politiques de tous les pays sont pleins de mépris pour cette règle de morale encore plus dans les rapports d'États à États que dans les rapports de l'État avec les individus.

Quand ils ont signé un traité, ils gardent l'arrière-pensée de le rompre si leurs passions, leurs convenances ou des intérêts plus ou moins factices les y incitent.

L'Allemand Mommsen dit :

Toute nation met à bon droit son orgueil à rompre par les armes les traités, ruineux pour elle, qu'elle a signés[1].

Le 27 janvier 1853, Bismarck aurait dit au Landtag de Prusse : « La force prime le droit. » Ce n'était pas à propos d'une question de politique extérieure; c'était l'expression de sa manière de gouverner sans budget voté. A la fin de la séance, il nia avoir prononcé ces mots qui lui avaient été attribués par le député de Schewrei. Celui-ci dans sa réponse s'expliqua dans ces termes : « Je n'ai pas dit que M. le Ministre, président, eût employé ces mots « la force

---

1. *Histoire romaine.* T. Ier, p. 403.

« prime le droit », mais son discours culmina en cette phrase, et je dois le maintenir. » Il aurait dit : « La force doit décider quand le droit est impuissant[1]. »

Que Bismarck ait prononcé ou n'ait pas prononcé ces mots, dans cette circonstance, peu importe! L'homme qui a toujours eu franchement pour programme de subordonner l'Allemagne à la Prusse « *ferro et igne* », par le fer et par le feu, considérait que la force était créatrice de droit. Mais il n'a pas le monopole de cette conception. Elle est celle de tous les hommes qui en ont appelé aux conspirations ou aux insurrections dans la politique intérieure ou à la guerre dans les relations extérieures : et souvent l'emploi de la force, pour détruire un droit existant et le remplacer par un autre, a été une œuvre de progrès ou de libération des individus ou des Etats.

Tout le droit international historique est fondé sur des traités provenant de mariages, de donations, d'héritages, d'arrangements de famille plus ou moins consentis ou extorqués, qui n'ont eu souvent d'autres expressions que des faux[2] : et toutes ces origines de droit sont entachées de nullité pour ceux qui, ne confondant plus la propriété avec la souveraineté, n'admettent pas que les peuples sont des troupeaux appartenant à des familles.

Quand Talleyrand au Congrès de Vienne opposait le principe « de la légitimité » aux ambitions de la Prusse, c'était le principe de la propriété du prince qu'il affirmait.

Mais si chaque souverain réclamait le droit historique en faveur de son intérêt, il en faisait litière quand le droit historique des autres contrarirait ses prétentions.

L'Empire d'Autriche n'est fondé que sur des droits historiques; mais le gouvernement de Vienne n'a cessé d'es-

---

[1]. Voir les textes dans *le Figaro* du 10 avril 1915. Discussion de l'abbé Formé et de Polybe (Joseph Reinach).
[2]. Voir *Manuel de Diplomatique*, par Giry.

sayer de détruire les droits historiques des pays qui forment aujourd'hui la Monarchie austro-hongroise.

Le roi de Prusse invoque le droit historique fondé sur son droit divin, droit divin acheté en 1701 à l'empereur Léopold qui a érigé la Prusse Orientale en royaume. Mais les rois de Prusse n'ont établi leur puissance qu'en saccageant les droits historiques des autres souverains.

En dehors des origines dynastiques, le droit international historique invoque les traités ; mais combien y a-t-il de traités internationaux qui ne résultent pas de faits de guerre ? Les grands traités qui ont fondé ce qu'on appelle le droit public de l'Europe : le traité de Westphalie (1648) ; le trait d'Utrecht (1713) ; les traités de 1815 ; le traité de Paris, de 1856 ; le traité de Prague, de 1866 ; le traité de Francfort, de 1871 ; le traité de Berlin, de 1878, et enfin le traité de Bucarest, de 1913, ne sont point des résultats de conventions pacifiques. Ils sont des résultats de la guerre : et ces instruments pacifiques ont tous été de nouveaux facteurs de guerre.

Le traité à venir résultera d'une guerre : et si nous étions vaincus, il assurerait au gouvernement du Kaiser et au gouvernement de l'empereur d'Autriche, roi de Hongrie, de nouveaux droits à l'oppression des peuples qui veulent se soustraire ou qui, jusqu'à présent, se sont soustraits à leur domination.

Nous serons vainqueurs. Notre paix sera le résultat de la victoire : elle sera donc le résultat de la force.

Et voici le problème que nous avons à résoudre :

— Cette œuvre de force ne doit pas être l'abus de la force. Arrachée à des gouvernements, fondés sur le droit historique ou sur la force, elle doit avoir pour objet la libération des groupes qui en ont été victimes et l'établissement définitif de la paix dans le monde.

Nous devons voir avec netteté les difficultés de la solution qui comporte des termes contradictoires ; il faut essayer d'atténuer ces contradictions ; mais elles ne doivent pas nous faire reculer devant la solution nécessaire.

Il s'agit d'imposer à des États qui se croient investis par la force du droit d'opprimer les autres États, une paix telle qu'ils ne puissent la violer, et cependant de ne pas les soumettre à la tyrannie qu'ils voulaient imposer aux autres États.

Il s'agit de placer ces États dans des conditions telles que leur politique ne soit pas dominée par la passion de la revanche et que ceux qui sont capables d'en diriger l'opinion, soient amenés à l'acceptation du fait accompli.

CHAPITRE II

CE QUI CONSTITUE LA NATIONALITÉ POLITIQUE

L'anthropologie politique. — La race Teutonique. — Ses droits inventés par l'Ecole historique. — La politique des nationalités n'est pas un principe de droit. — Est-ce un principe traditionaliste ? — Incapacité des Turcs, des Allemands et des Hongrois d'assimiler les groupes gouvernés par eux. — *Leur force de résistance constitue leur nationalité.* — *L'incapacité de leurs gouvernants constitue leur droit à la séparation.* — Fin simultanée des Habsbourg, des Hohenzollern et de l'Empire ottoman.

Nous avons déjà traité la question des nationalités[1].

Les Allemands ont essayé de justifier leurs conquêtes de 1870 en faisant de l'anthropologie politique. Ils annexaient l'Alsace, disaient-ils, parce que la population était allemande. Ils ne pouvaient pas employer cet argument à l'égard de la Lorraine ; mais cette contradiction ne les gênait pas plus qu'elle ne les a gênés dans les partages de la Pologne.

Les Prussiens sont originaires des vende et les vende sont des slaves ; et on en trouve encore avec leur langue, leurs costumes et leurs usages à 60 kilomètres de Berlin[2].

Quant au type teutonique, je renvoie au livre : *the Races of Europe a sociological study*, by William Z. Ripley, de Harward university[3].

En réalité les caractères somatiques sont très variables

---

1. V. *Supra*, partie IV-Ch. I.
2. William Martin. *La Crise politique de l'Allemagne*, p. 153.
3. Kegan Paul, French Trübner, publishers, 1900.

parmi des populations qui se prétendent de la même race. En Allemagne, l'aire des grands dolichocéphales, à yeux bleus et à cheveux blonds, est très étroite, elle ne comprend que le Hanovre, le Mecklembourg, une partie du Brandebourg et de la Poméranie [1].

Les droits de la race teutonique ont été inventés par l'école historique allemande qui est allée rechercher ses origines dans un passé obscur où peuvent se mouvoir à l'aise toutes les hypothèses [2].

Les races, en Europe, ont été constituées par la linguistique, par des légendes et par des souvenirs historiques. Il faut en tenir compte ; car la langue et les traditions ont formé des groupes. Mais le principe des nationalités, cher à Napoléon III qui a joué un rôle si néfaste dans la politique européenne pendant la seconde moitié du dix-neuvième siècle, loin d'être un principe de droit, est un principe traditionnaliste, opposé aux conceptions générales du droit élaborées par les philosophes français du dix-huitième siècle.

Dans le règlement du sort de l'Allemagne et de l'Autriche-Hongrie, les nations alliées devront se placer au point de vue suivant :

Depuis la bataille de Kossovo (1389), les Serbes ont été, jusqu'en 1878, sous la domination des Turcs : jamais les Turcs ne sont parvenus à leur faire perdre leur caractère et l'espoir du retour à l'indépendance.

Les Allemands et les Hongrois ont montré la même incapacité que les Turcs à assimiler les groupes qu'ils ont voulu gouverner. Ces groupes ont pour caractère commun, leur langue, leurs légendes, leur histoire, leurs aspirations, leur haine contre les Etats auxquels ils sont assujettis. Voilà les éléments qui les constituent en nationalités dont chacune doit obtenir son indépendance.

---

1. V. Ripley. Carte, p. 222.
2. V. E. Bourgeois. *Manuel historique de politique étrangère.* T. II ch. vi. *Les Doctrines de races en Europe.*

Certains publicistes ont prétendu que ces groupes avaient eu, comme facteurs prédominants, des intérêts économiques. Ce n'est pas exact. Les intérêts communs qui unissent leurs membres et les distinguent, sont religieux, traditionnels, intellectuels, linguistiques, psychologiques en un mot. Ils ont été froissés et refoulés par ceux qui les dominaient au lieu d'être absorbés par eux.

La Prusse entretient l'inimitié des Polonais du duché de Posen. L'Allemagne au bout de plus de quarante ans trouve l'Alsace-Lorraine aussi résistante qu'au premier jour.

L'incapacité des Allemands du Nord, des Allemands d'Autriche, des Hongrois, de s'assimiler les groupes dont ils s'attribuent la propriété, constitue pour ces groupes le droit à la séparation.

Ces deux grands empires, tyranniques et toujours menaçants, doivent être dissous exactement pour les mêmes motifs que la Turquie.

La monarchie austro-hongroise devra être morcelée en petites nations de 8 à 12 millions d'habitants, telles que la Bohême avec la Moravie et les Slovaques ; la plus grande grande Serbie, avec la Croatie et la Slavonie ; une plus grande Roumanie. La partie des provinces de la Cisleithanie où dominent les Allemands pourra former une nation de 10 millions d'habitants.

Seulement Vienne ne sera plus une ville impériale ; mais elle conservera sa situation géographique et ses monuments. Elle ne perdra que S. M. l'Empereur d'Autriche et Roi de Hongrie

Les dynasties, ennemies pendant si longtemps et qui ne se sont alliées que pour faire de détestables besognes, celle des Habsbourg et celle des Hohenzollern, doivent disparaître en même temps.

CHAPITRE III

QUI FERA LE TRAITÉ?

L'accord du 6 septembre. — Incapacité des neutres. — La paix ne peut être faite que par les belligérants. — Les précédents de 1814 et de 1815. — Disqualification des Hohenzollern et du Chancelier de l'Empire. — Les ministres plénipotentiaires au Bundesrat. — Dans la Confédération germanique, c'était le Reichstag qui faisait les traités.

Je rappelle tout d'abord l'accord signé à Londres, le 6 septembre 1914 :

Les gouvernements français, anglais et russe s'engagent mutuellement à ne point conclure séparément la paix pendant la guerre actuelle.

Je n'ai pas besoin d'en démontrer l'importance et d'affirmer que cet engagement sera tenu.

Des esprits bien intentionnés, comme mon ami Mark H. Judge, ont fait des propositions pour faire intervenir les neutres dans la conclusion du traité.

Parmi les quarante neutres qui ont signé les conventions de La Haye, les uns ont prouvé qu'ils n'avaient pas la volonté, les autres qu'ils n'avaient ni la volonté ni la capacité de faire respecter les conventions qu'ils avaient signées.

Ils ont donc déclaré leur incapacité d'intervention.

Je connais la règle: «Nul ne doit être juge et partie»; donc les belligérants ne doivent pas régler seuls les intérêts en jeu; mais la solution guerrière des conflits prouve l'impossibilité qu'on a eue jusqu'ici de régler pacifiquement les conflits internationaux.

Les belligérants savent ce que leur a coûté la guerre. L'intérêt supérieur, c'est que les alliés mettent leur agresseur dans l'impossibilité de la recommencer. Et si l'un des belligérants refusait de se soumettre à la décision des neutres, à quelle sanction auraient-ils recours ? Pour combien de temps serait-elle acquise ? Et dans quelle mesure serait-elle efficace ?

La question sera réglée directement entre les alliés, d'une part, la Grande-Bretagne, la Russie, la France, l'Italie la Belgique, la Serbie, le Japon et, d'autre part, l'Allemagne et l'Autriche-Hongrie.

La Turquie, n'étant plus qu'une dépendance, a perdu le droit qu'elle avait acquis en 1856, de prendre part à un congrès.

En 1814, quand les alliés entrèrent à Paris, Napoléon abdiqua à Fontainebleau; ils ne traitèrent pas avec lui. Après le retour de l'île d'Elbe, ils déclarèrent qu'ils ne traiteraient pas de la paix avant que Napoléon ne leur fût livré. Ces précédents autorisent les alliés à ne traiter avec aucun membre de la famille des Hohenzollern.

Le Kaiser et son chancelier, représentant l'Empire, M. de Bethmann-Hollweg se sont disqualifiés quand ils ont appelé « chiffon de papier » le traité garantissant l'indépendance de la Belgique, et quand ils montrent le même mépris pour la Convention de 1907 sur les procédés de la guerre. Quelle confiance peuvent-ils inspirer comme parties dans un traité, puisqu'ils ont déclaré eux-mêmes que, s'il liait les neutres, ils ne se considéraient pas comme liés par lui ?

L'Empire d'Allemagne est une réunion d'Etats, mais l'empereur conclut les traités sans le Bundesrat : car « la puissance étrangère ne pourrait savoir si le Bundesrat a donné un assentiment à un traité, ses séances n'étant pas publiques », dit Laband.

Dans l'ancien Empire germanique, au contraire, ce n'était pas l'empereur, c'était le Reichstag qui avait qualité pour conclure des traités.

Les alliés doivent revenir à cette tradition.

Du moment que les alliés refusent de traiter avec l'empereur d'Allemagne, ils refusent de traiter avec le roi de Prusse.

Ils entendent traiter avec les représentants des États qui sont délégués au Bundesrat, autres que ceux de la Prusse et de l'Alsace-Lorraine.

CHAPITRE IV

LA LIMITATION DES ARMEMENTS

Les effets, non la cause. — Résultats en 1806, en 1856, 1870. — Ingérence étrangère en contradiction aux indépendances des États.

Certaines personnes parlent de la limitation des armements, de la démolition des forteresses. Elles obéissent à ce défaut de méthode qui consiste à vouloir détruire les effets au lieu de détruire la cause. L'histoire nous montre la vanité des mesures de ce genre.

Napoléon, après Iéna, limita le chiffre de l'armée prussienne à 42 000 hommes. Cette limitation fit appliquer par Scharnost le régime de la landwehr. L'armée était maintenue à ce chiffre, mais les hommes y passaient, y faisaient leur éducation militaire, et se trouvèrent prêts, en 1813, à prendre la revanche du roi de Prusse.

L'article 13 du traité de Paris du 30 mars 1856, interdisait le maintien ou l'établissement de tout arsenal sur la mer Noire. On y avait annexé une convention interdisant aux hautes parties contractantes, en réalité, à la Russie, d'y entretenir plus de six bâtiments à vapeur d'un tonnage de 800 tonnes au maximum et de quatre bâtiments légers d'un tonnage de 200 tonneaux chaque.

En 1870, l'abrogation de ces obligations fut un des motifs de la neutralité bienveillante de la Russie pour la Prusse, pendant la guerre franco-allemande. La Russie profita de la guerre pour les faire supprimer par le traité du 31 mars 1871. On voit quels contre-coups peuvent avoir dans l'avenir des mesures de ce genre.

Après la paix, les vainqueurs ne pourront pas avoir la prétention d'exercer un droit de police sur les territoires des vaincus; ils s'épuiseraient dans ce rôle de gardiens et de geôliers; ils entretiendraient les rancunes, les haines, et provoqueraient des catastrophes futures.

Toute règle de la limitation des armements peut être déjouée par une invention; tantôt c'est la poudre sans fumée qui transforme les explosifs; un autre jour, c'est le canon de 75.

On compte les cuirassés : mais les sous-marins et les mines sous-marines apportent un nouveau coefficient dans la guerre navale; et les avions laissent loin derrière eux les antiques reconnaissances de cavalerie.

Ceux qui veulent fonder la paix sur la limitation des armements confondent l'effet avec la cause : ce sont *les causes de guerre qu'il importe de supprimer.*

CHAPITRE V

UN SEUL BUT : ÉLIMINATION DES FACTEURS DE GUERRE

Œuvre politique. — Suppression des facteurs de guerre. — Limitation à ce résultat. — Maintien de la paix. — Il ne peut être assuré avec la coexistence de l'Empire allemand et de la Monarchie austro-hongroise. — Réduction de la Prusse dès les préliminaires de paix.

Pour assurer la paix dans l'avenir, il faut supprimer les facteurs de guerre.

L'œuvre à réaliser est une œuvre politique; mais elle doit être strictement limitée au résultat à obtenir.

Le 25 janvier 1814, à Langres, l'empereur de Russie, l'empereur d'Autriche, le roi de Prusse et les représentants de l'Angleterre avaient pris « une résolution relative à la forme de gouvernement à donner à la France[1] ».

Actuellement, les alliés n'ont pas à intervenir dans la forme du gouvernement de l'Allemagne et de l'Autriche-Hongrie.

Le maintien de la paix ne peut être assuré que si l'Empire allemand ne reste pas constitué tel qu'il est; l'Autriche-Hongrie ne peut pas rester constituée comme elle l'est; mais, les remaniements que ces deux puissances doivent subir, ne seront pas inspirés par le désir des gouvernements alliés de s'ingérer dans leur politique intérieure.

Ils n'auront qu'une préoccupation : les empêcher, d'entretenir, dans le monde, l'inquiétude d'une nouvelle guerre dans quelques années.

---

[1]. Metternich. *Mémoires*. T. I, p. 182.

Avant 1866, nombre d'Allemands concevaient une union allemande par la liberté, comme Bluntschli; de Beust, alors qu'il était ministre de la Saxe, Bray, ministre de la Bavière, avaient divers projets. Bismarck a réalisé le régime unitaire des Hohenzollern. Ce régime n'a pas résisté à l'épreuve. Ce n'est pas le kronprinz qui peut réparer la ruine faite par son père et dont il passe pour avoir été un des facteurs actifs.

Il faut donc un autre Etat politique que celui qui, commencé en 1866, s'achève en 1915.

Dès les préliminaires de paix, la Prusse doit être ramenée aux limites qu'elle avait avant les partages de la Pologne de 1772, 1793 et 1795.

La Posnanie, la Silésie au moins en partie, toute la partie de la Prusse comprenant Dantzig et les bouches de la Vistule jusqu'à la Prusse orientale, doivent être restituées à la Pologne.

La Province rhénane et la Westphalie doivent être déclarées États autonomes.

La partie de la Saxe prise, en 1815, à la Saxe, devra lui être rendue.

Francfort devra redevenir ville libre.

Les annexions à la Prusse du Hanovre, de Brunswick, de la Hesse, de Nassau sont nulles; car, en se plaçant au point de vue du droit positif, la Diète prussienne n'avait aucun droit de les faire[1].

---

1. Voir William Martin. *La Crise politique de l'Allemagne contemporaine.*

CHAPITRE VI

LA DISSOLUTION DE L'EMPIRE ALLEMAND

Les deux autocraties : l'Empire allemand et la monarchie austro-hongroise. Les quatre remaniements de l'Allemagne. — Unité commerciale : le Zollverein indestructible. — Unité politique : l'Empire allemand à dissoudre. — Les annexions de 1866. — La force. — Pas de traités. — Résignation des annexés.— Le roi de Hanovre, Georges V.— *Pouvoir de l'Empereur.* — Les attributions de chaque État. — *Respecter l'autonomie de chacun des États; détruire l'autocratie diplomatique et militaire du roi de Prusse.*

La cause des anxiétés de l'Europe, depuis 1871, et de la guerre actuelle, c'est l'autocratie de l'empereur d'Allemagne et l'autocratie de S. M. l'empereur d'Autriche, roi de Hongrie.

La sécurité de l'Europe exige la destruction de ces deux autocraties.

L'Allemagne a subi six remaniements depuis le commencement du dix-neuvième siècle; la paix de Lunéville, en 1802; la paix de Presbourg, 1805; la constitution de la Confédération du Rhin, et en 1815, constitution de la Confédération générale allemande; en 1866, constitution de la Confédération du Nord; et en 1871, institution de l'Empire allemand.

La politique réciproque de l'Autriche et de la Prusse avait des moyens compliqués, mais un objet très simple; leur élimination réciproque de la Confédération de l'Allemagne qui était morcelée et ne pouvait agir.

Les petits États de l'Allemagne avec leurs douanes, leurs monnaies, leurs diplomaties séparées, formaient un enchevêtrement d'incohérences.

La Prusse constitua l'unité commerciale par le Zollverein. Cette unité commerciale est indestructible.

Elle constitua l'unité politique par « le fer et le feu ». C'est cette unité qu'il faut détruire.

En 1866, la Diète prussienne décida l'annexion du Hanovre, de la Prusse, du Nassau et de Francfort. Il n'y eut pas de traité. Il n'y eut pas reconnaissance de l'annexion par l'annexé[1].

Les princes dépossédés, en 1866, se sont résignés. Le roi de Hanovre, Georges V, resta seul en état de guerre contre la Prusse; mais son petit fils, devenu gendre de Guillaume, a été investi du duché de Brunswick, et officier de l'armée allemande, a prêté le serment d'allégeance qui contient la renonciation implicite au Hanovre.

L'ancienne ville libre de Francfort, si maltraitée en 1866, s'accommode d'être prussienne.

La Confédération du Nord de 1866 a été étendue, en 1871, à l'Empire allemand : l'empereur est le président du Bund et le chef suprême de l'armée.

Bismarck trouvait tellement exagérée la prétention du roi Guillaume d'obtenir ce commandement absolu, qu'il n'osait espérer la faire accepter. Il réussit.

Le Bundesrat représente des princes. Ces princes sont dans l'armée. Ils doivent une obéissance militaire au Kaiser.

L'empereur et le chancelier seuls décident les questions vitales.

Quand l'empereur Guillaume fait des discours comme celui de Brême, avant son départ pour Tanger; quand il envoie le *Panther* à Agadir, quand il se solidarise avec l'Autriche, dans son agression contre la Russie, les rois et grands-ducs de l'Allemagne sont des témoins passifs.

Ni l'empereur, ni le chancelier n'ont daigné prendre leur avis. Ils n'ont même pas daigné les informer de leurs intentions. Ces souverains ont appris les actes du Kaiser par l'agence Wolff ou par leur journal.

---

[1] Voir William Martin. *La Crise politique de l'Allemagne contemporaine* p. 229 et suiv.

Au nom du propre droit public allemand, les alliés se trouvent donc en présence d'une Confédération d'États dont chacun conserve toute souveraineté pour la plupart des attributions inhérentes à un État indépendant, mais qui ont aliéné, au profit du roi de Prusse, la direction de leurs rapports avec les nations étrangères et de leurs forces militaires.

La tâche à accomplir se pose de la manière suivante : — Respecter l'autonomie de chacun des États; détruire l'autocratie diplomatique et militaire du roi de Prusse.

CHAPITRE VII

LES COEFFICIENTS PARTICULARISTES

Résistance à la poussée militaire. — Fissures dans l'Empire allemand. — Les Guelfes. — « Le parti du droit ». — Illusion de la sécurité et orgueil du prestige. — La Prussification de l'Allemagne. — Effets psychologiques de la défaite. — Le particularisme germanique. — Les attributions des États. — La Confédération du Sud et du Rhin. — Chance de durée. — Opinion d'un Saxon sur l'influence prussienne. — La peur de la France. — Nécessité de la dissiper.

La dissolution de l'Empire allemand se heurtera-t-elle à une opposition forte et durable ?

Une réponse nettement affirmative serait téméraire; mais on peut déterminer les conditions dans lesquelles elle se présente.

Nous nous imaginons que toute l'Allemagne est poussée d'un élan formidable contre la France; nous la voyons en état de guerre.

Mais cette passion belliqueuse a rencontré souvent des résistances.

De 1862 à 1866, Bismarck gouverna sans budget. La victoire de Sadowa lui fit donner un bill d'indemnité.

La guerre de 1870 assure à la Prusse l'hégémonie de l'Allemagne. Les dépenses militaires, loin de diminuer, augmentent. Mais le Reichstag oppose de la résistance aux lois militaires.

En 1893, avaient voté contre : les démocrates, le centre, le parti libéral, le parti de l'Allemagne du Sud, les Alsaciens, les Danois et les Guelfes.

Avaient voté pour : les conservateurs, les nationaux libéraux, les impérialistes, les Polonais, les antisémites, et les membres de l'association libre.

Les adversaires représentaient dans le pays 4 233 000 voix; les partisans, 3 225 000. Ils avaient donc une majorité de 1 097 000 voix.

Le Reichstag a voté les crédits pour l'application de la loi de 1913, sous la pression de la peur évoquée par le Kaiser et le chancelier; mais il y avait bien quelques hommes en Allemagne qui se faisaient des réflexions anxieuses sur la politique qui avait placé l'Empire allemand dans une situation périlleuse plus de quarante ans après Sedan.

Nous sommes hypnotisés par l'ensemble qu'offre l'Empire allemand, mais il a des fissures[1].

Au Bundesrat, le chancelier a, plus d'une fois, été obligé de reculer.

Bismarck dut renoncer à son projet de chemins de fer de l'Empire. Il voulut, en 1877, placer à Berlin le siège de la cour suprême. Le Bundesrat le maintint à Leipzig.

Les Guelfes ont refusé de reconnaître la légalité de l'Empire.

Comme soutiens du roi de Hanovre, ils ont perdu leur raison d'être. Depuis longtemps, ils avaient abandonné l'espoir d'une restauration monarchique; mais ils ont fondé, en 1889, « le parti du droit »; il s'est peu étendu. Cependant, il a rencontré des sympathies dans les autres États. En réalité, ce parti est le seul parti conservateur de l'Allemagne[2].

Quelle peut être demain son action et son influence?

L'autocratie du Kaiser avait donné aux Allemands l'illusion de la sécurité et l'orgueil du prestige. Mais, destructeur de la sécurité de tous les peuples, il ne pouvait la donner à l'Allemagne. Ce sentiment, pas plus que le prestige, ne survivra à la défaite.

---

1. Voir première partie, ch. v. *Le Gouvernement du Kaiser.*
2. W. Martin. *Op. cit.*, p. 243.

La défaite sera-t-elle une cause de désagrégation pour l'Empire allemand ou augmentera-t-elle la solidarité de ces États que Bismarck avait établie dans le sang, mais par la victoire ?

Rois, princes, peuples ont été prussianisés. Ils ont été fiers de faire peur aux autres peuples et ils sont tous allés en pèlerinage à la *Germania*. Cette satisfaction a fait prendre, aux vaincus de 1866, leur défaite pour une victoire. Le roi de Bavière a oublié que sa boiterie est due à une balle prussienne.

Mais cette grande Allemagne n'a pas donné la sécurité sur laquelle ils comptaient. Le Kaiser a jeté dans la guerre toute l'Allemagne sans consulter les rois et les États qui constituent le Bundesrat. Sa politique de matamore, dont ils étaient si orgueilleux en digérant leur bière, des paroles est passée aux actes. L'armée irrésistible, avec ses stratégistes infaillibles, s'est précipitée sur un pygmée comme la Belgique : ce pygmée a résisté. Et ses actes ont été à la hauteur de son audace.

Ces Français, si légers, si imprévoyants, si battus en 1870, n'ont pas été écrasés sous la pression de la masse allemande. Le kronprinz, au lieu d'entrer à Paris, a dû reculer de 40 kilomètres dans une nuit ; et l'armée allemande, au lieu de faire un nouveau Sedan, est condamnée au désastre à l'Est comme à l'Ouest.

La gloire et la sécurité ont disparu. La Constitution de 1871 s'effondre dans la plus grande débâcle qu'ait jamais subie l'Allemagne. Le particularisme germanique reparaîtra-t-il ? Et les divers peuples de l'Empire allemand diront-ils : « Nous ne sommes plus des Prussiens. Nous redevenons des Saxons, des Bavarois, des Wurtembergeois, des Badois, des Hanovriens et de libres Francfortois ? »

Les attributions des Etats sont restées considérables. Chaque État établit son propre budget, gère ses impôts, y compris les finances impériales provenant des douanes et de certaines taxes déterminées. Chaque État a toute souveraineté sur les questions d'éducation, les rapports des églises et de l'État, les mines et les forêts, la chasse et la pêche, les règlements de police.

La Bavière, le Wurtemberg, le grand duché de Bade, reliés à la Province rhénane et à la Westphalie peuvent constituer une confédération prospère. La Saxe pourrait grouper une confédération de l'Allemagne centrale, en restituant leur autonomie aux États annexés de vive force par la Prusse, en 1866.

Ce nouvel état de choses aurait-il des chances de durer ? L'histoire de l'Allemagne après la paix de Lunéville, la paix de Presbourg et la paix de Tilsitt nous le prouve : si Napoléon n'avait pas détruit par le mépris l'autorité même des rois et princes qu'il faisait, s'il n'avait pas introduit la conscription dans les pays de la Confédération du Rhin et s'il n'avait pas entraîné les soldats ainsi levés périr en Russie; si par le blocus continental, il n'avait pas privé les Allemands de tabac et de sucre, ils auraient très bien accepté leur situation. La Province rhénane était devenue complètement française.

La Prusse a-t-elle conquis de profondes sympathies parmi les autres populations de l'Allemagne ? Un étranger n'est pas compétent pour répondre à cette question.

Mais un Saxon, M. Paul Rohrbach, dans son livre de propagande pangermaniste *Der Deustche Gedanke*, publié avant la guerre, déplorait l'étroitesse d'esprit de l'Allemagne du Nord et spécialement de la Prusse. Plein d'admiration pour les grandes choses que la Prusse avait faites pour l'unification de l'Allemagne, il déclarait qu'elle avait été incapable de « réaliser des conquêtes morales »; et il prévoyait que ce serait un danger pour l'Allemagne.

Dans la fameuse fête en l'honneur de l'Allemagne, célébrée, il y a un siècle, à la Wartburg, les jeunes Saxons offrirent, en sacrifice sur l'autel de l'Idée allemande, la canne d'un caporal, le corset d'un uhlan, une copie du nouveau Code de police prussien de Kamptz.

« La Prusse a toujours eu, disait un homme d'État allemand,

au lendemain de la guerre de 1871, le privilège de soulever, chez tous les peuples de la Confédération germanique, les plus vives et les plus profondes antipathies. Elle ne paraît pas l'avoir perdu. »

La peur de la France a été le grand moyen de pression de Bismarck et du Kaiser pour resserrer, autour d'elle, les pares divergentes de l'Empire allemand.

Au lendemain de la guerre, nous dissiperons nous-mêmes cette crainte en limitant nos ambitions territoriales à la reprise de l'Alsace et de la Lorraine.

CHAPITRE VIII

LE DÉMEMBREMENT DE L'AUTRICHE-HONGRIE

Écroulement de la monarchie austro-hongroise. — Hostilité réciproque des peuples qu'elle comprend. — Substitution des groupements volontaires aux amalgamations par la force. — Vitalité des Tchèques. — L'Illyrie et la plus grande Serbie. — L'Italie et l'Adriatique. — Le Trentin. — Les provinces allemandes. — Projet Girault de reconstitution d'un empire austro-hongrois allemand. — Pas de contrepoids possible. — Docilité des Allemands d'Autriche et l'Empire allemand depuis 1871

« La monarchie austro-hongroise, dit l'*Almanach Gotha*, se compose, d'après la loi fondamentale du 21 décembre 1867, de l'Empire d'Autriche et du Royaume de Hongrie, deux monarchies inséparables et constitutionnelles, héréditaires dans la postérité mâle (primogéniture) de la dynastie de Habsbourg-Lorraine et après l'extinction de la tige mâle transmissible à la descendance femelle. »

Les professeurs de droit constitutionnel se sont demandé si la monarchie austro-hongroise était un État fédératif, une fédération d'États, un état d'États, un royaume d'États, un État d'unité, un État de dualité, etc. Sans nous perdre dans ces distinctions, on peut affirmer qu'actuellement la monarchie austro-hongroise s'est écroulée.

Toutes les nations slaves et roumaines n'ont cessé de réclamer leur indépendance. Toutes détestent les Allemands et les Magyars. Les Roumains de la Transylvanie et de la Bukovine demandent d'être rattachés à la Roumanie, les rois millions cinq cent mille Ruthènes demandent à être rattachés à la Russie ; la Croatie et la Slavonie quoique catholiques paraissent prêtes à se rattacher à la Serbie pour constituer une grande Serbie.

L'Autriche-Hongrie n'est composée que de peuples hostiles entre eux. Ils ne sont reliés par aucun lien de sympathie. La monarchie austro-hongroise n'est qu'un gouvernement et une armée. On sait la parodie de régime parlementaire qui s'y joue. Les antagonismes de races y ont un rôle prééminent. Les hommes d'État autrichiens consacrent la plus grande partie de leurs efforts à opposer les unes contre les autres les diverses nationalités.

Ces nationalités, qui n'ont pu être absorbées ni par les Magyars ni par les Allemands d'Autriche, doivent recouvrer leur indépendance, les unes pour constituer un État, comme la Bohême, la Moravie, les Slaves; les autres pour s'annexer aux nations voisines, à la Pologne, à la Russie, à la Roumanie, à la Serbie, à l'Italie.

Aux amalgamations par la force, les traités de 1915 doivent substituer des groupements volontaires. Le démembrement de l'Empire d'Autriche est une conséquence de la politique agressive et envahissante des Habsbourg.

Les Tchèques ont toujours réclamé la promesse qui leur avait été faite par l'Empire d'Autriche en 1860 de donner l'autonomie à la Bohême. Ils n'ont pas cessé de se développer. Ils ont refoulé les Allemands. Ceux-ci, il y a trente ans, étaient encore maîtres de Prague. Ils en sont complètement éliminés.

Les Tchèques ont représenté, au moyen âge, la civilisation la plus avancée de l'Europe centrale. Avec Jean Hus, ils ont été les précurseurs de la Réforme. Ils ont prouvé leur droit à l'indépendance par les luttes qu'il n'ont cessé de soutenir.

Les Tchèques, les Moraves et Slovaques représentent un groupe de 8500000 têtes prêt à fonder l'État indépendant dans l'avènement duquel ils ont entretenu une espérance en dépit de toutes les probabilités.

Les Slovènes ont réclamé, après 1867, la formation d'un

royaume de Slovénie ou d'Illyrie, qui aurait compris Trieste, l'Istrie, Gorica, Gradisca, la Carniole, la Carinthie méridionale, a Styrie méridionale. Maintenant il s'agit de la plus grande erbie qui pourra être une confédération de ces divers pays.

La question de Trieste et des ports de la Dalmatie reste très délicate. L'Adriatique est italienne jusqu'à Trieste où les Italiens représentent l'activité, l'intelligence et la fortune ; mais le reste de la côte est Croate. Fiume est le port de la Hongrie et doit être le port de la Croatie et de la Slavonie. Les petits ports de la Dalmatie ont des consonnances italiennes, mais la Dalmatie est slave. Il y a là des problèmes qui impliquent des solutions d'espèces.

En 1848, les Italiens et les Ladins qui peuplent le Tyrol au sud du Brenner protestaient contre la prétention du parlement de Francfort de les considérer comme membres de l'Empire germanique. En 1866, les Allemands les ont accusés d'avoir espéré le sort de la Vénétie et ils ont prouvé, là comme partout, leur incapacité d'assimiler d'autres races.

Italiens et Ladins forment un groupe de 804 000 têtes alors que le Tyrol n'a que 940 000 habitants. Dans ce chiffre de 804 000 Latins et Ladins, il faut compter les Italiens qui se trouvent dans l'Istrie et la Dalmatie, mais les Latins et les Ladins forment une énorme majorité dans toute la partie du Tyrol au-dessous du Brenner. Elle doit revenir à l'Italie.

Quant au Vorarlberg, petit pays de 2 600 kilomètres, contenant une population de 145 000 habitants, qui n'est relié à l'Autriche que par le tunnel de l'Arlberg, il devrait être rattaché à la Suisse, mais les Suisses ne tiendront probablement pas à cette annexion ; il est catholique, il est allemand : la Suisse allemande ne tient pas à introduire de nouveaux catholiques dans la confédération et la Suisse française ne tient pas à y fortifier l'élément allemand qui est déjà le plus puissant.

Quant aux provinces allemandes de l'Autriche, la Basse et la Haute-Autriche, Salzbourg, la partie nord de la Styrie et de la Carinthie, le Tyrol allemand, elles peuvent constituer un état d'une dizaine de millions d'habitants, avec Vienne pour capitale, ou elles peuvent être rattachées à la Bavière, ce qu'avait fait Napoléon par la paix de Presbourg pour certaines d'entre elles.

Les provinces allemandes de l'Autriche n'auront accès à la mer que par le Danube ou par Trieste devenu port libre ou port italien.

Les Hongrois ne seront plus qu'un petit peuple de 10 millions d'habitants qui sera profondément ulcéré de sa décadence. « Mon peuple périra par l'orgueil » disait Szechenyi en 1849. Il aura encore la riche plaine de l'Afold ; mais il n'aura plus l'espoir de gouverner le monde en subordonnant Vienne à Budapest. Il ne pourra garder Fiume.

Les Hongrois ulcérés ne pardonneront jamais aux autres les fautes qu'ils ont commises. Ils seront un élément perturbateur permanent : mais comme ils n'ont su que provoquer des animosités, ils ne seront pas redoutables.

L'impuissance des Allemands de Vienne et des Hongrois à s'assimiler les diverses nationalités qu'ils ont annexées, est la condamnation de leur gouvernement. Pourquoi donc s'acharner à conserver comme grande puissance un État qui, ayant montré son incapacité dans l'intérieur de ses frontières, n'a cessé de troubler le monde par ses ambitions et par ses haines ?

Le démembrement de la monarchie austro-hongroise est la solution réclamée par la majorité des hommes politiques personnes qui en font partie.

Cette vérité est reconnue même parmi les hommes politiques qui considèrent qu'il est utile à l'équilibre européen de conserver l'Autriche-Hongrie comme grande puissance.

Telle est la thèse de M. Arthur Girault, professeur d'économie politique à la Faculté de droit de Poitiers.

Il reconnaît que l'Autriche doit perdre la Galicie (78 486 kil. c., 8 025 700 hab.); la Bukovine (10 442 kil. c., 800 000 hab.); la Bosnie et l'Herzégovine (51 028 kil. c. et 1 898 000 hab.); la Dalmatie (12 882 kil. c. et 645 900 hab.); la Croatie et la Slavonie (42535 Kil. c. et 2 627 000 hab.); Fiume (20 kil. c. et 40 000 hab.); l'Istrie (5 000 kil. c.) et Trieste (95 kil. c.); Gorz et Gradiska (2918 kil. c.) pays qui, réunis, ont 894 000 habitants et enfin le Trentin, avec un chiffre d'habitants de 800 000 Italiens et Ladins; la Transylvanie (57 243 kil. c. et 3 millions d'hab.). Il laisse à l'Autriche la Bohême; la Moravie et les Slovaques, soit plus de 8 500 000 personnes, tout en considérant que le gouvernement austro-hongrois est incapable de pratiquer une politique libérale à leur égard [1].

Dans ces conditions, l'Autriche-Hongrie resterait un État de 400 000 kil. c. au lieu de 676 600 et de 30 millions d'habitants au lieu de 51 500 000, plus peuplée, mais moins étendue que l'Espagne.

M. Girault conclut :

Cette situation serait singulièrement dangereuse, non seulement pour l'indépendance de l'Autriche-Hongrie, mais encore pour l'équilibre européen. Économiquement d'abord, politiquement ensuite, l'Autriche tomberait bientôt complètement dans la dépendance de l'Allemagne. Les Allemands d'Autriche seraient inévitablement attirés vers la masse de la population germanique. L'Autriche deviendrait une autre Bavière. Vienne tomberait au rang de Munich. L'empire des Hohenzollern trouverait, dans l'acquisition de l'Autriche, une large compensation à la perte de l'Alsace-Lorraine et des provinces polonaises. Finalement, l'Allemagne sortirait plus grande qu'auparavant d'une guerre dans laquelle elle aurait été vaincue.

Comment conjurer ce danger ? M. Girault indique le moyen suivant :

Pour le conjurer, il faut, de toute nécessité, que l'Autriche-Hongrie reste une grande puissance et Vienne la capitale d'un empire susceptible de faire équilibre à celui des Hohenzollern. Diminuée à l'est et au sud, elle ne pourra se maintenir au rang de grande puissance qu'à la condition de s'agrandir au nord et à l'ouest, c'est-à-dire aux dépens

---

1. Le calcul en est fait sur le recensement de 1910. — D'après les évaluations de 1912, il faudrait grossir ces chiffres.

de l'Empire allemand. La Silésie, dont l'Autriche a toujours regretté la perte, l'Allemagne du sud, dont les sympathies naturelles vont bien plus vers Vienne que vers Berlin, pourraient prendre place le plus naturellement du monde dans la monarchie des Habsbourg. Ces pays sont en majorité catholiques. Leur réunion à un empire qui tient à honneur de maintenir sa tradition de grande puissance catholique ne saurait froisser les sentiments intimes de leurs habitants. La Silésie a 5 millions d'habitants, la Bavière 6 millions (près de 7 avec le Palatinat), le Wurtemberg près de 2 millions et demi, le grand-duché de Bade plus de 2 millions.

On pourrait y joindre la partie du grand-duché de Hesse située au sud du Mein et l'ancienne ville libre de Francfort. Ces 16 ou 17 millions d'Allemands, qui passeraient de l'Empire des Hohenzollern dans celui des Habsbourg, rétabliraient l'équilibre, permettraient à l'Autriche-Hongrie de rester ce qu'elle est aujourd'hui : une grande puissance de 50 millions d'âmes, mais dont la population se trouverait égaler celle de l'Empire allemand ainsi diminué et qui ne serait plus victime comme aujourd'hui des dissensions intérieures résultant des différences de langues et de nationalités.

Cette solution suppose que la Bavière, Bade, Wurtemberg s'agglomèreraient facilement à l'Autriche alors que leur histoire, surtout à partir du traité de Lunéville, ne prouve pas cette tendance. Mais Vienne n'est pas indépendante de Berlin; depuis 1870, les Allemands de l'Autriche sont subordonnés à l'Empire allemand. Quand des Hongrois, comme Andrassy et Tisza les ont jetés dans l'alliance de l'Empire allemand, ils ont suivi. On ne trouverait pas chez eux un élément de résistance. Agglomérer autour de Vienne tous les Allemands du Sud, et laisser la Prusse refaire au nord la Confédération du Nord, ce serait reconstituer à son profit un nouvel Empire allemand, dont la haine contre la France et la Russie ferait l'unité. Les Habsbourg seraient, comme ils le sont depuis 1871, les humbles serviteurs des Hohenzollern.

Ce qu'il faut, c'est la dissolution des deux Empires.

CHAPITRE IX

LA ROUMANIE ET LA TRANSYLVANIE

La Roumanie. — Le Royaume de Dacie. Les droits historiques. Turquie et Russie.— Union de la Moldavie et de la Valachie décidée par le traité de Paris de 1856. — Union en 1859.— Monarchie constitutionnelle 1866. — Sympathies pour la France 1871. — Erigée en Royaume en 1881. — II. La Transylvanie et le Banat. — III. Idéal Daco-Roumain. — Utilité d'établir un Etat suffisamment fort entre la Russie et les Balkans. — Utilité d'aboutir à une solution définitive.

I. La Roumanie.

La Roumanie actuelle se compose de deux Etats distincts : l'un que les Européens appelaient Valachie, mais que les habitants appelaient *Muntenia* ou *Tsara Româneasca* (pays roumain) et l'autre qui s'appelait la Moldavie.

Leur cohésion dans un seul Etat n'a été reconnue qu'en 1862 et, on lui donnait le nom, dans les actes diplomatiques, ou de Principautés unies ou Principautés danubiennes. Le nom de Roumanie n'est devenu officiel que vers 1874. Il a été consacré dans le traité de Berlin de 1878.

D'après l'ouvrage de M. Xenopol[1], les Roumains sont les descendants des colons envoyés par Trajan vers 107 pour peupler et occuper la Dacie. Ils ne venaient pas d'Italie, mais *ex toto orbe romano*, du monde Romain tout entier : leur langue officielle fut le latin.

Les Roumains revendiquent, comme leur domaine, l'ancien

---

1. *Histoire des Roumains de la Dacie Trajane* (en français, 1895).

royaume de Dacie, dont la capitale était Sarmizegethus, située dans la Transylvanie. La vallée où elle se trouvait porte maintenant le nom de Hatszeg et sert de lit à un affluent du Maros, lequel va se jeter dans la Tisza.

Toutes les revendications des nationalités sont fondées sur e droit historique. Il est donc nécessaire de jeter un coup d'œil sur les diverses situations que les Roumains ont eues dans le passé.

L'histoire des provinces moldo-valaques est assez obscure jusqu'au treizième siècle. Elles soutinrent des luttes contre les Hongrois et, en 1389, elles subirent, comme alliées des Serbes contre les Turcs, leur part de la défaite de Kossovo.

Dans la seconde moitié du quinzième siècle, le roi de Hongrie, Mathias Corvin, écrit au roi de Pologne : « Les voïvodes de Valachie et de Maldavie flattent alternativement les Turcs, les Tartares, les Polonais et les Hongrois, de sorte que, parmi tant de maîtres, leur perfidie reste impunie. » Sentant leur faiblesse, ils avaient recours à toutes sortes de ruses avec leurs voisins plus puissants.

A l'intérieur, les élections d'un hospodar faites tous les sept ans par les boyards constituaient une anarchie permanente à laquelle les provinces n'échappèrent pas en se résignant au protectorat des Turcs.

Ceux-ci les firent gouverner par des phanariotes qui les pillaient. Mais un nouveau facteur politique intervint, la Russie.

Le 10 juillet 1774, elle restitua à la Porte les deux provinces et la Bessarabie, mais avec un droit d'immixtion dans leur gouvernement et leurs relations.

Ce droit fut renouvelé dans les traités de 1779, de 1783, de 1792. Le traité de Bucarest de 1812 rendit la Bessarabie à la Russie. Le 17 mars 1826, l'empereur Nicolas exigea de la Porte l'évacuation des Principautés et le règlement de la question serbe. Le traité d'Akermann compléta le traité de Bucarest et un acte séparé plaça la Moldavie et la Valachie sous le protectorat de la Russie. La Porte essaya de se dégager et provoqua une expédition russe qui, le 14 septembre, la força de reconnaître à la Russie le libre commerce sur la mer Noire et dans tout l'Empire Ottoman, le libre passage des détroits et le droit à une indemnité de guerre de 137 millions de francs. Les Hospodars de la Valachie et de la Moldavie, au lieu d'être élus pour sept ans, furent désormais élus à vie. La Russie fit gouverner ces provinces par le comte Kisseleff qui donna un des rares exemples de ce que peut faire un despotisme éclairé : mais il laissa les paysans soumis à de lourdes corvées avec une réduction de 22 à 6 hectares de l'étendue de terre que le propriétaire devait leur remettre.

En août 1834, Alexandre Ghica fut nommé hospodar de Valachie et Michel Stourdza hospodar de Moldavie, Ghica fut déposé en 1842 et remplacé par Georges O. Bibesco. Les hospodars n'étaient plus liés à la Porte que par un hommage au moment de leur élection. Je passe sous silence les agitations intérieures de la Valachie.

L'union des deux provinces fut décidée en principe par le congrès de Paris de 1856 : Napoléon III voulait, en créant un Etat assez fort, séparer la Russie des provinces slaves des Balkans; la Prusse, affaiblir l'Autriche; le Piémont, établir un précédent en faveur du principe des nationalités; et la Russie, amoindrir l'Empire Ottoman. L'Autriche et la Turquie seules y étaient opposées. La Grande-Bretagne se montrait réservée.

En 1859, la double élection du prince Alexandre-Jean Cuza par la Moldavie et la Valachie fit l'union. Une monarchie constitutionnelle fut établie par la constitution de 1866 et le prince Charles, officier de l'armée prussienne, second fils du prince Charles Antony de Hohenzollern-Sigmaringen fut élu comme prince régent. Il avait vingt-sept ans.

En 1871, les Roumains se prononcèrent énergiquement pour la France. A la suite d'une émeute, les insurgés poursuivis furent acquittés.

Quelque temps après, un Allemand, Stransberg, qui avait obtenu grâce à l'appui du Prince, une concession de chemins de fer, fit faillite.

Des agressions se produisirent contre la colonie allemande. Le Prince réunit le conseil de Régence et offrit d'abdiquer. Le parti conservateur roumain eut peur. Les élections lui furent favorables et le Prince resta au pouvoir.

En 1878, non seulement la Roumanie donna le passage à l'armée russe, mais y joignit son armée qui joua un rôle important dans la campagne. La Roumanie fut délivrée de tout rapport avec la Turquie, mais la Russie la remercia de son concours en lui reprenant, en échange de la Dobroudja, la portion de la Bessarabie qui avait été cédée à la Moldavie après la guerre de Crimée. Lord Beaconsfield écrivit à ce propos que « l'ingratitude en politique est souvent la récompense des plus grands services ».

La Roumanie fut érigée en Royaume en 1881, et la constitution subit quelques remaniements en 1884.

On connaît le rôle de la Roumanie dans la guerre balkanique. Malgré les manœuvres de l'Autriche-Hongrie, elle intervint au moment de la guerre engagée par la Bulgarie contre la Serbie. Sans tirer un coup de fusil, elle imposa le traité de Bucarest et recueillit un coin de la Bulgarie de 8340 kilomètres carrés et de 354 000 habitants.

Elle a actuellement 140 000 kilomètres carrés et 7 600 000 habitants.

II. — Les Roumains forment dans la Transylvanie et le Banat un groupe de 3 millions de têtes. Ils sont en lutte avec les Magyars depuis le onzième siècle. Trois questions continuent à les en séparer.

La question du langage, la question religieuse, la subordination politique. La loi électorale votée le 8 mars 1813 a aggravé la situation des Roumains : d'après l'ancienne loi le rapport du droit électoral de chaque nationalité au total des électeurs était de 10,6 p. 100; il n'est plus que de 9,9 tandis que le rapport à la population est de 16,1.

Les Hongrois ont arrangé leur système d'enseignement de manière que les établissements classiques ne soient fréquentés que par 1 Roumain contre 13 Hongrois : 49 482 contre 3 908.

Dans les établissements non classiques, il y a 8 372 Hongrois contre 231 Roumains. Quoique les Roumains soient passionnés pour la musique, on compte dans les écoles de musique sur 7 471 Hongrois seulement 45 Roumains. Dans les universités, il y a 465 Roumains contre 10 653 Magyars [1].

III. LE ROYAUME DACO-ROUMAIN.

Dans la guerre actuelle, la Roumanie a pratiqué la politique d'expectative qui lui a réussi en 1913. Sa neutralité n'a pas été complète. Elle a vendu du blé, du maïs, du pétrole à l'Autriche-Hongrie et par conséquent a contribué au ravitaillement de la duplice.

L'Europe a intérêt à constituer, entre la Russie et les Balkans, une nation importante qui ne soit pas slave pour faire contrepoids à la grande Serbie qui sera la conséquence de la guerre.

La frontière de la Roumanie à l'Ouest devrait comprendre les 18 000 kilomètres qui forment l'angle sud-est de la Hongrie entre le Maros, la Tisza inférieure, le Danube et la Transylvanie et qui constituaient le *Banat* de Temeswar.

---

1. Chiffres de l'Annuaire statistique de Hongrie pour 1911. — Voir *Hungarian tyranny and suffering by Suumcuique*. Contemporary review, décembre 1914.

Sa population se compose de Roumains, de Bulgares, de Serbes, d'Allemands et ne comprend que très peu de Magyars.

Sa superficie serait portée à 222000 kilomètres, soit 40 p. 100 de celle de la France : mais chose plus importante, le rêve de la grande Roumanie,

serait complètement réalisé. La solution serait définitive.

CHAPITRE X

LA TURQUIE

Lord Beaconsfield introduit l'Allemagne dans la politique orientale. — Constantinople foyer d'intrigues.— En 1889, chemins de fer d'Anatolie. — « L'homme malade ». — Le traité de Paris. — Le dogme de l'intégrité de la Turquie. — Lord Derby et le suicide de l'homme malade. — Les grands mots conventionnels et faux. — Le Khalifat. — La dissolution de l'empire ottoman. — La Russie et Constantinople. — Les provinces balkaniques.

En 1878, Lord Beaconsfield, pour faire opposition à la Russie, introduisit l'Allemagne dans la politique orientale. Je sais que Bismarck affectait de dire comme signe de condescendance à l'égard de la Russie, « qu'il ne décachetait jamais le courrier de Constantinople ». Il allait même jusqu'à affirmer, dans ses *Pensées et Souvenirs*, qu'il considérait qu'il était nécessaire à l'Allemagne que les Russes fussent solidement établis à Constantinople[1].

Le gouvernement turc n'a été depuis plus de deux siècles que le rendez-vous de toutes les intrigues européennes. Il a été un foyer de conflits entre les grandes nations, soigneusement entretenus par les politiques turcs, comme Abdul Hamid.

Bismarck était encore au pouvoir quand les Allemands, avec Gerad Pacha commencèrent à germaniser la politique turque. La Convention qui leur donne les chemins de fer d'Anatolie est de 1889. Guillaume II alla voir deux fois le

---

1. T. II. Trad. fr., p. 310-317.

sultan, en devint le fournisseur, le grand ami et obtint le chemin de fer de Bagdad.

En 1853, Nicolas 1ᵉʳ dans une conversation avec l'ambassadeur anglais, sir George Hamilton Seymour, lui dit : « Nous avons sur les bras un homme malade ». Il déclarait : « Je ne veux pas de l'occupation permanente de Constantinople par les Russes; mais je ne veux pas davantage qu'elle soit jamais occupée par les Anglais, par les Français ni par aucune des grandes puissances. » Il affirmait, en même temps, la solidarité des intérêts de la Russie et de l'Autriche, et ne s'opposait pas à ce que l'Angleterre prît possession de l'Egypte et de Candie.

Sir George Hamilton Seymour répondit :

« L'Angleterre par l'Egypte ne souhaite que s'assurer une rapide et libre communication avec l'Inde. »

La Grande-Bretagne et la France firent la guerre de Crimée. Le traité de Paris remit les détroits à la Porte, interdit à la Russie d'avoir une marine de guerre dans la mer Noire, clause qu'elle fit abroger en 1871. Mais le canal de Suez a été ouvert, la Grande-Bretagne occupe l'Egypte.

A cette époque la Grande-Bretagne ne voulait pas que la Russie franchît le Causase, s'approchât de la Perse. La Russie a construit le Transcaspien. Elle a partagé avec la Grande-Bretagne des sphères d'influence en Perse.

L'intégrité de la Turquie est un dogme de la diplomatie française depuis François 1ᵉʳ. Il fut affirmé solennellement par le congrès de Paris en 1856.

Mais Lord Derby disait, en 1875 : « Nous avons, il y a vingt ans, par le traité de Paris, garanti à l'Homme malade qu'il ne serait pas tué, — nous n'avons pu le garantir qu'il ne se suiciderait pas. »

Il a fini par se suicider. Si on n'avait pas fait tant d'efforts pour le maintenir en vie pendant si longtemps, on aurait probablement évité la guerre actuelle.

L'importance de Constantinople est une tradition qui

remonte aux croisades. Elle était à cette époque la seconde ou la troisième ville du monde. Elle est maintenant la quatorzième ou la quinzième.

Contrairement à ce qu'ont répété la plupart des livres de géographie, d'histoire et de diplomatie, Constantinople n'est point la route de l'Inde. Elle n'était une des grandes routes du monde que pour les croisés qui avaient Jérusalem pour but. On a répété que la possession de Constantinople donnait l'empire du monde. Alors les Turcs l'auraient acquis depuis longtemps. Mais elle est la porte de la mer Noire. Il est absurde qu'un gouvernement qui n'est qu'une anarchie puisse subordonner à ses caprices les relations de la Russie avec le monde.

La dépêche du 1ᵉʳ novembre de sir Edward Grey rappelle qu'au début de la guerre, la Turquie avait reçu de la Grande-Bretagne, de la France et de la Russie des assurances que, si elle restait neutre, son indépendance et son intégrité seraient respectées pendant la guerre et dans les conditions de paix.

Or, le gouvernement a laissé usurper son autorité par des officiers allemands.

La Turquie est encore moins une nation que l'Autriche-Hongrie. Sa dissolution est un fait accompli depuis longtemps. Il faut mettre un autre régime à la place pour assurer le libre passage du Bosphore et des Dardanelles.

Le Sultan ne sera plus que le Khalife de l'Islam, comme après l'entrée de Italiens à Rome, le pape est resté le chef des catholiques. Il sera entouré d'égards et de pompes, mais il perdra son pouvoir temporel.

Constantinople n'est pas une ville turque. C'est une ville internationale où les Grecs, les Arméniens, et des hommes de tous les pays s'agitent en servant des intrigues de toute sorte.

Un condominium de la Grande-Bretagne, de la France et de la Russie peut-il y prendre le pouvoir et assurer la liberté des détroits? L'expérience prouve que la pratique d'un condominium est difficile et que sa durée est précaire. Il ne reste donc qu'une solution : remettre Constantinople et les détroits à la Russie en lui faisant confiance.

Tandis que les Turcs font un détestable usage de leur présence à Constantinople, il est permis de prévoir, dit *The Spectator* que les Russes en feront un usage excellent. Ils ont, depuis longtemps, prouvé leur habileté à gouverner les musulmans.

En 1897, la population de l'Empire russe, d'après le recensement des cultes, comptait 14 millions de musulmans et le nombre en a certainement augmenté.

The Spectator montre la vanité de la terreur que la possession de Constantinople ne donne une trop grande puissance à la Russie. Ceux qui éprouvent cette terreur peuvent se tranquilliser. L'empereur de toutes les Russies n'abandonnera pas Pétrograd, pour faire de Constantinople sa capitale. Sainte-Sophie ne remplacera pas le Kremlin.

La Bulgarie, en compensation du développement de la Serbie, pourrait reprendre une partie des territoires turcs qu'elle a dû abandonner, et peut-être une partie de la Macédoine.

Comme sphères d'influence, la répartition suivante est possible : toute la partie de la Turquie longeant la mer Noire ressortirait à la Russie ; la Mésopotamie, les bassins de l'Euphrate et du Tigre à la Grande-Bretagne, la Syrie et une partie des côtes à la France. Je ne parle ni de la Grèce, ni de la Bulgarie, ni du Monténégro ni de l'Albanie. Le règlement des questions qui les intéresse ne jouera qu'un rôle très secondaire lors de la conclusion de la paix.

CHAPITRE XI

LA RUSSIE.

Contre le Panslavisme, développement des États slaves. — Capacité « d'amalgamation » des Russes. Leur coexistence avec les musulmans. — Le péril slave. — Opinion de Mazzini. — Alliance italienne avec la famille slave.

Un professeur de l'Université de Gratz, M. Gumplowitz, donnait un bon conseil aux hommes d'Etat autrichiens, hantés par la terreur du panslavisme en les engageant à laisser développer le nationalisme des groupes slaves. La Prusse et l'Autriche, disait-il, ont à conserver et à fortifier la nationalité polonaise.

Le seul moyen efficace pour préserver la Bohême du panslavisme, c'est de laisser la nationalité tchèque se développer en complète liberté. Il en est de même pour les autres nationalités slaves méridionales de l'Autriche-Hongrie. La liberté assurera leur individualité : l'oppression les livrera à la Russie.

Il montrait, à l'appui de sa thèse, que la Bulgarie, affranchie de la Turquie grâce à la Russie, avait mis son indépendance à l'égard de la Russie au-dessus de sa reconnaissance. Il rappelait que la reine Nathalie avait été expulsée de la Serbie comme trop dévouée à la Russie.

Ces conseils étaient pleins de sagesse parce qu'ils étaient basés sur la réalité. Mais les gouvernements de Vienne et de Budapest ont continué de pratiquer la politique qui pouvait éloigner d'eux les Slaves et les rejeter du côté de Saint-Pétersbourg.

Le même professeur[1] a dénoncé la diplomatie russe, comme aussi admirable que dangereuse, bien supérieure à celle qu'enseigne Machiavel. Rome, dit-il, commençait par conquérir puis « amalgamait ». La Prusse a pris un morceau de la Pologne, puis a essayé d'amalgamer, et loin d'y être parvenue, elle a provoqué, par ses procédés de germanisation dans la Pologne prussienne un courant russophile dans la Pologne russe.

La faiblesse des Turcs vient de ce qu'ils ont conquis, mais n'ont jamais essayé « d'amalgamer » les vaincus.

Les Russes, dit-il, pratiquent la méthode inverse. Ils commencent par l'amalgamation spirituelle, Pierre le Grand s'est déclaré le pape de l'Eglise grecque. Tout membre de l'Eglise grecque doit obéissance au tsar. La Russie ajoute à la pression spirituelle des subventions temporelles en faveur du clergé grec. La similitude des langues slaves facilite la pénétration. La conquête morale précède la conquête armée.

M. Gumplowitz exagère en généralisant cette méthode russe ; mais il explique l'insuccès relatif que les Russes ont rencontré en Pologne par ce motif qu'elle représentait une civilisation supérieure à la leur. Ils ont commencé par aller à Tachkent et à Samarkand avant d'y envoyer des popes ; ils n'ont pas essayé de convertir les musulmans de l'Asie à l'Eglise grecque. Mais il y a un fait certain, c'est qu'ils ont su les assimiler facilement, tandis que jamais les Allemands ni les Magyars n'ont su assimiler les populations qu'ils ont la prétention de gouverner.

Les Russes ont-ils la passion guerrière des Prussiens ? Ceux qui les connaissent représentent les paysans russes comme les plus doux et les moins querelleurs des hommes.

Les socialistes allemands, suivant l'inspiration de la Wilhelmstrasse, ont voulu expliquer leur attitude belliqueuse en

---

1. *La Lutte des races.* (F. Alcan.) *Sociologie et Politique*, 1 vol. (Giard et Brière.)

dénonçant le péril slave. Ils le voient, c'est possible ; mais nous, nous sentons depuis un demi-siècle le péril germain : et il s'est aggravé tous les jours. Ils ont bien essayé de faire croire aux Belges, aux Français, aux Anglais qu'il n'existe pas! Mais les actes de leurs compatriotes dont ils se sont rendus solidaires prouvent qu'il revêt le caractère le plus barbare en même temps que les combinaisons et les mensonges de leur diplomatie, son mépris pour les engagements pris, prouvent qu'il est dépourvu de toute notion morale. Si on compare les actes des Allemands en Belgique, en France et en Pologne à ceux des Russes dans la Galicie, ces derniers semblent mériter des prix de vertu.

On n'a pas manqué de dénoncer le péril slave aux Italiens, en provoquant des conflits d'intérêts sur la côte de l'Adriatique.

Mais M. Rodolico, rappelait, le 8 novembre, dans le *Mazocco* de Florence une lettre de Mazzini dans laquelle il disait :

> Le véritable objectif de la vie internationale italienne, le chemin le plus direct de sa grandeur future, c'est l'alliance avec la famille slave. L'Empire turc et l'Empire autrichien sont irrévocablement condamnés à mort. Et la poignée du fer qui doit les tuer se trouve dans la main des Slaves.

CHAPITRE XII

LA POLOGNE

Droit historique de l'Autriche sur la Galicie. — Les partages de la Pologne. — Solution de 1815. — Incorporation de Cracovie à l'Autriche. — Incapacité des Allemands d'assimiler les Polonais. — L'appel du Kaiser aux chevaliers de l'Ordre teutonique. — Le rengagement du 14 août 1914.

Pendant le douzième siècle, la Hongrie fut en guerre avec Venise et avec les Russes de Galicie dont Przemysl était la capitale. Ils étaient appuyés par les Polonais. Béla III obligea une partie de la Galicie à lui rendre hommage. André II prit le titre de roi de Galicie et de Lodomeni, mais il n'eut que le titre. Cela suffit, en 1772, six siècles après, pour que l'Autriche réclamât la Galicie comme sienne, lors du partage de la Pologne.

Ce partage rendit solidaires l'Autriche, la Russie et la Prusse. Frédéric II dit dans ses *Mémoires* : « L'acquisition de la Pologne était une des plus importantes que nous pussions faire parce qu'elle joignait la Poméranie à la Prusse orientale et qu'elle nous rendait maîtres de la Vistule. » Marie-Thérèse pleurait de chagrin à cette spoliation, mais elle prenait la Galicie. En 1793, dans un second partage, la Prusse reçut les provinces de Posen, de Kalisz, de Sieradz, les villes de Dantzig et de Thorn ; l'Autriche 46 000 kilomètres carrés et plus d'un million d'habitants. La Russie occupa le reste.

Au Congrès de Vienne trois systèmes furent mis en présence. L'empereur de Russie voulait un protectorat russe, les Anglais et les Français la constitution d'une nationalité polonaise indépendante ; la Russie, la Prusse et l'Autriche, se mirent d'accord pour le démantèlement de la Pologne. Les trois puissances firent cette besogne en dehors du congrès : elles apportèrent ensuite leurs conventions à signer aux huit puissances. Par une sorte de pudeur, on créa la république indépendante de Cracovie sous le protectorat de l'Autriche, de la Prusse et de la Russie ; mais, en 1846, les trois protecteurs, malgré les assurances données à l'Angleterre et à la France, se mirent d'accord pour l'incorporer à l'Autriche.

Les Allemands ont montré leur incapacité d'assimiler les populations qui leurs sont soumises. Ils ont fait toutes sortes d'efforts pour « coloniser » les provinces polonaises. Voici le résultat. En 1867, le duché de Posen comptait 688 000 Allemands et 844 000 Polonais ; en 1910, il comptait 807 000 des premiers et 1 279 000 des seconds. Sur 1 000 habitants, on compte 609 Polonais contre 381 Allemands. Dans la Silésie, on compte 1 236 000 Polonais et 4 774 000 Allemands ; dans la Prusse occidentale 476 000 Allemands et 1 098 000 Polonais. Les parties de ces provinces où il y a une majorité de Polonais devront revenir à la Pologne. C'est une besogne de ventilation à opérer largement.

En 1900, le Kaiser prononça à Marienburg, dans l'ancien château des chevaliers de l'Ordre teutonique, une harangue dans laquelle il les appela à son aide dans une croisade contre les Polonais.

Il ne pourra pas se plaindre s'il en est débarrassé.

Le 14 août 1914, au nom du Tsar, le grand-duc Nicolas a promis aux Polonais la reconstitution de leur unité nationale :

Polonais, l'heure est venue, où le rêve de vos pères et de vos aïeux peut se réaliser. Voilà un siècle et demi que l'on a déchiré en morceaux la chair vivante de la Pologne, mais son âme n'est pas morte... Sous le sceptre de l'empereur de Russie, la Pologne renaîtra *libre dans sa religion, libre dans sa langue, et autonome*... L'aurore d'une vie nouvelle se lève pour vous. Que sur cette aurore jaillisse le signe de la croix, symbole de la souffrance et de la résurrection des peuples!

De la part de l'empereur de Russie la résurrection du royaume de Pologne est un coup de maître. La Galicie jusqu'au San, Cracovie, en font partie ainsi que le duché de Posen et les parties polonaises de la Silésie et de la Prusse occidentale. Les bouches de la Vistule et Dantzig reviennent à la Pologne. La frontière de Pologne sera à 160 kilomètres de Berlin. Le roi de Prusse ne pourra plus aller à Kœnigsberg que par mer s'il ne veut pas passer sur le territoire de la Pologne. En 1848, une proposition de restitution de la Pologne fut faite au Parlement de Francfort. « Elle couperait, dit Bismarck, les artères les plus importantes de la Prusse. »

La Pologne formera, entre la Prusse et la Russie l'État tampon dont on avait parlé au Congrès de Vienne, mais que l'avidité de la Prusse empêcha de constituer.

La reconstitution de la Pologne est la meilleure garantie que puisse donner la Russie contre les ambitions qu'on lui prête.

Chapitre XIII

LES COLONIES ALLEMANDES

Les colonies allemandes, qui ne pourraient être que des occasions de conflit, feront retour à la Grande-Bretagne, à la Belgique, à la France et au Japon. Cette solution ne doit pas être considérée comme constituant des annexions territoriales, mais comme une garantie de paix.

Les programmes exposés par le Kaiser au moment de la guerre, prouvent que ses préoccupations coloniales en ont été un des facteurs. Ce facteur doit disparaître.

Le désintéressement territorial en Europe de la Grande-Bretagne, de la France et de la Russie est une garantie de leur entente dans le règlement des affaires mondiales soulevées par l'Allemagne et l'Autriche-Hongrie. Ces trois puissances ont fait la guerre pour avoir la paix et pour l'assurer à l'Europe.

CHAPITRE XIV

LA RÉINTÉGRATION DE L'ALSACE-LORRAINE

I. Protestation des députés en 1871. — Non-assimilation des Alsaciens-Lorrains par les Allemands. — Maintien de la culture française. — Superficie et population des territoires annexés. — La proportion des immigrés allemands. — Les quatre départements à reconstituer. — II. Réintégration de plein droit. — La question du plébiscite ne se pose pas. — Plébiscite système mécanique et simpliste, mais mauvais. — L'article 5 du traité de Prague. — Impossibilités de sincérité.

Les trente-six députés du Haut et du Bas-Rhin, de la Moselle, de la Meurthe et des Vosges ont déclaré solennellement, à l'Assemblée nationale de Bordeaux, le 16 février 1871, qu'ils ne reconnaissaient pas la validité du traité de Francfort :

« Nous proclamons à jamais inviolable le droit des Alsaciens-Lorrains de rester membres de la nation française et nous jurons, tant pour nous que pour nos commettants, nos enfants et leurs descendants, de le revendiquer éternellement et par toutes les voies envers et contre tous les usurpateurs.

Au bout de quarante-quatre ans, cette protestation aurait pu être périmée. Elle ne l'est pas.

Les Allemands n'ont pas été plus capables d'assimiler les Alsaciens-Lorrains qu'ils n'ont su assimiler les Polonais.

« A Metz, à Strasbourg, dans des centaines de petits groupes on peut trouver des citadelles de patriotes qui, à l'abri des moyens brutaux des conquérants, maintiennent intactes les nobles traditions de la vie et de l'œuvre françaises. Dans les conditions du monde moderne, ils maintiennent un glorieux conflit! celui de la civilisation française, raffinée et supérieure, contre le pouvoir organisé, massif et brutal de l'Allemagne [1]. »

La réintégration de l'Alsace-Lorraine dans la France est au-dessus de toute discussion comme l'évacuation complète de la Belgique par les Allemands.

M. André Weiss soulève cette question :

Il va sans dire, au surplus, que cette réintégration de plein droit dans la nationalité française, conséquence de la cessation de la mainmise allemande sur l'Alsace-Lorraine, ne peut s'appliquer qu'aux familles établies en pays annexés avant 1871, et que les immigrés d'origine allemande ne sauraient y prétendre. Peut-être sera-il possible d'ouvrir plus ou moins largement, au moyen de naturalisations privilégiées, mais toujours individuelles, l'accès de notre patrie à ceux qui, par leur conduite et leur culture, lui auront donné des gages d'attachement et de fidélité.

M. Maxime Leroy dit fort bien :

Nous aurons à prévenir toutes mesures qui, dans l'ex-Reichsland, tendraient à menacer les droits des tiers Allemands de bonne foi : je veux dire que la France devra respecter les propriétés privées des Allemands en Alsace-Lorraine, non seulement dans la forme, mais encore dans le fond, pour éviter tout ce qui pourrait ressembler aux abominables expropriations polonaises. C'est sur ce point, et principalement sur ce point, que la France devra montrer qu'elle est aussi capable de respecter un moulin que de ne pas voler une province.

La superficie et la population des territoires enlevés à la France en 1871 était de [2] :

---

[1]. A. F. Whytte. *Some issues of the war*. *Fortnightly review*. Décembre 1914.
[2]. *Journal de la société de statistique*. Paul Meuriot. La Statistique comparée des territoires cédés par la France en 1871.

	Kilomètres carrés.	Population en 1866.
Alsace	8 063	1 066 000
Lorraine	6 442	535 000
	14 505	1 601 000

Ces territoires comprennent tout le département du Bas-Rhin, soit près de 4550 kilomètres carrés et 85 p. 100 du département du Haut-Rhin.

Dans la détermination de la frontière, il n'a été tenu compte ni des limites naturelles, ni des limites linguistiques.

Au recensement de 1910, la population civile de l'Alsace était en chiffres ronds de 1 800 000 se répartissant comme suit :

		P. 100.
Alsaciens-Lorrains	1 495 000 ou	83,42
Allemands	220 000	12,30
Etrangers	76 000	4,28

Les habitants qualifiés allemands sont ceux qui ont l'indigénat dans un des Etats d'Empire autres que l'Alsace-Lorraine.

Si on ne tenait compte que du lieu de naissance, le total des Allemands ne serait que de 164 000. Mais parmi les enfants d'immigrés un certain nombre peut avoir pris l'indigénat Alsacien, et cet élément augmente, d'une manière indéterminée, le contingent allemand.

Etant donné la forte émigration alsacienne-lorraine en France, l'immigration des fonctionnaires, il est curieux que la proportion des Allemands ne soit pas plus élevée. Sur les 220 000, 120 000 sont des Prussiens; la Bavière et Bade comptent chacune 35 000 ; le Wurtemberg 15 000.

Dans la Basse-Alsace l'effectif de la population allemande est plus du double de celui de la Haute; il dépasse 68 000 unités. Ce sont les centres urbains qui en renferment la majorité.

M. Paul Meuriot reconstitue de la manière suivante les départements absorbés ou démembrés par les annexions de 1871 :

	1866.	1910.	Augmentation.
Bas-Rhin	588 000	655 000	67 000
Haut-Rhin	530 000	610 000	80 000
Moselle	452 000	590 000	138 000
Meurthe	428 000	543 000	115 000
	1 998 000	2 398 000	400 000

Certains publicistes ont parlé de subordonner la réintégration de l'Alsace-Lorraine à un plébiscite. La question ne se pose pas.

Ce serait la reconnaissance du droit de conquête par l'Allemagne. Nous l'avons subi. Le traité de Francfort a enregistré cette résignation. L'Allemagne a déchiré elle-même le traité de Francfort. Elle a remis les choses dans l'état où elles se trouvaient avant la guerre de 1870.

Mais ce système ne vaudrait pas mieux s'il était employé pour la reconstitution des nationalités émancipées de la Prusse ou de l'Autriche-Hongrie.

L'idée de ce système simpliste et mécanique était chère à Napoléon III qui avait montré comment on pouvait s'en servir avec succès le lendemain d'un Coup d'Etat.

Il s'était consolé de la bataille de Sadowa en faisant insérer dans le traité de Prague l'article 5 ainsi conçu :

S. M. l'empereur d'Autriche transfère à S. M. le roi de Prusse tous les droits que la paix de Vienne du 30 octobre 1864 lui avait reconnus sur les duchés de Schleswig et de Holstein, avec cette réserve que les populations des districts au nord du Schleswig seront de nouveau réunies au Danemark, si elles en expriment le désir par un vote librement émis

Cet article n'a jamais été appliqué.

Mais s'il avait été appliqué quelle garantie aurait-il donné?

Qui tient les urnes le jour du vote? Qui en garantit la liberté? qui garantit la sincérité du dépouillement? Les votants sont-ils libres? Et les votants d'aujourd'hui peuvent-ils engager l'avenir perpétuel? Bien au-dessus de ce système, est la constatation des aspirations traditionnelles qui lient tel ou tel groupe d'hommes et le dissocient de tels ou tels groupes.

CHAPITRE XV

L'INDEMNITÉ DE GUERRE

La guerre est un fait d'État à État non d'individus à individus. — « Juguler les Allemands. » — Politique de compression et politique d'évaporation. — L'indemnité de guerre. — Prétentions de M. de Zedlitz. — Responsabilités pécuniaires. — *Crimes de droit commun qui devraient entraîner des responsabilités personnelles.* — Gages. — Les chemins de fer de l'Etat prussien. — Les mines fiscales. — *La guerre ne sera pour aucun État une source de profits matériels.*

Les personnes qui jugent par impression, par sentiment et non par raisonnement, ont une politique fort simple à l'égard des Allemands.

— Ils ont déclaré la guerre après nous avoir maintenus dans une angoisse perpétuelle. Ils ont menti impudemment pour changer leur rôle de provocateurs en celui de provoqués. Ils ont violé la neutralité de la Belgique et y ont commis des atrocités. Ils ont continué en France. Leurs intellectuels se solidarisent avec leur gouvernement et approuvent les procédés de guerre employés par leurs généraux et leurs soldats. Il faudra leur faire payer cela ! Il faudra « juguler les Allemands ! »

— Qu'entendez-vous par juguler les Allemands ? Voulez-vous prendre la responsabilité de les gouverner ? Vous avez déjà bien assez de peine à gouverner vos compatriotes. Voulez-vous recommencer l'expérience de 1806 à l'égard d'une population qui, au lendemain de la guerre, sera encore de 64 ou de 65 millions d'habitants ? Allez-vous couvrir l'Allemagne d'une armée que vous y laisserez en permanence? Ses hommes et ses chefs se perdront et se corrompront dans cette besogne.

Pour que la paix ne nous coûte pas trop cher, il faut suivre un tout autre système.

Selon la formule affirmée par J.-J. Rousseau, par Portalis et par les théoriciens sérieux et honnêtes du droit international, la guerre est un fait d'Etats à États, ce n'est pas un fait d'individus à individus.

Dans la guerre, chaque belligérant doit s'efforcer de détruire les forces militaires de son adversaire, de manière que celui-ci, se voyant désarmé, soit obligé d'accepter ses conditions.

Ces conditions peuvent être des modifications politiques, territoriales : mais elles doivent être infligées à l'État; elles ne doivent pas frapper les individus.

Elles ne doivent pas avoir pour objet de ruiner les paysans, les propriétaires, les industriels, de priver les ouvriers de travail.

— Mais alors, les Allemands relèveront la tête? Notre victoire aura été inutile?

Je supplie ces personnes emportées de vouloir bien examiner avec sang-froid la question suivante :

— Si vous réduisez vos ennemis individuellement au désespoir, vous les groupez autour du gouvernement ennemi, ou s'il est disparu, autour de son souvenir. Votre compression forge la revanche.

Ce que vous devez faire, c'est de vous efforcer de dissoudre les forces adverses. Si les individus trouvent qu'ils peuvent reconstituer leur existence, et rétablir leurs affaires, s'ils ont la tranquillité de l'existence, si chacun jouit de la même sécurité ou même d'une sécurité plus grande que celle dont il jouissait, ses souvenirs s'estompent, son activité a des dérivatifs, ses capacités d'opposition se dispersent et se dissolvent. La haine s'évapore.

Telle est la politique que nous devons, au moment de la

conclusion du traité, opposer, avec une méthode résolue, à la politique de compression.

Malgré tous nos efforts, si la victoire est lourde pour les vainqueurs, elle sera encore plus lourde pour les vaincus.

Les vainqueurs devront réclamer une indemnité de guerre, à titre de dommages-intérêts.

L'ancien directeur de la Banque d'État prussienne, M. de Zedlitz, naturellement convaincu de la victoire austro-germanique, a exposé des idées intéressantes au sujet de l'indemnité de guerre que le vainqueur serait en droit de réclamer du vaincu. Il fait entrer dans le compte tout d'abord le coût de la mobilisation, celui de l'entretien des armées et des flottes en campagne, la réfection de l'armement, des fortifications, des navires, le rétablissement des voies ferrées, des ponts, le remboursement des dépenses provinciales et locales résultant de la guerre (secours, allocations), le remboursement des pertes de toute nature, subies par les particuliers, les communes rurales, les villes, enfin le capital des pensions à servir aux invalides et aux familles des soldats morts.

Il rappelle que le comte Henkel (devenu plus tard prince Donnersmark) conseilla, en 1871, de prendre 5 milliards en espèces et effets à courte échéance, 5 milliards en titres de rente, afin de pouvoir déprécier le cours des fonds publics de la France le jour où cela deviendrait nécessaire à la politique allemande. Le calcul était faux, dit M. A. Raffalovich, le maintien du cours de la rente nationale ne joue heureusement pas de rôle dans les conceptions de la nation, le jour où ses intérêts vitaux sont en jeu.

Il ajoute :

« Lorsque les alliés auront à examiner cette question de l'indemnité de guerre, ils devront en équité commencer par inscrire, avec un droit de priorité, les dommages infligés aux particuliers par les Allemands, les Austro-Hongrois et les Turcs. Ce n'est qu'en seconde ligne que les États devront présenter leurs demandes et lors de la répartition des sommes ou des annuités à toucher, nous recommandons une formule établie d'après la présence effective au front des soldats et officiers par jour, — on aurait là un diviseur commun .

L'article 3 de la Convention de La Haye concernant les lois et coutumes de la guerre sur terre, du 19 août 1907, porte :

La partie belligérante qui violerait les dispositions dudit Règlement sera tenue à indemnité, s'il y a lieu. Elle sera responsable de tous actes commis par les personnes faisant partie de sa force armée.

Les Allemands ont semblé prendre à tâche de grossir le chiffre des indemnités qu'ils auront à payer.

Mais les personnes qui ont donné l'ordre de commettre des massacres de femmes, d'enfants, de vieillards; des incendies, des pillages, des destructions et celles qui les ont commises sont-elles donc indemnes de toute responsabilité personnelle? Qui est responsable de ces crimes?

Le chef de l'armée qui les a ordonnés et encouragés et qui n'en a réprimé aucun, si révoltant qu'il fût, ceux qui ont fait exécuter ces ordres.

Mais ces crimes, ce sont des crimes de droit commun. Ils doivent être frappés de pénalité; et si nous étions affranchis de certains préjugés, le Kaiser, le Kronprinz et leurs complices devraient être traités en vulgaires criminels.

Le coût de la guerre dépasse toutes les prévisions. Quand l'Empire allemand et l'Autriche-Hongrie demanderont la paix, ils seront épuisés. Les calculs que l'on faisait sur les intérêts de leurs dettes au début de la guerre sont faussés par les emprunts qu'ils ont émis depuis.

Les chemins de fer de l'État représentent un certain revenu : en Prusse, leur revenu avait été prévu pour l'année 1914-1915 à 374 millions de marks, soit 434 millions de francs. En admettant que ce revenu fût sincère, il représenterait un capital qu'on pourrait répartir en obligations qui pourraient être réalisées. Mais en supposant un intérêt à 5 p. 100, ce capital ne représenterait que 8 600 millions de francs. Ce ne pourrait être qu'un appoint.

Il en est de même des mines, usines et salines fiscales de la Prusse. Leurs recettes nettes étaient prévues à 37 millions de marks, soit 45 millions de francs.

Elles pourraient de même être réalisées en obligations; mais le capital ne dépasserait pas probablement 1 milliard.

Cette manière de se procurer une partie de l'indemnité de guerre aurait un double avantage : elle priverait l'Etat de ses revenus, et, par conséquent, diminuerait ses ressources.

En même temps, elle ne ferait pas sentir son poids aux contribuables.

Il n'y a pas de chemins de fer d'empire. Les alliés pourront donc faire la même opération pour d'autres États de l'Empire allemand, mais en les ménageant plus ou moins. Les recettes nettes prévues pour ceux de la Bavière n'étaient que de 3 millions de marks (3 690 000 francs). Etant donné l'état dans lequel se trouveront les chemins de fer au lendemain de la guerre, le capital qu'ils représentent est insignifiant.

Il ne faut pas se le dissimuler : — la guerre, même pour les vainqueurs, ne sera pas une source de profit. Tout au plus, pourront-ils atténuer leur perte.

CHAPITRE XVI

LE COMMERCE ALLEMAND ET LE LIBRE-ÉCHANGE

Depuis le début de la guerre, beaucoup de discours ont été débités, beaucoup d'articles écrits et beaucoup de paroles prononcées sur l'écrasement du commerce allemand par le commerce français et par le commerce anglais.

Les protectionnistes réclament l'abrogation de l'article 11 du traité de Francfort qui assurait le traitement de la nation la plus favorisée à la France et à l'Empire allemand.

Nombre de ceux qui voudraient annihiler le commerce allemand proposent de refouler les produits allemands à l'aide de droits de douane plus ou moins prohibitifs. Ils ignorent, ces naïfs! que les droits de douane sont payés par les consommateurs et non par les vendeurs. Voudront-ils tripler le droit sur la houille venant d'Allemagne? C'est l'industrie métallurgique qu'ils frappent. Voudront-ils augmenter les droits sur les couleurs? C'est l'industrie textile qu'ils atteignent. Voudront-ils fabriquer les machines et les mécaniques dont nous avons importé pour 130 millions de francs en 1913? Ils portent préjudice à toutes les industries qui en ont besoin.

Ce serait une singulière manière d'atteindre les Allemands que de nous mettre à l'amende pour introduire ceux de leurs produits qui nous sont nécessaires.

Pour frapper d'un arrêt l'expansion du commerce et de l'industrie allemands, il ne faut pas fermer nos frontières; il faut ouvrir les frontières allemandes.

Selon M. Deipenhors, « c'est évidemment aux cartels que

l'Allemagne doit en grande partie la conquête des marchés étrangers [1]. »

Ces cartels pratiquent le *dumping* à l'abri des droits de douane. Pour détourner le *dumping*, *il faudrait imposer le libre-échange à l'Allemagne.*

Mais en le lui imposant, on ne travaillerait pas à sa ruine : on lui donnerait des éléments de prospérité. Si la France conservait sa politique protectionniste, elle se placerait dans un état plus inférieur qu'il ne l'est à l'égard de l'industrie et du commerce allemands. Elle en abaisserait les prix de revient et conserverait les siens.

---

1. Voir *supra*, deuxième partie, chap. vIII. — V. *La Province Rhénane et la Westphalie*, par Yves Guyot (1915). — Les articles du *Journal des Économistes*, août et septembre 1915, mars 1916. — *Les Problèmes économiques après la guerre*. — Les tableaux graphiques publiés par l'*Agence économique et financière sur le commerce russe; le commerce franco-allemand; le commerce de l'Angleterre avec la France et l'Allemagne.*

Conclusion

J'ai essayé par l'étude des faits de dégager les conséquences internationales de la guerre. J'ai pratiqué d'aussi près que possible la méthode d'observation ; j'ai laissé de côté toutes les entités qui ornent les discours et les articles sur la guerre. Je n'ai point parlé de justice, ni de droit immortel, encore moins de droit éternel ; j'ai laissé de côté toutes les évocations mythiques.

Je n'ai poursuivi qu'un objet : *L'étude des moyens d'arriver à fonder une paix durable en donnant des satisfactions définitives aux aspirations de nombreux groupes qui n'ont pas cessé de protester contre l'oppression dont ils sont victimes.*

La dissolution politique de l'Empire allemand est la conclusion indispensable de cette guerre : mais elle ne sera efficace que si elle est accompagnée et suivie de sa dissolution morale.

Pour obtenir cette dissolution morale, nous devons résister aux entraînements de haine que les hommes politiques, officiers et soldats allemands ont paru prendre à tâche d'exalter. Nous devons prouver la supériorité de notre civilisation en sachant repousser toute politique de représailles.

Nous devons tout subordonner aux moyens d'assurer *la substitution de la civilisation d'échange à la civilisation de rapine.*

TABLE ALPHABÉTIQUE DES MATIÈRES

A

Absolutisme de l'Empereur allemand, 292.
Ærenthal (d'), 23.
Agrariens et alimentation, 249.
Allemagne (l') et le congrès de Vienne, 273, 274.
— Confédération germanique, 277.
— Coefficients particularistes, 362, 364.
— Droits des Etats particuliers, 365.
Afrique (et Allemagne), 91.
Agadir, 87.
Ajam (Maurice), 226.
Alcool en Allemagne, 155.
Algésiras, 78.
Alimentation en Allemagne, 152.
— et tarifs, 200.
Alsace et *Bismarck*, 73.
Alsace-Lorraine : La réintégration, 391.
— Recensements, 393.
— Plébiscite (question du), 394.
Andrassy, 103.
Angell, 238.
Armée allemande, 70.
— Budget, 241.
— Mauvais traitements, 249.
Armements (limitation des), 356.
Armements (poids des), 241.
Assassinat de l'archiduc *François-Ferdinand*, 1 (préface 2ᵉ éd. § III).
— Complicités, 41.
— du prince *Youssouf Izzedine* (préface 2ᵉ éd.), 84.
Austro-Hongroise (monarchie) et les Slaves, 15.
Austro-Hongroise (monarchie). Races, 18.
— et Serbie, 22.
— Gouvernement par la police, 38.
— et Empire allemand, 103.
— et Belgique, 104.
— Subordination à l'Empire allemand, 105.
— Dissolution, 335, 352.
— Armée, 339,
— Dualisme (le), 326, 341.
— Prédominance des Hongrois, 341.
— Démembrement, 368.
Autriche (l') et la Prusse, 1847-1866, 280.
— Autriche (origines de l'), 310.

B

Bach, 321.
Bagdad (le chemin de fer de), 218.
Balfour, 220.
Bavière (la), en 1870, 299.
Bell (sir Hugh), 174.
Benedetti, 287, 288, 295, 297.
Berchtold, 2, 25 (préface 2ᵉ éd.).
Bernhard Ludwig (le Pʳ) et les assurances sociales, 250.
Bernhardi (général), 194.
Bethman-Hollweg, 3.
— Ses arguments, 121.
Beust (de), 103.
— et les papiers de Cerçay, 302, 321, 326
Bigeon, 23.
Bismarck (programme 1862), 14.
— Dépêche d'Ems, 28, 298.
— et Russie, 49.
— Traité de 1884, 50.

Bismarck. Contradictions, 51.
— La menace de guerre de 1874, 68.
— Colonies et marine, 78, 79.
— Le traité de 1879, 103.
— La question d'Orient, 107.
— Situation de l'Allemagne après la guerre, 238.
— *Ferro et igne*, 283, 347.
— Ministre, 283.
— et Napoléon III, 285.
— Sadowa, 286.
— et la constitution de l'Empire allemand, 300.
— et Guillaume à Versailles, 304.
Bohême (histoire de la), 311.
Bons d'importation, 153.
Bosnie et Herzégovine, 20,
Bray (de), 299, 301.
Budget allemand et armements, 241, 246.
Bulgarie, 20.
Bulow, 53, 57, 80, 81, 83, 84, 102.

C

Caillaux, 91.
Cambon (Paul), 92.
Cambon (V.), 175.
Candidature *Hohenzollern*, 295.
Caprivi, 79.
Cartels de l'agriculture, 156.
— et le « Dumping », 157.
Causes historiques de la guerre, 307.
Causes politiques de la guerre, 1.
Chanceliers de l'Empire allemand, 32.
Charlemagne, empereur, 255.
Chemnitz (le légiste), 258.
Chimiques (produits), 169, 174.
Civilisation productive et civilisation guerrière, 133.
— Leur conflit, 251.
Clemenceau, 88.
Colonies et porte ouverte, 208.
Colonisation allemande, 61, 78.
— Résultats, 210.
— Ambitions et déceptions coloniales, 211,
— Fin des colonies allemandes, 390.
Commerce allemand et le libre-échange, 401.

Commerce des grandes nations en Turquie, 222.
Commerce anglo-allemand, 178.
— Les quatre catégories, 185.
Commerce franco-allemand, 192.
— Article 11 du traité de Francfort, 192.
Concurrence économique et politique, 231.
Confédération de l'Allemagne du Nord, 287, 291.
— Difficultés de la constitution, 291.
Confédération germanique, 277.
Congo (le), 92.
Congrès de Vienne (le), 275.
Constitution de la Confédération de l'Allemagne du Nord, absolutisme du roi de Prusse, 292.
Convention de la Haye, 1907, 127.
Croates et Hongrois, 329, 331.
— et Turcs, 330.
— La Nagoda de 1868, 332.

D

Danemark (la guerre du), 284.
Déak, 326.
Diépenhors (Fritz), 178, 231.
Delbrück, 59.
Delcassé, 84,
Derby (lord) et la Turquie, 381.
Diplomatie (allemande et la Russie, 47.
— et la Grande-Bretagne, 55, 122.
— et la France, 67.
— Algésiras, 78.
— Opinion de « la Gazette de Francfort », 85.
— Agadir, 87.
— et Italie, 96.
— et Autriche-Hongrie, 103.
— et les petits Etats, 112.
— Ses procédés et ses résultats, 121
Diplomatie. Chemin de fer de Bagdad. Fautes, 218.
Dissolution politique et dissolution morale, 403.
« Drang nach sudosten », 22.
Droit divin, 345.
— et force, 347.

Droit historique, 311, 347.
Droit historique et traité de Verdun, 256.
Droit international et divers, 346.

E

Economie nationale, 140
— Son résultat, 165.
— Etat fermé, 201.
— Enseignement, 228.
Electrique (industrie), 166.
Empereur allemand (l'), 304.
Empire allemand (constitution), 29, 292.
— Politique du Kaiser, 32.
— Crises politiques, 33.
— et marine, 58.
— Extension, 60.
— Contre Italie, 99.
— Illusions sur la Russie, 128.
— Budget, 246.
— Constitution, 294.
— Dissolution, 361.
— Coefficients particularistes, 363, 364.
Emprunts allemands, 244, 246.
Espionnage (conséquences), 43.
Etat (immoralité de l'), 344.
Etats du Sud, 294, 299.
— et les papiers de Cerçay, 302.
Exportation (tarifs d'), 189.
— Pour 206.

F

France (déclaration de guerre à la), 12.
— Illusions allemandes, 43.
— Diplomatie allemande, 67.
— et de Bulow, 94.
— et la Prusse de 1735 à 1814, 262.
François-Ferdinand (archiduc), 1, 41.
— Assassinat, 1 (préface 2ᵉ éd.).
— (son mariage, son ambition), préface 2ᵉ éd.
Frédéric II, 27.
Frédéric (l'impératrice). Voyage à Paris, 75.
Freycinet (de), 70.
Friedjung (préface de la 2ᵉ éd.), 41.

G

Germains (acquisition par la force), 134.
Giolitti et Serbie, 100.
Girault (Arthur), 371.
Gortschakoff (et Bismarck), 68.
Goschen (sir E.), 10.
— Conversation avec Jagow, 114.
Gramont (de), 297.
Grande-Bretagne (opinion de l'Allemagne sur la), 45.
— et diplomatie allemande, 55.
— Haine de l'Allemagne contre, 59, 64.
Grey (sir Edward), 9, 381.
Guillaume II et l'archiduc François-Ferdinand (préface 2ᵉ éd.).
— et la Belgique, 113.
Gumplowitz (Louis), 135, 385.
Guelfes (les), 364.
Guerre (bénéfices de la), 234.
Guerre (causes économiques), 248.
— (comme déviation politique), 248.
Guerre (élimination des facteurs de), 358.
Guillaume II, 33.
— Son propre chancelier, 74.

H

Habsbourg (origine des), 257, 311.
— (La loi de famille des) (préface 2ᵉ éd.).
Harden, 64.
— Mépris de l'industrie, 232.
— L'indemnité de 1871, 234.
Hohenzollern (les), 26.
— (la candidature), 295.
Hongrois (les), 323.
— et Turcs, 324.
— et Autriche, 325.
— Le dualisme, 326.
— et Allemands, 327.
— Dissolution de la monarchie austro-hongroise, 371.
Houille (industrie allemande de la), 169, 176.
Hovelacque (Abel), 307.
Hus (Jean), 316.

I

Impérialisme et intérêts économiques 224, 252.

Impérialisme contre l'industrie, 232.
Impôt sur la fortune, 245.
Indemnité de guerre de 1871, 234.
— future, 396.
Individualisme et Etat, 134.
Intérêts économiques et la paix, 326.
Italie (neutre), 13.
— (opinions de l'Allemagne), 45.
— Diplomatie allemande, 96.
— et Triple-Alliance, 97.
Italiens et Ladins, 370.

J

Jagow (de), 113.

K

Konopisht (le pacte de), (préface 2° éd.).
Kiao-Tchéou, 213.
Kiderlen Wœchter, 92.
Klotz, 203.

L

Lasson, 118.
Leger (Louis), 308, 317, 319.
Légitimité et Talleyrand, 347.
Libre-échange et le commerce allemand, 401.
— et Angleterre (préface 2° ed.).
Liefman (Prof.), 157.
Ligue des patriotes, 71, 76.
List (Frédéric), ses conclusions, 144, 149.
Lloyd George (1ᵉʳ juillet 1911), 65.
Luxembourg et Allemagne, 112.

M

Marie-Thérèse, 262.
Marine militaire (allemande), 58.
Jalousie maritime, 187.
Maroc (et M. de Bulow), 81.
Marques d'origine, 204.
Métallurgie, 169.
Mines de fer et Allemands en France, 229.
— Participations franco-allemandes, 229.
Ministres allemands, 32.
Molinari (G. de), 133.
Monarchie austro-hongroise, 307-342.
Muller (Paul), (préface 2° éd.).

N

Napoléon Iᵉʳ et l'Allemagne, 264.
Napoléon III. Discours d'Auxerre, 287.
— et les Etats du Sud, 294.
— et la déclaration de guerre, 299, 300.
Nationalité politique, 350.
Neutres (incapacité des), 352.

O

Ollivier (Emile), 297.

P

Pacte de Konopisht (le), (préface 2° éd.).
Paix de Westphalie, 255.
— et électeur de Brandebourg, 259.
Palacky, 320.
Pangermanisme (le), 57, 63, 128.
Panslavisme, 319.
Papiers de Cerçay (les), 300.
Parlement de Francfort, 281.
Pays-Bas (ambition de l'Allemagne), 115.
— Menace contre, 118.
Police (gouvernement par la), 38.
— et les archiducs, 40.
Politique. Incapacité allemande, 130.
— Objective, 343.
Pologne (la). Les partages de, 387.
— Reconstitution de la, 387.
Population de l'Allemagne, 136.
— Slave, 138.
— Répartition de la, 147.
— Ad. Wagner contre la, 200.
Porte ouverte (la), 208.
Pourtalès (comte de), 11.
Prix (hausse des) en Allemagne après 1870, 239.
Protection et Bismarck, 238.
Protectionnisme agrarien et agressif, 149 201.
Province rhénane (la) et la Westphalie, 148.
Prusse (royaume de), 259.
— et la France de 1735 à 1814, 262.
— Prusse (la), de 1792 à 1815, 262.
— Au Congrès de Vienne, 276.

Prusse (la) et l'Autriche 1847-1866, 280.
Prussien (Etat) et cartels, 163.

R

Races en Autriche-Hongrie, 18, 308.
Races et nationalités, 307.
Raffalovich (A.), 157, 227.
Raon-l'Etape (incident de frontière), 73.
Ratzel, 217.
Reichstag (le), 292.
Rodolphe (archiduc), mort de l', 40.
Rohbach (Paul), 366.
Roumanie et Transylvanie, 374.
Rouvier, 83.
Russie (déclaration de guerre à la), 11.
— Diplomatie allemande, 47.
— (Haine de la) contre l'Allemagne, 42.
— Traité du 24 mars 1884, 50.
— Rupture avec l'Allemagne, 51.
— Contre l'Empire allemand, 129.
— et les Balkans, 384.
Ruville (de) et les papiers de Cerçay, 302.

S

Sainte Alliance, 279.
Saint Empire romain (le), 255, 265, 267.
Salaires allemands après la guerre de 1870, 239.
— en 1913 et 1914, 250.
Salazor, 295.
Sarajevo, 1.
— Complicités dans le crime de, 41.
— (Préface 2ᵉ éd.).
Sazonoff, 125.
Schmoller (Prof.), 142.
Schnœbelé (affaire), 72.
Seigle, 150.
Serbes et Serbo-Croates, 333.
— Résistance aux Turcs depuis 1389. 351.
Serbie (ultimatum à la), 4.
— et Autriche-Hongrie, 22.
— Communication *Giolitti*, 100.
— Prétexte à guerre, 104.
Seymour (sir George Hamilton), 381.
Slaves du Sud, 328.
Slavonie et Hongrie, 332.

Socialiste (le coefficient), 248.
Socialistes et tarif de douanes, 202.
Sous-marins, 191.
Steed (Henry Wickham), (préface 2ᵉ éd.).
Stein, 269.
Strengel (von), 135.

T

Tacite (et les Germains), 134.
Talleyrand au Congrès de Vienne, 271.
— (Faute de), 276.
Tarif allemand de 1879. 238.
Tarif de douanes et spécialisation, 202.
Tarif français de 1910, 203.
— Article 11 de la loi du 11 janvier 1892, 204.
Tarifs d'exportation, 189.
Tchèques (les), 313, 369.
Thyssen contre la Grande-Bretagne, 229.
Tirpitz (amiral), 58.
Tisza (comte), 2, 341.
— (Préface 2ᵉ éd.).
Topinard, 307.
Traité (qui fera le?), 252.
— En dehors des dynasties des Hohenzollern et des Habsbourg, 354.
Traité de Berlin, 17.
Traités (mépris des), 94.
— (et la force), 346.
— Droit à rupture. *Mommsen*, 346.
Transylvanie et Roumanie, 374.
Treitschke, 154.
Triple-Alliance (traité de la), 97.
— et l'Turquie, 107.
Turquie (chemins de fer d'Anatolie), 60.
— et Guillaume II, 107.
— Chemin de fer de Bagdad, 218.
— Commerce allemand, 222.
— « L'Homme malade », 381.
— Dissolution de la, 381.

U

Ultimatum à la Serbie, 4, 125.

V

Vambery, 323.

W

Wagner Ad. (le Prof.), 140, 200.
Westphalie, 148.
White (André D.), 152.
Wilson (A. J.) (préface 2ᵉ éd.),

X

Xénopol, 374.

Z

Zollverein (le) et le tarif de 1879, 146.

TABLE DES MATIÈRES

Préface . . . . ▼
Préface de la deuxième édition vii

Iʳᵉ Partie. — LES CAUSES POLITIQUES DE LA GUERRE

I. — Le point de départ.

Le procès de Sarajevo. — Pas de rapport entre l'assassinat de l'archiduc et la guerre. 1

II. — L'ultimatum à la Serbie et les déclarations de guerre.

Exigences de l'Autriche-Hongrie. — Ses prétentions. — Réponse du gouvernement serbe. — Coïncidences voulues. — Le voyage de M. Poincaré en Russie. — L'attitude du gouvernement allemand. — Démarches des ambassadeurs. — L'Autriche l'Allemagne et la Russie. — Déclaration de guerre à la Russie, le 1ᵉʳ août. — Déclaration de guerre à la France, le 2 août. — Mensonges. . . . .

III. — La Monarchie austro-hongroise et les Slaves.

Expulsion de l'Autriche par la Prusse. — Bismarck « par le fer et par le feu ». — Andrassy. — Antagonisme dans la monarchie austro-hongroise. — Le panslavisme n'a pas été provoqué par la Russie. — Le gouvernement autrichien contre les Slaves. — L'empereur Nicolas et Jean Sobieski. — L'hégémonie des Balkans. — Le traité de Berlin. — L'indépendance de la Serbie. — Les Allemands et les Magyars en minorité à l'égard des Slaves. — La Bulgarie et la Roumélie orientale. — L'annexion. — Allemands et Magyars contre Slaves. — « La guerre des cochons ». — Note imposée à la Serbie par le comte d'Ærenthal. — Le procès du docteur Friedjung 14

IV. — L'autocratie allemande.

Les Hohenzollern. — Frédéric-Guillaume peint par Voltaire. — Frédéric II. — Bismarck. — La guerre de 1866 et la guerre de 1870. — Motifs politiques de la guerre. — La Constitution de l'Empire allemand. — Il n'est pas une nation. — Le Bundesrat. — Le Roi de Prusse Empereur. — Droit de paix et de guerre. — Le Reichstag éliminé de cette question. — Le droit divin de l'Empereur. — Affirmations de son absolutisme 26

V. — Le gouvernement du Kaiser.

La Constitution de 1871 et le chancelier. — Guillaume II son propre chancelier. — Les légendes de l'Empire allemand. — Guillaume II. — « L'ordre de Dieu. » — « L'instrument du Très-Haut. » — Impulsions et rouerie. — Déceptions diplomatiques. — « J'entends qu'on m'aime. » — Son hérédité pathologique et Bismarck. 32

VI. — Le gouvernement par la police et l'espionnage.

Niebuhr et le gouvernement par la police. — Le Precetto. — La police en Autriche. — Deux archiducs tués en moins de vingt-cinq ans. — L'assassinat de Rodolphe. — Accusation à propos de l'assassinat de François-Ferdinand et de sa femme. — La justice en Autriche. — La diplomatie et la stratégie par l'espionnage. — L'ultimatum, le czar et M. Poincaré. — Illusions sur la Russie, la France et la Belgique. — La Grande-Bretagne. — Les Turcs. — L'Italie. — Aberration. .   38

VII. — La diplomatie allemande et la Russie.

La Prusse et la Russie depuis 1772. — Bismarck et la Russie en 1877. — Le traité de Berlin. — Crainte d'une alliance franco-russe. — Alliance austro-allemande. — Haine des Russes contre les Allemands. — Bismarck. — Bismarck et Constantinople. — Le traité de contre-assurance de 1884. — Le discours du 6 février 1888. — Mesures contre les fonds russes. — L'emprunt russe à Paris du 10 décembre 1888. — L'avènement de Guillaume II. — La rupture de Bismarck d'après le prince de Hohenlohe. — La Triple-Alliance en 1891. — Proposition de Guillaume II. — L'alliance franco-russe. — Conséquences de la diplomatie allemande. . . . 47

VIII. — La diplomatie allemande et la Grande-Bretagne.

La politique de la Grande-Bretagne. — La balance des pouvoirs. La suprématie de la mer. — Bismarck et la Grande-Bretagne. — Le conflit franco-égyptien. — La politique coloniale de la France. — Les protectionnistes français. — « La possession du Trident. » — « Notre avenir est sur l'eau. » — Politique navale et mondiale. — Résistance du Reichstag. — La ligue navale. — Anglophobie. — Treitschke. — Kiao-Chéou. — La Turquie. — Les Musulmans. — La Polynésie. — L'Afrique. — Le télégramme de Krüger. — Aveux de M. de Bulow. — Amérique centrale et Amérique du Sud. — Les Pays-Bas et la Belgique. — Le blocus de la Russie. — Conceptions mégalomanes. — Picrochole. — « La Grande-Bretagne ne bougera pas. » — Les illusions sur les germanophiles anglais. — Discours de Lloyd George au Guildhall, 1er juillet 1911. — Fureur contre les Anglais. 55

IX. — La diplomatie allemande et la France

Politique de Bismarck après Sadova. — Politique opposée en France. — La menace de 1875. — Son véritable caractère. — La politique coloniale et anglophobe française. — L'Alsace-Lorraine. — Le boulangisme. — Bismarck et la guerre préventive. — Résistance du Reichstag. — L'affaire Schnæbelé. — L'incident de Raon-l'Etape. — Essai d'isolement de l'Alsace. — L'empereur Guillaume II. — Ses amabilités et ses menaces. — Le voyage de l'impératrice Frédéric. — La revanche sur l'Alsace. — Les prétentions de Guillaume II. — Le traité d'alliance franco-russe 1894 67

X. — La diplomatie allemande et la France (Algésiras).

Bismarck colonial malgré lui. — Opposition du Reichstag. — La Nouvelle-Guiné — Angra Pequeña et la Grande-Bretagne. — Le Togoland et le Cameroun. — La

Conférence de Berlin de 1885. — Subventions pour la marine. — Caprivi ant* colonial. — L'accord franco-anglais du 12 avril 1904. — L'accord franco-espagnol. — Résignation de M. de Bulow. — Les imprécations de Guillaume. — M. de Kühlman et M. Saint-René Taillandier. — La visite de Guillaume à Tanger. — Insolences de l'Allemagne. — « Nous sommes derrière le Maroc avec toutes nos forces. » — La conférence d'Algésiras. — Manœuvres allemandes. — Echec. — M. de Bulow et l'encerclement. — La diplomatie allemande jugée par la *Gazette de Francfort*. 78

XI. — La diplomatie allemande et la France (Agadir).

L'affaire des déserteurs. — L'interview du Kaiser par le *Daily Telegraph*. — Attitude comminatoire. — Accord du 9 février 1909. L'annexion de la Bosnie et de l'Herzégovine. — « L'Allemagne et son armure étincelante. » — Le coup d'Agadir. — Déclaration de M. Kiderlen Wæchter à M. Class, président de la ligue pangermanique. — Le but de l'Allemagne. — Imprécision. — Le Maroc et le Congo. — Marchandages. — « Notre place au soleil. » — Son mépris pour l'acte d'Algésiras. — L'arrangement du 4 novembre 1911. — « L'éthique diplomatique. » — Les cinq menaces contre la France. — Aveu de M. de Bulow. — Causes de rancune et de haine. — Les routes de l'Alsace et de la Lorraine. 87

XII. — La diplomatie allemande et l'Italie.

Le sans-gêne de la Prusse avec l'Italie en 1866. — L'Allemagne, la Tunisie et l'Italie — La légation prussienne au Vatican. — Froissements de l'Italie. — Traité de la Triple-Alliance, 20 mai 1882. — Son renouvellement en 1902. — L'Autriche et les Italiens. — L'Albanie. — L'Italie et la Tripolitaine. — Le Kaiser fournisseur de mines sous-marines aux Turcs. — Remplacement dans la Triple-Alliance de l'Italie par la Turquie. — La dépêche de l'Autriche à M. Giolitti sur la Serbie. — M. de Bulow et l'Italie 96

XIII. — L'Empire allemand et l'Autriche-Hongrie.

De Beust, François-Joseph et Andrassy. — Raisons du traité de 1879. — Annihilation de l'Empereur d'Autriche. — Subordination de l'Autriche-Hongrie à l'Allemagne. — Le démembrement comme conséquence 103

XIV. — La Nouvelle Triple-Alliance.

Bismarck et la question d'Orient. — Guillaume II et la Turquie. — Accusation de pots-de-vin par le *Foreign office*. — Condescendances des ambassadeurs britannique et français pour les Turcs. — Enver Pacha. — Le marchandage de l'alliance. — Le *Djidah*. — Allah et le vieux Dieu de Kœnigsberg. — « L'Homme malade. » — Illusion de M. de Bulow 107

XV. — La diplomatie allemande et les petits États.

Le Luxembourg. — Gladstone et la Belgique. — Espérances de Guillaume II. — M. de Tagow et l'ambassadeur britannique. — Le discours de M. de Bethmann-Hollweg. — L'appétit d'Anvers et des Pays-Bas. — L'échec d'Emden. — Le programme d'annexion. — Le professeur Lasson. — Menaces contre les petits pays. . . 112

XVI. — **La diplomatie allemande, ses procédés et ses résultats.**

La lettre au *Times* et la dépêche Wolff. — Arguments contradictoires de M. de Bethmann-Hollweg. — Caractère tantôt dépressif, tantôt agressif de la Triple-Alliance. — Menaces à l'Angleterre. — Naïveté. — L'Allemagne avouant qu'elle a fait la Triple-Entente. — La Grande-Bretagne coupable de ne pas accepter l'hégémonie de l'Europe par la Prusse. — Tentatives de séductions. — M. de Bethmann-Hollweg ne peut pas sauver les apparences. — La responsabilité de la guerre. — Contre la Belgique. — Contre le Japon. — La violation de la Convention de La Haye de 1907. — Arguments de l'Allemagne. — Faux en droit et en fait. — « Courber un cheveu d'un Allemand. » — Aveu de la psychologie allemande. — Incapacité politique de l'Allemand. — Aveu de M. de Bulow. — Diplomatie hypocrite et violente 121

II° Partie. — LES CAUSES ÉCONOMIQUES DE LA GUERRE

I. — La Civilisation guerrière et la Civilisation productive.

Leurs caractères respectifs. — Le mode d'acquisition des Germains. — *Were*, étymologie de guerre. — Sainteté et divinité de la guerre d'après Treitschke. — La guerre et le statut. — *La guerre est un instrument de contrainte*, l'échange un facteur de liberté. — Les apologies de la guerre. — La raison pratique des professeurs. — La guerre finit par la paix. 133

II. — La Population de l'Allemagne.

« Le droit des pays surpeuplés ». — Les Allemands n'émigrent plus. — Population comparée de la Belgique et de l'Allemagne. — Espaces disponibles. — Le climat torride. — Argument pour les néo-malthusiens. — Les Slaves. — Impossibilité d'extermination réciproque. 136

III. — L'Économie nationale : la doctrine

La science économique, science camérale — L'École historique. — L'Économie nationale. — Le Congrès d'Eisenach. — Ad. Wagner et Schmoller. — Contre les disciples d'Adam Smith. — Résumé de la doctrine. — Frédéric List. — Ses conclusions. 140

IV. — Le « Zollverein » et le tarif de 1879

Le *Zollverein*. — Contradiction de la politique de Bismarck. — Sa politique protectionniste, facteur du socialisme. — Population rurale et population industrielle. — Les forces vives de l'Allemagne à l'ouest de Berlin. — Importance de la Province rhénane et de la Westphalie. 146

V. — Le Protectionnisme agrarien et agressif

Réclamation des agrariens. — Les tarifs de 1885 et de 1887. — Erreur de Bismarck. — Contre la Russie. — Concessions de Caprivi. — Fureur des agrariens. — Appel au Kaiser. — Pour la politique agrarienne contre la politique industrielle. Le prince de Hohenlohe et les grandes propriétés. — Coalition entre les grands propriétaires et les grands industriels. — Mauvaise alimentation des ouvriers. — Importation des céréales. — « Les Bons d'importation. » — *Dumping* agricole. — L'exportation du seigle en Russie. — Bénéfice procuré par les Bons d'importation. — Les permis à l'alcool. — Les cartels agricoles et la grande propriété . . **149**

VI. — Les Cartels et le Dumping.

Les cartels sont des monopoles de vente, non de production. — Ils datent du tarif de 1879. — Les cartels et l'industrie chimique. — M. Liefmann : suppression de l'individualisme économique. — Le prix de revient et le prix de marché. — La lutte contre les clients. — Le consommateur fait pour le producteur. — Les cartels et la potasse. — Gaspillages. — Limitation de la production : importation de houille par le syndicat rhénan-westphalien. — Surproduction. — La revanche du consommateur. — Ecrasement des petits producteurs. — « Les combinaisons. » — Maintien factice des prix. — Effet : prolongation de la crise. — Impuissance à stabiliser les prix. — L'Etat prussien industriel et les cartels. — Le Dumping. — Favorisent industriels étrangers. — Rotterdam. — Primes à l'exportation pour les produits finis. — Conséquence contradictoire. — Tôles allemandes et tôles anglaises. — *L'Economie nationale de List fait des cadeaux à l'étranger*. — Agressions. — *The Nobel Dynamite trust C° limited*. — L'Union européenne du pétrole et la *Deutsche Bank*. — L'industrie et les Banques. — Les financiers et les cartels. — Conclusions. **157**

VII. — L'Industrie houillère, l'Industrie métallurgique et l'Industrie des produits chimiques en Allemagne.

Produits comparés de la houille. — Réserves de houille. — Production et consommation de la fonte. — Production comparée. — Exportations. — Liquidations. — La fonte et l'acier, matières premières. — L'industrie des produits chimiques. — La répartition des houilles entre les diverses industries. **169**

VIII. — Le Commerce anglo-allemand.

Les cartels sont le grand moyen d'exportation. — Commerce britannique et commerce allemand de 1904 à 1913. — Commerce anglo-allemand. — Chiffres allemands. — Prix *fob* et prix *cif*. — Chiffres britanniques. — Contradictions. — Exportations allemandes toujours supérieures. — Commerce spécial. — Classe I, objets d'alimentation. — Classe II, matières premières. — Classe III, objets fabriqués. — Classe IV, divers. — Total général. — Réexportations britanniques. — Les importations britanniques en Allemagne et le tarif allemand. . . . **178**

IX. — La Jalousie maritime

Palmerston et la marine allemande. — Des navires sans ports. — Le « Kolossal ». — Les grandes compagnies allemandes. — Flotte britannique et flotte allemande. — Constructions navales. — Part de la marine allemande dans les ports allemands. — Les *tramps* ignorés des Allemands. — La navigation pour le prestige. — Primes d'exportation et subventions. — Récriminations subjectives contre la Grande-Bretagne. — La liberté des mers et l'Empire allemand. **183**

X. — Caractère du commerce franco-allemand

L'article 11 du traité de Francfort. — Le commerce de la France avec ses principaux clients et ses principaux fournisseurs. — Chiffres français et chiffres allemands. — Les grands objets d'importation en France. Houille, machines, céréales. — Nos exportations de matières premières. — Objets d'alimentation, produits chimiques. — Peaux et pelleteries. — Graines à ensemencer. — Industries textiles. — Bijouterie. — Tabletterie. — Automobiles. — Développement normal des échanges.   192

XI. — Échanges de mauvais procédés

Idée d'un Etat commercial fermé. — Fichte, Oldenberg et Wagner. — Protectionnisme agrarien du chancelier. — Répercussion électorale. — Le tarif de 1909. — La multiplication des articles. — L'article 103. — Une spécialisation. — Pas d'échanges de bovins. — Echanges inutiles de vaines paroles. — L'article 15 de la loi de 1892. — Réplique de l'Allemagne. — Les vins mousseux et les eaux-de-vie. — Analyses. — *Le comité du commerce français avec l'Allemagne*. — Tarifs des chemins de fer allemands. — La fièvre de l'exportation en Allemagne. — En 1913, dénonciations contre tous les pays. — Jalousie commerciale, ignorance économique, procédés hypocrites et déloyaux.   200

XII. — La Porte ouverte

Quand le commerce d'une nation devient-il son commerce? — La porte ouverte. — *Le Journal de Genève* et l'Algérie. — Le commerce allemand en Algérie. .   207

XIII. — Ambitions et déceptions coloniales.

Politique coloniale allemande. — Faim de territoires. — Colonies de peuplement en Afrique. — Massacre des indigènes. — Pas de débouché pour la population allemande. — Les postulats et les faits. — Kiao-Tchéou. — Les intérêts allemands au Maroc. — Navigation de parade. — Prétextes économiques, visées politiques. — « L'accroissement des superficies. »   211

XIV. — Le chemin de fer de Bagdad.

Frédéric Barberousse et Guillaume II. — Témoignage d'amitié à Abdul-Hamid. — La voie ferrée de Konia à Bagdad. — Arrangements financiers. — Concours du gouvernement français. — Echec en Angleterre. — Accord franco-allemand du 15 février 1914. — Accord anglo-allemand du 15 juin 1914. — Homs-Bagdad. — Mystères diplomatiques. — Commerce allemand en Turquie.   218

XV. — Les intérêts économiques et l'impérialisme.

Contradiction. — Déclarations pacifistes d'industriels et de financiers. — Leurs arguments. — Ils étaient évidents. — « L'organisation économique de l'Allemagne était taillée pour la paix. » — Les individus font des échanges, les gouvernements font de la politique. — Le Kaiser, mouche du coche. — Fournisseur du sultan. — Déviation de l'enseignement de l'économie nationale. — L'impérialisme économique. — Les intérêts militaires. — L'anglophobie de M. Thyssen. — Les mines de fer en France possédées par les Allemands. — Matières premières. — La Russie et la Grande-Bretagne les grands fournisseurs de l'Allemagne. — La Grande-Bretagne, son meilleur client. — Abandon des arguments économiques. — « Le prestige. » — Le parti de la guerre. — Les excitations de Harden. — Conclusions. — Base objective et exploitation de passions subjectives . . 225

XVI. — Les bénéfices de la guerre ; l'indemnité de guerre de 1871.

M. Harden. — Conception de brigands. — L'indemnité de 5 milliards. — Le prix de la guerre de 1870 pour les Allemands. — La part remboursée par l'indemnité de guerre. — Mode de payement de l'indemnité de guerre. — L'or et l'Allemagne. — Perte sur l'argent. — L'emploi de l'indemnité. — La crise de Vienne. — Opinion de Bismarck sur l'indemnité. — Hypothèse de M. Angell. — L'indemnité de guerre, les prix et les salaires. — Elle a coûté cher à l'Allemagne. . 234

XVII. — Le poids des armements.

Caractères du septennat et du quinquennat. — Anciennes résistances du Reichstag. — Lois du 27 mars 1911, du 14 juin 1912 et du 3 juillet 1913. — La peur des Slaves et le discours du 7 avril 1913. — Progression budgétaire. — Les dettes de 1900 à 1909. — La souscription des emprunts en mars 1913. — L'impôt sur la fortune. — Son caractère. — Déception. — Encouragements à la prodigalité. — Dépenses de l'Empire allemand entraînent dépenses des autres pays. . . . 241

XVIII. — Le coefficient socialiste

Progrès des socialistes. — Leur importance électorale. — Agrariens et socialistes. — La protection des objets d'alimentation. — La faillite de l'assurance sociale. — Baisse de salaires en 1914. — « L'internationalisme rouge » et « le nationalisme rouge. » 248

XIX. — Le conflit des deux civilisations.

Causes de guerre immédiate. — La guerre préventive. — Le conflit de la civilisation guerrière et de la civilisation productive 251

III· Partie. — LES CAUSES HISTORIQUES :
LA CONSTITUTION DE L'EMPIRE ALLEMAND

I. — Le Saint-Empire romain et la paix de Westphalie.

Le couronnement de Charlemagne. — Le traité de Verdun (843). — Droit historique? La part de Lothaire. — La Germanie. — Le Saint-Empire romain. — L'anarchie germanique. — Les électeurs. — Les Habsbourg. — La France et la guerre de Trente ans. — L'Alsace et la France. — Français pacificateur. — Services rendus par la France. — L'électeur de Brandebourg. — Caractère de la paix de Westphalie. — La Prusse contre l'influence française. 255

II. — La France et la Prusse de 1735 à 1814.

La France alliée de la Prusse. — Le traité d'Aix-la-Chapelle (1748). — La France alliée de l'Autriche pendant la guerre de Sept ans. — Le manifeste de Brunswick en 1792. — Le traité de Bâle de 1795. — Accord de la Prusse et de la France.— Le traité de Lunéville. — Bénéfices de la Prusse et de l'Autriche. — Le Saint-Empire romain devenant protestant. — L'acte final de la diète de Ratisbonne. — Faute de Napoléon. — La Convention de Potsdam et le lendemain d'Austerlitz.— La paix de Presbourg. — La confédération du Rhin (12 juillet 1806). — Près du Saint-Empire romain. — Napoléon héritier de Charlemagne. — La guerre de Prusse. — La paix de Tilsitt. — Procédés de Napoléon. — Stein. — Le général Scharnhorst. — Offres de la Prusse à Napoléon. — York et les troupes prussiennes après la campagne de Russie. — Hardenberg : offres à la France. — Indifférence de la Prusse pour l'Allemagne. — Le traité de Kalisz. — Appel à la guerre. — Le traité de Paris. — La confédération germanique. 262

III. — Le Congrès de Vienne.

Le programme du traité de Kalisz et les réalités du Congrès de Vienne. — Talleyrand. — Le principe de la légitimité. — Le droit public. — Mépris des Prussiens et de l'Empereur de Russie pour le droit public. — L'Autriche, Talleyrand et Lord Castlereagh. — Le traité du 3 janvier 1815. — Faute capitale de Talleyrand et de Lord Castlereagh. — Gains de la Prusse, de l'Autriche, de la Russie. — La Suisse.—Les articles de l'acte de Vienne concernant la Confédération germanique. — Mécontentement de la Prusse. — « N'accepte Province Rhénane que pour la défense de l'Allemagne ». — La Sainte-Alliance. — L'acte final du Congrès de Vienne.   274

IV. — La Prusse et l'Autriche. — 1847-1866.

Frédéric-Guillaume IV contre les constitutions écrites. — Essai de déviation de la Révolution de 1848 vers l'Unité allemande. — « La Prusse transformée en Allemagne. » — Le Parlement de Francfort. — Élimination de l'Autriche. — Offre de la couronne impériale au roi de Prusse. — Le traité des Trois Rois. — Le Parlement d'Erfurt. — La Diète de Francfort. — La convention d'Olmutz. — Désirs de revanche. — Bismarck et la prussification de l'Allemagne. — *Ferro et igne.* — Gouverner sans budget. — « La force prime le droit. » — L'insurrection de Pologne et Bismarck. — La question des duchés. — Napoléon III, l'Autriche et la Prusse. — Bismarck et Napoléon III. — La guerre de 1866. — Les préliminaires de paix de Nikolsbourg. — Le traité de Prague. — Les incorporations à la Prusse. — La question des compensations. — Naïveté de M. Benedetti. — Ses appréhensions en 1868. 280

V. — La Confédération de l'Allemagne du Nord.

Plan de constitution fédérale. — Procédure. — Le roi de Prusse *Bundes Præsidium* et *Bundes-Feldherr.* — Attributions identiques à celles du *Deutsche Kaiser.* — Le chancelier. — Le Bundesrat. — Le Reichstag. — Conditions d'élections, non modifiées depuis 1867. — Traités d'alliance défensive avec les États du Sud. — Le Zollverein. 291

VI. — La candidature Hohenzollern.

Prudence de Bismarck et du roi Guillaume. — Naissance de la candidature Hohenzollern en mars 1869. — Refus du prince Léopold. — L'acceptation lui est imposée. — Démarches à Ems. — Désistement du prince de Hohenzollern. — Demande contradictoire de M. de Gramont. — L'incident d'Ems. — La dépêche de Bismarck. — Résistance des États du Sud. 295

VII. — Les papiers de Cerçay et l'Empire allemand.

M. de Gramont contre l'Autriche et l'Italie; — Bray, le ministre de Bavière. — Ses intentions et sa conversion. — Celle de Beust suit. — Les papiers de Cerçay. — Les explications de M. de Ruville — Résistance de la Bavière. — La cérémonie de Versailles. — L'empereur contre Bismarck. — Aurait voulu le titre d'Empereur d'Allemagne et non d'Empereur Allemand. — Nécessité de la dissolution de l'Empire allemand. 302

IV· Partie. — LES CAUSES HISTORIQUES :
LA MONARCHIE AUSTRO-HONGROISE

I. — Races et nationalités.

Caractères de la race. — Défaut de concordance. — Éléments divers des groupes ethniques. — Rôle secondaire des caractères somatiques. — La question des races en Autriche-Hongrie. — Caractères historiques et linguistiques 307

II. — L'Autriche.

Margraviats d'Autriche. — Duché. — Les Habsbourg. — Le monogramme A. E. I. O. U. — L'Autriche n'a jamais été électeur de l'Empire. — Un duché. — L'Autriche n'a pas d'histoire. — Titre : « Empire d'Autriche » date de 1804. 310

III. — Les Tchèques.

I. — Slaves et Teutons. — Civilisation tchèque. — Évêché de Prague. — Invasion pacifique allemande. — Relations avec la France. — Roi de Bohême électeur de l'Empire. — Lutte contre les influences allemandes. — Jean Huss. — La langue tchèque. — L'Université de Prague. — Concile de Constance. — Résistance des Hussites. — Ferdinand de Habsbourg. — Confessio Bohemica. — Lettre de Majesté. — Défenestration de Prague. — La défaite de la Montagne Blanche. — Réaction en Bohême. — II. — Réveil de la nationalité. — Le jugement de Liboucha. — La solidarité slave. — Lettre de Palacky au comité des cinquante. — Le Congrès de Prague. — Les trois partis en Autriche : centralisme, dualisme, fédéralisme. — La Constitution de 1849. — Réaction. — Politique allemande. — Régime électoral. — Le dualisme. — Progrès des Tchèques. — Refoulement des Allemands. — Les Allemands et les Tchèques. — Le Wacht am Rhein et la Marseillaise. 313

IV. — Les Hongrois.

Origine obscure. — Famille finno-ougrienne. — Opta pour influence occidentale. — Saint-Étienne. — Etat indépendant de l'Empire d'Orient et de l'Empire romain·

— Luttes contre les Turcs. — Élection de Ferdinand d'Autriche comme roi de Hongrie. — Invasions ottomanes. — Persécutions religieuses. — Résistance à la germanisation. — Aristocratie hongroise. — Szechenyi. — Langue magyare. — Privilèges fiscaux. — Droit historique et la forme. — Révolte contre les Hongrois et révolte des Hongrois. — Régression. — Le Compromis de 1867. — Déak. — Triomphe du dualisme. — La politique hongroise antiallemande à l'intérieur, prussienne à l'extérieur. — L'ambition hongroise : sa réalisation actuelle. 323

V. — Les Slaves du Sud.

Les Croates. — Influence latine. — Les Serbes, influence byzantine. — Droit historique : Koloman II. — Croates contre Magyars. — La défaite de Kossovo. — La Serbie. — Pachalik turc de 1459 à 1804. — Les Croates ont échappé à ce régime. — L'Illyrie. — Provinces sujettes ou royaumes alliés. — Nationalité croate. — La Nogoda de 1868. — Subordination aux Hongrois. — Oppression de la Croatie. — Émancipation de la Serbie. — La Bosnie et l'Herzégovine. — Oppositions et aspirations. — Le Congrès d'Abbazia. 328

VI. — La dissolution de la Monarchie austro-hongroise.

Tentative de germanisation de Joseph II. — Politique de Metternich et de François II. — *Divide ut imperes.* — 1848. — Politique constitutionnelle et centraliste. — La diète de Kromeriz. — Gouvernement de Bach. — Allemands d'Autriche se solidarisant avec l'Empire allemand. — Les trois liens de la monarchie austro-hongroise. — L'Empereur : ses titres. — L'armée. — La bureaucratie. — Le recrutement des officiers. — La dissolution de la monarchie austro-hongroise. — Allemands et Hongrois en poursuivent le démembrement. — Le centralisme magyar. 335

V° Partie. — LES CONSÉQUENCES

I. — Politique objective.

Le droit international. — Une aspiration plutôt qu'une réalité. — Les traités résultant d'une guerre sont des extorsions. — Ni le vainqueur, ni le vaincu ne les tiennent pour définitifs. — La souveraineté de l'État. — L'immortalité de l'État. — « La force prime le droit ». — Le droit de la force. — Le droit historique. — Les grands traités. — Le problème à résoudre. — Le traité à venir sera un résultat de la force. — L'emploi et le non-abus de la force. — La paix à venir et la résignation au fait accompli. 343

II. — Ce qui constitue la nationalité politique.

L'anthropologie politique. — La race teutonique. — Ses droits inventés par l'École historique. — La politique des nationalités n'est pas un principe de droit. — Est un principe traditionaliste. — Incapacité des Turcs, des Allemands et des Hongrois d'assimiler les groupes gouvernés par eux. — *Leur force de résistance constitue leur nationalité.* — *L'incapacité de leurs gouvernants constitue leur droit à la séparation.* — Fin simultanée des Habsbourg, des Hohenzollern et de l'Empire ottoman. 350

III. — Qui fera le traité ?

L'accord du 6 septembre. — Incapacité des neutres. — La paix ne peut être faite que par les belligérants. — Les précédents de 1814 et de 1815. — Disqualification des Hohenzollern et du Chancelier de l'Empire. — Les ministres plénipotentiaires au Bundesrat. — Dans la Confédération germanique, c'était le Reichstag qui faisait les traités. 353

IV. — La limitation des armements.

Les effets, non la cause. — Résultats en 1806, en 1856, 1870. — Ingérence étrangère en contradiction avec indépendance des États 356

V. — Un seul but : Élimination des facteurs de guerre.

Œuvre politique. — Suppression des facteurs de guerre. — Limitation à ce résultat. — Maintien de la paix. — Il ne peut être assuré avec la coexistence de l'Empire allemand et de la Monarchie austro-hongroise. — Réduction de la Prusse dès les préliminaires de paix. 358

VI. — La dissolution de l'Empire allemand.

Les deux autocraties : l'Empire allemand et la Monarchie austro-hongroise. — Les quatre remaniements de l'Allemagne. — Unité commerciale : le Zollverein indestructible. — Unité politique : l'Empire allemand à dissoudre. — Les annexions de 1866. — La force. — Pas de traités. — Résignation des annexés. — Le roi de Hanovre, Georges V. — Pouvoir de l'Empereur. — Les attributions de chaque État. — *Respecter l'autonomie de chacun des États ; détruire l'autocratie diplomatique et militaire du roi de Prusse.* 360

VII. — Les coefficients particularistes.

Résistance à la poussée militaire. — Fissures dans l'Empire allemand. — Les Guelfes. — « Le parti du droit ». — Illusion de la sécurité et orgueil du prestige. — La Prussification de l'Allemagne. — Effets psychologiques de la défaite. — Le particularisme germanique. — Les attributions des États. — La Confédération du Sud et du Rhin. — Chance de durée. — Opinion d'un Saxon sur l'influence prussienne. — La peur de la France. — Nécessité de la dissiper. 363

VIII. — Le démembrement de l'Autriche-Hongrie.

Écroulement de la monarchie austro-hongroise. — Hostilité réciproque des peuples qu'elle comprend. — Substitution des groupements volontaires aux amalgamations par la force. — Vitalité des Tchèques. — L'Illyrie et la Plus Grande Serbie. — L'Italie et l'Adriatique. — Le Trentin. — Les provinces allemandes. — Projet Girault de reconstitution d'un empire austro-hongrois allemand. — Pas de contrepoids possible. — Docilité des Allemands d'Autriche à l'Empire allemand depuis 1871 368

IX. — La Roumanie et la Transylvanie.

1. La Roumanie. — Le royaume de Dacie. Les droits historiques. Turquie et Russie. — Union de la Moldavie et de la Valachie décidée par le traité de Paris de 1856. — Union en 1859. — Monarchie constitutionnelle 1866. — Sympathies pour la

France en 1871. — Érigée en royaume en 1881. — II. La Transylvanie et le Banat. — III. Idéal daco-roumain. — Utilité d'établir un État suffisamment fort entre la Russie et les Balkans. — Utilité d'aboutir à une solution définitive. . . 374

X. — La Turquie.

Lord Beaconsfield introduit l'Allemagne dans la politique orientale. — Constantinople foyer d'intrigues. — En 1889, chemins de fer d'Anatolie. — « L'homme malade ». — Le traité de Paris. — Le dogme de l'intégrité de la Turquie. — Lord Derby et le suicide de l'homme malade. — Les grands mots conventionnels et faux. — Le Khalifat. — La dissolution de l'Empire ottoman. — La Russie et Constantinople. — Les Provinces Balkaniques 380

XI. — La Russie.

Contre le Panslavisme, développement des États slaves. — Capacité « d'amalgamation » des Russes. — Leur coexistence avec les musulmans. — Le péril slave. — Opinion de Mazzini. — Alliance italienne avec la famille slave. 384

XII. — La Pologne.

Droit historique de l'Autriche sur la Galicie. — Les partages de la Pologne, — Solution de 1815. — Incorporation de Cracovie à l'Autriche. — Incapacité des Allemands d'assimiler les Polonais. — L'appel du Kaiser aux chevaliers de l'Ordre teutonique. — L'engagement du 14 août 1914. 387

XIII. — Les colonies allemandes. 390

XIV. — La réintégration de l'Alsace-Lorraine.

I. Protestation des députés en 1871. — Non assimilation des Alsaciens-Lorrains par les Allemands. — Maintien de la culture française. — Superficie et population des territoires annexés. — La proportion des immigrés allemands. — Les quatre départements à reconstituer. — II. Réintégration de plein droit. — La question du plébiscite ne se pose pas. — Plébiscite système mécanique et simpliste, mais mauvais. — L'article 5 du traité de Prague. — Impossibilités de sincérité. . . 391

XV. — L'indemnité de guerre.

La guerre est un fait d'État à État non d'individus à individus. — « Juguler les Allemands ». — Politique de compression et politique d'évaporation. — L'indemnité de guerre. — Prétentions de M. de Zedlitz — Responsabilités pécuniaires. — *Crimes de droit commun qui devraient entraîner des responsabilités personnelles.* — Gages. — Les chemins de fer de l'État prussien. — Les mines fiscales. — *La guerre ne sera pour aucun État une source de profits matériels.* 396

XVI. — Le Commerce allemand et le libre-échange. 401

Conclusion. 403

LIBRAIRIE FÉLIX ALCAN
108, Boulevard Saint-Germain. — PARIS

GUERRE DE 1914-1916
Bibliothèque d'Histoire contemporaine

ALBIN (Pierre). — **Le Coup d'Agadir**. *La querelle franco-allemande. Origines et développement de la crise de 1911.* 1 volume in-16. . . . . 3 fr. 50
— **La guerre allemande**. *D'Agadir à Sarajevo (1911-1914).* 1 volume in-16. . . 3 fr. 50
AULNEAU (J.). — **La Turquie et la Guerre**. 1 volume in-16 avec préface de M. Stephen Pichon, ancien ministre (2ᵉ *édition*). . . . . 3 fr. 50
BOURGEOIS (Emile), professeur à la Sorbonne, Daniel BELLET, secrétaire perpétuel de la Société d'Economie politique, Général MALLETERRE, Louis RENAULT, de l'Institut, Raphaël-Georges LÉVY, de l'Institut. — **La Guerre**. Conférences de la Société des anciens élèves de l'Ecole des Sciences politiques. 1 volume in-16. . . . . 3 fr. 50
GUYOT (Yves), ancien ministre, rédacteur en chef du *Journal des Economistes*. — **Les Causes et les Conséquences de la Guerre**. 1 vol. in-8 (2ᵉ *édit.*) av. une préface nouv. 3 fr. 50
INTERETS ECONOMIQUES ET RAPPORTS INTERNATIONAUX À LA VEILLE DE LA GUERRE. Conférences de la Société des anciens élèves de l'Ecole des Sciences politiques. 1 volume in-16. . . . . 3 fr. 50
JOSEPH-BARTHELEMY, professeur à la Faculté de droit de Paris. — **Les Institutions politiques de l'Allemagne contemporaine**. 1 volume in-16. . . . . 3 fr. 50
LANESSAN (J.-L. de), ancien ministre. — **Les Empires germaniques et la Doctrine de la force**. 1 volume in-16. . . . . 3 fr. 50
MATHIEZ (Albert), professeur à l'Université de Besançon. — **La Victoire en l'an II**. 1 volume in-16. . . . . 3 fr. 50
MARTIN (William). — **La Crise politique de l'Allemagne contemporaine**. 1 volume in-16. . . . . 3 fr. 50
MOYSSET (H.). — **L'Esprit public en Allemagne vingt ans après Bismarck**. 1 volume in-8, *couronné par l'Académie française*. . . . . 5 fr. »
REINACH (Joseph). — **Récits et Portraits contemporains**. *La fondation de l'empire allemand et les papiers de Cerçay. Thiers. Gambetta. Challemel-Lacour. Ranc. Alphonse Peyrat.* 1 volume in-16. . . . . 3 fr. 50

QUESTION D'ORIENT

DRIAULT, agrégé d'histoire. — **La Question d'Orient depuis ses origines jusqu'à nos jours (1913)**. 6ᵉ édition. Préface de G. Monod, de l'Institut. 1 volume in-8. *Récompensé par l'Institut* . . . . 7 fr. »
DJUVARA, ministre de Roumanie en Belgique et au Luxembourg, ancien chargé d'affaires à Belgrade, Sofia et Constantinople. Préface de Louis Renault, de l'Institut. — **Cent projets de partage de la Turquie depuis le XIIIᵉ siècle jusqu'au traité de Bucarest (1913)**. 1 fort volume in-8, avec 18 cartes hors texte. . . . . 10 fr. »
A. DUBOSCQ. — **Syrie, Tripolitaine, Albanie**. 1 vol. in-16, avec cartes hors texte. 3 fr. 50

Brochures in-8 à 1 fr. 25 (Collection rouge)

ANDLER (Ch.), professeur à la Sorbonne. — **Les Usages de la guerre et la Doctrine de l'Etat-major allemand**.
BAIE (Eug.). — **Le Droit des Nationalités**. Consultations de MM. Emile Boutroux, Carton de Wiart, Vandervelde, Mil, R. Vesnitch, Zygmunt, L. Zaleski, Yorga, Wetterlé, Andreadès, Peterson, John Galsworthy, Norman, Angel, Aulard, François de Curel, Cᵗ Adrien de Gerlache, Ernest Lehr, Lyon-Caen, Edouard Clunet, Mérignhac, Hennebicq.
BRERETON (Cloudesley). — **Qui est responsable?** Traduction de l'anglais et avant-propos de E. Legouis, professeur à la Sorbonne.
BOURGIN, professeur au lycée Louis-le-Grand. — **Le Militarisme allemand**. *Ce qu'il est. Pourquoi il faut le détruire*.
FLAT (P.), directeur de la *Revue Bleue*. — **Vers la Victoire**. Préface de L. Barthou.
GAULTIER (Paul). — **La Mentalité allemande et la Guerre**.
HOVELAQUE, inspecteur général de l'Instruction publique. — **Les Causes profondes de la guerre** (*Allemagne-Angleterre*).
HUBERT (Lucien), sénateur. — **L'Effort brisé**. *La Situation économique de l'Allemagne à la veille de la guerre*.

Envoi franco contre mandat-poste et en vente chez tous les libraires

Librairie **FÉLIX ALCAN, 108, Boulevard Saint-Germain, Paris**

LANESSAN (J.-L. DE), ancien ministre. — **Pourquoi les Germains seront vaincus.**
— **L'Empire germanique sous la direction de Bismarck et de Guillaume II.**
(……is), de l'Institut. — **La Liquidation de l'Autriche-Hongrie.**
…L. LOUIS. — **L'Europe nouvelle.**
— **La Guerre d'Orient et la Crise européenne.**

Brochures in-8 à 60 centimes

CAPITAN (D^r), professeur au Collège de France et à l'Ecole d'Anthropologie. — **La Psychologie des Allemands actuels**, *alcooliques, fous et criminels.*
DELBET (Pierre), professeur à la Faculté de Médecine de Paris. — **L'Emprise allemande.**
DRIAULT (E.), agrégé d'histoire. — **La Reprise de Constantinople et l'Alliance franco-russe**
GUYOT (Yves) et D. BELLET. — **Le Manifeste des « Kulturkrieger ».**
LANESSAN (J. L. DE). — **Comment l'éducation allemande a créé la barbarie germanique.**
LÉVY-BRUHL, professeur à la Sorbonne. — **La Conflagration européenne.** *Les causes économiques et politiques.*
LORIN (Henri), professeur à l'Université de Bordeaux. — **La Paix que nous voudrons.**
PERET (Raoul), ancien ministre du Commerce. — **La Puissance et le Déclin économiques de l'Allemagne.**
PRINCE I. L. D. (Morton). — **La Psychologie du kaiser**, *étude de ses sentiments et de son obsession*, traduit de l'anglais par JOSEPH PINEAUD.
RAFFALOVICH (Arth.). — **La Russie et la Guerre.**
RIGNANO (Eug.), directeur de la Revue internationale *Scientia.* — **Les Facteurs de la guerre et le Problème de la paix.**
WAMPACH (G.), docteur en droit. — **Le Grand-Duché de Luxembourg et l'Invasion allemande.**

Publications économiques

ANDRÉADÈS (A.), prof. à l'Université d'Athènes. — **Les Finances de la Grèce.** 1 brochure in-8 . . . . 1 fr. »
BARTHÉLEMY (Joseph), P. JÈZE, Ch. RIST, professeurs à la Faculté de droit de Paris, L. ROLLAND, professeur à la Faculté de droit de Nancy. — **Problèmes de Politique et Finances de guerre.** 1 volume in-16. . . . . 3 fr. 50
L'effort financier de guerre de l'Angleterre. — Les victimes des faits de guerre et la réparation des dommages. — Le renforcement des pouvoirs de l'Exécutif en temps de guerre — Le contrôle parlementaire en temps de guerre. — L'administration locale en temps de guerre. — L'Allemagne et la liquidation de sa vie économique pendant la guerre.
BAUDIN (Pierre), sénateur. — **Le Budget et le Déficit.** 2e édition, avec préface nouvelle. 1 volume in-16 . . . . 3 fr. 50
EICHTHAL (Eug. d'), de l'Institut. — **Des évaluations du coût de la guerre.** 1 brochure in-8 . . . . 1 fr. »
EVESQUE (M.), docteur en droit. — **Le Moratorium des dépôts en banque et des comptes courants.** 1 volume in-8, préface de M. Yves GUYOT. . . . . 6 fr. »
— **Les Finances de guerre au XXe siècle.** 1 volume in-8. . . . . 12 fr. 50
GRUET (P. L.), député, docteur en droit. — **Réquisitions militaires.** (*Armées de terre et de mer*). 1 volume in-8. . . . . 3 fr. 50
Conseils pratiques en matière de réquisitions militaires, pour les effectuer régulièrement, pour en être promptement indemnisé. — Logement et cantonnement. — Ravitaillement en blé de la population civile. — Nourriture des gardes de voies de communication, etc.
GUYOT (Yves), ancien ministre, rédacteur en chef du *Journal des Economistes.* — **Les Causes et les Conséquences de la Guerre.** 1 volume in-16, 2e édition, avec préface nouvelle. 1 volume in-8. . . . . 3 fr. 50
HONNORAT (André), député. — **L'Impôt sur le revenu et son application**, *la loi commentée.* 1 brochure in-8. . . . . 2 fr. »
LESCURE-BEAULIEU, consul général, attaché commercial en Orient. — **La Grèce économique et financière**, préface de M. PAUL DESCHANEL, de l'Académie française. 1 volume in-16. . . . . 3 fr. 50
Provinces (Les) et l'Exportation française, *documents et arguments réunis par la Chambre de commerce de Marseille.* 1 volume in-16. . . . . 3 fr. 50

Envoi franco contre mandat-poste et en vente chez tous les libraires

IMPRIMERIE DE J. DUMOULIN, A PARIS — 00.4.16.

Librairie **FÉLIX ALCAN**, 108, boulevard Saint-Germain, PARIS

GUERRE DE 1914-1916

ALBIN (Pierre). — **Le Coup d'Agadir.** *La querelle franco-allemande. Origines et développement de la crise de 1911.* 1 volume in-16 . . . . 3 fr. 50
— **La guerre allemande.** *D'Agadir à Sarajevo* (1911-1914). 1 volume in-16. . 3 fr. 50
AULNEAU (J.). — **La Turquie et la Guerre.** 1 volume in-16 avec préface de M. Stephen Pichon, ancien ministre (2ᵉ *édition*). 3 fr. 50
BOURGEOIS (Émile), professeur à la Sorbonne, Daniel BELLET, secrétaire perpétuel de la Société d'Économie politique, Général MALLETERRE, Louis RENAULT, de l'Institut, Raphaël-Georges LÉVY, de l'Institut. — **La Guerre.** Conférences de la Société des anciens élèves de l'École des Sciences politiques. 1 volume in-16. . . . . 3 fr. 50
GUYOT (Yves), ancien ministre, rédacteur en chef du *Journal des Économistes.* — **Les Causes et les Conséquences de la Guerre.** 1 volume in-8. (2ᵉ *édition*) avec une préface nouvelle. . . . . 3 fr. 50
INTÉRÊTS ÉCONOMIQUES ET RAPPORTS INTERNATIONAUX A LA VEILLE DE LA GUERRE. — Conférences de la Société des anciens élèves de l'École des Sciences politiques. 1 volume in-16. . . . . 3 fr. 50
JOSEPH-BARTHÉLEMY, professeur à la Faculté de droit de Paris. — **Les Institutions politiques de l'Allemagne contemporaine.** 1 volume in-16. . . . . . . 3 fr. 50
LANESSAN (J.-L. de), ancien ministre. — **Les Empires germaniques et la Politique de la force.** 1 volume in-16. . . . . 3 fr. 50
MATHIEZ (Albert), professeur à l'Université de Besançon. — **La Victoire en l'an II.** 1 volume in-16. . . . . 3 fr. 50
MARTIN (William). — **La Crise politique de l'Allemagne contemporaine.** 1 volume in-16. . . . . 3 fr. 50
MOYSSET (H.). — **L'Esprit public en Allemagne vingt ans après Bismarck.** 1 volume in-8, *couronné par l'Académie française.* . . . . 5 fr. »
REINACH (Joseph). — **Récits et Portraits contemporains.** *La fondation de l'empire allemand sur les papiers de Cerçay. Thiers. Gambetta. Challemel-Lacour. Ranc. Alphonse Peyrat.* 1 volume in-16. . . . . 3 fr. 50

QUESTION D'ORIENT

DRIAULT, agrégé d'histoire. — **La Question d'Orient depuis ses origines jusqu'à nos jours (1913).** 6ᵉ *édition.* Préface de G. Monod, de l'Institut. 1 volume in-8. *Récompensé par l'Institut.* . . . . 7 fr. »
DJUVARA, ministre de Roumanie en Belgique et au Luxembourg, ancien chargé d'affaires à Belgrade, Sofia et Constantinople. Préface de Louis Renault, de l'Institut. **Cent projets de partage de la Turquie depuis le XIIIᵉ siècle jusqu'au traité de Bucarest (1913).** 1 fort volume in-8, avec 18 cartes hors texte. . . . . 10 fr. »
A. DUBOSCQ. — **Syrie, Tripolitaine, Albanie.** 1 volume in-16, avec cartes hors texte. . . . . 3 fr. 50

JOSEPH-BARTHÉLEMY, P. JÈZE, Ch. RIST, professeurs à la Faculté de droit de Paris, L. ROLLAND, professeur à la Faculté de droit de Nancy. — **Problèmes de Politique et Finances de guerre.** 1 volume in-16. . . . . 3 fr. 50
Le plan financier de guerre de l'Angleterre. — Les victimes des faits de guerre et la réparation des dommages. — Le renforcement des pouvoirs de l'Exécutif en temps de guerre. — Le contrôle parlementaire en temps de guerre. — L'administration locale en temps de guerre. — L'Allemagne et le maintien de sa vie économique pendant la guerre.
GRUET (P. L.), député, docteur en droit. — **Réquisitions militaires.** (*Armées de terre et de mer.*) 1 volume in-8. . . . . 3 fr. 50
Conseils pratiques en matière de réquisitions militaires, pour les effectuer régulièrement, pour en être promptement indemnisé. Logement et cantonnement. Ravitaillement en blé de la population civile. Nourriture des gardes de voies de communication, etc.
LEFEUVRE-MÉAULLE, consul général, attaché commercial en Orient. — **La Grèce économique et financière,** préface de M. Paul Deschanel, de l'Académie française. 1 volume in-16. . . . . 3 fr. 50

IMPRIMERIE DE J. DUMOULIN, A PARIS

www.ingramcontent.com/pod-product-compliance
Lightning Source LLC
Chambersburg PA
CBHW060933230426
43665CB00015B/1930